"十二五"国家重点出版物出版规划项目
城市交通系列教材

城市公共交通

宋 瑞 主编

北京交通大学出版社
·北京·

内 容 简 介

本书比较系统地介绍了我国城市公共交通的发展,阐述了城市公共交通的基本知识与原理。全书共分 14 章,即绪论,客流及客流调查,客运市场,票制票价,城市公共交通的基础设施,公交运营的线路能力、行车速度与车辆利用,行车时刻表,日常调度工作,公交运营调度管理信息系统,公交运营指标的评价与统计,快速公共交通系统,城市轨道交通运营管理,城市公交服务管理,城市公交服务质量管理。

本书是"十二五"国家重点出版物出版规划项目"城市交通系列教材"之一,既可作为交通运输类专业本科生、研究生教材,也可作为公交系统工作人员培训和学习的参考书。

版权所有,侵权必究。

图书在版编目(CIP)数据

城市公共交通 / 宋瑞主编. — 北京:北京交通大学出版社,2014.11(2018.7 重印)
(城市交通系列教材)
ISBN 978-7-5121-2133-1

Ⅰ. ① 城… Ⅱ. ① 宋… Ⅲ. ① 城市交通-公共交通系统-高等学校-教材 Ⅳ. ① F570

中国版本图书馆 CIP 数据核字(2014)第 249885 号

责任编辑:孙秀翠
出版发行:北京交通大学出版社　　　　　电话:010-51686414
地　　址:北京市海淀区高梁桥斜街 44 号　邮编:100044
印　刷　者:北京鑫海金澳胶印有限公司
经　　销:全国新华书店
开　　本:185×230　　印张:28.25　　字数:630 千字
版　　次:2014 年 11 月第 1 版　2018 年 7 月第 2 次印刷
书　　号:ISBN 978-7-5121-2133-1/F·1438
印　　数:3 001~5 000 册　　定价:58.00 元

本书如有质量问题,请向北京交通大学出版社质监组反映。对您的意见和批评,我们表示欢迎和感谢。
投诉电话:010-51686043,51686008;传真:010-62225406;E-mail:press@bjtu.edu.cn。

前 言

随着我国城市化、机动化进程的加快和机动车使用强度的提高,一些大城市,尤其是北京、上海、重庆等特大城市相继出现了资源短缺、环境污染、交通拥堵、交通事故多发等"城市病",其中因城市交通基础设施供给和出行机动化需求之间的矛盾激化产生的交通拥堵尤为突出。交通拥堵不仅导致城市诸项经济社会功能衰退,还引发城市的生存环境持续恶化,由汽车尾气排放引起的城市空气污染已经成为我国大城市的主要空气污染源。针对上述问题,《国家中长期科学和技术发展规划纲要(2006—2020)》交通科学问题研究专题制定了交通科技发展战略目标,提出了"发展一个体系,解决三个热点问题"。其中,"一个体系"即综合运输系统,"三个热点问题"即交通能源和环境、交通安全和大城市交通拥堵问题。大城市交通拥堵、交通安全及交通环境问题的解决,需要城市交通领域的高端人才及与之相配套的教材。然而,我国目前尚无城市交通领域的系列教材,亟需提供一套相关的系列教材,以满足教学和行业人才培养的需要。其中,由于近年来城市公共交通的快速发展及其在缓解城市交通问题中起到的重要作用,编写系统全面的城市公共交通专著与教材尤为迫切。

本书为城市交通系列教材之一,既可作为交通运输类专业本科生、研究生教材,也可作为公交系统工作人员培训和学习的参考书。

本书比较系统地介绍了我国城市公共交通的发展,阐述了城市公共交通的基本知识与原理。全书共分14章,即绪论,客流及客流调查,客运市场,票制票价,城市公共交通的基础设施,公交运营的线路能力、行车速度与车辆利用,行车时刻表,日常调度工作,公交运营调度管理信息系统,公交运营指标的评价与统计,快速公共交通系统,城市轨道交通运营管理,城市公交服务管理,城市公交服务质量管理。本书在编写时力求文字简明扼要、图文并茂,由浅入深,侧重理论性、科学性、知识性与实用性。通过对本书的学习,能系统了解城市公共交通,开拓知识面,为今后学习专业课或从事交通运输工作打下一个良好的基础。

本书由北京交通大学宋瑞主编,参编人员包括李宝文(8.5节)、马继辉(第9章)、黄爱玲(第10章)、宋瑞(其余章节)。郑锂、李婷婷、李子卿、单征、程玲燕、寇春歌、刘欣萌、张英群、邹彦雯等参加了本书的校对工作。

感谢北京公交集团对本书的大力支持，同时也感谢北京交通大学出版社教材编辑部的大力帮助。编写过程中参考了大量的文献资料，在此对这些资料的编写者表示衷心的感谢。

本书涉及内容广泛，由于编者水平所限，书中不妥之处，敬请批评指正。

编　者

2014 年 11 月于北京

目 录

第1章 绪论 ··· 1
 1.1 城市公共交通现状及发展趋势 ··· 1
  1.1.1 城市公共交通的历史 ··· 1
  1.1.2 城市公共交通的现状 ··· 4
  1.1.3 城市公共交通的发展趋势 ··· 8
 1.2 城市公共交通系统组成 ·· 10
  1.2.1 城市公共交通工具 ··· 10
  1.2.2 城市公共交通线路网 ·· 13
  1.2.3 城市公共交通车站与场站设施 ·· 14
  1.2.4 城市公共交通运营管理系统 ··· 14
 1.3 城市公交运营调度管理 ·· 16
  1.3.1 主要内容 ·· 16
  1.3.2 运营调度系统的组织机构 ··· 17
 复习题 ··· 19

第2章 客流及客流调查 ··· 20
 2.1 客流的特征及分类 ··· 20
  2.1.1 客流的概念 ·· 20
  2.1.2 客流动态及其演变规律 ··· 21
  2.1.3 各种客流的特征及分类方法 ··· 26
 2.2 客流调查 ··· 27
  2.2.1 客流调查的作用、目的、意义 ·· 27
  2.2.2 客流调查的方法 ·· 27
  2.2.3 信息采集与数据收集技术 ·· 47
 2.3 客流预测 ··· 48

2.3.1 客流预测的作用···48
　　2.3.2 客流预测的方法···48
　复习题··54

第3章 客运市场
　3.1 客运市场概述···55
　　3.1.1 客运市场的概念···55
　　3.1.2 客运市场的划分···56
　　3.1.3 客运市场管理的目标··58
　3.2 公交定位与公交优先···58
　　3.2.1 公交定位···58
　　3.2.2 公交优先···59
　　3.2.3 出行方式及出行比例··60
　复习题··61

第4章 票制票价
　4.1 票制票价概述···62
　　4.1.1 成本还原与财政补贴··62
　　4.1.2 票制及其确定原则···63
　　4.1.3 票制票价审批程序···64
　4.2 票制种类··64
　　4.2.1 单一票制···64
　　4.2.2 多种票制···64
　4.3 票价费用的确定···65
　4.4 费用的收取···67
　　4.4.1 费用收取和控制次数、位置及方法···68
　　4.4.2 支付形式···69
　　4.4.3 收费系统的评价···75
　复习题··75

第5章 城市公共交通的基础设施
　5.1 概述··76
　5.2 公交场站··76
　　5.2.1 公交场站概述··76
　　5.2.2 公交场站规模··77
　　5.2.3 公交场站标识及公交站命名···79

  5.2.4 换乘设计 ·· 81
 5.3 公交线网 ·· 82
  5.3.1 公交线网的概念 ·· 82
  5.3.2 公交线网的主要形式 ··· 83
  5.3.3 涉及公交线网的有关技术指标 ··· 85
  5.3.4 常规公交线网 ·· 88
  5.3.5 快速公交线网 ·· 91
  5.3.6 远郊支线公交网络 ··· 95
 5.4 计算机辅助生成线网 ·· 96
  5.4.1 计算机生成线网的意义 ··· 96
  5.4.2 技术路线 ·· 97
  5.4.3 公交线网的定义和评价体系 ··· 98
  5.4.4 生成线网的约束条件 ·· 98
  5.4.5 线网生成的算法步骤 ·· 99
 5.5 线路规划实施的程序 ·· 101
  5.5.1 制订年度规划方案 ·· 101
  5.5.2 申请批准的程序及有关工作的协调 ·· 102
 复习题 ·· 102

第6章　公交运营的线路能力、行车速度与车辆利用 ···································· 103
 6.1 公交运营的线路能力 ·· 103
  6.1.1 影响线路能力的因素 ·· 104
  6.1.2 能力计算 ·· 111
  6.1.3 公交线路能力的系统分析 ·· 114
 6.2 速度和行车速度 ··· 115
  6.2.1 研究行车速度的重要意义 ·· 115
  6.2.2 各种速度的概念和计算 ··· 116
  6.2.3 道路的速度等级 ·· 120
 6.3 影响行车速度的因素 ·· 122
  6.3.1 经常性的因素 ·· 122
  6.3.2 随交通状况变化的因素 ··· 124
  6.3.3 气候变化的影响 ·· 125
  6.3.4 影响因素分析举例 ··· 126
 6.4 行车速度的调查 ··· 127

- 6.4.1 调查内容 ··· 128
- 6.4.2 调查方法 ··· 129
- 6.4.3 公共交通企业重点研究的速度 ··· 130
- 6.4.4 速度调查的程序及表格 ·· 131
- 6.5 车辆利用 ··· 134
  - 6.5.1 研究车辆利用的意义 ·· 134
  - 6.5.2 提高车辆周转速度 ··· 134
  - 6.5.3 减少低效里程 ··· 135
  - 6.5.4 车辆均衡使用 ··· 136
- 复习题 ·· 136

第7章 行车时刻表
- 7.1 行车时刻表的作用和编制依据 ·· 138
  - 7.1.1 行车时刻表的作用 ··· 138
  - 7.1.2 行车时刻表的编制依据 ··· 139
- 7.2 行车时刻表的种类 ·· 143
  - 7.2.1 不同季节的行车时刻表 ··· 143
  - 7.2.2 不同日期的行车时刻表 ··· 144
  - 7.2.3 不同岗位的行车时刻表 ··· 144
- 7.3 劳动组织 ··· 145
  - 7.3.1 劳动班型 ··· 146
  - 7.3.2 劳动配班 ··· 147
- 7.4 行车时刻表的编制方法 ·· 148
  - 7.4.1 行车时刻表编制前的准备工作 ··· 148
  - 7.4.2 注意事项 ··· 148
  - 7.4.3 编制程序 ··· 149
  - 7.4.4 行车时刻表草案 ·· 150
  - 7.4.5 劳动配班草案 ··· 151
  - 7.4.6 编制行车时刻表 ·· 153
- 7.5 编排劳动班次表 ··· 174
  - 7.5.1 审核劳动班型与应行驶车次是否符合 ·· 174
  - 7.5.2 替行班的编排使用 ··· 175
  - 7.5.3 编排劳动班次表 ·· 178
- 7.6 行车时刻表汇总表 ·· 181

		7.6.1 审批时刻表的原则 ··· 181
		7.6.2 行车时刻表汇总表 ··· 181
	7.7 行车时刻表的管理 ·· 184
		7.7.1 客运公司 ·· 184
		7.7.2 车队 ··· 184
	复习题 ·· 184
第8章 日常调度工作 ··· 186
	8.1 调度工作概述 ·· 186
		8.1.1 调度工作在公交企业中的作用 ····································· 186
		8.1.2 调度管理的组织形式 ·· 186
		8.1.3 各级调度制的主要工作 ··· 187
		8.1.4 行车时刻表的贯彻调整与管理 ····································· 188
	8.2 行车调度方法 ·· 190
		8.2.1 选择调度方法应遵守的原则 ·· 190
		8.2.2 "区间车"的调度方法 ··· 190
		8.2.3 "大站快车"的调度方法 ·· 191
		8.2.4 "单向快车"的调度方法 ·· 192
		8.2.5 密集小间隔的调度方法 ··· 192
		8.2.6 跨线联运调度方法 ··· 193
	8.3 区域调度 ·· 194
		8.3.1 实行区域调度的必要性 ··· 194
		8.3.2 实行区域调度的条件 ·· 195
		8.3.3 实行区域调度的方法 ·· 195
	8.4 线站调度的相关工作 ·· 196
		8.4.1 车辆技术管理 ·· 197
		8.4.2 劳动管理 ·· 198
		8.4.3 安全管理 ·· 198
		8.4.4 服务管理 ·· 199
		8.4.5 票务管理 ·· 199
		8.4.6 车队工作 ·· 200
		8.4.7 调度员工作 ··· 200
		8.4.8 后勤工作 ·· 200
		8.4.9 教育及培训工作 ·· 201

8.5　特殊情况下的运营组织与调度工作 ·· 201
　　　8.5.1　大型活动公交运营组织调度 ··· 201
　　　8.5.2　紧急突发事件情况下的调度方法 ·· 217
　　复习题 ··· 220

第9章　公交运营调度管理信息系统 ··· 221
　　9.1　概述 ··· 221
　　9.2　公交运营调度管理信息系统的构成与功能 ···································· 221
　　　9.2.1　系统架构 ·· 222
　　　9.2.2　系统功能 ·· 222
　　9.3　公交运营调度管理信息系统平台建设 ·· 225
　　9.4　新技术在调度工作中的应用 ·· 227
　　　9.4.1　车辆定位技术的原理及应用 ·· 227
　　　9.4.2　无线通信技术的原理及应用 ·· 236
　　　9.4.3　智能调度系统的原理及应用 ·· 241
　　9.5　案例分析 ··· 245
　　　9.5.1　业务现状分析 ·· 245
　　　9.5.2　业务需求 ·· 246
　　　9.5.3　功能需求 ·· 247
　　　9.5.4　系统设计 ·· 247
　　　9.5.5　系统软件与功能设计 ·· 249
　　复习题 ··· 251

第10章　公交运营指标的评价与统计 ·· 252
　　10.1　概述 ·· 252
　　　10.1.1　评价目的和特点 ·· 252
　　　10.1.2　评价的类型 ·· 253
　　　10.1.3　评价的内容 ·· 254
　　　10.1.4　评价的流程 ·· 255
　　10.2　公交运营评价指标体系 ··· 257
　　　10.2.1　评价指标体系选取的原则 ·· 257
　　　10.2.2　评价指标体系的设计结构 ·· 258
　　　10.2.3　国内外公交运营评价研究综述 ·· 259
　　　10.2.4　公交运营评价指标体系分类 ·· 260
　　　10.2.5　公交运营评价指标体系及其计量方法 ·································· 262

10.3 公交运营指标的统计 272
  10.3.1 公交运营统计工作过程 272
  10.3.2 公交运营指标的统计信息流程 277
10.4 公交运营指标评价方法及应用实例 278
  10.4.1 单项评价的方法 278
  10.4.2 综合评价的方法 279
  10.4.3 综合评价应用实例 279
复习题 283

第 11 章 快速公共交通系统 284
11.1 快速公交系统发展概述 284
  11.1.1 快速公交系统建设的意义 285
  11.1.2 快速公交系统建设与发展历程 286
11.2 快速公交系统的组成与特性 287
  11.2.1 BRT 系统的基本组成 287
  11.2.2 BRT 系统的特点 298
  11.2.3 BRT 系统的特性比较与适用性分析 302
  11.2.4 BRT 在公交系统中的发展模式 305
11.3 快速公交专用道及其实施的客流条件 306
  11.3.1 BRT 专用道的特点 306
  11.3.2 BRT 专用道的分类 306
  11.3.3 BRT 专用道的设置条件 308
  11.3.4 BRT 专用道的主要类型与设置方法 312
11.4 快速公交运营管理中的主要技术 319
  11.4.1 BRT 信息采集与发布 320
  11.4.2 BRT 在平面交叉口的优先通行 321
  11.4.3 BRT 系统与其他出行方式的接驳 322
11.5 快速公交运营组织调度（以北京为例） 324
  11.5.1 北京 BRT 智能公交系统的总体设计 324
  11.5.2 BRT 智能公交系统各子系统介绍 327
复习题 331

第 12 章 城市轨道交通运营管理 332
12.1 城市轨道交通发展概述 332
  12.1.1 城市轨道交通的产生 332

12.1.2 城市轨道交通的分类 ··· 333
   12.1.3 世界主要大城市轨道交通概况 ····································· 339
   12.1.4 我国城市轨道交通的发展概况 ····································· 351
 12.2 轨道交通的技术经济指标及分类 ·· 357
   12.2.1 技术经济指标 ··· 357
   12.2.2 轨道交通按基本技术特征分类 ····································· 360
 12.3 城市轨道交通车站现场客流组织 ·· 362
   12.3.1 车站客流组织的原则 ·· 362
   12.3.2 车站客流组织方法 ··· 363
   12.3.3 突发客流组织与调整 ·· 365
   12.3.4 车站地区客流接续与疏散方法 ····································· 370
   12.3.5 旅客服务系统与应急系统 ·· 371
 12.4 城市轨道交通调车管理 ··· 373
   12.4.1 调车的理论和方法 ··· 374
   12.4.2 调车工作组织 ··· 375
 12.5 城市轨道交通行车组织与运营管理 ··· 378
   12.5.1 城市轨道交通行车组织 ··· 378
   12.5.2 城市轨道交通运营管理 ··· 381
 复习题 ·· 386

第 13 章 城市公交服务管理 ·· 387
 13.1 城市公交服务管理概述 ··· 387
   13.1.1 城市公交服务管理的含义 ·· 387
   13.1.2 城市公交服务管理的地位 ·· 388
   13.1.3 城市公交服务管理的作用 ·· 388
   13.1.4 城市公交服务管理的职能 ·· 390
   13.1.5 城市公交服务管理的任务 ·· 391
 13.2 城市公交服务管理的内容 ·· 391
   13.2.1 乘务人员管理 ··· 392
   13.2.2 车站（站台）秩序管理 ··· 394
   13.2.3 车辆清洁管理 ··· 396
   13.2.4 票务制度管理 ··· 397
   13.2.5 先进车组的管理 ·· 404
   13.2.6 线路的管理 ·· 407

  13.3　城市公交服务管理的标准 · · · · · · 409
    13.3.1　标准和服务标准 · · · · · · 409
    13.3.2　制定服务标准的原则 · · · · · · 410
    13.3.3　服务标准的内容 · · · · · · 411
  复习题 · · · · · · 414

第 14 章　城市公交服务质量管理 · · · · · · 415
  14.1　城市公交服务质量管理概述 · · · · · · 415
    14.1.1　服务质量的含义 · · · · · · 415
    14.1.2　服务质量管理的基本要求 · · · · · · 416
    14.1.3　服务规范 · · · · · · 417
  14.2　城市公交服务质量指标管理 · · · · · · 423
    14.2.1　服务质量指标的含义 · · · · · · 423
    14.2.2　服务质量指标的确定 · · · · · · 424
    14.2.3　服务质量指标的内容 · · · · · · 425
    14.2.4　服务质量指标的评定 · · · · · · 428
  复习题 · · · · · · 431

参考文献 · · · · · · 432

第 1 章

绪 论

1.1 城市公共交通现状及发展趋势

1.1.1 城市公共交通的历史

城市公共交通是随着城市的发展而发展的,当城市形成以后,公共交通又起到了推动城市发展的作用。在维护城市功能方面,公共交通具有个体交通无法比拟的强大优势,因此日益引起现代城市政府的重视。许多发达国家都大力开发研制大运量、高速度、立体化的公共交通设施,以保证城市功能的充分发挥,这是现代化城市发展的必然。

1. 中国古代道路交通

中国是世界上使用车最早的国家。早在公元前 3000 年,我国劳动人民就已经发明了舟车。夏王朝时已设置"车工"专管车旅交通。车的出现和发展,对人类的文明起到了巨大的推动作用,车的使用及推广为对内加强政治、经济统治和对外增加贸易交往提供了保证,为交通的畅通创造了必要条件。中国很早就重视道路的规划和建设,《诗经·小雅·大东》上记载:"国道如砥,其直如矢",讲的是道路的几何设计,即为道路平整,线形笔直,比如连接长安(现西安)和洛阳的最古老的一条路。公元前 2 世纪,在当时的封建统治的体制中设置了"司险"(交通监督官),"司险掌九州之图,以周知其山林川泽之阻,而达其道路",讲的是掌握全国的地图,了解山岭、森林、河流、沼泽的情况,以保证道路通畅。当时道路分为 5 类,即经、畛、涂、道、路。"经"是指小路;"畛"是指有铺装的道路,供手推车用;"涂"是指只能让一辆马车通过的道路;"道"是指可让两辆马车并列通过的道路;"路"是指让 3 辆马车并列通过的道路。

车辆的使用和道路的通畅推动了我国古代文明的发展进程,实现了人员、物资、信息的顺利传递，加强了政治统治和文化交流。在对外交往中，陆路交通的典范就是著名的"丝绸之路"。从长安（现西安）出发，沿着这条路可以到达大秦（古代罗马）等地。这条始于秦汉的"丝绸之路"直至隋唐时期都在对外文化交流中起着重要的作用。

2. 西方古代的道路交通

公元前 2000 年，西亚的古代城市巴比伦出现了铺装的干线街道。公元前 400 年左右，罗马帝国开始修建用于军事的道路。在当时的罗马城，出现了世界上最早的单向通行方式。世界上第一个交通法规就是由罗马皇帝恺撒颁布的，其中明文规定：为了避免交通拥挤，城市中心繁华街道，在一天的某一个时间内（如白天）禁止车辆通行。若干年后，又把这条交通法规做了修改，规定限制马车进城的总数量。

在意大利古城庞贝，任何狭窄道路都设有人行道，行人可以安全地行走，人行道比马车道高，马车道在下雨天起排水作用。人行横道上排列着与人行道同高度的跳石，以便行人穿越马路。同时依据人行横道石，明确区分了车道线。街道通向广场，在广场前设止车石，明确区分行人和马车的通行区。意大利半岛的古代城市波伦亚，有一种称为柱廊的人行道，修筑在整个街道的马路两侧，作为人行专用道。

1285 年英国的法律规定，土地所有者对道路的维护具有法律责任。同时还负有保护旅行者免遭强盗抢劫的责任。为此，像古罗马一样，道路要修得高于周围地面，以便道路上行驶的车辆及其他道路利用者能看清附近丛林中或其他地方隐藏着的人。因此就把道路取名为"高路"（Highway）。这就是英文"道路"（也可译为公路）一词的来历。

现代交通岛和环岛的定义起源于几世纪前在道路上所建的纪念碑和广场。巴黎的凯旋门广场是巴黎市内交通最拥挤的一个环岛交叉。它就是以一百年前修建的凯旋门作为环岛中心而建立的。16 世纪墨西哥人在通往墨西哥城的道路上都画有颜色鲜明的中心示意线，这是现代路面交通标示的起源。

工业革命时期，欧洲的经济发展很快，1850 年以后，伦敦、巴黎成了百万人口的城市，交通发达，道路的运用与交通管理也逐渐为人们所重视，不过这时的交通工具仍以马车、自行车为主，1819—1854 年，在法国巴黎出现的公共马车和有轨马车逐步替代了出租马车，形成了城市中的公共交通系统。当时城市中的道路网是适合这些慢速交通工具运行的，街道的交叉路口十分接近，一般相隔为 20~50 m，相隔 100 m 的不多，相隔几百米的就更少了。

3. 我国城市公共交通的概况

城市公共交通是城市建设、经济发展和人民生活所必需的重要公用事业，也是城市的重要基础设施。旧中国城市公共交通基础很差，1906 年天津出现了有轨电车，10 年后上海、天津又相继发展了公共汽车。但到建国初期为止，全国 72 个城市中，只有 26 个城市有一些破旧不堪的公共汽车、电车，但也是勉强运行。

新中国成立后，随着经济建设的迅速发展和城市规模的不断扩大，城市公共交通事业也相应地得到发展。国家第一个"五年计划"期间，沈阳、长春、哈尔滨等城市对有轨电车设施进行了改造和扩建。到1957年,这3个城市的有轨电车数量已占公共交通车辆总数的50%,并占城市客运量的50%。同时北京、天津、上海等大城市开始发展无轨电车。在这期间各地公共交通部门还兴建了一些车辆保养、修配等重要设施。

第二个五年计划后,国家增加了对公共交通的投资。国产解放牌汽车的问世,为我国客车生产的发展创造了条件。加之同期从国外进口了一批公共汽车,使我国公共交通的客运能力有了明显的提高。1960年在南京、武汉、广州、西安、重庆、太原、青岛、齐齐哈尔等城市建成了第二期无轨电车工程。北京、天津、上海、沈阳等城市也相继完成了无轨电车的扩建工程。一些沿江河的城市也积极发挥水运优势,开辟了水上航线,发展了轮渡事业。

"十一五"规划之后,公共交通事业得到了迅速发展,到2009年年底,全国城市公共交通(含公共汽、电车,轨道交通)运输总量达779亿人次。其中公共汽电车、轨道交通运输总量分别为743亿人次和36亿人次。全国公共交通运营车辆总量为41.2万辆,比2005年增长31.6%。全国共有北京、天津、上海、广州、大连、长春、武汉、深圳、重庆、南京等10个城市开通轨道交通,轨道交通车辆5 479辆。此外,城市公共交通车辆装备水平不断提高,新型高档车、空调车、软座车不断投入使用。

上海市"十二五规划"中提出,要坚持"公共交通优先"发展战略,进一步提高公共交通设施供应水平、服务能力和运行效率,营造适度宽松、有序的乘车和候车环境,进一步降低市民公共交通出行成本占可支配收入的比例,不断增强公共交通吸引力,进一步提高节能减排水平,为广大市民提供符合国际大都市水平的公共交通服务。

2013年国务院常务会议的重点任务中提出:要加强地铁、轻轨等大容量公共交通系统建设,增强城市路网的衔接连通和可达性、便捷度。加快在全国城市建设步行、自行车"绿道"。

各地政府也出台了各种政策支持公共交通。北京计划更新大批量LNG公交车。尤其交通部等四部委推广混合动力客车的政策出台后,很多城市都增加了混合动力客车的购买量。深圳市政府将发展新能源汽车作为深圳市公交行业的战略重点,支持力度非常大,对于批量采购新能源公交车给予的补贴力度也很大。

目前,我国已基本形成了以公共汽车、电车为主,以出租汽车、地下铁道、城市轮渡等为辅的城市客运公共交通体系和多家经营、协调发展、统一管理的格局。为发展生产、繁荣经济、方便生活作出了重要贡献。

4. 无人售票的发展

随着经济的发展和现代生活节奏的加快,城市中的很多服务性行业开始尝试推行"无人"式服务。最明显的实例就是超级市场的开架售货。而这种尝试,最终也进入了城市公共交通行业。

城市公共交通行业属于典型的劳动密集型行业,劳务费用在企业经营总成本中占有相当大的比重。在国外一些大城市的公交企业,劳动力费用可占企业经营总成本的60%~70%。在我国的公交行业中,每辆运营车占用职工10~14人,劳动生产率仅为发达国家公交企业的1/5~1/3。虽然我国是低工资国家,但由于劳动生产率低,劳动力费用仍然占企业经营总成本的50%以上。

受到其他行业"无人"式服务的启发，企业管理人员开始想到：为了提高企业全员劳动生产率，降低企业经营成本，实行无人售票也许是一条非常有效的途径。

在我国，深圳从1992年率先开始试行无人售票方式。1993年在广州，其试验也取得了成功。以深圳为例：1995年3月，深圳公交公司有运营车辆830部，按以往的人员配置方法计算，应配售票员2 395人。由于采用了无人售票方式，节省了售票员1 393人，而且节省了后勤管理人员278人。节省人数占职工总数的1/3，年节支2 005.2万元。北京公交总公司从1994年8月开始，先后在23条运营线路上实行无人售票，在社会效益和经济效益两方面都取得了较好的效果。采用无人售票方式不仅提高了劳动生产率，降低了运营成本，改善了运营组织条件，而且促进了车辆改造，改善了乘车环境，提高了服务质量，增强了乘客自我约束意识，起到了促进首都文明建设的作用。

广州市1993年8月，202专线实行无人售票，这是中国内地首条公共汽车线路实行无人售票。

1.1.2 城市公共交通的现状

1. 城市公共交通结构现状

城市公共交通是城市中供公众乘用的经济方便的各种交通方式的总称。目前我国城市公共交通系统中公共汽车、电车占主体，承担了城市80%以上的客运量。进入20世纪90年代以后，城市出租汽车发展迅猛，出租汽车年客运量达29.48亿人次，占城市公共交通总客运量的9.51%，有的城市出租汽车客运量已占公交总运量的30%，小运量的出租车增加过快，作为客运交通骨干的公共汽车、电车受到很大冲击。虽然80年代以来，我国特大城市的轨道交通筹建速度也明显加快，但由于投资巨大，总的来说尚处于起步阶段，发展缓慢，大城市要形成以大中运量轨道交通为主体的综合客运体系，还需要一个相当长的过程。

2. 城市公共交通服务水平和技术经济指标

我国衡量城市公共交通服务水平的项目包括候车时间、换乘车、运送速度、满载率等10项指标，如表1-1所示。

表1-1 我国城市公共汽、电车的一般服务水平

序号	指标名称	20个城市的情况统计
1	运送速度/（km/h）	11～24
2	行车准点率/%	79～92
3	平均站距/m	500～900
4	换乘率/%	22～80
5	换乘距离/m	70～500（一般200～300）

续表

序号	指标名称	20 个城市的情况统计
6	高峰满载率/%	80～115
7	全日满载率/%	36～81
8	乘客候车时间/min	3～20
9	完好车率/%	88～95
10	居民公交乘用率/[次/（人·年）]	120～760（一般 200～400）

由于公共设施水平、经济发展水平和城市形态等方面原因，我国各城市公共交通的水平差异较大，以运送速度指标为例，高的可达 24 km/h，低的仅为 11 km/h。我国城市公共交通企业的技术经济指标和统计方法由国家行业标准规定，政府对公交企业经营的指导方针是社会效益和经济效益并重，以社会效益为主导。从 1985—1995 年 10 年间我国城市公交行业的主要技术经济指标增长对比来看（表 1-2），我国城市公交行业发展在总体上是十分迅速的。

表 1-2 10 年间我国城市公交行业的主要技术经济指标增长对比

主要技术经济指标	1985 年	1995 年	2005 年	2011 年
运营线路总长度/km	105 512	147 090		521 253
运营车辆总数	45 155	136 821	313 296	412 590
万人公交车辆拥有率	3.9	7.3	8.6	11.8
城市公交年客运总量/亿人次	250.67	278.98	483.69	743.92
出租汽车总数/万辆	6.15	50.4	93.70	100.23

10 年来，城市公共交通的车辆结构由过去的大中型公共汽车、电车单一结构，逐步发展成为大中小型、高中低档相配套的多元结构，如小公共汽车、双层客车、专线客车、空调客车等相继出现并大量投入运营，出租汽车数量及质量的迅速发展和提高，特大城市轨道交通的建设，为乘客提供了多种选择，以满足不同层次的出行需求，并使服务质量得到了改善。

资料表明，城市公交车辆在技术性能、设计制造水平、车辆技术状况等方面也有了较大改善和提高，如公交车辆已开发和使用了多种专用客车底盘，出现了低地板公共汽车，应用了自动变速器、转向助力器、空气弹簧悬挂等新技术，公交车辆报废里程也逐年缩短（由原来的 100 万 km 以上缩短到 60 万～80 万 km），从而使运营车辆的技术状况、车容、车貌有了明显改观。当然，与日益增长的居民物质文化生活水平及出行的交通需求相比，还有一定差距。

3. 公共交通企业的经营状况与经营机制

（1）公共交通企业经营状况

据1994年对118个城市公交企业的调查表明：公交运营成本中燃料和工资部分占50%以上，由于燃料和工资增长较快，运营成本逐年上升。1994年与1991年相比，公交使用的汽油价上升105.24%，柴油价上涨74.3%；国有企业除工资支出外，承担的退休金、医疗费用等支出占很大比例，旧有体制形成的"企业办社会"的非经营性负担对老企业尤为沉重；因购车资金不足，约有17.6%接近或应报废的车辆被迫继续投入运营，增加了维修费用；企业人员过多和管理水平较低，又增加了运营成本中的管理费用，按世行相关标准，每辆车的职工人数为3～8人，我国平均为8.8人，很多城市超过10人。为降低成本，近年来公交企业将减员增效作为改革的重点，同时，对票价和票制进行了部分调整，企业的经营收入有所提高，一些城市经营状况得到改善。但总的来看，票价和票制反映出的"公益性"特征，仍是制约企业发展的主要因素，如福利性的月票制度，月票成本相当于票价的数倍，而月票成本的差额全由公交企业负担，影响了成本回收率。因此，如何区分政策性亏损和经营性亏损，建立科学、合理的补贴机制，以确保公交企业的正常经营，是一项至关重要的课题。

随着改革的深入开展，公交企业的发展和更新改造资金来源也发生了变化。联运、合资企业的出现及股份制的试行正在改变由计划经济体制延续下来的全部由政府负担的状况。出租汽车业主要靠银行贷款和发行股票兴办，快速轨道系统的建设资金由政府投资、国外贷款、社会集资和出让土地使用权等办法解决，基本建设和更新改造资金主要来源于城市维护税。

（2）公共交通企业的经营机制

城市公共交通是特殊的行业，承担经济、社会双重责任，是国家在基本建设领域中重点支持的行业，不可能完全放开市场、任意经营，否则会误入单纯追求经济效益的歧途，而损害社会效益；但完全不参与市场竞争，运营效率不和经济效益挂钩、服务质量下降和企业无关，长期处于亏本的状态显然不适应社会经济发展的要求。为了进入市场，增强企业活力，提高经济效益和社会效益，1985年，国务院在改革公交的文件中提出了"改变独家经营体制，实行多家经营、统一管理，以国营为主，发展集体和个体经营"的方针；1993年建设部按照国家总的战略发布了"全民所有制城市公共交通企业转换经营机制实施办法"，各地政府据此进行了各种探索性的改革，已初显成效。2012年建设部发布的《全民所有制城市公共交通企业转换经营机制实施办法》中提出"为大型公共汽车、电车、地铁、轻轨和轮渡企业创造必要的外部经营条件，促进企业加强内部经营管理，提高企业经济效益，适应市场的要求，逐步成为依法自主经营、自负盈亏、自我发展、自我约束的经营单位；使小型公共汽车、出租汽车、专线车（船）、游览车（船）企业适应市场的要求，成为依法自主经营、自负盈亏、自我发展、自我约束的经营单位；使企业成为独立享有民事权利和承担民事义务的法人"。政府主管部门的行政职能由直接管企业转向宏观管理，重点进行方针政策的制定和协调、监督等行业管理；公交企业在所有制和经营方式上的多元化及公交车辆的多样化为适应市场经济机制创造了条件，部分城市还建立了专营权管理制度。在城市交通发展政策导向上，通过重视综合交通规划、强调各种客运交通方式协调发展，使公交逐步确立作为全局性、先导性基础行业在社会生活和经济建设中的重要地位。

(3) 公共交通企业的性质和地位

公共交通企业的性质是为城市人民生产、生活服务的社会公益性企业，它属于公用事业单位，是特殊的服务行业。公共交通企业是城市建设的重要组成部分，对人民的吃、穿、住、行都有非常重要的影响。

4. 目前城市公共交通存在的主要问题

如前所述，目前我国城市公共交通的主体是常规地面公共汽车交通。城市快速轨道交通投资昂贵、技术要求高、建设周期长，要成为大城市客运交通的骨干，还有一个过程。现阶段，公共汽车是我国城市客运交通中社会成本最低、综合效益最好的交通工具，它为城市的中低收入居民提供了低价格的出行机会。因此，常规公交发展状况在很大程度上反映了一个城市的公共客运交通系统整体水平。

我国城市常规公交已发展到一定规模，而且为城市经济建设和社会生活作出了重要的贡献，但仍存在一些问题，这些问题的存在削弱了公交的优势，制约了公交的发展。

(1) 公交线网布局结构不合理、密度低、重复率高，甚至存在公交服务盲区

改革开放以来，我国城市道路面积有了大幅度增加，但仍远远落后于车辆及交通量的增长速度。如南京市从1978—1993年的15年间，机动车拥有量从26 786辆增加到151 695辆，年递增率达12.3%，其中，出行频率较高的小客车从2 401辆增加到23 714辆，年增长率达16.5%，道路交通量大约以15%的速度递增。据1998年公交乘客问询调查结果显示，乘客到离站步行时间长达17.76 min，平均换乘次数达1.81次，有些区域人口密度较高，公交出行潜在需求量大，而公交线网密度很低。分析表明，造成公交服务盲区的主要原因是道路条件的制约，其次是公交布线方面的问题。

(2) 公交停车场规模偏小，首末站用地没有保障

以南京市为例，在1997年公交运营车辆为1 359辆的规模下，只有6处停车场，总面积约138 284 m²，按每辆车200 m²用地标准计，只能停691辆，尽管已压缩了停车用地，仍有442辆车停放在马路上。首末站是保证公交车正常运营调度的基础设施，而南京市主城区42条线路仅有正规站房54个，租用外单位站房10个，摆设调度亭5处，无站房14处，首末站建设不足，给公交正常的运营调度带来极大的困难。此外，现状为枢纽站点数量少，类型单一，主要考虑的是市区内部公交线路之间的衔接，没有充分考虑与其他交通方式的连接；中途站点的布设受到交通管理及城市用地条件的影响，不能很好地满足乘客就便乘车的要求，造成步行距离过长或换乘不便，这一点在中心商业区尤为突出。因此，中途站及枢纽站点需要优化布设。

(3) 道路交通环境不良，缺乏广泛的公交优先通行保障措施

由于我国大城市基本上还没有切实地实施有利于提高路面通行效率的交通政策，导致居

民出行的交通方式结构发育不合理。路面通行效率低的个体交通发展迅速,大大增加了车辆运行对路面使用的要求,加剧了道路交通紧张状况,对没有公交专用道路及优先通行权的城市公共汽车、电车的正常运行带来很多干扰,公交车速下降,正点率无法保障,失去了与自行车等个体交通方式竞争的优势。其结果是,个体交通方式出行比重上升,公共交通车辆的比重下降。个体交通出行量越多,对公共交通车辆正常和有效运行的干扰也越大,出现某种恶性循环的状态。

据对上海的调查,自行车只承担了客运周转量的 20%,但占用了道路时空资源的 41%,公交承担了客运周转量的 60%,其道路时空资源占用率仅为 22%。公共交通与个体交通发展的不平衡加剧了道路的拥挤,公交的运营速度由 20 世纪 80 年代的 12~14 km/h 下降至 90 年代的 5~10 km/h。

(4) 需要充分发挥公交运营车辆的动态运能

公交客流是一个随时间、空间不断变化的量,充分发挥公交车辆的动态运能,需要深入把握公交客流的时空变化规律。受规划管理手段和技术条件的制约,公交企业还不能做到依据客流的变化,科学调整公交线路网布局,动态实时地进行调度优化管理,使公交车辆运能得到充分发挥。

1.1.3 城市公共交通的发展趋势

当前我国大多数城市的道路交通紧张状况日趋严重,在某种程度上已影响了城市经济的发展和居民生活水平的提高。受资金和土地空间资源的制约,目前道路的增长仍远远落后于机动车交通需求的增长,并且这种局面在相当长的时期内是难以改变的。因此,最大限度地提高现有交通资源的利用效率,是缓解交通供求矛盾的根本出路。由于公共交通对交通资源的高效利用,通过大力发展公共交通、实行公共交通优先成为缓解道路交通紧张状况的必然选择。"中国技术政策"蓝皮书明确提出"大力发展城市公共交通,目前以公共汽车、无轨电车为主,发展出租汽车。特大城市应逐步发展快速有轨电车、高架及地下铁道。逐步形成多样化、立体化综合交通体系,吸引更多居民使用公共交通。特大城市中限制发展私人摩托车,不鼓励发展其他私人交通工具"。同时还提出"要重视解决市区与郊区的交通联系。采用公共汽车与铁路联运,将铁路、航空、水运、地铁、快速有轨电车、市内公共交通及长途汽车站等有机地组织起来。城市铁路等客运站的设计和建设,要采用立体的综合建筑体系"。

根据上述政策,我国许多城市都分别制订了各自的城市公共交通发展规划,并纳入到城市的总体规划中,成为城市总体规划的重要组成部分。伴随着技术政策的执行,城市公共交通车辆技术性能逐步提高,各项新技术的推广应用、城市公共交通的运作方式也在不断改革。多数大中城市已推广了无人售票的运作服务方式,并在一些城市开始采用 IC 卡乘车收费系统,不仅大幅度提高了公共交通行业的劳动生产率,而且对改善城市公交行业的社会形象、提高行业整体服务水平发挥了重要的作用。

随着城市公共交通各项方针政策的贯彻实施和改革措施的逐步落实,特别是"优先发展城市公共交通"战略的确立成为社会各界的共识，我国城市公共交通必将得到更加稳步的发展，其发展的主导趋势概括如下。

1. 公共交通结构多元化

为满足不同层次的需求，提升公共交通系统整体服务水平，在经济比较发达的大城市将逐步建立起以大中运量快速轨道交通为骨干，以地面常规公共交通为主体，辅之以其他客运交通方式的多层次的符合生态及环保要求的城市客运交通体系。公共汽、电车的技术性能向大功率、大容量、低地板、低污染方向发展，并将形成大中小型高中低档多样化的城市公交车辆系列，更好地满足不同层次的客运需求。城市出租汽车在经过20世纪90年代的迅猛发展之后，转为有计划、有控制的发展。

2. 大中运量快速轨道交通系统建设速度加快

城市快速轨道交通，特别是地铁经过多年来的不断完善，已发展成为一种运量大、速度快、准时、节能、安全、可靠、舒适、污染小的现代化立体交通系统，不仅能有效地满足大城市不断增长的城市客运交通需要，而且还会为城市带来多方面的间接经济效益和社会、环境效益。实际上，现代快速轨道交通也代表了一种新的城市生产力。我国以北京、上海、广州为代表的特大城市正在加快建设快速轨道交通系统。南京地铁一期工程在经过10多年的论证、筹建准备工作之后，也于2000年底正式动工兴建，其他城市，如重庆、沈阳、青岛、武汉、大连等20多个城市也都进行了地铁或轻轨的可行性研究。

鉴于快速轨道交通建设前期准备工作深入、周密与否，将直接关系着投资规模、施工周期、质量水平和未来可持续发展水平，因此，近年来城市快速轨道交通系统规划理论与方法的研究日益受到重视。另一方面，由于快速轨道交通造价高，建设资金问题一直是制约我国城市快速轨道交通发展的关键因素，而快速轨道交通的建设规模和标准，以及轨道交通建设所采用的设备直接影响着工程造价。因此，在规划建设中，需充分考虑国情和财政实际承受能力；在交通功能上，明确供求适度平衡；在设备采用上，坚持立足国内，在引进国外先进设备的同时引进技术，实现合作生产和促进国产化；在资金筹措上，探索多种模式的筹资渠道。

3. 有计划地建设综合客运交通枢纽设施

随着多方式、多层次客运交通网络的建立，综合客运交通枢纽设施的配套建设也将有计划地展开。合理规划、设计综合客运交通枢纽，是改善公交系统、方便出行换乘、提高公交服务质量和运营效益的重要环节。

衔接城市对外交通与市内交通间的客运枢纽，是实现交通方式转换、交通性质改变的场所。合理布设的客运枢纽，可节省乘客进、出城时间，保证交通连续；便捷地连接城市各功能分区的客运枢纽，可合理地组织城市交通、均衡客流分布；衔接各种公共交通线路的综合客运交通枢纽，既有利于公交线路优化调整、增加公交运营线路的应变能力、提高公交运营效率，又可以方便乘客换乘，减少换乘次数，缩短出行时间，从而提高公共交通的竞争力，吸引客流，对充分发挥各种交通方式的优点、改善城市客运交通结构有重要的引导作用。此外，客运枢纽可以充分利用地面和地下空间，实行土地综合利用，为节约城市用地创造条件。

4. 高新技术逐步应用于城市公共交通

伴随着科学技术的进步和城市经济的发展，在城市公共交通系统规划、建设及运营管理中将大力推广高新技术。如公交运营管理上广泛应用GPS（全球卫星定位系统）、AVM（车辆自动监控系统）与PIS（乘客信息系统）等新技术，从而建立起公交运营调度部门、公交驾驶员（或公交车辆）与乘客之间的密切联系；GIS（地理信息系统）将广泛应用于公交线网规划、公交运营计划及乘客信息系统的建立。其中，GIS在公交线网规划方面的主要应用有：公交客运走廊分析、公交线路方案评价、公交服务可达性分析等。而基于GIS的乘客信息系统具有计算速度快、数据更新方便、结果表现直观等诸多优点。总之，高新技术的应用将使城市公交规划管理建立在充分的调查分析和全面的信息利用之上，从而大大提高公交规划管理决策水平，改善公交的服务质量，更好地满足乘客需求，增强公共交通的竞争力。

综上所述，可以预见在21世纪，随着我国经济的快速健康发展，高新技术和先进的管理、调度手段的广泛应用，城市公共交通系统将逐步实现信息化、智能化，公共交通服务质量将大大改善、公共交通竞争力将大大增强，在一些经济比较发达的大城市将初步形成以大中运量轨道交通为骨干，公共汽车、无轨电车、出租汽车综合协调发展的公共交通系统，城市居民的出行将更加方便、快捷和舒适。

1.2 城市公共交通系统组成

在城市行政辖区内为本市居民和流动人口提供乘用的公共交通，包括定时定线行驶的公共汽车、无轨电车、有轨电车、中运量和大运量的快速轨道交通，以及小公共汽车、出租汽车、客轮渡、轨道缆车、索道缆车等交通工具及其配套设施。各种公共交通工具之间相互配合，以不同的速度、运载能力、舒适程度和价格为乘客服务。从系统规划、建设和管理角度看，城市公共交通系统可分为公共交通工具（车辆）、线路网、场站及公共交通运营管理系统等主要组成部分，下面分别作简要介绍。

1.2.1 城市公共交通工具

1. 几种主要公共交通工具的发展概况

（1）公共汽车

公共汽车是目前世界各国使用最广泛的公共交通工具。它起始于1905年的美国纽约，当时公共汽车代替原有的公共马车，到了20世纪30年代得到迅速发展。公共汽车之所以被广泛采用，是由于它的机动灵活，只要有相宜的道路，就可以通行，并且公共汽车组织运行所需的附属设施的投资，较之其他现代化公共交通工具也最少。我国的公共汽车车辆类型甚多，按载客量分，有小型（载客 60～90 人）、中型（载客 90～130 人）和大型铰接车与双层客车（载客 130～180 人）。大型公共汽车对解决上下班客运高峰时间的乘车拥挤情况起了很大作用。近年来，为了适应不同乘客不同层次的需求，以及实际运营中的灵活性和经济性，又出现了微型公共汽车，在服务方式上国外又有传呼式公共汽车问世。受石油价格上涨及城市居民对环境保护的强烈呼声的影响，西方国家在 70 年代研制出以蓄电池为动力的电动公共汽车。

（2）无轨电车

无轨电车以直流电为动力，除了用公共汽车的设备外，还要有架空的触线网、整流站等设备，故初期投资较大，且行驶时因受架空触线的限制，机动性不如公共汽车。不过，无轨电车行驶时能偏移触线两侧各 4.5 m 左右，可以靠人行道边停站，必要时也可超越其他城市车辆。无轨电车的特点是噪声低、不排出废气、起动加速快、变速方便。无轨电车在欧洲正在进行着一种新的试验，为了不在城市中心复杂的交叉口架设触线网和避免因触线网故障而影响交通，并提高无轨电车的机动性，一种双动力源的车辆已研制成功，一类是集电杆集电煤油机驱动型式，另一类是集电杆集电/蓄电池供电型式。但由于经济效益问题，都还没有成批投入运营。

（3）有轨电车

有轨电车具有运载能力大、客运成本低的优点，其设备同无轨电车，但它还有轨道和专设的停靠站台。根据史料，最早的有轨电车是在德国柏林投入运营的，20 世纪初，有轨电车在资本主义国家城市的形成和发展中曾起过重要的作用，承担了城市客运量的 80%～90%。我国最早行驶有轨电车的城市是天津（1906 年），随后上海、大连、北京、沈阳、哈尔滨、长春等城市相继建成了有轨电车系统。到了 60 年代，随着汽车工业的发展，小汽车的大量增加，城市交通日趋繁忙，有轨电车由于具有机动性差、车速低、制动性能差及行驶时噪声大等缺点，由盛转衰，各国相继拆除铁轨，停驶有轨电车。进入 70 年代后，西方发达国家的大城市小汽车泛滥成灾，城市环境污染严重，交通阻塞，加上石油危机，有轨电车在一些国家不仅复兴起来，而且得到了技术改进，出现了一种新型有轨电车，英文名称为 Light Rail Transit，我国翻译为"轻轨交通"，也称"快速有轨电车"，其通过车辆更新，并对线路实行隔离，在市中心繁忙地段进入地下，使客运容量增大、乘坐舒适、运行经济。轻轨交通投资费用低于地铁，适用于单向小时客流 1.5 万～3 万人次的客运量，运送速度在 20～35 km/h 范围内变化，属于中运量快速轨道交通方式。

（4）地下铁道

地下铁道简称地铁（Subway，Underground Railway），是在街道以外的一种强有力的快速大运量公共交通工具，其轨道基本建在地下，不过近年来，很多大城市的地铁在市区建在地下，在郊区引向地面或高架。地铁最基本的特点是与其他交通完全隔离，此外，其线路设施、固定建筑、车辆和通信信号系统均具有较高的设计标准。

地铁始建于 1863 年的英国伦敦，由于建设投资大、工期长，直到第二次世界大战结束时，全世界只有18个百万以上人口的大城市开发地铁。近50年来,由于城市人口增加、地面交通饱和、技术进步、经济实力增强等因素,地铁系统迅速增加,地铁作为城市公共交通工具,虽然工程造价高,但其运量大、速度快、污染少、安全可靠、不占用或少占用城市用地等优势,使之仍然得到稳步发展。我国首都北京第一条地下铁道于1969年10月建成,西起石景山苹果园站,东至北京站,全长23.6 km,共设17个车站,目前,我国有地铁运行的城市还有广州、上海、天津、香港、台北等。地铁单向小时客流量可达4万~6万人次,运送速度在30~40 km/h,属于大运量快速轨道交通方式。

(5) 出租汽车

出租汽车是一种不定线路、不定车站、以计程或计时方式营业、为乘用者提供门到门服务的较高层次的公共交通工具。出租汽车在城市公共客运交通中起着辅助作用,因而称为辅助交通。我国城市出租汽车交通已有近百年的历史,其发展是缓慢而曲折的,旧社会的车行业主,多属小本经济,独家经营,规模不大,虽有盈利,但受时局影响,时盛时衰,很不稳定。建国初期,城市交通以发展公共汽车、电车为主,出租汽车基本处于停滞状态,直至20世纪80年代,随着政治经济形势的变化,出租汽车才得到快速发展,成为城市公共交通业的重要组成部分。

(6) 轮渡

轮渡是在城市被江、河分割的特定条件下的城市公共客运交通工具,一般起联结两岸摆渡交通的作用,使陆上交通不能直接相通的区域得以沟通。这在没有桥梁、隧道或过江通道能力短缺的城市显得十分重要。

2. 城市公共交通工具的选择

我国国标《城市道路交通规划设计规范》(GB 50220—1995)中明确规定,选择公共交通方式时,应使其客运能力与线路上的客流量相适应,常用的公共交通方式单向客运能力宜符合表1-3的规定。

表1-3 常用的公共交通方式单向客运能力的规定

公共交通方式	运送速度/(km/h)	发车频率/(车次/h)	单向客运能力/(千人次/h)
公共汽车	16~25	60~90	8~12
无轨电车	15~20	50~60	8~10
有轨电车	14~18	40~60	10~15
中运量快速轨道交通	20~35	40~60	15~30
大运量快速轨道交通	30~40	20~30	30~60

城市公共交通规划应使95%的居民在客运高峰乘用下列主要公共交通方式时,单程最大出行时耗符合表1-4的规定。

表 1-4　不同规模城市的最大出行时耗的规定和主要公共交通方式

城市规模		最大出行时耗/min	主要公共交通方式
大	>200 万人	60	大、中运量快速轨道交通，公共汽车，电车
	100 万~200 万人	50	中运量快速轨道交通，公共汽车，电车
	50 万~100 万人	40	公共汽车，电车
中	20 万~50 万人	35	公共汽车
小	<20 万人	25	公共汽车

人口 200 万以上的城市，城市用地面积 200 km² 左右，客流总量最大，长距离出行者多，一些主要的公共交通线路上客流汇集量往往是地面公共交通难以承担的，且地面公共交通又受道路交通阻滞和站距的制约，无法提高车速，因此，200 万人口的城市具备了有效使用快速轨道交通的基本条件。

从发展趋势看，各地城市化进程加速，城市发展已不再是按单中心同心圆模式向外扩展，而是按交通发展轴向外伸展，尤其是大城市市中心区职能加强和大量拆迁改造，都转向在城市外围寻找开发空间；而市区范围扩大，新增的客流和向市中心区集中的客流就更多，对公共交通提出新的要求。快速轨道交通运量大、车速快、准点，能保证居民的出行时耗控制在某一规定的范围内，其建设也有利于城市土地的开发。但快速轨道交通是一种与地面交通分离的独立系统，技术要求高，建设费用大，维护也较昂贵，城市没有一定的财力是难以办到的。所以，快速轨道交通只有在大城市客流量很大的线路上才值得使用。

1.2.2　城市公共交通线路网

城市公共交通线路网应综合规划。在计划经济下，各种公共交通方式由于投资渠道和经营管理部门的不同，常为部门利益各搞一套，线路不相衔接，给居民乘车带来不便。在市场经济下，各种客运方式虽然相互竞争，但必须树立综合规划的思想，融合在一个统一的公共交通网络系统中，使各条线路既分工又合作，把相互衔接的公共交通线路深入到城市的各区域内。各线的客运能力应与客流量相协调，线路的走向应与客流的主流向一致；主要客流的集散点应设置不同交通方式的换乘枢纽，方便乘客停车与换乘，充分满足居民乘车的需要，争取到乘客才能盈利。

公共交通线路网密度大小反映出居民接近线路的程度，按理论分析，城市公共交通线路网平均密度以 2.5 km/km² 为佳，在市中心可以加密些，达到 3~4 km/km²，而城市边缘地区取值可小些。居民步行到公共交通车站的平均时间为 4~5 min 为佳，根据调查，沿公共交通线路两侧各 300 m 范围内的居民是愿意乘公共交通车的，超出 500 m 范围，绝大多数居民选择骑车，乘公共交通车的很少。由此证明了公共交通线路网的密度不能太稀，为扩大公交线网密度，公共交通可以在适宜的支路上行驶。

目前我国许多城市由于适合布置公共交通线路的道路少，公共交通线路网稀，使乘客两端步行到站和离站总时间长达 17～19 min，再加上换乘不便，候车时间长，累计非车内时间达 25 min 左右，使公共交通失去与自行车交通竞争的能力。因此，保证公共交通行驶所需的道路网密度，是优先发展公共交通的前提。

此外，《城市道路交通规划设计规范》中规定，公共交通线路的非直线系数不宜过大，一般不应超过 1.4。线路曲折，虽可扩大线路服务面，但使不少乘客增加额外的行程和出行时耗。市区公共汽车与电车主要线路的长度宜为 8～12 km；快速轨道交通线路长度不宜大于 40 min 的行程。市区公共汽车、电车线路的单程长度用线路长度控制，主要考虑到城市道路交通状况欠佳，在缺乏公共交通车辆优先通行措施保障情况下，公共交通线路过长，车速不易稳定，行车难以准点，正常的行车间隔也难以控制。郊区线和快速轨道交通线，站距大，车速较高，所以用运送时间来控制。

1.2.3　城市公共交通车站与场站设施

城市公共交通车站分为终点站、枢纽站和中间停靠站。各种车站的功能和用地要求是不同的。公共交通中间停靠站的站距受交叉口间距和沿线客流集散点分布的影响，在整条线路上是不等的。市中心区客流密集、乘客乘距短，上下站频繁，站距宜小；城市边缘区，站距可大些；郊区线，乘客乘距长，站距可更大。快速轨道交通最小站距由设计车速决定。设置公共交通停靠站的原则是应方便乘客乘车并节省乘客总的出行时间。

《城市道路交通规划设计规范》中对公共交通车站服务面积的规定是：以 300 m 半径计算，不得小于城市用地面积的 50%；以 500 m 半径计算，不得小于 90%；城市出租汽车采用营业站定点服务时，营业站的服务半径不宜大于 1 km。

无轨电车终点站与快速轨道交通折返站的折返能力，应同线路的通过能力相匹配；两条及两条线路以上无轨电车共用一对架空触线的通过能力应该相互协调。

公共交通停车场、车辆保养场、整流站、公共交通车辆调度中心等场站设施是城市公共交通系统的重要组成部分，应与城市公共交通发展规模相匹配，以保证用地。公共交通场站布局，主要根据公共交通的车种、车辆数、服务半径和所在地区的用地条件设置。公共交通停车场宜大、中、小相结合，分散布置；车辆保养场布局应使高级保养集中，低级保养分散，并与公共交通停车场相结合。

1.2.4　城市公共交通运营管理系统

城市公共交通，尤其是道路上行驶的常规公共汽车、电车交通，是定时、定线行驶并按客流流量、流向时空分布变化而不断调节的随机服务系统。这个系统能否正常和有效地运行，不仅取决于道路和车辆、场站等物质技术设施条件，而且有赖于科学有效的运营管理系统。

公交企业的运营调度管理主要包括两个内容：一是运营调度计划的制订，二是运营调度计划的执行和监控。过去，我国城市公共汽车、无轨电车的车辆调度，基本上沿用"定点发车、两头卡点"的手工作业的调度方式，由于信息不灵、调度失控，车辆经常出现"串车"、"大间隔"现象，要么使乘客候车时间过长，要么前车提前离站、后车拥挤不堪，甚至导致全线运行秩序混乱，严重影响了公共客运交通的服务质量和社会信誉。近年来，部分城市引进或自主开发了调度通信手段和车辆自动监控、运营管理信息系统，并开始部分投入使用，显示了公共交通运营管理手段现代化的重要作用。下面对城市公共交通车辆自动监控系统作简要介绍。

城市公共交通车辆自动监控系统（Automatic Vehicle Monitoring System for Urban Public Transport），国际上统称为 AVM 系统，是对公共交通车辆的运营数据进行自动监测和实时处理的调度系统，由自动监测设备、通信设备和计算机组成。

AVM 系统的功能主要包括以下 8 项。

① 监测车辆的动态位置。通过自动采集、传输和处理被监测车辆的位置信号，判定运行车辆在线路上任意时刻所在的位置。

② 监测车辆的载客量。掌握公共交通运行车辆上装载乘客的数量及其变化情况。

③ 监测车辆的运行时刻偏离量。所谓运行时刻偏离量，是指在计时点（位置）上，车辆实际运行时刻与时刻表上规定时刻之差。

④ 根据车辆运营数据和运行计划，辅助选择最佳调度方案。车辆运营数据主要包括运营车辆的线路号、车号、司机号、动态位置、行驶方向、车速、里程、载客量报警等信息。

⑤ 编制并显示各线路的运营报表、运营图像和统计曲线。运营报表是指车辆运营数据的统计报表，运营图像则是以图示法在彩色监视器上实时显示的运营线路或区段内各车辆的运营数据。

⑥ 调度室向运营车辆下达调度指令。线路调度室是对一条线路的运营车辆进行综合调度的控制中心，调度中心则是对系统内各线路进行综合调度的控制中心。所谓调度指令是指以符号或标记表达调度意图的指挥命令，如注意时刻表、隔站停车、直达、快车、区段运行、返回、改线行驶等。

⑦ 建立数据库。为预测客流、编制和修改运行计划、线网优化等提供依据。

⑧ 与城市道路交通控制系统交换信息。城市道路交通控制系统是指自动采集、传输和处理各交叉路口的车流信息、用信号灯管理和控制车流的系统。实现两个系统的信息交换，可为道路交通管理优化特别是公共交通车辆优先通行创造条件。

为了达到改善城市公共客运系统的服务质量、提高公交车辆有效利用水平，使运行车辆处于全面受控状态，装备现代化的车辆运行自动监控系统是完全必要的。

1.3　城市公交运营调度管理

1.3.1　主要内容

1. 城市公交适应城市发展的研究

公共交通是为城市的社会活动、人民生活提供服务的重要基础设施。因此，必须适应城市实现"有利生产、方便生活"的工作方针。这就要求城市公交企业在运营调度管理上加强研究工作，与城市有关部门建立密切的协作关系，掌握了解城市总体规划、城市区域变迁、城市人口和劳动就业动态、城市分区功能、公共设施、道路工程、市场销售、人民经济收入水平及交通管理等，从而制订公交发展规划，使之在发展速度、投资规模上与城市发展保持适当的比例关系。

2. 城市公共交通的运能适应运量的研究

城市居民根据各自出行的目的，在时间、地点、方向上对公共交通有不同的要求，形成了大量的、变化的、交错复杂的客流。尽管客流处于经常变动的状态，但它仍然是有规律可寻的。客运量的规律可归结为三大集中（时间、地点、节假日）、四大变化（时间、周期、气候、季节）、五个高（高峰小时、高峰日、高峰季节、高单向、高断面），这是城市公交企业组织营运的基本出发点。为此必须配备专门人员，经常进行客流调查，研究分析客流规律，做好营运调度工作，研究运能与运量的相应比例关系，使公交运能适应运量的需要。

为了有效地解决这个问题，工作重点必须放在客流调查研究工作上。多年来公交企业积累了许多调查的经验，应在此基础上进一步强化，采用现代科学手段和先进技术装备，应用数理统计方法，揭示出乘客流动的规律，为线路布局、站点设置提供科学依据。这样不仅可以减少由于线路布局、站点设置不合理造成的多次换乘和迂回乘车，同时也为平衡运力、运量奠定基础。

3. 城市公共交通行车计划的研究

公交企业为乘客服务的方式，就是在研究乘客流动规律之后，把大量的车辆组织在规定的线路上，按照流量的数量、方向、时间，制订有节奏的、周而复始的行车计划，即行车时刻表。

行车时刻表，在运行过程中起着内部法律的效力。行车时刻表的制订必须符合客流规律，通常所说"点客合一"就是这个含义。因此制订要科学，执行要严格。只有这样才能有效地组织车辆，更好地提供服务。

客流调查是编制行车时刻表的依据。行车时刻表是客流调查所产生的结果，这是一项既严肃又复杂的工作，是一项数量、时间、空间上的分配组合。这个分配组合直接关系到能否为社会提供较好的服务，所以公交企业的运营调度管理必须强化这一工作，以便更好地、科学合理地建立起良好的运行秩序。

4. 城市公共交通现场调度方法的研究

行车时刻表力求点客合一，这是编制时必须坚持的原则。但在执行时常会遇到临时性的变化，因此现场调度很重要的一项工作内容就是采取有效措施，及时迅速地解决临时性的变化，使运行秩序尽快恢复正常。

现场调度方法一般可分两大类：一类为正常的规律性变化，如一天的营业时间内规律性的高峰、平峰等，这些变化大体上已纳入行车时刻表，但需调度人员按其进行加车或减车调整时间；另一类属于规律性以外的临时性变化，如出现交通堵塞、突发灾害或社会活动等，就需要调度人员根据具体情况，采取临时调度措施，不仅解决当时的问题，而且还要尽快恢复正常的运营秩序。

5. 现代化调度管理的方法和手段的研究

为了适应公交的快速发展和调度管理日益复杂状况，单靠传统的管理方法是不行的。要采用现代管理方法和现代的装备，当前我国公交站线上已经进行了一些尝试，诸如乘客调查方法的改进，数理统计和计算机的应用，有线、无线通信的联网等。但仅有这些还不够，还要下大力量。调度业务很大程度上是属于数字的范畴，是客流量在时间上、空间上的分配组合，而且这个组合又随时间、空间的变化而变化。为适应形势的发展，必须培训调度队伍，掌握现代化的科学技术和管理方法，进一步加强无线电传递信息的网络体系，无线电监视系统，以及各种自控设备的设置，把调度员从烦琐的耳听电话、口喊发车、手签路单、目测客流量中解放出来，更好地组织运输工作。

1.3.2 运营调度系统的组织机构

运营调度系统的组织机构(或叫组织形式)是公交企业管理体制和组织机构的组成部分。自新中国成立以来，各城市结合本地区的具体情况和企业规模的大小，曾有过多次的改革。但概括起来都是围绕着强化运营调度系统的整体性和灵敏有效的指挥权来设置的。以北京公交企业为例，1952年曾一度组建了大运营科，统管各条线路的调度工作，属于直线制的组织形式。1955年以后把线路划归各场，属于区域管理制的组织形式，运营调度部门列为职能部门，但它又不同于其他职能部门。它不仅行使业务指导的职能，而且还要执行调度指挥的职能，这是线网构成的整体性、时间性和不平衡性所决定的。因此，不管机构如何设置，都必须体现集中统一指挥的效能。

1. 公共交通企业组织机构和运营调度职能

图1-1为行政生产指挥系统（又称行政管理机构）示意图。根据公交企业的性质和经营管理的特点，必须强化运营调度部门集中统一的调度指挥权。图1-1中主要示意出运营调度

系统的职能，诸如修理厂、保养厂、运营厂等从略。

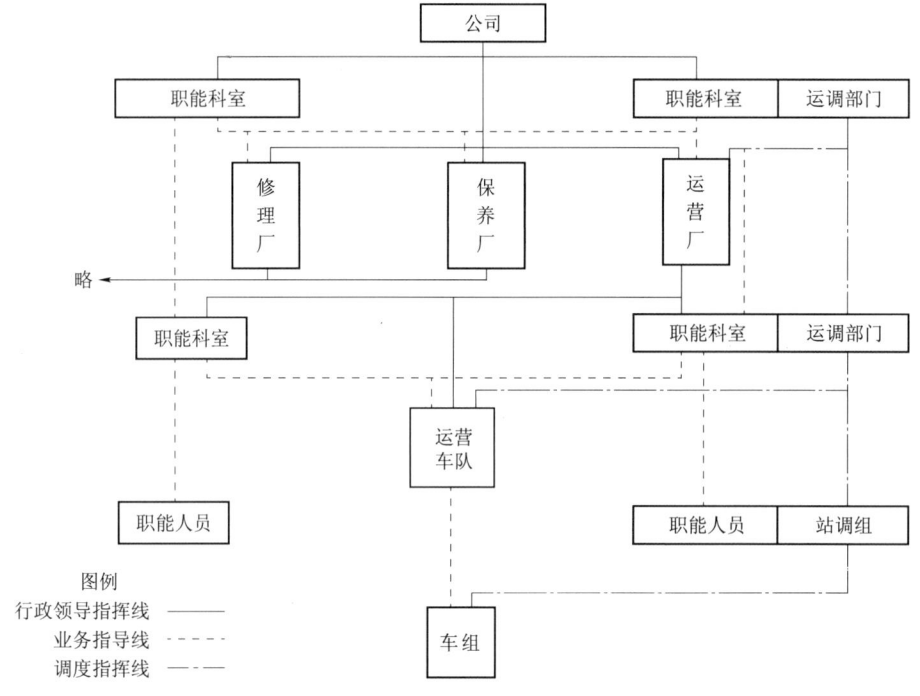

图 1-1　公共交通企业行政生产指挥系统示意图

2. 调度系统的组织机构

调度系统的组织形式是公交企业管理和机构设置的十分重要的内容。组织机构是否合理，直接关系到企业能否发挥职能，协调高效地组织运输。

讲管理就离不开权限的划分，因此必须解决好集权和分权、层次和幅度的关系，调度系统也不例外，从目前来看，大体上分为以下两种形式。

① 集权调度下的线路负责制：权力集中，由公司调度部门直接管理各车队的调度工作，审批各车队的行车时刻表，平衡各车队的运输能力，对线路的运行有直接指挥权。这种组织形式便于全面平衡运输能力，指挥及时，效能高，适合于规模较小的企业。

② 集权调度与分权调度相结合的线路负责制：随着公交事业的发展，线路的增多，管理幅度的加大，集权制的调度难以实现管理。因此，需采取集权与分权相结合的组织形式进行管理。把全部线路划分为几个区域（或几个场），增加区域一级的调度机构，适当下放权力，公司运调部门从全局的角度进行区域之间的平衡。行车时刻表的审批权由区域级调度部门负责，只向公司备案。各区域调度部门在本区域范围内行使集中统一的指挥权，并保留公司调度部门向线路直接下达命令的权力。这种形式对局部来说便于组织运输和加强调度管理，对

全局来说，既解决了公司调度部门忙乱的现象，使其依靠组织推动工作，又不失其全面平衡的效能，并可防止出现各自为政的局面。

总之，调度系统的组织形式只有与公交事业的发展、科学技术的进步相适应，才能更好地发挥运输的效能。随着电子计算机的应用，已有一些国家采取全局性的计算机中心指挥监控系统。因此，公交企业应把调度的组织形式作为一个重要的课题列入日程。

复习题

1. 了解城市公共交通的历史。
2. 城市交通系统的组成部分有哪些？
3. 城市公交运营调度管理的内容有哪些？
4. 了解城市公交运营调度系统的组织机构。

第 2 章

客流及客流调查

2.1 客流的特征及分类

2.1.1 客流的概念

1. 客流

客流是指人们出行需要乘坐公共交通车辆以实现其位置移动而达到出行目的的乘客群。也可以解释为：客流是在公共交通线路某一方向上、某一断面上在一定时间内用某种交通工具来实现位置移动的乘客的总称。

2. 客流量

客流量是从总的方面反映城市居民需要乘坐公共交通车辆的数量程度。它是由城市和郊区固定居住人口和外地住城市的临时人口，因生产、生活等需要出行乘车而构成的。其中包含时间、方向、地点、距离、数量等因素。

流动的数量称"流量"，流动的方向称为"流向"，流动的时间称为"流时"。

客流量的大小取决于城市性质与面积、人口密度、经济水平、就业人口、城市布局、出行距离，以及公共交通线路网的布设、票价、服务质量等诸因素。

为了分析客流在公共交通线路上的具体分布，经常需要了解某一路段或某一站点的乘客乘车情况，通常有以下几个数量指标。

（1）流向量

在单位时间内，向同一个方向乘车的乘客通过人数。

（2）客运量

在单位时间内，乘客乘车总次数。

（3）通过量

在单位时间内，通过某站的单方向的乘客人数。

（4）集结量

在单位时间内，某站（段）需要乘坐公共交通车辆的人数。

（5）疏散量

在单位时间内，某站（段）下车的乘客人数。

（6）待运量

在单位时间内，某站（段）未乘上公共交通车辆的滞留在站上的乘客人数。

（7）客运工作量（客运周转量）

在单位时间内，全部公共交通乘客的乘车总行程，计量单位为"人公里"。

计算公式为：

$$E = \sum_{i=1}^{n} A_i S_i \qquad (2-1)$$

其中：E 表示客运周轻量；A_i 表示第 i 个站（段）或断面的客流量；S_i 表示第 i 个站段的站距。

即：客运周转量=断面通过量×站距。

（8）平均运距

$$平均运距 = \frac{客运周转量}{乘客人数}$$

（9）交替量

在单位时间内，某站（段）上下车的乘客总人数。

2.1.2 客流动态及其演变规律

1. 线路网上的客流动态

线路网上的客流动态是指全市性的平面图上的客流动态。它反映全市公共交通线路网上客流量的多少及分布特点：一般城市的中心区客流量总是最集中、最稠密的；边缘地区则相对稀疏。

线路网上的客流动态一般来说是由中心区的集散点逐渐向外围延伸。客流的动态分布与城市的总体布局有很大关系，并受道路格局的制约。反映在线路网上，一般有 4 种类型：放射型、放射环型、棋盘型、不定型。线路网上客流量动态数值是用通过量表示的。各个路段的通过量按照时间顺序排成数列，即可显示出线路网上客流量动态数值及变动特点。根据线路网上客流量动态变化的方向和数值及波动的幅度，可以提供研究线路的新途径，调整运营车辆的选型及配备各阶段的车辆数，以及修改行车时刻表等数据。

2. 方向上的客流动态

公共交通每条线路都有上下行两个方向。两个方向的客流量在同一时间分组内是不相等的，有的线路双向的客流量几乎相等，有的线路则差异很大。由于方向上的客流动态不同，可计算出两个数值，其动态类型也可分为两种：一是双向型，一是单向型。

（1）双向型

上下行的运量数值接近相等，市区线路属于双向型的较多。这种线路在车辆调度上比较容易，同时每辆车的利用率较高，如图 2-1 所示。

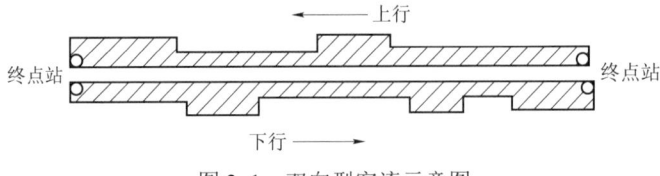

图 2-1　双向型客流示意图

（2）单向型

上下行的运量数值差异很大，特别是通向郊区或工业区的线路，很多是属于单向型的。这样的线路在车辆调度上较为复杂，每部车辆的有效利用率较双向型线路低，如图 2-2 所示。

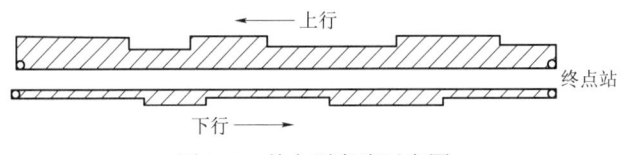

图 2-2　单向型客流示意图

研究方向上的客流动态，可以为确定相应的调度措施，合理地组织车辆运行提供相关依据。

3. 断面上的客流动态

线路上各停车站的上下车人数是不相等的，因此车辆经过各断面时的通过量也是不相等的，若把一条线路各断面通过量的数值按上行或下行各断面的前后次序排成一个数列，这个数列就能显示出断面上的客流动态。从这些数量关系中，可以看出客流在不同时间内在断面上的分布特点与演变规律。客流在线路各断面上的动态分布是有一定特点的，但从整条线路归纳起来，大致有以下几种主要类型。

（1）"凸"型

各断面的通过量以中间几个断面数值为最高，断面上的客流量成凸出形状，如图 2-3 所示。

图 2-3　"凸"型示意图

（2）"平"型

各断面的通过量很接近，客流强度近乎在一个水平。有些线路在接近起、终点站前的 1～2 站断面通过量较低，但其余断面的通过量很接近，也属于此类型，如图 2-4 所示。

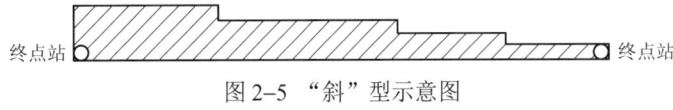

图 2-4 "平"型示意图

（3）"斜"型

线路上每个断面的通过量由小至大逐渐递增，或者由大至小逐渐递减。在断面上显现梯形分布，整体构成斜型，如图 2-5 所示。

图 2-5 "斜"型示意图

（4）"凹"型

与"凸"型断面的通过量动态特点正好相反，中间几个断面的通过量低于接近两端断面的通过量。全线路断面的通过量分布呈凹型，如图 2-6 所示。

图 2-6 "凹"型示意图

（5）不规则型

线路上各断面的通过量分布高低不能明显地表示为某种类似的形状。

总之，分析断面上的客流动态，可以为经济合理地编制行车时刻表及选择调度措施提供重要的依据。

4. 客流动态的演变规律

客流动态是受外界因素影响而经常变动的。但经过充分的调查研究后可以看到，在一定的时间与范围内，其变动程度具有某些规律性。掌握客流动态的变化规律，是公共交通企业组织运营计划的基础。从季节、周日、昼夜 3 种不同的时间角度可以探求出一定的演变规律。

（1）季节性变化

一年中每月的客流量互有差距而不平衡，有一定的起伏变化。在一般情况下，冬季每月的客流量比较高，夏季则比较低。这是因为冬季寒冷，部分骑车人和步行者往往改乘公交车辆。从每年月票的发售量就可以得到证明。岁尾年初人们的生活出行增多，所以市郊区的客流量都有较大幅度的上升。夏季城市居民的一般社会活动量减少，导致客流量普遍下降。

季节性客流动态及其指标是制订客运计划的主要资料,也是编制各月出车计划的主要依据之一。

(2)周日间变化

在一个星期的 7 天中,由于受到生产和休假日的影响,每天的客流量是不等的。但变化较为稳定,每周的客流量将会有重复出现的规律。其特点是每周一早高峰,周五晚高峰。周六、周日的客流量较高,近郊线路比市区线路尤为明显。市区线路在周六、周日,因休假单位量大且集中,通勤客流大幅下降,而平日低峰时间的生活娱乐性客流量在周六、周日则有很大增加。

(3)昼夜变化

一昼夜内各个单位时间的客流动态是不相同的。公共交通的基本客流主要由工作性客流而构成,在一天的运营时间内出现两个客运高峰。在工厂区行驶的线路,受三班工作制的影响,还会形成中午与夜间两个客运小高峰。一天的客流变化规律动态,要以小时为单位,调度员要结合动态类型及变化规律进行分析,排好线路的运营时间、劳动班次、车辆使用和行车调度方法等。

根据客流量在一昼夜不同时间内的分布,其动态演变可以划分为双峰型、三峰型、四峰型和平峰型 4 种。

① 双峰型。这种类型是在一昼夜有两个显著的高峰。一个高峰发生在上午时间(6:00—8:00),称为早高峰;另一个高峰发生在下午时间(16:00—18:00),称为晚高峰。这种类型是比较典型的。在城市,工业性城市有一定的代表性。如图 2-7 所示。

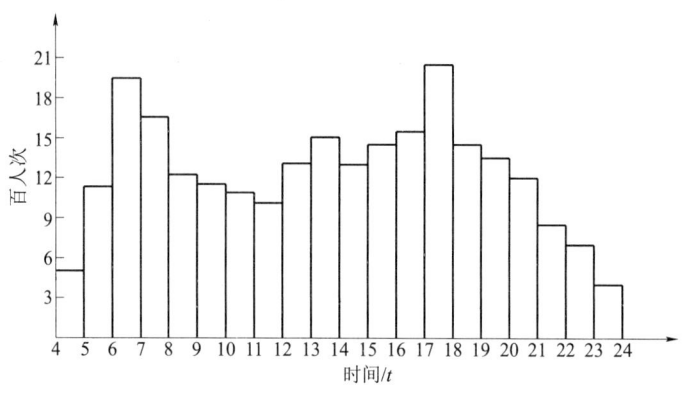

图 2-7 双峰型线路昼夜性客流量动态

② 三峰型。这种类型比双峰型多一个高峰。如果这个高峰出现在中午时间(12:00—14:00)称为中午高峰,出现在晚上时间(17:00—19:00),称为小夜高峰。一般说来,这个高峰的数值比早、晚两个高峰小,这种类型常见于市内线路,如图 2-8 所示。

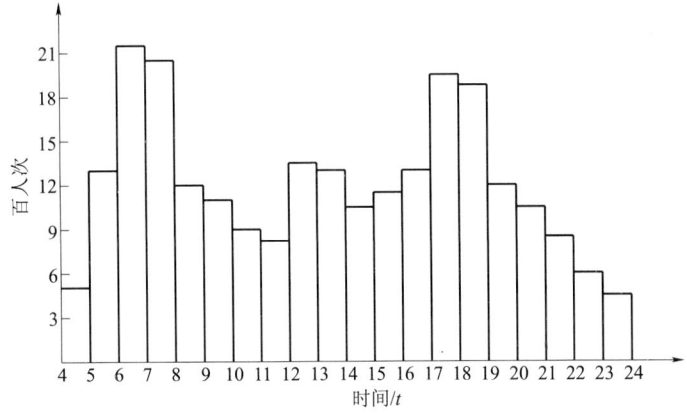

图 2-8　三峰型线路昼夜性客流量动态

③ 四峰型。这种类型比双峰型又多两个高峰。这两个高峰一般出现在中午时间（12:00—14:00）和晚上时间（20:00—22:00），而数值都比早晚高峰小。这种类型多出现在工业区行驶的线路上，其乘客大多是三班制的工人。高峰时间短，但在调度工作中必须引起重视，如图 2-9 所示。

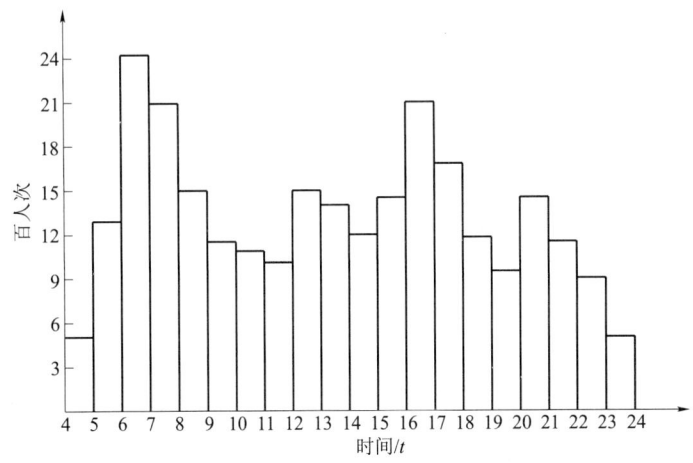

图 2-9　四峰型线路昼夜性客流量动态

④ 平峰型。这种类型的客流动态在时间分布上没有明显的高峰。客流量在一昼夜分组时间内虽有变化，但升降幅度不大。如图 2-10 所示。

以上一昼夜客流量动态都是以 1 小时为单位时间的。动态类型及演变规律主要是掌握和分析"峰"在时间上的分布状况。

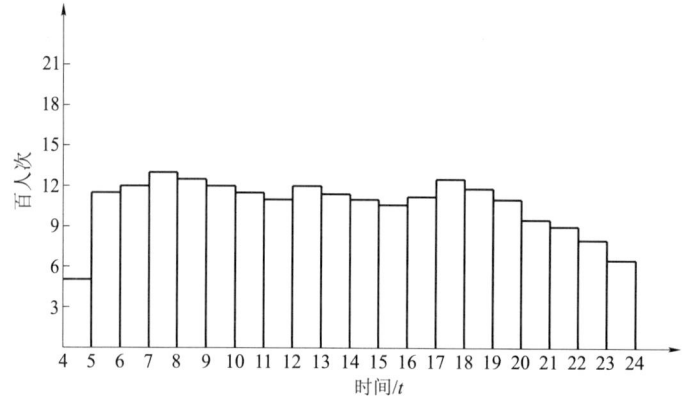

图 2-10 平峰型线路昼夜性客流量动态

5. 不良气候影响

在北方，不良气候即雨、雪、风对客流有显著影响，而在南方则不太明显，南方气候温暖湿润，人们对降雨较为习惯，但台风的影响不能忽视。不良气候对公交客流的影响有两方面：对于工作性客流，其出行与否不能因气候不良而改变，原有的乘客不能放弃出行；而平常选用自行车的人，可能改用公共交通工具。在北京，冬季到来的 11 月份，月票发售量往往大于秋高气爽的 10 月份。对于生活性的客流，可能因不良气候而取消出行，所以非高峰时间的客流会因不良气候而下降。特别需要注意的是雪天，客流增加的同时，由于路况恶化，车速下降，晚点增加，对运营秩序形成双重打击。

2.1.3 各种客流的特征及分类方法

客流的构成可以用人们的出行目的进行区分，一般可分为两大类：一是工作性的客流，一是生活性的客流。

工作性的客流是由职工上下班和学生上下学乘车而构成的。这一部分客流的动态特点是运量大，乘车时间相对集中，乘车高峰时间短，规律性强，比较稳定，是客流高峰时的主要来源，是全日客流量的主要部分。

生活性的客流是由人们的多种生活需要构成的，如购物、探亲访友、就医、参加娱乐活动、体育活动等。这一部分客流的动态特点是在一天中持续的时间长，受气候变化和季节变化影响较大。一般来说，节假日客流量较大，平日客流相对较小，和工作性客流相比具有较大的不稳定性。

市区、郊区的客流因各自的特点而有所区别。市区客流的特点是：流量大，时间性强，起伏变化幅度大，高峰时间显著，乘车距离短，转换车交替频繁。郊区客流的特点是：流量小，乘车距离长，早晚方向差异大，一般是早进城晚归乡，节假日乘车人数多，受农忙、农闲、天气变化、季节变化影响较大。

由于客流构成的因素较多,具体反映在公共交通线路网上、方向上、断面上的客流动态特点都是不同的。因此,从事运营调度工作的管理人员,必须掌握这些特点,以便做好工作。

2.2 客流调查

2.2.1 客流调查的作用、目的、意义

客流调查是一件经常性的比较细致的工作。根据不同的调查目的,可以有不同的调查方法。经常使用的方法有随车客流调查法、目测客流调查法(驻站客流调查法)、问询客流调查法、月票调查法等。

客流的动态调查,需要积累比较长期的资料以供分析,除了直接从调查中获得资料外,企业中常用的各种运营报表所反映的统计数字,也是反映客流周期性升降波动的重要资料。但是要掌握客流动态的规律,还要取得经常性的、全面的调查资料进行综合分析。因此公共交通企业需要建立定期的、全面性的客流调查制度。有时为了某一特定的目的,也可以进行临时的、局部性的调查,也可以组织抽样调查或典型调查。总之,只有在明确目的指导下,选择最有效、简便的调查方法,才能取得预期的效果。

选择调查方法时应注意两个要点:第一,尽可能地以最少劳动和时间消耗,取得足够量的精确的调查资料;第二,尽可能以最简便的方法,得到被调查者的配合,保证所需资料的及时性与可靠性。

2.2.2 客流调查的方法

1. 随车客流调查法

(1) 概述

随车客流调查是在线路运行的每辆车中安排专人记录每个车站上下车的乘客数量,以及车站上留站人数多少的一种全面调查。

它可以在全市范围内进行,也可以选择部分或一条线路进行。它可以在全天营业时间进行,也可以在某一段营业时间内进行。这取决于调查的不同目的。

(2) 随车客流调查的组织方法

这种调查方法是一种较大型的调查方法,其具体做法是:在运营的所有车辆上,从早出的第一班车开始直至晚上末班车为止。有夜班车的线路也要安排专人进行随车调查。随车调查的人数,根据车型而定(一个门设一个人),在车门附近选好适当的位置(看上下车人数时,视线不受阻碍)。按照表格的要求进行上下车人数的记录。此表格为原始记录表。在车辆拥挤而有留站乘客时,还需注明未上车的留站人数。

（3）随车客流调查应注意的事项

① 对调查人员的配备要事先做好周密的安排。做好培训工作，如高峰时同时上下车人数集中，应如何观察记数，车在行进中如何在记录表上写清数字等。

② 原始记录表上应注明路别、车号，写清发车时间。

③ 上下行每一个单程车次填写一张统计表格。统计表格由线路调度员在该车辆未发出时签注交给随车调查人员，到达终点站时交换下一车次的表格。

④ 终点站设收表员、发表员及核算员。核算员要及时对收回的调查表进行核对，和几个门的表格合一，并负责对车上的调查人员进行业务指导。

⑤ 大型的随车客流调查，必须建立领导班子，并要有专人负责调查人员的生活。注意车上调查人员交接班的连续性。安排接送调查人员的车辆。

⑥ 必须保证原始资料的准确性和完整性。

⑦ 在调查日要和线路的运营调度员做好配合，保证按行车时刻表执行。

⑧ 以购票尺度计算人数，不足购票标准尺度的儿童不计算。

⑨ 按调查表认真填写。尤其注意月票数与售出票数的分类。

⑩ 几个门（1部车辆）的原始表合计数出现上下人数差额时，核算员应进行调数。调数时从低往高调（如上车人数为216人，下车人数为208人，应将下车人数调平为216人），并在上人或下人较多的车站调平。

⑪ 某车次丢失或漏掉原始调查表时，应补上此次车统计表。

上下车人数均以本车次的前一次车和后一次车的原始表中的数字之和的平均值记录。

（4）调查资料的统计汇总

随车观测所得的资料必须分别按线路上下行的不同方向和发出车辆先后到达的顺序整理排列后，依规定的分组时间（一般按0.5 h或1 h小时分组）进行统计汇总，见表2–1～表2–4。

表2–1　随车调查原始记录表

（＿＿年＿月＿日　星期＿＿＿　单位＿＿＿　姓名＿＿＿＿＿）

路　别		方　向			
车　次		车　号			
发车时间		车门位置	前门	中门	后门
站名	下车人数	上车人数		留站人数	
1					
2					
3					
⋮					
合计					

表 2-2 某路单程上下车人数汇总表

单位_____　　　____年___月___日　　星期_____　方向_____

车次	车号	发车时间		××站　××站　××站	合计	
					人 数	其中普票张数
			上人			
			下人			
			上人			
			下人			
			上人			
			下人			
			上人			
			下人			
			上人			
			下人			
合　计			上人			
			下人			

表 2-3 某路单车断面流量汇总表

单位_____　　　____年___月___日　　星期_____　方向_____

车次	车号	发车时间	××站　　××站	××站	合计
合　计					

客流调查资料的准确与否非常重要，它反映线路在昼夜运行的各个时间内各站上下车人数和车内的乘客人数。根据每个车次普通票售出数，可以统计普票人数、月票人数。这些基本数据是计算其他各种数据的基础。

表 2-4 某路各站分时上下车人数汇总表

单位_____ 方向_____ ____年___月___日 星期_____

时间分组	站名	××站	××站	××站	合计	
					人数	其中购普票人数
首车—5:00	上人					
	下人					
5:01—6:00	上人					
	下人					
...	上人					
	下人					
合 计	上人					
	下人					

（5）调查资料的计算分析

随车客流调查所得的资料，经汇总统计后能反映客流量在线路上各断面的分布状态。因此在表 2-4 的基础上需分别计算各断面的通过量，分别计算反映运营状态的各种有关指标的数值。如各站上下车人次、各断面通过量、高峰小时最大断面通过量及满载率、各线路客运周转量（人公里）、平均运距、乘客密度、不均衡系数、月票人数与普票人数及它们的比例等，见表 2-5～表 2-10。

表 2-5 某路分时断面流量汇总表

方向_____ ____年___月___日 星期_____

时间分组 \ 断面					合 计
首车～5:00					
5:01—6:00					
6:01—7:00					
7:01—8:00					
...					
合 计					

表 2-6 某路五峰最大断面满载情况汇总表

_____年____月____日   星期_____

时间分组	最大断面	时间	通过车次	运力	流量	满载率/%	备注
早高峰（1小时单向）							
上午低峰							
中午高峰							
下午低峰							
晚高峰							
合计							

注：某峰时间按实际运营情况填写，要 60 min 的资料，通过车次要分车型，运力，分车型定员。

表 2-7 某路三峰人公里汇总表

方向_____   _____年____月____日   星期_____

断面名称					最大断面不平衡系数	合计
站　距						
早高峰（1小时单向）	流量					
	人公里					
中午高峰	流量					
	人公里					
晚高峰	流量					
	人公里					
全日	流量					
	人公里					

注：人公里=断面流量×站距；

最大断面不平衡系数=最大断面流量÷$\dfrac{\text{人公里之和}}{\text{线路长度}}$

表 2-8 各路高峰小时满载情况汇总表

年 月 日

路别	早高峰小时			中午高峰			晚高峰			备注
	平均每辆运能	密度	满载率/%	平均每辆运能	密度	满载率/%	平均每辆运能	密度	满载率/%	
××路										
合计										

注：平均每车运能 = $\dfrac{\text{分车型定员} \times \text{分车型车次之和}}{\text{总车次}}$；

密度 = $\dfrac{\text{人公里之和}}{\text{营业公里}}$；

高峰小时满载率 = $\dfrac{\text{密度}}{\text{平均运力}} \times 100\%$；

或高峰小时满载率 = $\dfrac{\text{高峰小时断面客流量}}{\text{高峰小时通过车次的车容量}} \times 100\%$

表 2-9 各路有关数据汇总表

年 月 日

路别	线路长度	配车数		单车定员	全日运营公里	全日运送人数				高峰小时运送人数				全日人公里	平均运距	不平衡系数		
		车型	车数			合计	普票	月票	月票比例/%	合计	普票	月票	月票比例/%			断面	时间	方向
××路																		

注：全日运营公里 = 本营业线路所行驶的公里

表 2-10 某路分时普票、月票人数汇总表

年 月 日

时间分组	合计			普票人数			月票人数			月票比例/%			高峰小时客流量占全日比例/%
	合计	上行	下行	合计	上行	下行	合计	上行	下行	合计	上行	下行	
首车—5:00													
5:01—6:00													

续表

时间分组	合计			普票人数			月票人数			月票比例/%			高峰小时客流量占全日比例/%
	合计	上行	下行	合计	上行	下行	合计	上行	下行	合计	上行	下行	
6:01—7:00													
7:01—8:00													
合计													

注：计算普通票数字以发车时间为准。如某车 7:30 分发车，道终点站是 8:15，普票售出 20 张，则将普票视为 7:01—8:00 的时间内售出的，并填入相关格内。

（6）随车客流调查的一般作用

① 全市性的调查可以在一天的全部运营时间、全部线路上进行。它可以反映在同一时间内全市公共交通系统的运营状态，全市各大型集散点与居民区及工业区的集散情况，全市月票乘客的乘车情况及月票在各个区域线路上的流量分布，是组织公共交通近期计划和远景规划的重要资料。

② 局部线路的调查是为了研究某些线路的客流动态特点和规律而进行的全日性的调查，以获得该地区和线路的客流动态变化。如沿线主要集散点客流量的增减、不同时间的断面客流量的分布，为该地区的部分线路的行车时刻表的编订、改进调度方法提供资料。

③ 局部时间的调查即根据需要只进行高峰或平峰的调查，局限性较大，还需结合历次调查统计资料进行分析，为局部修正行车时刻表，适应客流需要提供资料。

（7）随车客流调查的效果和特点

全市性随车客流调查的资料全面，准确度较高，一般误差数不超过±5%，用途较广：对内可以掌握客流动态规律的全貌，是研究站点，布设线路，调整开辟线路，合理组织运输和制订经营方针的科学依据；对外可为城市规划、交通治理提供参考数据。但这种调查所费人力、物力较多。例如，北京市目前要做一次全市性昼夜调查，车上调查人员需要 3 万多人。另外还要有车下预备人员、收发表人员及其他工作人员等，总人数达到 4 万人。

调查数据一般采用计算机处理，但如急需局部地区、线路、单位时间（如早、晚高峰小时）、断面（如最大断面客流量）的客流通过量，也可用两三天的时间整理出来，前提是整理的车次较少。

这种调查也有资料不够完整的问题，如客流的流向量，缺乏"OD"（起止点）资料，乘客的换车等因素不能正确反映等。

2. 目测客流调查法（驻站客流调查法）

（1）概述

这种调查方法是在中途重点站（1个站或多个站）或客流量较大的高峰断面上设置调查员，在规定的时间里，以目测的方法记录上下车乘客人数、车厢内人数、留站人数和通过车次的一种断面调查法，是了解断面客流量在时间上的变化与配车是否合理，定线、定站、定时、定期进行的调查。将调查资料汇总积累，随时可供对比分析之用。为线路增减配车，调整运力提供可靠的依据，见表2-11～表2-14。

表2-11 目测客流调查表

路_____ 站_____ 方向_____ _____年___月___日

车　号	到站时间	进站人数	下车人数	上车人数	出站人数	留站人数	备注
合计							

表2-12 目测客流调查汇总表

路_____ 站_____ 方向_____ _____年___月___日

时间分组	断面	通过量	计划		实际	
			运力	满载率/%	运力	满载率/%
5:00—5:30	××—××					
5:31—6:00						
6:01—6:30						
6:31—7:00						
⋮						
合　计						

表 2-13　目测客流调查统计表

路_____　站_____　方向_____　_____年___月___日

顺序	车号	到站时间	停车时间	乘客流量/人				候车时间	备注
				下人	上人	车内	留站		
1									
2									
3									
⋮									
合计									

表 2-14　目测客流调查统计表

路_____　站_____　方向_____　_____年___月___日

时间分组	车次			车容量	通过量	满载率/%	上人	下人	留站/人		留站次数	候车时间		
	通道	单机	合计						最多	最少		最多	最少	平均
5:00—5:30														
5:31—6:00														
6:01—6:30														
⋮														
合计														

（2）目测客流调查的组织方法

① 这种客流调查方法技术性较强，调查人员应熟悉线路运营情况，必须掌握各种车型的座位数，乘客可站立的面积和额定车容量，并能准确估算车厢入数。所测得的资料准确度一般要求在 90% 以上。

② 调查日期与具体时间可根据一般客流动态规律和调查线路的具体情况而定。时间选择的是否适当，直接影响能否达到调查的预期目的。

（3）目测客流调查的注意事项

① 调查员目测位置的选择要适当。

② 候车人多时，可提前数清在站人数。

③ 按调查表要求及时填好每次车的数据。

（4）调查资料的统计汇总及分析

① 把各站点测得的原始记录，按 30 min 或 1 h 分组统计上下车人数、通过车次（运力）

通过量、车辆满载率和留站人数等。

② 依统计汇总的客流资料,分析运行车辆的满载程度。根据调查点的乘客集散量,可分析调查时间内的运力适应运量的状况,调配增车、减车及改进调度方法,使运力与运量保持平衡。

(5) 目测客流调查的作用

① 这种调查方法简单易行,所用人力少,资料整理简便,效果好。便于组织局部性的重点调查(重点地区、重点线路、重点断面、重点时间等)。

② 调查资料的可靠程度较高,是改进调查措施,编制或修改行车时刻表的基础资料。

③ 目测客流调查法反映的动态是局部的,与其他调查资料结合使用,效果更好。

3. 问询客流调查法

(1) 概述

问询客流调查法是指派调查人员通过问询的方式,记录每一个乘客上下车地点的一种方法。

(2) 问询客流调查法的组织方法

问询客流调查法的组织方法可分为随车问询和驻站问询两种形式。

随车问询一般用在站距长、上下车交替量小的线路。而在客运量大、站距短、上下车交替量大的市区线路,则采用驻站问询的方式。指派问询调查员的人数可根据每个站乘客集散数量而定。

问询调查法可以根据需要与公共交通的规模,在全部线路或一条线路上进行。在调查人员有限的条件下,可以定期分批进行。调查时间的长短,可依据调查目的确定。

(3) 调查资料的统计汇总及分析(见表 2–15～表 2–18)

表 2–15　某路流向量问询调查原始记录表

站名:　　　　　站号:　　　　　方向:　　　　　年　月　日

时间	站号 站名	1 ××	2 ××	3 ××	4	5	合计
5:00—5:30			正正正正正 正正正正正	132	280	310	
5:31—6:00							
6:01—6:30							
⋮							

注:此表为在 1 号站原始数据调查,如由 1 号站上车到 2 号站下车人数为 58 人,到第 3 站下车人数为 132 人,到第 4 站下车人数为 280 人,以此类推。

表 2-16 某路流向量问询调查记录整理表

站名：　　　　站号：　　　　方向：　　　　年　月　日　　星期

时间＼站号 站名	1 ××	2 ××	3 ××	4	5	6			合计
5:00—5:30		58	132	280	310	160			
5:31—6:00									
6:01—6:30									
6:31—7:00									
⋮									

注：此表为1号站调查汇总表。

表 2-17 某路流向量问询调查记录整理表

站名：　　　　站号：　　　　方向：　　　　年　月　日　　星期

时间＼站号 站名	1	2	3	4	5	6			合计
5:00—5:30			62	200	367	201			830
5:31—6:00									
6:01—6:30									
6:31—7:00									
⋮									

注：此表为2号站调查汇总表，即2号站上人后到3号站下车62人，到4号站下车人数为200人，以此类推。

表 2-18 乘客流向量统计表

调查时间 5:00—5:30　　　　　　　　　　　　　　　　　　　年　月　日

满载率/%	运能	通过量	总下车人数	0	58	194	640	1 312	1 331	3 535			
			站Ⅰ	0	58	132	280	310	160	940			
			站Ⅱ		0	62	200	367	201	830	940	2 150	43.70%
			站Ⅲ			0	160	305	200	665	1 712	2 150	79.50%
			站Ⅳ				0	330	260	590	2 183	2 150	101.50%
			站Ⅴ					0	510	510	2 133	2 150	99.20%
			站Ⅵ						0	0	1 331	2 150	61.90%
				站Ⅰ	站Ⅱ	站Ⅲ	站Ⅳ	站Ⅴ	站Ⅵ	总上车人数	通过量	运力	满载率/%

如在 1 号站调查：时间 5:00—5:30。从 1 号站上车的总数 940 人，这些客流在 2 号站下车有 58 人，3 号站下车有 132 人，4 号站下车有 280 人，5 号站下车有 310 人，6 号站下车有 160 人。其他站调查的下车人数以此类推。根据原始表上的数字，整理出资料如表 2-18 所示，说明如下：

根据原始表调查的数据，将各站下车人数填写到格内（粗实线格内）。上车人数填写到格外。如 1 号站共上车 940 人，即顺看 1 号站横栏与上车人数交叉处格内填写 940 人；其中在 2 号站下车 58 人，即在 1 号站与 2 号站交叉格内填写 58 人；在 3 号站下车 132 人，即在 1 号站与 3 号站交叉处格内填写 132 人；在 4 号站下车 280 人，以此类推。

在粗实线格上边的横栏内为下车的人数，如 58 人、194 人、640 人、1 312 人、1 331 人，总数是 3 535 人。这个 3 535 人是单程的客流总量。

在粗实线格右侧竖行的格数分别为各站上车人数。各格内人数相加，如 940+830+665+590+510 为上边第一格内的下车人数。

根据各站上车人数计算通过量：第 1 站与第 2 站间的通过量为第 1 站上车人数 940 人。

第 2 站与第 3 站间（第 2 断面的通过量）的通过量为第 1 断面通过量加上第 2 站的上车人数减去第 2 站的下车人数（940+830-58=1 712 人），以此类推。最后一个断面的通过量应等于终点站的下车人数，也就是 1 332 人。

按照此表填入运力，求出满载率，也就可以分析现行的行车时刻表的适用情况。

（4）问询客流调查的作用

问询客流调查能够反映每个乘客上车和下车的地点。同时也可反映出每一站上车的乘客到其余各站下车的人数、每个站上车乘客的乘距、每个断面的客流量负荷情况和满载率等。在条件许可的情况下，还可以询问乘客的转乘，以掌握乘客的乘车规律与集散方向，解决线路各断面站的乘车问题，便于将线路布设衔接得更好。

4. 月票调查法

（1）概述

月票调查法是对购有公共交通月票的乘客进行日常乘车动态调查的方法。

（2）月票调查的内容

① 月票乘客的工作单位、详细住址和工作地点；

② 工作班制及休假日期；

③ 购买票种；

④ 乘车时间；

⑤ 乘坐线路（包括转乘线路）；

⑥ 上车站及下车站的站名（包括转乘线路的站名）；

⑦ 步行时间等。

(3) 月票调查法的组织方法

① 收发调查表：调查表发放一般与乘客购买月票同时进行。由乘客当场填写回收；也可结合更换月票卡工作，要求乘客缴纳旧卡换给新卡（旧卡作废），同时交回填好的调查表。

② 校核调查表：收回调查表后，由调查员当场核对所填写内容，发现差错及时改正。

③ 调查表编码、录入：将家庭住址、停车站等非数字信息变为便于计算机识别的数字信息，然后录入计算机。

(4) 调查资料的统计汇总及分析

经过计算机的处理，可以得出以下资料和图表。

① 月票乘客起止点分布，上下班平均出行距离，换乘次数，步行时间，乘车距离。

② 主要集散点之间的流量与途径。

③ 各停车站的月票乘客流量，流向与集散量，以便研究合理设站。

④ 每条线路上的月票流量分布，以研究公共交通现有线路的走向与运力，适应客运量的客观需要。

⑤ 可将全市公交线路交叉点归并成若干个大的区域，列出各个区域月票乘客的起止点表。并根据这些区域间月票流量与流向，对照现有公共交通线路的分布，研究公共交通线网的合理布局与调整行车时刻表。

月票调查的主要表格见表 2-19～表 2-26。

表 2-19 公交月票调查表（正面）

家庭住址					工作单位名称					
					单位地址					
性别	男	女	年龄		上班时间					
					职务	工人	干部	学生	其他	
班别	常日班	早班	晚班	夜班	购票买种	市工	郊工	通用	地铁	市学	郊学
您每天从几时离家动身乘车：								公休日		

表 2-20 月票调查汇总表（总一）

年　　月　　日

项　目	单位	合计	男	女	备注
月票人数	人				
乘车人数	人次				
不换乘人数	人				

续表

项	目		单位	合计	男	女	备注
换乘情况	换乘人数	1次 人数比例	人				
			%				
		2次 人数比例	人				
			%				
		3次 人数比例	人				
			%				
	乘客周转量		人公里				
	平均运距		km				
购票票种	学生月票		人				
	市工月票		人				
	通用月票		人				
	地铁月票		人				
不同职业人数	工人		人				
	干部		人				
	学生		人				
	其他		人				

表 2–21 上班乘车情况（反面）

乘车次数	乘车线路	上车站名	下车站名
第1次	路		
第2次	路		
第3次	路		
第4次	路		
步行时间	由家步行到上车站需　　min		
	由下车站到单位需　　min		
	中午是否回家：		

表2-22 月票调查汇总表（总二）

年　月　日

项　目		单位	合计	男	女
中午回家人数	人数	人			
	比例	人			
不同乘距人数	1～2	人			
	2.1～4	人			
	4.1～6	人			
	6.1～8	人			
	8.1～10	人			
	10.1～12	人			
	12.1～14	人			
	14 以上	人			
不同步行时间人数	由家到车站	5 min	人			
		10 min	人			
		15 min	人			
		20 min	人			
		25 min	人			
		25 min 以上	人			
	下车到单位	5 min	人			
		10 min	人			
		15 min	人			
		20 min	人			
		20 min 以上	人			

表2-23 月票调查汇总表（总三）

年　月　日

项目		单位	合计	男	女	备注
	平均运距	km				
不同上班时间人数	5:00—6:00	人				
	6:01—7:00	人				
	7:01—8:00	人				
	8:01—9:00	人				

续表

项目		单位	合计	男	女	备注
	平均运距	km				
不同班制人数	日班	人				
	早班	人				
	晚班	人				
	夜班	人				
不同公休日人数	星期一	人				
	星期二	人				
	星期三	人				
	星期四	人				
	星期五	人				
	星期六	人				
	星期日	人				

表 2-24 月票调查汇总表（分表一）

小区编号 出发地点 \ 小区编号 到达地点	1	2	3	4	5	6	7	8	9	10	11	12	13	…	合计
1															
2															
3															
4															
5															
6															
⋮															

表 2-25 月票调查汇总表（分表二）

小区别		月票人数	乘车人数	换乘率		乘车情况							乘客周转量人公里	平均运距/km	购买票种				不同职业人数			
				人数	%	不换乘		换1次		换2次		换3次				学生月票	市工月票	通用月票	地铁月票	工人	学生	干部	其他
						人数	%	人数	%	人数	%	人数	%										
1	男																						
	女																						
	小计																						
2	男																						
	女																						
	小计																						
3	男																						
	女																						
	小计																						

表 2-26 月票调查汇总表（分表三）

项目		不同步行时间人数/min					下车到单位/min					不同乘行距离人数/人										
小区别		由家到车站/min										1~2 km	2~4 km	4~6 km	6~8 km	8~10 km	10~12 km	12~14 km	14~16 km	16~18 km	18~20 km	20 km 以上
		5	10	15	20	20以上	5	10	15	20	20以上											
1	男																					
	女																						
	小计																						
2	男																						
	女																						
	小计																						
3	男																						
	女																						
	小计																						

(5) 月票调查法的作用

通过月票调查，可以掌握月票乘客在城市客运量中的比例，上下班高峰时间月票比例一般在 70%以上，月票客流又是比较稳定的。上下班的行程线路比较固定，掌握月票乘客动态及其规律，就基本上掌握了城市公共交通客流的一般规律。总之，通过月票调查，可以掌握住公共交通线路上的客流量分布、客流方向、乘车规律、出行特征，为制订城市规划和公共交通企业的规划提供科学的、有价值的资料。

5. 其他调查法

（1）签票调查法

签票调查法是通过对每个站的上车乘客购票情况的统计，来了解掌握线路乘客的流量、流向与乘行距离的一种方法。签票调查法可采取车上调查和车下调查两种方式。

车上调查法是当班售票员在行驶途中，按规定的站段来签注各种普票的发售止号，并进行记录。车下调查法是起、终站的线路调度员在站上统计每一次车发售的各种普票数，并进行记录。签票调查法是统计车辆经各个站段各种普票发售的数量。由售票员作调查，并备有专用的统计表格，见表 2-27。

表 2-27 售出普通票分级记录表

发车时间：　　　　　　　　　　　　　　　　　　　　　　　　方向：

站名	经过时间	票号/售出量				普客人数
		10 min	20 min	30 min	40 min	
始发站						
第 2 站						
第 3 站						

车辆在运行中每经过一个站后，售票员就将通过时间与留在票板上未售出的各种车票票号签注在统计表上，同时计算售出张数，直至终点站。每个运营车次使用一张统计表。

站上汇总统计法是由线路调度员或专派统计员，承担车上统计表的收发工作。将各个车次的统计表按分组时间汇总，并整理在汇总表上（表 2-28）。可计算出各个站段在分组时间内售票员售出的各种普通票量和普客人次。

表 2-28 售出普通票分级汇总统计表

站名	分组时间	通过车次	票号/售出量				普客人数	小计
			10 min	20 min	30 min	40 min		
	首车—5:00							
	5:01—6:00							

续表

站名	分组时间	通过车次	票号/售出量				普客人数	小计
			10 min	20 min	30 min	40 min		
	6:01—7:00							
	7:01—8:00							
	～末车							
合计	全　　日							

签票调查法汇总统计的调查资料是较完整准确的。它能反映各个站段在不同时间内的普客数量及普客乘车距离的变动情况。

把资料汇总分析后并绘制成图表，可以检查行车时刻表上各区段的运量和运力的适应程度，掌握乘客的乘行距离与乘车规律。此种调查方法只适于在不用月票的线路上使用。

（2）发票调查法

发票调查法是由调查人员在调查的线路上每个站向每个上车的乘客（包括月票乘客）发一张该站的调查票，同时收回每个下车乘客的调查票，以取得该线路各个断面乘客分布动态的资料。

发票调查可在线路的重点站段进行，也可全线展开。每个调查点按该线发车频率高低，配备调查人员。调查时，要由行车人员密切配合，才能确保调查质量。

发票调查法用得较多的是局部抽样调查。调查点一般应选择那些对全线影响大，集散量大，上下车交替频繁，且乘车规律不够明显的站点对每个调查点上车的乘客进行发票调查，然后在其后的停车站派人负责收票并进行统计。分别计算出调查点与其他非调查点的乘客人数及其相互间的比例关系。

调查效果与特点和问询客流调查法相近。但由于被调查的对象都是乘客，且需要乘客在车内乘车时填表，受乘客文化程度、时间、车上环境条件等因素影响，调查的难度比较大。

（3）填表调查法

填表调查法是对工厂、机关、学校、文体场馆等单位的职工或居民小区的居民出行动态进行调查的一种方法。填表调查主要用于了解各单位的职工、居民等基本客流的出行动态及其规律，为进一步改进调度措施，解决乘车矛盾，编制近期计划与远期规划提供依据。填表调查有以下3个类型。

① 工厂（机关、学校）：主要是对单位职工乘车动态进行的调查。以单位的地域分布为基础，依位置顺序派调查员上门做填表调查统计。建立基础资料后，可保持经常性的联系，按照调查内容和要求告知或寄送上门（见表2-29），定期收回。资料收集后，再按地区或路段范围加以统计汇总（见表2-30）。

表 2-29 单位职工人数及上下班时间调查表

单位名称：		地址：			所属局、公司		
联系部门：		联系人：	电话：		厂休日		
职工总人数		生产班次		班别	上下班时间		人数
购买月票人数				日班	时—时		人
骑自行车人数		时间及人数		早班	时—时		人
厂自有客车数				晚班	时—时		人
载客人数				夜班	时—时		人
职工居住分布	区 人	区 人	区 人	区 人	区 人		区 人
要求和意见							

表 2-30 单位职工调查汇总表

地区或路段：   调查日期：

单位名称	地址	所属系统	电话	职工人数	其中		坐厂车人数	厂休日	上班时间人数				下班时间人数			
					月票人数	骑自行车人数			日班	早班	晚班	夜班	日班	早班	晚班	夜班

② 文娱体育场馆：文娱体育场馆的调查是指对线网范围内的影院、剧场、游艺场所、文化宫、公园、体育场（馆）等公共场所的调查。

调查的内容为：每天演出场次和入、散场时间；最大容纳量（或席位数）、均上座率；近期节假日活动安排和观众预计；季节变化对游客的影响。

文娱体育场馆的活动和观众动态，对公共交通有关线路的运行影响较大。大型体育场馆的活动，往往不是附近原有线路所能承担的，必须调配较多的车辆方能适应。固定节假日更是文娱体育表演场所吸引大量观众的时间，无疑会大大增加公共交通的客流量。

因此对文娱体育场馆除建立基础性的调查资料外，每逢固定节假日前，应进行一次全面的调查。这样就可预测这些公共活动场所观众的数量、活动时间、对附近公共交通线站的影响，只有了解这些情况，才能有效地安排调度工作，增加行车班次，及时运送观众。

③ 居民出行调查：也叫起讫点调查，起终点调查，OD（Origin Destination）调查，是对居民出行活动进行的全程调查。出行调查一般不是仅仅为了安排公交线路或调度措施进行的，而是一个城市为交通规划、城市发展总体规划进行的基础数据采集工作。但调查结果对城市

的客运规划、公交线路布局、车辆发展规模等与企业密切相关的诸多方面，具有十分重要的意义。

2.2.3 信息采集与数据收集技术

公交运营信息是整个公交企业管理业务的基础，对公交客流全面、准确地把握是公交管理工作的基础，它不仅为日常调度提供依据，也为线网优化提供参考。

公交客流信息采集技术与车辆定位、无线信息传输等技术相配合，可完成公交车辆的乘客上下车人数、上下车时间、相应站点等数据统计，真实地记录各时间、各区段的上下客流情况，实时或准实时地把信息传输到公交调度中心，获得随时间变化的客流、公交 OD、断面通过量、满载率、平均运距等一系列指标数据，从而为科学合理地安排调度车辆、优化公交线路、辅助完成客流调查提供第一手资料，还可以全面如实地反映出公交车辆的实际载客人数，方便与钱箱收入之间的核对。出行调查由城市政府决定调查时间，一般由规划部门组织实施，期间需要公交、公安（主要是户籍）、交管、街道等各方面的配合，调查工作一般以居民（居住地）为单位抽样进行，也包括旅店、集体户的人员。

客流信息采集方法常用的有以下几种。

1. 公交客流人工调查

组织大量人员随车进行客流调查、通过问卷进行调查。

人工调查的优点在于：不需要进行信息采集设备的投资；调查资料比较全面、灵活。但公交客流调查是一项非常烦琐和耗费人力、财力的工作，在实际操作过程中，做到经常性、系统性非常困难。人工调查也不能为调度中心随时提供实时数据。在调查准备阶段，需对调查人员等做大量的组织工作。公交客流人工调查后，资料整理的工作量也很大，人工调查的数据在使用之前必须经过编辑整理、数据提炼等过程。在费用一定的情况下，人工调查难以保证数据质量。

2. 利用公交 IC 卡进行公交客流调查

公交 IC 卡的应用为客流调查提供了一种新的手段。通过对 IC 卡数据接口的系统设计，可获取乘客上下车的时间、相应站点等数据，也可以通过数据分析得到乘客出行基本信息：平均出行次数、起讫点分布、平均换乘次数、出行耗时、出行距离等。

由于一般实行上车刷卡，下车二次刷卡，所以下车人数、起讫点分布等信息需要根据 IC 卡获取的乘客出行信息进行推测。这种调查方法的突出特点是技术简单可靠，成本较低，它的缺点在于对不使用 IC 卡的乘客不能进行统计。

3. 基于图像处理的公交客流调查

基于图像处理的公交客流调查的工作原理是：在上下车门口安装摄像机获取视频图像，通过软件对连续图像进行分析处理，识别乘客及其运动，从而自动对上下车人数及方向进行计数。

这种方法的计数精度在很大程度上取决于图像分析软件的设计水平。系统易受振动、光线、温度的影响,图像质量的好坏影响软件分析结果的精度。由于需要高质量的摄像器件、很强的图像处理能力,这就使得系统成本较高,一般可用于检验人工调查及自动乘客计数系统的计数精度。

4. 自动乘客计数系统

自动乘客计数(Automatic Passenger Counter,APC)是自动收集乘客上下车时间和地点的有效方法,结合车辆自动定位、无线信息传输等技术,可以实时传送客流信息;通过数据管理系统和地理信息系统,经过数据统计和空间分析可以得到运营所需的多样、广泛的数据资料。

相对于人工调查,这一系统可以用较合理的成本不间断地实时获取大量较高准确度(约95%)的数据资料,与统计分析软件相结合自动产生公交系统运营管理所需的各种报表。由于这一系统需要与其他系统共同协调使用,成本及运营环境要求较高。

2.3 客流预测

2.3.1 客流预测的作用

1. 概念

公共交通企业的客流预测,就是在各种客流调查和客流统计的基础上,经过全面系统的研究和分析,从现在研究未来,从已知研究未知,在未来未知的许多不确定因素中研究各种可能性,以减少未来发展的不确定性和盲目性,增强未来的预见性和适应能力,对未来的客流变化趋势作出科学的估计。

2. 客流预测的作用

① 客流预测主要是预测客流量和客运工作量,从而对未来客流的变化趋势作出科学的估计;
② 科学的客流预测是决策的依据,是制定线路网规划的依据;
③ 公共交通的客流预测是公共交通企业为提高服务质量,组织运营,编制运营计划的一项重要的基础工作。

2.3.2 客流预测的方法

1. 客流预测的分类

客流预测有短期预测(1~3年)、中期预测(5~10年)、长期预测(15年以上)。
客流预测的基础是大量的、丰富的情报资料。包括掌握城市的经济与社会发展计划、城市发展规划、城市社会经济各种统计资料、公共交通企业历年的客流资料、各种客流调查资料、现实的客流状况及各种客流理论的著作等。

在取得资料后,应用数学方法和经验判断,对资料进行分析和整理,得出规律性的结论,为决策提供依据。

客流预测的全过程如图2-11所示。

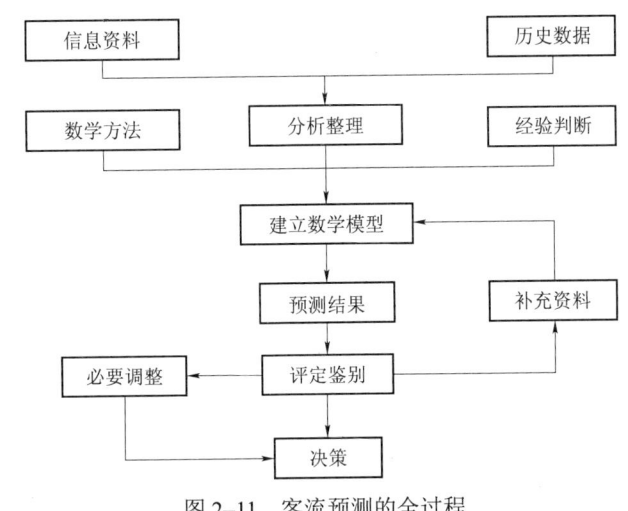

图2-11 客流预测的全过程

2. 客流预测的方法

(1) 直线趋势法

① 徒手画线法:这种方法是将原始的对应数值在坐标图上用点描出来,以表明其分布情况。一般来说,以时间t为横坐标(x轴),以客运量为纵坐标(y轴),如图2-12所示。坐标面上点的分布是比较分散的,初看起来没有规律,因为变量之间并不都是确定性的函数关系。但是,如果从这些关系的发展趋势看,随着时间的推移,客运量是上升的,时间和客运量之间存在相关关系。因此,可以不用数学公式,而在这些点之间徒手画出一条直线,所有数据点的波动基本上是以这条直线为中心的。然后把这条直线延长,就可以推算出预测值,这条直线可称为趋势直线。这种画法当然因人而异,没有一个客观标准。但是如果认真、仔细地画,也不失为一种有用的方法,这种方法比较粗略,但十分简便。

② 数学公式法:用数学方法给社会经济现象配合一个适当的方程式,是进行客流预测的有效方法。

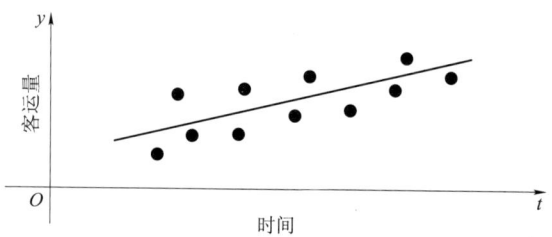

图 2-12　直线趋势法图示之一

一般的直线趋势方程为：

$$y = a + bx \tag{2-2}$$

式中：y 为预测客运量；x 为时间周期数；a、b 为待定系数。

根据图 2-12，坐标上的点可按数学公式描绘出图形，仍是一条直线（见图 2-13）。其数学公式应为：取其任意 2 个点的坐标即为一对值：(x_0, y_0) 和 (x_1, y_1)。这一对值可描绘出的 2 个点可以唯一地确定 1 个直线方程 $y = f(x)$，$\dfrac{y - y_0}{x - x_0} = \dfrac{y_1 - y_0}{x_1 - x_0}$。

整理得：

$$y = y_0 + \frac{y_1 - y_0}{x_1 - x_0}(x - x_0) = f(x) \tag{2-3}$$

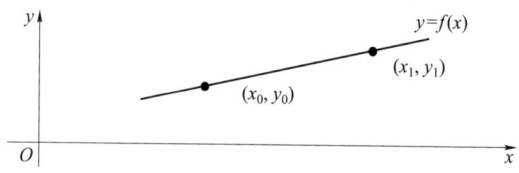

图 2-13　直线趋势法图示之二

直线趋势法用一对数值 (x_0, y_0) 和 (x_1, y_1) 求得 $y=f(x)$ 的近似值。由于 2 点的对应值本身受各种偶然因素的影响，会有误差因素，而且 1 个对应值常常不仅与 2 个相邻的对应值有关，同时还与一系列的对应值都有联系，因此画出的直线会与实际有较大的误差（即在所取的一对值，决定一条直线有直接关系）。在 $y=a+bx$ 中，只要知道了 a、b 这两个待定参数，即可预计任何一个时间的客流量。应用最小平方法（也称最小二乘法），可知 $y=a+bx$ 的标准方程为：

$$\begin{cases} b\sum x + na = \sum y \\ b\sum x^2 + a\sum x = \sum xy \end{cases} \tag{2-4}$$

式中：a，b 为待求参数；y 为已掌握的客流量资料；x 为已掌握的时间资料；n 为已掌握资料的项次数。

解方程（2-4）可求出待定参数 a，b。将求出的 a，b 值代入趋势方程 $y=a+bx$ 即可进行预测。用最小二乘法取得的趋势方程是唯一的，也是最适线，即误差的平方和为最小的直线。

（2）曲线趋势法

曲线趋势法就是根据实际资料，研究现象数量变化的规律，以便预测这些现象将来发展趋势的一种方法。现象数量变化的规律性就其数量表现来说，是可以从其变化的增长量或增长速度显示出来的。从动态数列中确定其数量增长的基本类型，再用合适的曲线把它变动的趋势加以描述。资料的曲线配合不能完全描述现象的趋势，只有从分析现象本身的发展特点出发，正确判断变化的基本类型，才可能有效地运用曲线配合的方法，预测趋势的发展。

① 如果现象的发展大体上是按每期以相同的增长速度增减变化，则这种现象发展的基本趋势是指数曲线型的。指数曲线的方程式是 $y=ab^x$。

其中 a，b 都是待定参数，a 表示基期的初始水平，b 表示现象的一般发展速度。即 x 年的变量 y 等于初始水平乘以一般发展速度的 x 次方。

对上式两边取对数：$\log y = x\log b + \log a$

设 $y' = \log y$，$\log b = A, \log a = B$

则 $y=ab^x$ 可化为：$y' = Ax + B$，可以按直线配合的方法确定所需要的指数曲线。

② 如果现象的发展是按每期增长量的增长大体相同的增减变化，则这种现象发展的基本趋势是抛物线型的，抛物线的一般方程式是：$y = ax^2 + bx + c$。这种现象发展的特点是，每期都有增长变化。但是这种变化既不是按相同的增长量，也不是按相同的增长速度，而是表现在增长量的变化上，即每期的增长量按相同的增长量增长（即增长绝对数相同）。

（3）平均速度趋势外推法

这是一种将历年客运量发展的速度平均化，并按平均发展速度推算未来若干年客运量的方法。

计算公式为：

$$\bar{x} = \sqrt[n]{\frac{a_n}{a_0}} - 1 \quad (2–5)$$

式中：$\bar{x}$ 为年平均增长速度；a_n 为第 n 年的客运量；a_0 为基年的客运量；n 为时期因数。

这个方法简单易行，所需要的资料不多，是常用的预测方法。例如，某公共汽车公司从 1990—2006 年每年的客运量总量如表 2-31 所示。

表 2-31　1990—2006 年每年的客运量统计表

年份	年客运量/百万人次	年份	年客运量/百万人次
1990	466.70	1999	531.24
1991	469.30	2000	580.44
1992	472.51	2001	610.31
1993	458.20	2002	690.05
1994	474.21	2003	681.12
1995	481.37	2004	721.18
1996	490.14	2005	752.17
1997	441.74	2006	764.86
1998	492.11		

从表 2-31 中看出 1990 年的客运量为 466.70 百万人次，到 2006 年为 764.86 百万人次，由此可以求出 16 年中这个公司的客运量年平均增长率：

$$\bar{x} = \sqrt[16]{\frac{764.86}{466.70}} - 1 = 1.0313 - 1 = 0.0313 \quad 即 3.13\%$$

从中推算出 2014 年的年客运量为：

$$a_n = a_0(1+\bar{x})^n \tag{2-6}$$

即 $a_{14} = 466.70 \times (1+3.13\%)^{24}$

≈ 977.86（百万人次）

（4）指数平滑法

指数平滑法是对平均速度的改进，是客流预测中广泛使用的方法。指数平滑法分为一次指数平滑、二次指数平滑和三次指数平滑。

一次指数平滑法的计算公式是：

$$\bar{y}_{t+1} = \alpha y_t + (1-\alpha)\hat{y}_t \tag{2-7}$$

式中：$\bar{y}_t$ 为 t 期的实际客运量；$\hat{y}_t$ 为 t 期的预测客运量；α 为平滑系数（$0 < \alpha < 1$，根据经验而定）；$\bar{y}_{t+1}$ 为下期预测客运量。

从式（2-7）中可以看出，一次指数平滑用来进行客流预测的优点是：只要有本期客运量实际完成数、本期运量的预测数和一个合理的 α 值，就能作出下期的客运量预测。对于平滑系数 α 取值的大小，可以根据过去的预测值与实际值比较而定。差额大，则 α 值应取大一些，差额小则取小一些。通常 α 值的取值范围在 0.1~0.3 之间。

举例说明：某一公共汽车公司 2000 年全市的客运量预测值为 12 亿人次，2000 年全年实际客运量为 11.82 亿人次。依此预测，2001 年客运量（取 $\alpha=0.3$）。

$$\bar{y}_{2001} = 0.3 \times 11.82 + (1-0.3) \times 12$$
$$= 3.546 + 8.4 = 11.946（亿人次）$$

由于一次指数平滑只能预测一期的客运量。所以，这种方法只适用于短期预测。若要向前预测今后若干期的客运量，就需采用二次指数平滑法。

二次指数平滑法是对一次指数平滑的数据再做一次指数平滑。它不直接用于预测，只用于估计直线趋势模型的参数，然后再建立预测方程进行预测。同样，还可以进行三次指数平滑，用于估计曲线趋势模型的参数。这里不一一介绍。

（5）相关分析法

这种预测是一种从事物之间相互依存关系出发进行预测的方法。它的可靠性比前面几种方法高，但所需资料较多，计算比较复杂。

所用公式为：

$$y = a_0 + a_1 x_1 + a_2 x_2 + \cdots + a_i x_i \tag{2-8}$$

式中：y 为预测客运量；x_1 为相关自变量（如城市人口数、收入水平、居民购买力或商品零售额等，$i=1, 2, 3, \cdots, n$）；a_i 为待定参数（$i=1, 2, 3, \cdots, n$）。

（6）经验估计法

经验估计法是指在没有比较准确和可靠的客流数据时，或者客流出现某种不可能用数量揭示的偶然性波动时所采用的方法。它是依靠参加预测人员的实践经验和综合分析能力，根据所掌握的情报信息，将主观认识的意见化为所需要的客流预测资料，对未来的客流状况作出判断和估计。

经验估计法的主要依据如下。

① 根据提供的信息和资料，召集有关人员（如熟知客流规律的有关部门的主管人员），广泛听取意见，再由决策人作出结论性判断。

② 召集与预测客流有密切关系的专业部门的有关专业人员进行分析。他们对客流变化的规律有相当的认识和理解，可提出预测意见。

③ 由专业部门就客流预测的内容向基层现场有关人员征求意见。基层人员对所管辖的线路和地区的客流变化有着丰富的直观资料和实践经验。

综上所述，不论是哪种客流预测方法，由于客流的波动变化多端，影响因素复杂，预测的结论都不可能是百分之百的准确。但是客流、客源都有其自身的发展变化规律，只要充分掌握客流资料，了解其动态，熟悉预测方法，预测的准确程度是完全可以逐步提高的。在实际应用中，也可以同时使用几种方法，以其不同的预测结果，作为预测标的数值上下波动可能性的参考。

复习题

1. 简述客流的特征。
2. 客流的分类有哪些?
3. 简述客流的调查方法和目的。
4. 简述客流预测的作用。
5. 综合考虑影响客流变化的各种因素,并结合实际加以讨论。

第 3 章

客 运 市 场

3.1 客运市场概述

3.1.1 客运市场的概念

所谓客运市场，狭义的是指由客运业主和非特定乘客所形成的供求关系。客运业主，是指一类客运工具的拥有者，他们拥有客运工具的目的不是为了自用，而是向社会提供客运服务。非特定乘客，是指这些乘客与客运业主之间除了客运服务的供求关系之外，可能不再有任何其他关系。由于城市的土地资源是有限的，而且多数的城市道路是由政府出资建设的市场。从这个意义上说，政府和所有城市道路的使用者，都是城市运输市场的参与者。与餐饮市场相比，客运市场明显具有特殊性。餐饮市场需要占用城市的土地、水源、食品、燃料等，但这些资源基本可以实现有偿使用，而且相对来说，这些资源的供应程度更为宽松。而在居民自行采购、加工食品的过程中，享受的政府补贴已较少。所以在广义的客运市场中，政府一方面是管理者，另一方面是道路资源的提供者。相对来说，政府在客运市场中比在餐饮市场中承担更多的义务和责任。

在现实生活中，由于政府干预的结果，客运服务可能是有偿的、部分有偿的或无偿的。客运市场作为市场经济的一部分，总体上要遵从价值规律的要求——以利益为动因，由供求规律、价格规律、竞争规律共同支配客运市场的活动。同时，也具有市场机制所共有的缺陷，主要表现为：不能确保竞争个体与社会总体利益的一致，从而可能损害社会总体利益。在市场经济的初级阶段，其自发调节作用不够完善，可能误导供求双方。市场竞争的优胜劣汰可能形成市场垄断，从而破坏市场的竞争机制。商品的提供过程，常常要占用甚至消耗部分资源，也有可能给社会带来某些损害，尤其是一些关系到国计民生的重要商品，市场自由化造成的供需矛盾和波动可能影响国家或城市的政治经济稳定。由于这两方面，政府必须对市场进行宏观调控。其手段可以是法律的、经济的，也可以是行政的。调控力度往往与市场化的发育程度有关，在市场经济的初期或从计划经济向市场经济转型的时期，往往需要一个从强到弱的渐近过程，盲目的全面关闭或全面开放市场，都难以取得理想的结果。

客运市场正是需要政府实行强有力调控的市场，其原因有二：一是客运市场的商品，即交通服务，它是社会生产和社会生活的重要环节，是"第一道工序"，其供需矛盾将影响城市的稳定和发展；二是客运市场的商品生产，即交通服务的过程，除了交通工具之外，其还要占用城市空间（主要是城市道路），同时还会造成一定的污染，而城市道路等城市空间和城市对环境污染的承受能力都是有限的。

我国正处于从计划经济向市场经济转型的时期，市场发育与各级政府的调控能力都在不断成长之中。如果说，计划经济是开放程度最小的市场经济，成熟的市场经济是开放程度最大的市场经济，那么目前需要的是强有力的政府干预下的、适度开放的市场经济。比较历史与现实，国内与国外市场运作，不难证实这一观点。

英国从 20 世纪 80 年代开始进行铁路私有化的工作，用 7 年的时间才完成，并保持了 3 条享受政府补贴的国有铁路。

东南亚的金融危机，虽然其国内经济有许多薄弱环节，但盲目开放金融市场，遭致国际游资的狙击，被公认是引发危机的导火线。

北京一些街道，小公共汽车过量发展，满载率大幅度下降，造成沿途驻车揽客，形成民谣中的新一怪："小公共没有大公共快"。

南方某市，大量引进外资经营公共汽车，车辆总数提前数年达到 2000 年规划目标，由于调控力度不够，形成线路重叠严重的局面，一些中途站有三四十甚至更多的线路通过。缓解了"乘车难"，加重了"行车难"。

3.1.2 客运市场的划分

客运市场可以简单地按运输工具划分，如道路客运市场可划分为：公共电汽车，小公共汽车，出租小客车，出租大中客车，无驾驶员的车辆租赁，具有游览性质的人力二轮车和三轮车。由于后 3 类市场比例很小，所以本书不讨论。

1. 公共电汽车客运

公共电汽车客运在多数城市客运市场中都是最大的市场，往往占有最多的客运量。在可以预见的将来，也是众多城市最主要的客运市场。在城市道路资源有限、运送同样数量乘客的情况下，公共电汽车是占用道路最少、最廉价和污染少的交通工具。由于其廉价，从而成为众多工薪阶层选中的客运方式；由于其占用的道路最少和产生的污染较少，从而受到很多城市政府的重视。更重要的是，由于占社会人口比例最大的中低收入阶层大量使用公共电汽车，其服务质量的优劣将直接影响社会生产和社会生活。亚洲、欧洲、南美洲都发生过因服务、价格而引发的社会动乱。上述原因使公共电汽车的市场管理成为客运市场管理的最重要内容，而且对经营业主的控制往往较严，有些城市由国有公司独家经营，有些城市以授予专营权的方式对业主进行严格的资质审查和服务水平监督，使得只有少数优秀公司才有资格参与竞争。为了吸引乘客使用公共电汽车，政府机构还对参与公共电汽车经营的单位提供各种政策和经济上的扶持，如有的城市给予获得经营权的私营公司财政补贴，以降低公共电汽车票价；有的城市给予公共电汽车优先通行权，以提高其运行速度。由于公共电汽车在客运市场上占有举足轻重的地位，其总体服务水平的高低，包括正点率、运送速度、拥挤程度、车票价格甚至服务态度，都会对其他交通方式的市场产生影响。有的城市甚至因公共电汽车调整价格，造成助力车脱销。

2. 小公共汽车客运

小公共汽车是介于出租汽车和公共汽车之间的运输方式。小公共汽车起源于中国香港，在相当长的时间内，未得到政府的承认而处于非法经营的状态，而非法经营又使一些黑社会分子去控制小公共汽车。在经历了 20 世纪 70 年代工潮之后，香港逐步将其纳入法治化轨道。改革开放以后，很多内地城市学习香港，将其作为公共电汽车的补充，但实际情况并不十分理想。从目前情况看，以小公共汽车的方式将公共交通线路网从主干道引向支路、街巷的设想，普遍没有实现，反而由于利益驱动，加大了主干道上的交通压力。小公共汽车"招手上车、就近下车"的优势，当其大量发展时，就显示出对城市交通的干扰，甚至成为新的事故隐患。目前一些内地城市政府已实行对小公共汽车实行限制发展的政策，有的在等待其自然报废，不准更新，而广州市已经没有小公共汽车。北京作为一个古城，受到原有城市布局的限制，客观上需要小公共汽车作为公共电汽车线路的延伸。但如何从政策上加以引导，尚需进行深层的探讨。

3. 出租小汽车客运

出租小汽车客运主要服务于乘客个体偶然的出行需求。但在特殊的历史时期，也可能形成相对固定的乘客群体。在经济快速增长的社会中，贫富差距一般要大于经济发达的社会和经济极不发达的社会，即一部分人先富起来，产生了一个经济上能够承受的以出租小客车为主要交通工具的社会群体。同时，公共电汽车系统发展的滞后，尤其是社会经济发展带来的交通拥挤、服务水平（车速、正点率等）的下降，使其不能满足这个阶层的要求。从而在这个特殊的历史阶段出现了特殊的现象：道路拥挤，公共交通服务水平下降，部分乘客转向出租小客车，市场扩大吸引新的车辆投入出租运营，导致道路拥挤加剧。有人在北京的路口清点等待放行的车辆，发现出租车占了车辆总数 50% 以上。由于出租小汽车的经营特性决定，很多城市对其经营者不进行严格的限制，甚至允许个体经营。政府对市场的宏观控制，主要手段是发放运营许可证。在很多城市以拍卖的形式发放运营许可证，从而有效地控制了过量发展带来的交通压力和恶性竞争。

3.1.3 客运市场管理的目标

按照狭义与广义的客运市场定义，客运市场的管理有两层不同的目标。狭义的管理目标，是保持狭义客运市场持续稳定地运行。通过规范业主与乘客的行为，保持市场的动态供求平衡，维护业主与乘客的合法权益。而广义的管理目标，是保持城市整体交通资源的供需平衡，保证所有出行的正常完成。它包括两方面的内容：乘客数量与交通工具运输能力的平衡；交通工具（车辆、船舶等）与输送通道（道路、河流等）通行能力的平衡。而前一方面的内容，就是狭义客运市场管理目标的核心，其含义是：保证适量的投资用于客运市场，既不能使乘客过于拥挤，降低服务水平，也不能使运输能力远远大于客运量，造成业主之间的恶性竞争。后一方面的内容，核心是要防止出现交通拥挤乃至交通瘫痪。在缺乏政府控制的情况下，车辆增长速度超过道路增长速度是普遍现象，而广义的市场管理目标，就是要制止这种现象的蔓延。在无力增加道路建设资金的情况下，只能限制车辆的增长速度，即对车辆的总数和类型进行控制。这种控制是根据城市总体交通状况确定的，而不是根据某一类客运市场的情况决定的。例如，在城市交通拥挤较为严重、在途车辆中出租汽车比例较大的情况下，即使出租汽车的载客率偏高，市场需求较大，仍然可能不批准增加新的出租汽车投入运营。

3.2 公交定位与公交优先

3.2.1 公交定位

城市是商品生产和商品交换发展的产物，是人们从事经济、政治、科学文化生活的活动空间。人们活动在这个空间里，彼此间存在着不间断的密切联系。这些联系构成了人们在空间里的移动，移动的范围和频率及时间上的要求，随着城市结构和城市规模而异，越是大城市，对于这种要求就越高。简而言之，移动的要求就是出行的要求。所以有人把城市交通列入城市的衣、食、住、行四大功能中。而"行"的功能又不同于前三者。它的特点是时刻处于动态之中，频率高、交替量大、时间性强，时时刻刻都在随着城市居民各种出行的要求进行运转。这个运转就把城市各行各业，各种活动联系起来了，使各行各业、各种社会活动得以充分的发挥。而城市公共交通又是城市交通的主体，被称为城市肌体的"动脉"。

随着城市化程度的提高，城市公共交通就越显得重要。它不仅满足城市居民出行的需要，从某种意义上讲对城市功能也起到了一定的组织作用，主要表现为：大城市既定的道路空间上，只有依靠公共交通的大运量能力和符合乘客出行规律的运行时刻表，才能有效地缩短城市各种活动的时间。如果任由个体交通取代公共交通，必将造成道路阻塞，甚至可能造成瘫痪的局面。越是大城市，这个功能就越明显。许多发达国家都把发展公共交通，限制个体交通作为加快城市发展、强化城市功能的政策加以实施,即所谓的公共交通优先政策。其原因就是为了城市各种机能得以充分的发挥。所以,只有作为城市"动脉"的公共交通才能完成这一使命。"动脉"硬化或阻塞,城市肌体的活动就会瘫痪,可见公共交通在城市中的地位和作用非常重要。

建设部颁发的《城市公共交通当前产业政策实施办法》(以下简称《实施办法》)中精辟地提出了公共交通在城市社会中的地位和重要作用。《实施办法》基本原则的第二条指出:"城市公共交通是我国综合运输体系的重要组成部分,是我国运输网中的枢纽和结点。城市公共交通体系是客运交通系统的主体,是城市建设和发展的基础,是城市生产和人民生活必不可少的社会公共设施,是城市投资环境和社会化生产的基本物质条件。作为各行各业生产的必要环节且是第一道工序,同时又是城市精神文明建设'窗口',与政治、经济和社会安定休戚相关,城市公共交通以提供乘客空间位移的特殊劳务形式,将其创造的价值融于所有生产行业和流通领域的经济效益之中,因此对公共交通业必须采取明确的扶持政策,提供和完善其简单再生产和扩大再生产的条件,不断提高其运营服务水平,以提高城市功能的总体效益。"

所以说对城市公共交通在城市中的地位和作用,必须有正确的认识,不能简单地把城市公共交通看成是一个与其他行业相同的行业,也不能把城市公共交通企业等同于其他企业。因为,城市是一个地区的政治、经济、文化中心。大城市甚至具有国家的政治、经济、文化中心的地位和作用。因此,公共交通的地位和作用是伴随着城市地位和作用而产生的,有覆盖范围很广的一种超出自身所肩负的任务和所在区域范围的作用。

3.2.2 公交优先

"公交优先"即公共交通优先,是指在城市发展和规划中,把公共交通的建设、管理放在优先的位置上,给予政策、资金、技术等方面的扶持,使其能以畅通的道路、良好的车况、纵横密集的线网站点,为公众出行提供更多、更好、更快的服务。

公交优先是推动城市发展的客观要求。城市公交的正常营运,直接支撑着城市经济和社会活动的有序运转,直接影响着城市的生产和生活。可以说城市的健康发展,离不开公共交通的优先发展。公共交通与城市发展方向、用地布局紧密相关,没有大运量的、快捷的公共交通出行方式,城市想要达到理想的空间布局几乎是不可能的。伴随着城镇人口的增加和交通需求的增长,建立区域公共交通体系,能更好地联系城市与周边地区的关系,实现其协调发展。可见,优先发展公共交通不仅是解决城市交通的有效手段,而且也是优化城市布局,推动中国特色城镇化发展的本质要求。

公交优先是实现道路资源优化配置的有效途径。公共交通本身的优越性(人均占用道路面积小、污染指标低、能耗小)决定了其优先发展的地位。据统计,每20辆自行车或4辆小汽车所占用的道路面积与1辆公共汽车所占面积是一样的,而后者的载客量是自行车的100倍、小汽车的30~40倍。运送同样数量的乘客,公共交通与小汽车相比,可节省土地资源

3/4、建筑材料 4/5、投资 5/6，而空气污染只是小汽车的 1/10，交通事故是小汽车的 1/100。数据最能说明问题，城市公共交通是效率最高的交通方式，公交优先无疑是克服人多地少、车多路少、拥挤堵塞等基本矛盾和能源紧张、污染严重等问题的首选。

公交优先是老百姓安全便捷出行的保障。公交优先不是公交企业优先，不是部门优先、行业优先，其实质是百姓优先、大众优先、多数人优先。在目前城市人口拥挤、交通拥堵、空间狭小、环境污染严重、大多数人收入不高的情况下，优先发展公共交通最符合广大人民群众的利益。公共交通设施的完善程度，市场管理的规范程度，经营服务的文明程度等，都直接关系着群众的生活质量。为保证普通群众方便、快捷、舒适地出行，优先发展公共交通无疑是最为明智的选择。

3.2.3 出行方式及出行比例

狭义上的交通方式是指居民出行采用步行、自行车、公共交通、出租车等交通方式，由这些方式分别承担出行量在总量中占的百分比。广义上讲，交通方式包括 3 方面的含义：

① 各有哪些交通方式参与交通过程及其在数量上的关系；
② 这些方式在交通过程中的相互作用；
③ 这些交通方式在交通过程中与外部因素的关系。

城市客运交通方式是客运功能赖以发挥的基础，是客运交通系统的关键。

客运交通是城市大系统的一个子系统，在城市发展和建设中占有重要的地位。它凭借通达的路网和便捷的交通方式把居住和生产、生活和娱乐、生产和消费联系起来，使城市成为一个有机的整体。客运交通自身作为一个系统，也伴随着城市的发展而发展，它以满足人们的出行需求为基本出发点，随着社会生产力、科学技术、城市规模、交通和运距的不断增长，在交通方式、结构和水平等各方面不断发展变化。从最初完全依赖步行交通到马拉出租车、轮船等代步工具的出现；再到工业革命后以火车、汽车、电车为代表的机动交通工具的高速发展；直到现代大容量的自导轨的公共交通系统和智能交通系统的投入使用，城市客运交通经历了几千年的大发展和自我更替，日趋完备，交通方式种类已相当繁多。它的分类方法也较多，如按动力可分为机动与非机动两大类；按交通方式的可达性特点可分为面状（线路不固定，门到门的交通方式）和线状（一般不能直接到达目的地，按固定线路站点运行）两类；按运量可分为大、中、小等类；按速度可分为快、中、慢等各类；等等。最常用的是按交通工具的服务特点进行综合分类，可分为公共交通和私人交通两大类。现代城市交通总是以公共交通和私人交通两类交通方式构成的双重结构存在。图 3-1 就是对私人交通和公共交通方式的具体描述。

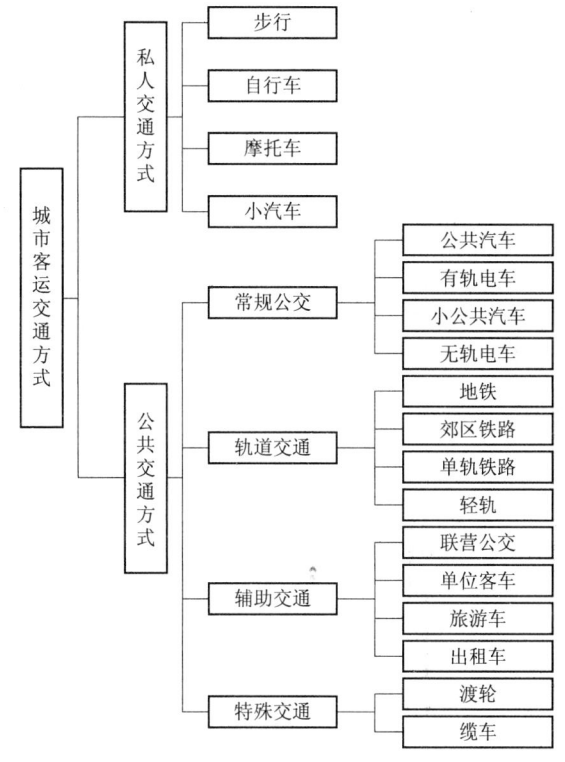

图 3-1 交通方式划分

复习题

1. 描述客运市场的运作。
2. 简述公交优先的特点及其定义。

第 4 章

票 制 票 价

4.1 票制票价概述

4.1.1 成本还原与财政补贴

企业维持简单再生产的基本条件是：

$$利润＝收入-成本$$

国内外的多数公交企业，由于一些原因，经常出现成本大于收入的情况，使企业的资金循环无法完成，只好由政府从财政收入中拨出专款，维持企业的成本还原，上式变成：

$$利润＝收入-成本+补贴＝0$$

造成企业收入低于成本的原因可能是：客流过低，达不到线路开辟的标准，提高票价将造成客流进一步流失，而不一定能够增加收入。这种情况在发达国家较为常见。

由于政策失误，发达国家普遍经历过小汽车过度使用的时期，相当多的城市至今不能自拔。当政府发现，增加道路尤其是中心区的道路，只能刺激小汽车的加速发展，而道路增长永远低于车辆增长的规律以后，转而控制小汽车的使用，鼓励使用公共交通工具。而城市用地的紧张局面也支持了这一政策。与公共交通相比，小汽车无疑是道路、能源和环境对污染物的净化能力的浪费者。但在开始实行这种政策以后的相当长时间内，拥有小汽车的人们不会轻易将自有车辆闲置不用，而去选择付车费乘坐速度和舒适性都可能要低的公共汽车。在此情况下，政府为吸引乘客，通常采用"公交优先政策"，即赋予公共汽车道路优先权来提高车速，低于成本的票价来吸引乘客，场站用地无偿划拨来减少企业支出。

很多第三世界的国家也正在经历上述过程，即经济增长、车辆增加、交通堵塞、发展公交的过程。但与发达国家不同的是，由于城市化的过程和汽车化的过程重叠（西方国家基本是城市化过程在先，汽车化过程在后，有一个时间差），城市人口密度居高不下，公交客流并不很低，有的甚至很高。但是由于公交乘客多为中低收入者，政府出于社会公平和政治稳定的考虑，依然执行了亏损票价。发达国家的公交补贴中，此种考虑也是原因之一。当然，新兴经济地区的公交不一定都是亏损的，中国香港的公交就是赢利的，只不过这样的城市不多。

计划经济模式增加了成本。这里所说的"计划经济模式"，是指由官方经营的、有独占性质的客运公司。独占而不称其为垄断，是因为行业性的亏损挡住了所有的竞争者，而不是企业方面努力的结果，从而也不存在垄断所带来的超额利润。在发达国家，公交企业是城市中为数不多的国有公司之一，其领导人是由政府委派的，其机构设置也往往仿效政府，庞大而臃肿。由于缺乏竞争的刺激，人浮于事的现象也较为普遍。在国内，低工资、高就业的政策，更是形成了劳动力的过度占用。

综上所述，主要出于宏观经济的考虑，还有节能、环保等因素，发达国家的中央政府和城市政府愿意补贴公交，以减轻城市中心地区的交通压力，从而节约路桥建设支出。在国内，票价的确定综合考虑了企业成本、乘客承受能力、政府的补贴能力和社会公平与稳定的因素。因此，公交的亏损具有其特定的社会意义，应该予以充分的肯定。同时，企业也应该努力降低成本，减轻政府负担。

4.1.2 票制及其确定原则

公交公司是向乘客提供位移服务的企业，车票是乘客购买这种服务的付费凭证，意味着企业安全运送乘客的承诺，具有商业合同的性质。票制是针对城市客运状况，在单位价格基础上，对应乘车距离变化而确定的票价制式。所谓制式，是指一定的数字系列，使用时只能在此系列中选择而不能随意确定（也称为模数化）。北京公交的现行票价制式是1.0、1.5、2.0元等。

票制的确定主要考虑方便计价和支付，兼顾减少价差，以控制应付额与实付额之间的差距，使其在乘客可接受的范围以内。

如1991年以前的票价为5分起价，价差5分，即5分、1角、1角5分、2角等；1991年调整票价为：1角起价，价差1角，即1角、2角、3角等；1999年调价为1元起价，价差5角，即1元、1元5角、2元等。2007年市区公交线路调价为：单一票制线路为1元；分段计价线路12 km以内1元起价，每增加5 km加价0.5元。价差过小，不便于支付；价差过大，乘客难以接受。价差必须与乘客群体的收入水平相适应。

与不同票价相对应的，是不同的乘车里程。对应于起始票价的，称为起价里程；对应于价差的，称为加价里程。一般来说，起始票价与起价里程的比值（起始单价），应大于或等于价差与加价里程的比值。否则，可能造成票价逻辑上的矛盾。例如，起价1，加价1；起始里程6 km，加价里程5 km，乘客乘坐11 km，票价为3元；若乘客分成两次购票，票价为2元，这就是不合理的票价。

4.1.3 票制票价审批程序

鉴于全国各省市公交企业的自主权不同,因而各企业有关票制票价的审批程序也不一样。主要程序如下。

1. 受理

申请人向有关部门提交申请,并提交相关资料。对权限内的票制票价审批事项,受理后即按规定进入定价程序;对权限外的票制票价审批事项,在5个工作日内转报上级主管部门。

2. 初审

权限内审批事项,有关部门在收到申请材料之日起30个工作日内完成成本审监工作,并出具审批报告,由上级部门审核,对不符合条件的,应在15个工作日内书面通知申请单位,并说明理由,对符合条件的,交由相关部门代表。

3. 批复

权限内的审批事项,由有关部门进行综合分析,提出确定的方案,并上报、审批。

4.2 票制种类

4.2.1 单一票制

线路全程只有一种票价,即为单一票制。单一票制简化了售票程序,为实行无人售票制度建立了基础。理论上说,实行单一票制的线路,乘客的乘车距离差异不宜过大,如果线路较长,乘客的乘距差异自然较大,因此不宜选择过长的线路,但也不应为了实行单一票制,将线路人为切断,线路的布设还是应该以客流需要为依据。分段计价的线路改为单一票制时,应选择中短途乘客占较大比例的线路;新票价应参照起始票价或起始票价加价差来确定。

4.2.2 多种票制

在国外,为了吸引乘客乘车,还设计了多日票和多人票。多日票包括一日票、三日票、周票、旬票、半月票、月票、季票、年票;多人票包括双人票、三人票、家庭票等。比单次使用的普通车票,给予不同程度的优惠。

我国的月票在初始阶段也是一种吸引乘客的优惠手段,但在计划经济之下,片面强调物价稳定,执行了几十年不变的僵化政策,逐渐造成价格与价值严重背离的局面,成为城市政府深感棘手的问题。改革开放以后,各个城市对于这一历史遗留问题,采取了各种不同的政策,造成了不同的后果:有的城市采取硬性撤销或变相硬性撤销(无过渡地用IC卡替代)的方法,实际相当于月票价格暴涨数倍,不可避免地造成乘客流失,在使企业陷入困境的同时,增加了自行车、电动自行车的使用频率，加大了城市的交通压力；有的城市则采取回避的办法，害怕月票涨价较多影响社会安定，在调整价格时，普通票的增长率高，月票的增长率低，使本来不合理的价格差距越来越大。

正确的方法是，逐步缩小月票和普通票的单价差距，坚决、慎重地提高月票价格，使其平均每乘次的价格达到普通票的3/4左右，为今后以IC卡取代月票做好准备。从另一方面来说，月票乘客和普通票乘客都是选择了应该鼓励的公共交通方式完成自己的出行，都应该得到补贴，如果乘坐相同车辆的乘客付款差距在1倍以上（国内相当多的城市，月票价格不及成本的一半，而普通票的价格略高于成本），则没有体现社会公平的原则。

4.3 票价费用的确定

公交费用是吸引旅客的一个主要因素，同时作为公交系统运营的一个基础要素，它也影响着公交机构的财务状况。公交费用的数量和与之相关所需提供的服务的质量及缴费的方便性都极大地影响了人们乘坐公交系统的意愿与行为。费用的种类及其收取方式也影响到运营效率，车票收入也会影响到都市公交营运资金筹集的方法。从长远看，这些费用最终总会对中心城市及周边区域，以及近郊的形态和发展产生极大的影响。因而对给定的公交系统制定费用时，需仔细考虑大量与费用相关的问题。

针对城市的特定状况，选择最有效的车票类型（包括结构、费用水平及收取方式），了解各种车票的共同特征及各种运输服务的特点是十分重要的。

首先，要为一个公交系统制定费用，必须清楚定价要达到的目标。收费系统的基础目标如下：

O-1　吸引最大数量的乘客；
O-2　公交机构收入最大化；
O-3　达到特定的目标，如增强劳动力、学生或老年人的出行意愿与行为服务，提高一定区域的可达性，促进更有效的公交方式的使用，等等。

设定费用时必须经常考虑以下一般要求和限制约束。

R-1　需求弹性对费用水平和结构选择的限制；在给定的费用水平上，服务质量及竞争出行方式的价格会影响旅客选择公交出行的意愿。
R-2　公交乘客得到的利益，即不同乘客群得到的服务价值（出行距离，慢车或是快车，舒适度，安全保障等）与付出的费用之比，对个人及大众人群来说，这种公平性也是一个重要因素。
R-3　社会及政治方面，不同人群的服务需要及支付能力通常也起到重要作用。
R-4　费用的合理性和支付的方便性。
R-5　费用类型必须允许相应机构实现简易、低成本的收款与控制。

由于存在相互冲突，所有这些目标和要求不可能全部达到最优。对目标O-1和O-2尤其明显：最大化吸引旅客量在大多数情况下要求提供中低费用（或者理论上来说，提供免费服务）。而低费用将造成比高费用情况下更少的收入。因而，必须在旅客吸引量最大化和收入最大化之间寻找平衡，其他目标也是如此。制定费用时就要求对上述目标及要求和约束进行权衡分析。

在将这些目标和要求转化成现实情况时，在主要目标间进行权衡通常是政治决策考虑的问题。特别是对大多数城市而言，比起收入最大化或运营收支平衡这样的目标，最大限度地吸引客流以增加人口流动性，增加就业机会或学生到校的可达性，减少交通拥堵，使城市更适宜居住就显得更为重要了。大多数城市公交机构获得的公共资金包括基础投资和部分运营成本。因而，多数城市已不再仅仅以收入最大化为目标，也涉及与之相关的其他目标，并考虑在公交公共投资的基础上收回成本。

为了在这些政策内确定适当的车票结构和水平，设计车票系统的公交机构，以及支持它的和经常提供融资的公众团体必须决定每个目标的相对重要性，无论是很明确的还是比较模糊的目标。

当车票收入足以涵盖整个或部分运营开支时，管理完善的机构开始对所有目标给予适当的考虑。而当公司或公共机构遭遇经济紧张，没有其他收入来源时，车票带来的收入多少将变成生存问题。公交运营者将被迫仅仅关注单目标——运营收入。收入最大化要求较大的费用增幅，这将引起一连串事件反应，车票定价的双重恶性循环如图4-1所示。

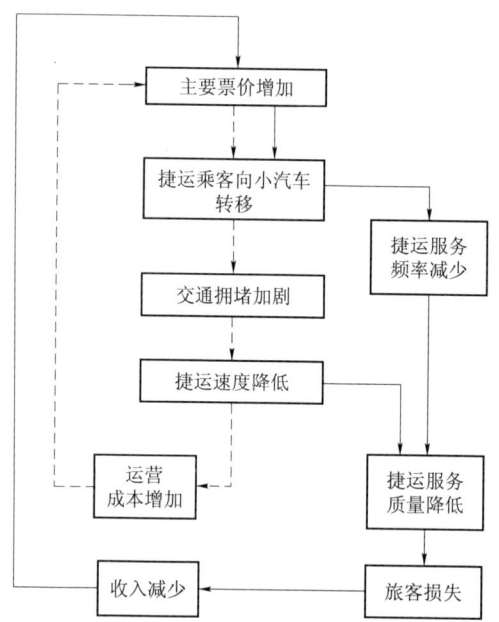

图4-1 费用增加导致的双重恶性循环

如图4-1所示，如果费用上升将导致旅客由公共交通方式向机动车大规模转移，这会带来两种结果：第一，城市道路拥堵越发严重，进而降低公交车辆运行速度，增加运营成本（图

4–1 中虚线所示);第二,客流量减少导致服务频率降低,进而导致旅客吸引量减少,而进一步引起旅客流失(图 4–1 中实线所示)。成本的增加和收入的减少将导致额外的费用增加,从而形成恶性循环。正是上述现象的存在,使得公交机构需要将运输服务维持在一定水平上,而不是允许其继续恶化甚至最终导致停运。

公交公司为求生存被迫追求收入最大化的问题在许多城市尤其是中小城市很常见。私家车广泛使用的同时,公共交通更多地被视为私有商业。20 世纪 80 年代在大不列颠和一些其他国家解除公共交通管制就是类似的事件,结果也是出现了相类似的两种情况:车票收入提高和财务状况改善,但这是以最终旅客总运量大量减少和公共交通在都市交通中的作用衰退为代价的。

当完全不考虑收入目标时会走向另一个极端。假设公交机构考虑到它拥有足够的政府补贴,以至于车票收入不再显得那么重要,那么该公交机构的运输效率就将变得低下而且极度依赖政策支持。从长远看,这种态度常常导致服务质量的退化及财务危机。

另一个过分强调一个目标的例子是固定费用的广泛使用。虽然固定费用的确有优势(如对旅客和运营者的方便性),但在一些情况下(如大城市),其对于相对更重要的目标 O–1 和 O–2 是有害的,这些在后面将提到。

在大多数拥有合理运输政策及积极公交措施的城市,吸引旅客的目标(O–1)要远远重于费用收入的最大化。这些政策能增加人口机动性,减少交通拥堵,减轻城市环境的退化。而费用收入也是不可忽略的,在不引起客运量大量流失的情况下,尽可能高的费用是必要的。

4.4　费用的收取

收费包括收费的位置、方法及对旅客缴费的控制。费用的收取方式对旅客的方便性,车辆在停车站的停留(消耗)时间(影响运营速度和服务的可靠性)及收费的成本有重要影响。路面交通(主要是公交)受停车收费造成的延误影响很大。在站内收费(通常是铁路)对乘客上车没有影响,但如果涉及较多的人手或复杂的器材时,征收成本往往会较高。自动服务和智能卡的使用能避免大部分类似的缺陷。

收费方式极大地影响以下 4 方面:
① 对旅客的吸引力;
② 服务质量及其成本(车队大小);
③ 收费设施的成本;
④ 使用不同费用结构的可行性。

因此,收费方式的选择是非常重要的。近几十年出现了许多收费革新技术和新的运营观念。定义一个收费系统需要考虑 4 个基本要素:
① 旅客一次出行的缴费时间和地点;
② 缴费控制的方法;

③ 缴费形式；
④ 收费控制的时间、地点及方式。
上述要素彼此间相互依赖，且在费用类型（结构）上相互影响。

4.4.1 费用收取和控制次数、位置及方法

根据缴费时间和地点的不同，可以将收费方式归为两大类：第一类是在上车前付款，如通过员工薪水册，在城市的不同商店或报刊亭，车站售票口或自动售票机，转栅或门口前都可购买公交通行卡；第二类是在上车时或者在车上付款，主要有：

① "付费入口处"或在出行起点；
② 车上（公交或轻轨）通过售票机完成支付，通过在专门机器上删去已付票据或者通过一张编码注册过的智能卡实现；
③ "付费出口处"或者下车前交付，通常和"入口处交费"共同使用。

车下缴费相比于车上缴费更可取，因为它不会干涉上下车的客流，因而不会降低车辆的运营速度。此方法常用在地铁上，目前已拓展到大多数的轻轨系统及自助服务的城市公交线路上，这种方法常与车上票据验票结合使用。

当使用在车上收费的方式时，先付后入的方法对于上车客流量呈平坦的时间分布曲线的线路效果更好，因为它本身不会由于排队和拥挤而产生额外的停车延误。付款离开的方式通常应用在大容量且集中上车，同时下车客流量沿线路分布比较均匀的线路上。因此，在放射状线路上，在入口方向行驶时仅采用先付后入的方法，而在出口方向行驶时采用付款离开的方法。任何时候收费都会需要第二种方法，除非利用自动服务方式或者使用智能卡。如表 4–1 所示。

表 4–1 不同费用结构下收费地点与控制方式选择

费用结构	控制系统及收费地点	站点/车辆入口	车内	站点/车辆出口
固定费用	先付后入	√		
	付后离开			√
	自助服务	(√)	(√)	(√)
分段费用	先付后入/出口控制	√		√
	先付后入/点抽查	√	(√)	
	自助服务	(√)	(√)	(√)

注：√：现场核查控制

在某些城市，先付后入的征收方式用于出发方向的径向线路上，直到车辆到达中心商业区，当车辆离开中心商业区时开始采用付后离开的方式。这种方式在中心区服务于短途出行时会产生一个免费区域，在此区域可减少机动车的使用。两种征收方式有时在较长的郊区线路也会结合起来：当乘客进入时支付一个基础费用，离开时根据他们出行增加的线路区段支

付增加的费用。

智能卡的引进解决了一些旅客下车时企图逃票的问题。智能卡能够减少或增加电子卡预存的车费。这样的话，当进入时，某公交线路上的最大费用先从卡片上扣除。当离开车辆或站点时，如果费用比最大费用低，在控制点多扣的部分会重新加到卡片上。如此一来，旅客就不再想逃票，因为离开时费用不是减少而是增加，逃票会导致更多金钱的损失。

收费控制按以下 3 种方式执行：

① 在车上缴费；
② 站点护栏（门、转栅）前；
③ 随时在系统的任何地点进行抽查。

收费方式、控制位置和时间的选择取决于费用类型：单一计费制仅要求一次付款和控制，而依里程计费制要求两次控制来确保合理计费。如表 4-1 所示的对两种不同费用类型的收费及控制位置的总结可知，单一计费制在入口处（通常公交在车辆上，地铁在门口处）收取，少数情况也在下车或车站的出口处收取；依里程计费制必须在入口之前或在入口处收费，并在出口处核对，或者随机地在别处收取，即所谓的抽查点控制。

需要注意的是，有可能存在没有任何固定的位置进行收集和控制的情况，这样就只能使用单一的抽查点控制，即所谓的自动服务收费系统，下文将有所论述。

4.4.2 支付形式

在公交系统中，一般有或独立或联合的 4 种车费支付形式：

① 出行中现金支付；
② 预付车费；
③ 自助服务收费；
④ 全自动收费及控制。前两种形式只是相同基础收费系统的不同形式，后两者跟它们在支付形式及过程有很大的区别。

1. 现金支付

现金是费用支付最基础而又最直接的形式。它的一个主要优点是易于理解，要求旅客计划的最少数量并且在执行和改变时相当容易。但是，现金支付同样存在 3 个严重的问题：第一，在高犯罪地区现金交易会产生安全问题；第二，它本身是个较为耗时的交易，并且在车上执行时会产生主要延误；第三，车上或车站资金箱里的资金整理收集是一个要求安全保护处理及银行转账要求移交办公人员处理的过程，而且所有的现金处理，从司机到分拣人员都必须确保内部行窃的情况不会发生。

为解决第一个问题，许多城市，如美国，在使用确切车票时，规定直接将其放到车票箱里，车辆司机监督，但不允许用手接收任何现金。确切车票有快速交易的优点（不用找还零钱），但为旅客带来了许多不便，因为必须提前准备大量零钱。此外，由于车票箱有时也会产生机械问题，尤其在处理纸币时。在美国，这是个相当严重的问题，因为它很少使用硬币，25美分是通用的最大面值的硬币，而其他国家硬币面值可高达2美元或3美元。

针对缴费产生的延误，许多公交系统做了大量的努力，希望通过其他形式（如代币、预付车费及智能卡）来代替现金付费。对于公交机构而言，预付车费除了更容易处理外，还具有不需要实际现金支付的优势，但这对用户来说是特别敏感和不情愿的。

支付现金车票与预付车费相比，有时在付费数量上差异很大，因而是不被鼓励的。即便是有一点差异（10%~25%）也使得旅客尽量避免支付现金。但是这些差异有时很大，甚至高达100%。巨大差异性是非常有效的，但对临时过境用户的出行却有许多处罚和阻碍。如果这样导致非高峰期旅客数量大量减少或者处罚用在了低收入人群、学生及其他临时旅客上，这种差异就是很不受欢迎的。因此，一个适度的但不是极端过高的车内现金车票是最可取的。

2. 预付车票

近几十年比较倾向于预付车票的方法，预付车费有以下几种形式：
① 预付凭证用现金提前购买，入口处使用；
② 可乘坐多次及换乘的车票；
③ 有一定出行次数限制的日、周、月、年票和通行证或在特定线路或整个网络上的无限制出行的票证；
④ 预存一定车费的智能磁卡。

这些形式的车票、费用或通行证在各大停车场、公共场所、商店、旅店均有销售，并且在许多城市，可定期从员工薪水册中扣除并带有一定折扣。相对于严格确切的费用规定而言，预付车费能为乘客带来更大的便利性，并鼓励定期长期使用公交系统。这种方便的收费类型会使乘客使用公共交通，而当达到一定使用频度后给予的费用折扣又将吸引更多的乘客。公交机构对预付车票给予一定折扣是由于收票的简化及通过提前售票所得资金能够较早使用。

代币有公交机构的象征及特殊代码，不考虑所需单一车票的数量，允许使用一种硬币进行支付。代币在美国许多城市均有使用，并按一定折扣出售，但它们逐渐被电子票、通行证和智能卡所取代。

多段票可以以一种表单的形式分成几个可拆卸的存根，再根据个人的出行逐个删去或移除；或者是以一种单卡形式，根据出行线路段的数量甚至几个旅客共同出行，每一行程要进行打孔机检查或删除。删除工作通常由乘客在车站或车上通过专门机器完成。

通行证是公交机构按照固定的价格发售的缴费卡，允许在指定的时期内不限次数出行，典型的时期是一月或一周，但一些城市也有一天或一年的通行证。近些年，公交机构不断推出大量的有效旅游通行证，在1天、3天或5天内可以无限制使用。这种通行证吸引了不少城市访客和旅游者，不仅是因为它与全额的车票相比提供了折扣，更主要是因为它自身的方便性。通常，城市的来访者都不喜欢去探寻每个公交行程如何付费及支付多少，尤其是在存在多种交通方式和使用里程费用的情况下。

除了无限制出行的通行证，还有一些针对特殊区域、特殊单个线路的通行证，以及由于价格低廉而需要在每段行程上进行少额现金支付补充的证件。这些一般针对在校大学生使用，从学校获得通行证，可享有折扣车票。

具有存储价值和车票功能的智能卡包括磁卡或信用卡，或者是具有存储一定数额金钱的借记卡，可能对单程有效，也可能对多个行程有效。旅客可以将卡塞进收费门闸、插进插槽或者仅在电子扫描仪（非接触卡）前晃一下，机器会减去出行的车费，通常也会显示卡上的现存金额。

许多公交系统引进了各种不同技术的磁卡，而这些磁卡也变得更加尖端和先进。在一些城市，智能卡不仅用在出行上，也可用在停车缴费及相似的缴费购物上。这是社会发展的趋势，尤其是在公交系统中引入和应用一些智能交通系统技术。

在一些公交系统中，在司机（城市街道运输方式）或者地铁站、终点站工作人员的监护下，投币或多段提前预付车票的方式仍在使用。通行证或磁卡票据简化了监督付款，也允许被既缓慢又昂贵的传统个人监督收费方式（如人工的或自动的自助服务）来取代。

这些磁卡（尤其是非接触类）非常简便易用，里程计费加出入口控制处理系统，不仅可以不封闭系统（如有出入口控制的地铁），更重要的也可以在地面公交车辆上使用。里程计价必须在出口处检查以确保支付了正确的数目，手工控制只能通过抽查控制实现。使用智能卡，检票机会在入口处扣除该线路上的最大支付金额，并在出口处根据本次出行最大数额与实际所需数额的差值进行返还，如果小于最大额，则将差值加到卡上，因而能通过费用控制确保乘客在出口处验票出站，消除了乘客逃避验票的倾向。

3. 自助收费——SSFC

自助收费在 20 世纪 60 年代末的欧洲许多城市中率先被引进到公交系统中，目前已在欧洲广泛使用。经过相当多的延误和怀疑（之后证明是不合理的）后，在北美城市的公交系统中开始引进 SSFC，主要应用在新兴轻轨系统中。由于一列轻轨列车有 4~16 个车门，所以新兴轻轨系统不能进行人工收费。众所周知，SSFC 作为一种值得赞誉的系统和成功付费的范例，目前已在许多城市投入使用，包括洛杉矶的地铁系统及多数新型通勤区域铁路系统。在欧洲，已普遍应用在公交上，但在北美却受到限制。

在 SSFC 中，旅客自己负责缴费并获取各自的车票，没人定期检查旅客是否缴费，多数情况下旅客无须对任何人显示自己的票。然而在车上或站内期间，由一个或多个机构人员进行一次抽查或随机执行管制，乘客需对检查员展示自己的票（支付凭证），如果没有就必须缴交罚款。抽查的样本通常为乘客数量的 2%~8%，处罚的多少取决于样本数的大小，并参考在特定服务内欺骗的趋势。典型的惩罚数目是旅客所欠交费用的 10 倍，有时会到达 20 倍。

与传统的手工收费和控制管理相比，SSFC 有诸多优点。通过取消进入街道公交车辆时收票的过程，SSFC 允许使用全部车门，因而乘客上车相当迅速，并且减少了乘客在站点的滞留时间及人数的波动性，由此使得运行速度和服务可靠性更高，这样的运输服务对乘客的吸引力更大。

SSFC 被引入一个城市时（尤其是首次被引入时），需要做全面的提前准备，使公众熟悉这种支付观念。例如，1981 年圣地亚哥市新型轻轨线路开通的第一个月，老板亲自在车内查票，并向没有缴费的人解释说，如果他们现在不支付，之后将缴交罚款。经过引进期之后，小样本的点核查控制取代了车上控制，并且相当成功。当乘客适应了 SSFC 之后，会发现相比于支付准确现金、出示通行证、等待上车等方式，使用 SSFC 更加方便。

SSFC 的引入，与单一费制相比，各种类型的通行证及多程费用由于比过去更低的收费得到了大力鼓励。车票在车下购买，一般有两种类型：有时效性的，购买后有效期是一定时间，一般是两小时；无时效性，必须在上车时由乘客予以审定或取消。通常，乘客一张票可以用于多次不同距离和区域的不同收费。

乘客在车站大堂内、房间里或在登车后可以取消一次出行（有时系统会允许两三个人通过单一票支付共同出行）所需金额。验票机本身很小，即便是在公交或轻轨车辆的一些位置也可轻易安装。取消的记录显示了取消的时间与地点，以备各检票人员稍后检查。

在地铁系统中，SSFC 的优点也是简化和加速了收费的过程。虽然在轨道公交系统中，上车的过程不再受到收费的影响，但在车站，成本昂贵且占用空间的收费口就不再需要了。如果轨道系统计划使用 SSFC，车站就会得到简化：过去需要为收费而提供的夹层楼面就可以去除，其建设和运营成本大量降低，乘客进站距离也大大缩短。

SSFC 另一个优势就是它可适用任何费用类型。传统的收费机制在地面公交线路上无法应用，因为其无法向乘客核实两次以确定是否合理付费，除非引进先进的智能卡收费系统。否则，整个操作只能在一个车门下进行，会造成大量延误。利用 SSFC，所有车门都将可以使用，可以制定任何收费类型。准确付费是乘客的责任，且只需现场检查来控制。

在美国和加拿大，人们普遍对 SSFC 存在偏见，他们认为，乘客收费管理及强制惩罚都是不合法的，不被社会接受，或者客观上不可行的。1978 年 Edmonton 及 1981 年 San Diego 成功引进了 SSFC 并应用在新的 LRT 系统上，以后其他大量的 LRT 系统和新的通勤/区域轨道系统纷纷效仿。这些实践证明，这种偏见完全是没有道理的（Padron 及 Stanger，1976）。

在当代的轻轨系统及很多外铰接式巴士服务线路中，如果不引进完全的智能卡系统，SSFC 是唯一可行的、并能够在沿线站点进行收费的方式。因为人工收费需要大量的人力资源，操作效率低下。这些都严重冲击到大容量、高性能的准快速公交方式的固有优点。

SSFC 的效益随着公交线路和网络上客流量的增加而增加。他们在载客量多的线路上作用极其重要，但在载客量少的郊区线路效益就很一般，因为那里进站车辆的传统收费机制并未造成多少延误。再加上巴士循环区域设计的很多错误，在波特兰和俄勒冈州的巴士线路上引进的 SSFC 并未取得成功。通常提高乘客上车速度所带来的效益，并未抵消执行核实控制现场的复杂度及其所带来的额外成本。

SSFC 的主要缺点是它们需要一些检查人员来处罚那些没有合理付费的乘客，这就存在很多潜在的问题。更重要的是，这种表面看起来像是免费使用车辆的自助收费，在某些情况下与传统收费机制相比,所引发的逃票倾向更严重。但是,大部分国家和城市都已经很圆满地解决了这些问题。从意大利到挪威,包括美国和加拿大的大部分新型 LRT 和区域性铁路系统,以及埃德蒙顿、布法罗、洛杉矶、巴尔的摩及达拉斯都能解决这些问题。

在一些发展中国家城市,由于公交客流量大,低收入人群及失业人群比例高,实行 SSFC 也许是不合适的。由于劳动力成本低,大型巴士及轻轨公交的收费都有售票员,或者在入口有收费亭。墨西哥的轻轨线路就是采取这一做法,库里提巴的准快速公交系统也是如此。此外,巴西、波哥大、哥伦比亚及拉丁美洲、非洲和亚洲很多国家同样如此。

> 与常规人工收费相比,自助收费系统有如下的优点(+)和缺点(−)
>   +地面捷运所有的车门为上车开放
>   +更高的运行速度和服务的可靠性可以吸引新的出行者,同时由于车队数量的减少降低了运营成本
>   +由于收费门不再是必需的,快速捷运站点可以小型化和简单化
>   +对人力需求的降低也可降低运营成本
> 可使用多种费用结构,因为即使采用里程及价值也不需要双重控制
>   −售检票机器的购买和维护费用比常规的人工收费的运营费用要低
>   −逃票的可能性增加(不购买车票或使用无效的车票)
>   −必须控制人员/团队,实施过程中可能遇到麻烦

4. 自动收费——AFC

所谓自动收费,就是自动收取乘客车票并在一个封闭的系统中能得以核实,固定费用于入口处收取,在进口和出口进行渐变费用收费。该系统最初是手工操作,如 20 世纪 60 年代以前的大多数地铁系统,但随着磁性存储信息的发展和自动售票机的应用,AFC 变得可行。这些机器使非人工验票设施得以推行使用。随着 1969 年 PATCO 的 Lindenwold 轨道线路和 1972 年旧金山 BART 引进使用后,AFC 已经成为最新及现代化的老式快速公交系统进行收费的标准方法,如巴黎和伦敦。

乘客购买存有一定金额的磁票或磁卡,将其放置在通行门机器上,机器即时核对,然后打开放行。出站过程也是一样的,机器将扣除该趟出行的费用。因此,整个处理过程是快捷的,允许考虑时间变化因素(高峰期和非高峰期)及不同类型的定价方法等。检票机很复杂精细,其可靠性很重要。

AFC 代表着收费管理和控制的最佳途径。除了其针对大容量乘客收费的操作快捷、智能化等优点以外,它还生成了整个系统内所有出行的记录,其中分为出行 OD、时间、收费类型等。

因此，AFC 跟 SSFC 是有一些区别的，同时也具有 SSFC 的一些优点（参见下文方框中的内容）

AFC 与 SSFC 相比，性能更好，投资更高。由于空间上的要求，AFC 只能应用在完全控制化的系统中，如快速公交。在路面公交车辆上使用 AFC 也很方便，可以在车辆的前后门安装上检票机（如在车辆的前门读取乘客上车信息，在后门读取/编码乘客下车信息）。该系统可以使 AFC 应用在路面公交车上，但会使车辆的运营成本增加、产生时间延误、占用空间及存在由于机器发生故障带来的问题和风险。

随着智能卡和相关电子设备的进一步发展，AFC 将更加广泛地应用到公交系统中。具有封闭式车站、大客流的分级系统，以及具有分级费用的大规模路网体系，能够使 AFC 的作用得到高效的发挥。

> 与自助收费系统相比，自动收费的优点（+）与缺点（−）
>
> ＋减少收费过程中的欺诈行为的发生（逃票或少付车票）
>
> ＋不需要人工检票管理，减少人力需求与成本
>
> ＋可以提供完整的乘客信息统计数据
>
> −需要更多的基础设施：为检票所需的围栏和复杂的检票设备（智能卡的读取与编码）
>
> −需要更高的投资
>
> −增加残疾乘客检票的难度

对不同收费特性的总结（时间、位置、控制途径、付费形式）见表 4-2 和表 4-3。

表 4-2　收费方法类型综述

缴费时间	缴费地点	控制方法
● 旅行前 ● 站内缴费 ● 先付后入 ● 出行途中（验票） ● 付后离开	● 工作地点（从薪金中扣除） ● 商店、报亭 ● 车站售票处 ● 售票机 ● 车上或车票箱	● 司机或售票员 ● 现场核查（随机） ● 收费口或转栏

表 4-3　车票形式

现金	预付现金	自助服务	全部自动化
● 自备相应金额现金 ● 找零	● 代币或凭证 ● 多次乘坐 ● 换乘有效 ● 存储价值或智能卡	● 限定期限内有效车票 ● 获得确认的预先准备的车票 ● 无限制出行的通行证	● 现金 ● 磁卡 ● 信用卡或智能卡

4.4.3　收费系统的评价

由于收费系统种类繁多，公交机构就有很大的选择余地，以求更好地满足自己的现状和要求。对于特定的某个公交系统，要评价哪一个收费系统是最佳选择，应该考虑以下几个主要标准：

① 影响收费系统的系统和使用者特性（公交方式、客流量、居民人口等）；
② 使用者便利；
③ 收费所带来的车辆延误最小化；
④ 付费监督的方便性；
⑤ 收费设备和人员的投入成本（SSFC 成本比 AFC 低得多）；
⑥ 车票款保管的安全性（防止犯罪行为）和现金转移的安全性；
⑦ 使用不同费用结构和类型的能力。

各地条件不同，这些原则的运用也多种多样，这也解释了为什么不同城市收费系统有着很大的不同。

复习题

1. 简述财政补贴的利弊及如何扬利除弊。
2. 如何确定票制？
3. 设定票价费用时经常考虑的要求和限制约束有哪些？
4. 票价费用的支付形式一般有哪些？

第 5 章

城市公共交通的基础设施

5.1 概述

　　城市公共交通是城市重要的基础设施之一，而城市公共交通的基础设施又成为推动城市交通向资源节约型、环境友好型发展模式前进的主要保障之一。城市公共交通的基础设施已经成为城市经济发展和人们生活所必需的城市基础建设设施重要部分。《关于优先发展城市公共交通若干经济政策的意见》中明确指出优先发展公共交通的策略之一就是加大公共交通的投入。随着现代城市对城市交通的日益关注，使得城市公共交通的基础设施建设有了较快的发展。提高城市公共交通的基础设施建设水平，同时保证交通运输的公共服务能力和公共服务水平提升，已经成为现代城市交通发展的主要目的之一。

5.2 公交场站

5.2.1 公交场站概述

　　公交场站是城市公共交通的依托点，其主要功能是进行停车调度。场站设施要按照"统一规划、统一管理、政府主导、市场运作"的方式建设，确保公交场站的建设与城市公交的发展相协调。公交场站严重缺乏或分布不合理，影响的不仅仅是城市公交客运的运营效率，还影响着城市交通布局建设的合理发展。因此，在城市总体规划及路网建设中，应根据城市公共交通的需要和发展，优先考虑公交停车场和枢纽（首末）站的设置。

　　规划公交场站要充分考虑现有公交场站的用地和设施，以达到节省投资、易于实施的目的，并根据城市土地的开发逐步完善，正确处理好现状与远景的关系，其主要遵循如下原则：

① 需要和可能相结合的原则。公交场站规划过程中，用地可能和需要之间会出现矛盾，尤其是城市中心区。在规划时，必须根据用地的允许条件，因地制宜地制定可行的场站规划方案。

② 刚性和弹性相结合的原则。城市不同区域、不同功能的公交场站，其布局方法也应有所区别。在公交场站规划布局时，必须采用不同的规划模式，体现规划的控制性和可操作性的协调结合。

③ 定性和定量相结合的原则。对公交场站的规模进行定量的预测，并对其发展趋势、用地布局进行定性的分析，以保证场站的规划合理可信。

另外，在进行公交场建设时，要根据对公交信息化的研究，科学布站设点来引导客流分配；自动定位技术和公交信息诱导帮助乘客了解公交车到达各站点的预计运行时间，确定换乘车次；应用模糊逻辑设计覆盖面广泛的公交线网，便于市民出行；开辟公交专用车道，实施交叉口公交先行措施等，确保为大众服务的公共交通优先发展。

场站建设要节约土地资源。在场站规划与建设时，要加强交通建设与土地利用的综合规划，注意土地的高效率开发利用，将土地的公交利用与其他应用相结合；探索公交企业资源与社会资源互补互惠的利用途径（包括对整个都市区域总体交通网络的规划设计，建设大运量的快速交通走廊，以最少的土地利用构筑高效率的公交线网），在此基础上使优先发展公共交通成为现实。

作为城市可持续发展战略重要组成部分之一的城市公交场站，是城市公交发展的基础，各级都要高度重视，加大投资力度，并纳入城市总体建设中，保证公交场站用地，以促进城市公交的可持续健康发展。

5.2.2 公交场站规模

城市公交场站的规模是城市公交客运系统的重要评价指标之一，应根据城市发展规模、用地布局和道路网规划，在客流量预测的基础上，确定公共交通方式、车辆数、线路网、换乘枢纽站和场站设施用地等，并使公交客运能力满足高峰的需求。

1. 公交场站规模的设计原则

公交场站规模表现在公交场站用地上，而公交场站用地标准是公交场站规划的关键因素之一。城市公交场站的规模设计原则如下。

① 首末站一般设置在周围有一定空地，道路使用面积较宽敞而人口又比较集中的居住区、商业或文体中心附近，使一般乘客都在以该站为中心 500 m 半径范围内。在火车站、大型商贸区、分区中心、旅游景点等主要客流集散点附近宜设有几条线路共用的交通枢纽站。

② 站点要尽量设置成港湾式，以免影响道路交通。

③ 车场应均匀布置在各区域性线网的重心处，使其与线网内各路线的距离最短（距离 2 km 以内为宜）。在交通集中的商业区、城市主要交通枢纽附近，应优先安排停车场用地。在

发展建设小区或卫星城时,应预留公交场站用地。

2. 公交场站的设计规模

根据《城市公共交通站、场、厂设计规范》,公交场站的规划用地标准为:首末站的规划用地面积宜按每辆标准车用地 90~100 m² 计算,另加回车道、候车廊用地(约 20 m²/标准车)。综合考虑,首末站(枢纽站)平均用地为 110~120 m²/标准车,其停车坪按照营运车辆全部车位面积的 60% 计算;而停车场的规划用地宜按每辆标准车用地 150 m² 计算;保养场的规划用地按所承担的保养车辆数计算,每辆标准车用地 200 m²;在用地特别紧张的大城市,公共交通首末站、停车场、保养场用地可按每辆标准车用地不小于 200 m² 综合计算。

同时,停车(保养)场建设规模:一般以停放 120~200 台标准车为宜,用地面积应不小于 35 000 m²,建设保养车间等生产及生活设施建筑面积不小于 6 000 m²。

大型首末站(枢纽站):一般配车总数为 50 台标准车,用地面积应不小于 12 000 m²,应建设停车坪、回车道,并配套建设调度、办公辅助设施,建筑面积应不小于 800 m²。

中型首末站:一般配车总数为 26~50 台标准,用地面积应不小于 8 000 m²,应建设停车坪、回车道,并配套建设调度、办公辅助设施,建筑面积应不小于 800 m²。

小型首末站:一般配车总数等于或小于 25 台标准,用地面积应不小于 3 000 m²,并建设调度室设施,建筑面积应不小于 100 m²。

3. 场站建设主要指标

场站建设指标包括公交站点覆盖率、平均停车、保养面积和车辆进场率等。

公交站点覆盖率是公交站点服务面积占城市用地面积的百分比,是反映居民接近公交程度的一项重要指标;平均停车、保养面积是用停车场、保养场的总面积除以车辆保有量;车辆进场率是全市公共交通停车场所能停放车辆数与公共交通车辆总数的比例。这些指标反映出公交场站的建设规模是否与拥有车辆相匹配,以及是否存在进一步发展的余地。

4. 常规公交场站规模计算

常规公交场站包括首末站和中间站。其中公交首末站规模可用式(5-1)计算:

$$S_b = \sum_{i=1}^{k} N_i S_{标} \tag{5-1}$$

式中:k 为首末站公交线路条数,该值由公交规划确定;N_i 为根据第 i 条公交线路的首末站面积应考虑的公交车辆数(标台),按规范规定可取该条线路配备的公交车辆数的 60%,该条线路配备的公交车辆数由公交规划确定;$S_{标}$ 为每标车在首末站中的占地面积,通常取 100 m²/标车。

公交中间站规模的计算主要采用时空消耗理论。时空消耗指交通个体(人或车)在一定时间内占有的空间或在一定空间上使用的时间,单位是 m²h/人或 m²h/车。常规公交在中间站停靠的时空消耗为常规公交在中间站停靠所需的空间和停靠时间的乘积。公交车辆在中间站

的时空消耗等于中间站的广义容量（为中间站的面积与其使用时间的乘积），即

$$S_{bm} = \frac{\sum_{i=1}^{n} f_i \overline{S}_{bp} t_b}{T\eta} \tag{5-2}$$

式中：S_{bm} 为公交中间站规模；$\overline{S}_{bp}$ 为常规公交在中间站停靠所需的空间；n 为中间站停靠的公交线路条数；f_i 为第 i 条公交线路在高峰小时发送的车辆数，一般为 10～12 辆/高峰小时；t_b 为常规公交在中间站的停靠时间，包括乘客上下车时间及车辆启动的时间等，通常取 1～2 min；T 为高峰小时，即 60 min；η 为高峰小时常规公交中间停靠站的利用率，通常取 0.6～0.8。

5.2.3 公交场站标识及公交站命名

公交场站包括很多附属设施，如站杆、站牌、站栏、站棚、站台等，为了向乘客提供简明、准确的乘车信息，引导乘客快速、便捷地乘降及换乘并保障乘客乘车安全，提高场站运作效率，公交场站在进行标识设计时一定要考虑到各方面的因素。

1. 标识设计原则

在设计交通标识时，必须首要考虑标识的视认性，保证它在不良的视觉环境条件下，仍然能容易地被驾驶员或行人发现并迅速地认读，以保证交通安全，这才是交通标识设计的宗旨。因此，交通标识的设计应遵循下面一些设计原则。

（1）保证交通标识的醒目性和区别性

标识系统在视觉上一定要醒目，重要的标识要能达到对人的视觉有强烈的冲击效果。醒目的另外一个方面是标识上的文字、符号等要足够大，以便人们能从一定的距离以外就能看到、读出。但需要指出的是，不能只强调一个"大"，而忽视标识自身尺寸与所在空间尺度的协调，因为标识还有一个功能是对地下空间环境起着美化和点缀作用。另外，导向标识必须和其他类型的标识，诸如广告、告示、商业标志和其他识别标志等区别开来，以免人们混淆而影响到方位方向的确定。

（2）设计要规范性和国际化

标识系统设计的规范性是指用以表达方向诱导标识信息内容的媒体，如文字、语言、符号等，必须采用国家的规范、标准及国际惯用的符号等，使人们易于理解和接受；另外，对于同一类型的地下空间设施，其方向诱导标识的设计风格也应保持一致，形成较为稳定一致的体系。

（3）内容要确切且简单便利

确切是指方向诱导标识上的内容应该采用专门用语和正确的内容，所指内容尽可能具有唯一的理解性，以免引起人们的误会。简单是指方向标识上的词句必须精简、明确，尽可能地去掉可有可无的文字，让人一目了然；便利是指人们在正常流动的情况下就能方便地阅读

和理解标识上的内容，而不必停下来驻足细看，造成不必要的人流阻塞。

（4）要以人为本，完善交通弱者的方向指示标识

交通弱者的方向诱导标识是一种专用的标识，它采用专门的材料和特定的符号设置和设计标识。完善的交通弱者的方向指示标识不仅为他们安全、方便的移动提供保障，同时也是一个城市精神文明的具体体现。

（5）标识的位置要一致化、系统化

标识系统应该设置在能够被预测和容易看到的位置，以及人们需要作出方向决定的地方，如出入口、交叉口、楼梯等人流必经之处，并且其位置宜统一，易于寻找。同时应连续地进行设置，使之成为序列，人们不需要搜寻整个空间，而只需注视部分固定的区域即可找到方向标识，其间不能出现标识视觉盲区。

（6）在大型场站需要考虑到特殊情况的处理

一般出口标识可设置在出口上方，但是考虑到可能出现的意外情况，如在非露天的公交场站发生火灾，由于烟雾向天花板聚集，出口上方的标识可能被挡住，则需要在主要疏散线路出口附近的较低位置处，再设置出口标识。

2. 标识设计

（1）站牌

设计站牌标识时要清楚注明公交车的走行线路及其途径的车站，对于一个站牌上标注多条线路的情况，多是由上向下逐条排列，当线路过多时可采用多个站牌。同时随着科技的不断进步，电子站牌逐渐成为一种趋势。公交电子站牌属于智能交通系统中旅客乘车服务系统的具体应用，其主要作用是在公交车站上将本线路该运行方向运营车辆的实时运行位置及状态信息提供给候车的乘客，为乘客合理选择乘车线路，安排候车时间提供方便，避免乘客盲目等车，提高公交客运的服务水平。其主要功能包括：① 显示运营车辆信息。动态显示本线路运行方向运营车辆的当前位置、动态显示车辆的运行状态，如无车（不亮）、正常行驶（绿灯）、车辆堵塞或车辆故障（红灯）、末班车（红绿双色）。② 标明本线路的基本信息。线路名称、首末站名称、运行方向及沿途各站名称、当前站名称、首末车时间、票制、票价。公交电子站牌除了能动态显示车辆的位置信息外，还具有显示车辆预计到站所需时间、当前时间及末班车的信息等功能，方便乘客乘车。

（2）站台

站台是供车辆停靠和乘客乘降的设施。对于站台的建筑设计和标识设计都要充分满足乘客的需要，为乘客提供最方便的上下车环境和乘车信息。目前各个地方的公交站台大多不尽人意，如没有指定的公交站台，有的公交站台只是用一块板材简单注明本站名，并不知全程停靠站和运行时间。还有同一个站台处停靠的公交车次不明晰、同名不同站、同站不同名、有无牌、单行及环形线路没有标注、公交线路更改时站台标识更改不及时和更改工作量较大造成资源浪费、公交车不停站台而随意停靠或溜站等。

3. 公交站命名

城市公交车站站名是地名的一个组成部分，也是地名的一种特殊表现形式。实现对整个公交站台命名的系统化和标准化，对公交站牌的管理具有重要意义。

城市公交车站站名的命名方式，主要有 3 种：① 以路名作为站名；② 以大型公共建筑、广场、桥梁、公园和企事业单位名称作为站名；③ 以历史地名作为站名。

对城市公交车站站名的命名要标准化，城市地名管理机构要与城市公共交通管理部门加强合作，在合理布设公交线路和站点的基础上，对全市的公交车站站名统一管理、统一命名。

在实行城市公交车站站名标准化的过程中，要遵循以下几条原则：① 车站与站名一一对应原则。要对全部站名统一整理，做到每一个站名只有一个车站（或一个车站团）与之对应，同时每一个车站也只能有一个站名。② 尊重历史的原则。对于群众熟知的历史地名，特别是有纪念意义的站名，原则上都应予以保留，如黄花岗、西门口和东山口等站名。③ 简明和准确的原则。要使标准化的公共车站站名简明易懂、便于辨认和记忆。站名字数以 2~4 字为宜，一般不要超过 5 个字。

在标准化的站名系统确定之后，要重视车站站牌的建设。在公交车站比较显眼的位置设置统一大站牌，用较大的字体标出该站的标准站名，使标准站名能够通过站牌这一媒体有效地向大众传播。

5.2.4 换乘设计

公交场站往往存在多种交通方式间的换乘，通过层次化、信息化的设计有序地完成不同乘客在不同方式之间的换乘。这使得城市公交场站的建设无疑成为协调城市交通的关键一环。

所谓"换乘"是指乘客从一种交通工具转换到另一种交通工具，或从一条线路转换到另一条线路。公交场站的换乘设计，通常包括衔接布局、换乘设施、各种交通流优化组织及信息服务与管理等。改善公交场站换乘的便捷性、通畅性和舒适性等衔接换乘条件，增强公交吸引力，提高公交出行比重是换乘枢纽规划设计的关键所在。换乘是公共交通的一大特点，也是与私人交通不同的地方。

换乘的目的可以从两个方面来考虑，从个人的角度来说，之所以选择换乘是出于对交通出行的快速、高效、舒适等方面的考虑，如轨道交通或者 BRT 的快速、准时，周边停车位的方便等；还有自身经济性的考虑，如公共交通票价较低和免费停车等。

1. 公交场站设计目标

公交场站应该围绕其功能和目标来设计，设计目标主要包括以下几方面。

① 保证不同的交通方式衔接换乘的协调性。包括换乘过程的连续性、客运设施的适应性及通畅性。

② 提高交通的便利性，保证换乘方式间的优先性，引导其他方式换乘 BRT。公共交通之间的换乘衔接，其步距应最短、便捷，以吸引公交客源。

③ 提高换乘的安全可靠性。要保证乘客行走区、驻足区不受车辆干扰，以保障安全；避免非换乘人流介入换乘人流活动区域；空间的设置应利于快速步行和不拥挤。

④ 行人无障碍设计。坚持"以人为本"的设计，并将弱势群体的需求考虑在内。

⑤ 服务的综合性。合理利用枢纽站的宝贵空间，方便乘客购物又不影响人流行进。

2. 换乘设计

公交场站最主要的换乘设计应该是公交线路之间以及公交系统与步行系统之间的换乘设计。

① 公交线路之间的换乘设计：由于换乘行为发生在公交场站，因此存在站外换乘和平行换乘两种方式。所谓"站外换乘"，即乘客在不同公共汽车、电车线路之间换乘时，必须从本站台位移至需换乘线路的站台，设计时应注重换乘距离的最短化。"平行换乘"，即将存在换乘需求的不同线路设置于同一站台，使乘客无须走出站台就能实现换乘。平行换乘有"零"距离换乘优势，但其依赖于线网的合理规划，设计时应侧重站台的面积容量对换乘需求的满足。

② 与步行系统的换乘设计：避免在换乘节点处人流与车流的平面交叉，建立安全、独立的步行换乘系统；把不同交通方式的流线分隔出来，条件允许的情况下，还应分离换乘人与非换乘人的交通流线；换乘通道内应尽可能的干净、明亮、安全，提高通道的亮度以减少行人的压抑感，通道内不能有障碍物及破损路面；地铁出口、换乘天桥及地下通道可与街道设施进行一体化设计，形成换乘专用通道；建立完善的电子引导系统，采用国际化、规范化的标志、符号；"以人为本"的设施设计，设置残疾人专用道，上下层之间设置自动扶梯，建造防雨、遮阳的通道等；设置地面过街横道，在场站尽量设置地下通道，彻底分离换乘行人与换乘车辆，如果条件不允许，可以设置地面过街横道；当在支路或辅路上设置地面过街横道时，应设立机动车让行标志；如果在主干道或干道上设置过街横道时，应辅以行人按钮式信号灯，以在时间上分离人、车流线；设置过街天桥或地道，针对不同的交通方式，考虑乘客的便利性就近组织行人步行系统。

5.3 公交线网

5.3.1 公交线网的概念

公共交通线网是指一个城市内所有公共交通线路构成的网络。

一条公共交通线路虽然具备了首末站、线路走向和中途站3个要素，但还称不上公共交通线网。只有一组互相衔接的线路交织在一起，才能构成一个公共交通线网的有机整体。显然，对一个城市而言，所谓一组线路，是指该城市的所有公共交通线路，或者是一个地区一个类型的线路。而线路的首末站、具体走向、中途设站和线路之间的相互衔接，是构成公共交通线网的四大要素。

5.3.2 公交线网的主要形式

就地面公共交通而言，城市公共交通线网的形式取决于城市道路的平面布局。有什么样的道路网，就会有什么样的地面公共交通线网，这是决定线网构成形式的前提条件。从另一方面讲，线网的构成形式也取决于该城市的主要客流方向。公共交通线网的铺设，要与城市主要客流方向相一致。居民出行，无论是因工作、学习，还是购物、探亲、旅游，只要出行距离超过了步行允许限度（一般为 1 km），而又不具备个体交通的情况下，都会产生使用公共交通工具的需求。因此，在市民居住小区、城市工业区、商业区、游览区、文化区和机场、火车站、码头、长途汽车站及各种文体娱乐场所，都需要铺设公共交通线路。这些线路的走向应符合客流方向而且要注意选择短捷路径，以节省乘客的旅行时间和交通费用。

常见的公共交通线网，主要有以下几种形式。

（1）直径型线网

直径型线网一般是指由若干条直径形线路相交叉，并把城市外围与城市中心连接起来的线网。这种线网的特点是从城市的一端，穿过市中心到达城市的另一端。它适用于道路网呈棋盘状的大、中、小城市，如图 5-1 所示。

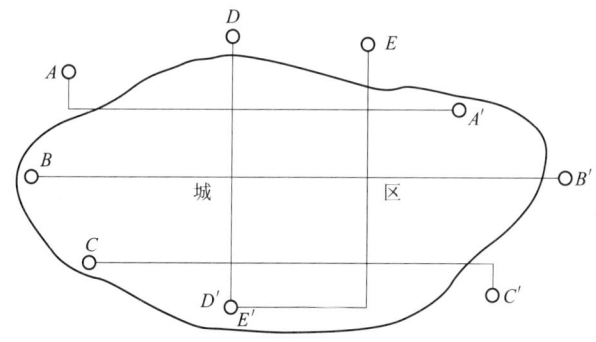

图 5-1　直径型线网示意图

（2）放射型线网

放射型线网一般是由若干条放射形线路为主组成的线网。线路的一端集中于市中心附近，另一端则根据该市道路网状况向四面八方放射分布。它多适用于中、小城市，如图 5-2 所示。

（3）环状放射型线网

环状放射型线网在放射型线网的基础上，再加上若干条环行线，呈同心圆扩展型。这样可以使以四周边缘地区为起止点的乘客，不必穿行市区就能到达目的地。这对于减少车辆在市中心街道上的通行次数，缓解市区道路交通拥挤具有积极意义，这样的线网多适用于大城市，如图 5-3 所示。

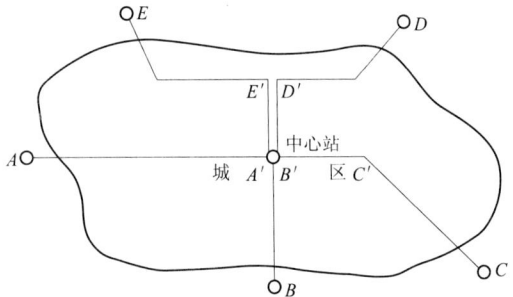

图 5-2　放射型线网示意图

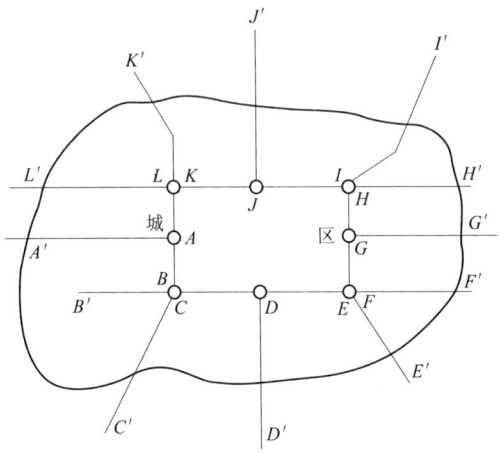

图 5-3　环状放射型线网示意图

（4）方格对角线型线网

方格对角线型线网是由纵横交错的直线型线网与棋盘型城市中心对角线型线网组成的，多见于历史遗留下的古城，也适用于一些呈棋盘状地形的现代化大、中城市，如图 5-4 所示。

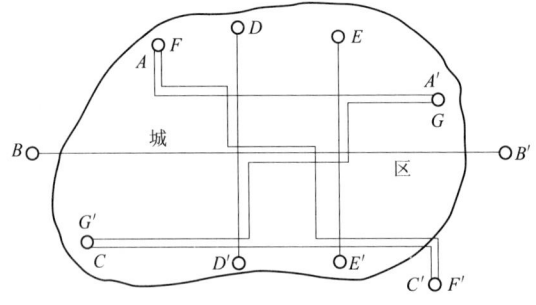

图 5-4　方格对角线型线网示意图

（5）混合型线网

混合型线网综合了各种线网的形态，根据不同地区的主要客流方向、道路网状态，形成不同线路形式。它一般用于特大城市或大城市，如图5-5所示。

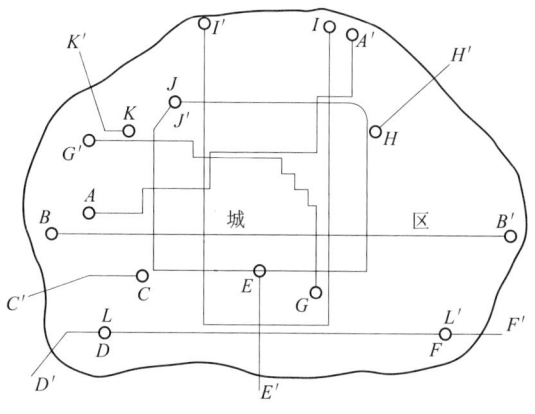

图5-5 混合型线网示意图

5.3.3 涉及公交线网的有关技术指标

（1）居民乘车流动量

城市居民因生产、生活、文化娱乐等需要而产生的外出活动，构成了出行流动。

居民乘车流动量是指每一个城市居民在一年当中，平均乘坐公共交通车辆的次数。计算公式为：

$$居民乘车流动量（次/人年）=\frac{年公交年客运量}{城市人口数}$$

决定居民乘车流动量大小的因素很多，除了城市公共交通的规模、线网密度、站距长短、行车间隔大小以外，还与城市用地面积、人口密度、客流集散点的相互位置、居民收入水平、公交票价高低等有着密切的关系。

（2）平均运距和平均乘距

平均运距是指乘客乘坐一次公共交通车辆的平均距离。一般来说，市区线路的平均运距小，郊区线路的平均运距大。

计算公式为：

$$平均运距=\frac{人公里}{乘客人数}$$

平均乘距是指乘客一次出行全程的平均乘车距离。其计算公式为：

$$平均乘距=完成一次出行的乘车次数×平均运距$$

平均乘距与平均运距之比产生的换乘次数是衡量一个城市的公共交通方便与否的重要标志。

（3）线路客运强度

线路客运强度是指线路日均客运量与线路运营长度之比，反映线路单位长度上每日的载客量,在一定程度上体现线路的运营效率,单位是万乘次/(公里·日)。

计算公式为:
$$线路客运强度 = \frac{线路日均客运量}{线路营运长度}$$

(4) 运营线路条数

运营线路条数是指城市公共交通企业设置的固定运营线路条数,包括主干线、快车线、支线、专线和早晚高峰线。不包括临时线、区间线和专门为机关、学校、工厂、企事业等单位服务的班车线。

一个城市运营线路条数的多少,不仅能反映该城市公交企业的规模,而且也能反映城市居民乘坐公共交通车辆的流通量程度。从某种意义上讲,一个城市的公共交通线路越多,居民出行的换车次数就越少,方便程度也就越大。运营线路的计算单位是条。

(5) 运营线路总长度

运营线路总长度是指城市公共交通固定运营线路的总长度,是所有公共交通主干线、快车线、支线、专线和早晚高峰线的长度之和,单位是 km。

计算公式是:
$$运营线路总长度 = \sum 各条运营线路的长度$$

(6) 运营线网长度

运营线网长度是指城市公共交通的运营线路所通过的道路长度的总和,或是运营线路总长度减去并行重复线路的长度,单位是 km。

计算公式为:
$$运营线网长度 = 运营线路总长度 - 并行重复线路长度$$

(7) 线网密度

线网密度是指有公共交通线路的街道长度与城市建成区面积之比,它是考核一个城市居民乘车方便程度的指标,单位是 km/km^2。

计算公式为:
$$线网密度 = \frac{运营线路线网长度}{城市建成区面积}$$

(8) 非直线系数

非直线系数是指公共交通线路首末站之间的实际距离与首末站之间的空间距离之比。

计算公式为:
$$非直线系数 = \frac{运营线路长度}{空间直线距离}$$

这项指标主要考核线路的设计是否能使首末站的主要客流经过最短的途径到达目的地。这个系数的大小,不但与乘客的乘车方便程度有关,而且还关系到乘客旅行时间的长短,以及旅行费用支出（月票乘客除外）的多少。

不同线路有着不同的非直线系数，如图 5-6 所示。

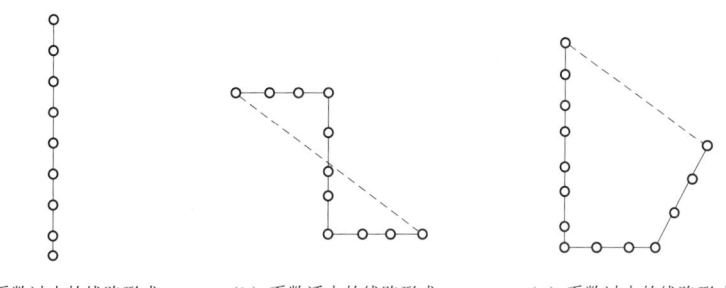

（a）系数过小的线路形式　　（b）系数适中的线路形式　　（c）系数过大的线路形式

图 5-6　3 种不同的非直线系数的线路示意图

注：① 运营线路长度的计算公式是：

运营线路长度=（上行起点至终点里程+下行起点至终点里程+上下行终点里程+上下行终点掉头里程）/2

② 在测定起点至终点的里程时，国家建设部 1991 年 12 月 23 日发布的《城市公共交通经济技术指标计算方法》中明确指出：要"按进出沿线各站的曲线长度计算"。

（9）线路重复系数

线路重复系数反映城市公共交通线路在一定范围内的重复程度。线路重复系数的大小，不仅直接影响居民的乘车方便程度，而且还反映该城市路网布局和公共交通线网布局是否合理。当然，重复系数不可能等于"1"，因为一个城市的公共交通线路绝对没有重叠是不可能的。这个指标是为了让运营管理部门在设计线路时，尽可能地减少线路的重叠。

计算方法为：线路重复系数=$\dfrac{运营线路总长度}{运营线网长度}$

某市某区域内主要道路状况如图 5-7 所示。

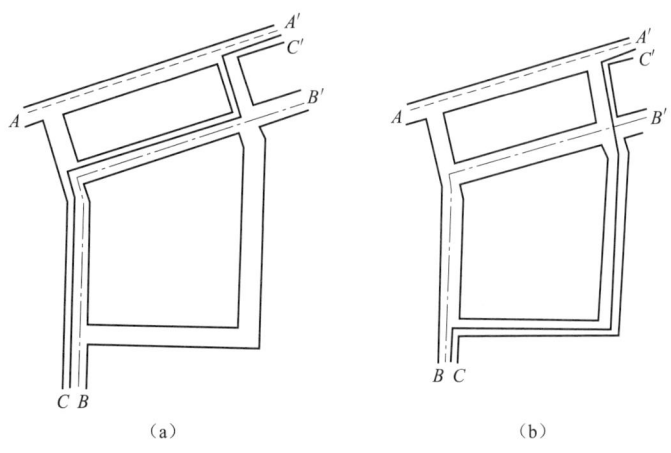

（a）　　　　　　　　　　　　（b）

图 5-7　某市某区域内主要道路状况示意图

道路两侧的客源及主要客流方向大致相同。道路条件也都允许公共交通车辆行驶。如果在线路的设计上采用（a）方案，很多乘客都会感到不便，公共交通的线网密度和线路重复系数也会受到影响。如果采用（b）方案，情况则会明显好转。

5.3.4 常规公交线网

1. 常规公交线网布局规划目标

城市常规公交线网布局规划目标一般包括以下几方面内容：

① 为更多的乘客提供服务；
② 使全体乘客的总出行时间更少，尽可能地提高公交运营速度，减少换乘次数等；
③ 保证适当的公交线网密度，即良好的可达性；
④ 保证线网的服务面积率，减少公交盲区；
⑤ 公交线路客流均匀。

2. 常规公交线网布局模式

城市常规公交线网布局规划的方法很多，"逐条布设、优化成网"方法是常规公交线网布局规划方法中较为简单实用的公交线网布局规划方法。

"逐条布设、优化成网"常规公交线网布局规划方法的基础是以交通小区为单位的公交客流OD矩阵，并在此方法的基础上进行改进，提出基于"逐条布设、优化成网"方法和公交线路功能等级划分的常规公交线网布局层次规划法。主要步骤如下：

① 确定公交主干线网络。公交主干线服务于长距离的片区间出行，流量大，站距长，运营速度快。根据公交主干线的运行特点，认为以交通小区为单位的客流OD矩阵不利于分析公交客流主流向和主要客流产生点，因此，提出在以交通小区为单位的公交OD矩阵基础上，应用"逐条布设、优化成网"方法确定公交主干线网络。

② 确定公交次干线网络。根据公交次干线的运行特点，认为公交次干线服务于中等距离的公交出行，流量、站距和运营速度适中，在以交通小区为单位的公交客流OD矩阵基础上，应用"逐条布设，优化成网"方法确定公交次干线网络。所产生的公交线路中可能有与公交主干线相重复的线路，因此对生成的公交次干线网络进行检查，删除与公交主干线重复的线路。

③ 确定公交支线。公交支线的功能是填补线路空白、加密线网，与公交主干线和次干线换乘，提高公交系统的覆盖性和服务质量。对已经生成的公交主干线和公交次干线网络覆盖状况进行检查，对照公交OD矩阵、公交线网密度及300 m（或500 m）半径站点覆盖率等评价指标，填补线路空白，加密公交线网，布设公交支线。

3. 常规公交线网布局优化

常规公交线网布局优化主要从以下几个方面着手。

① 优化主干线线路结构。公交线网的整体形态，主要是依据主干线路的布局形成，当线网布局与客流分布相一致时才能充分发挥主干线的客运能力，因此也就必须做好公交线网枢纽点的规划建设。

② 提高支路线网的辐射能力。充分发挥支线网络的运输能力。过多、过长的重复公交线路，除能够方便一部分远距离客流外，会增加道路交通负担，降低公交客运速度和运输效率。因此，新开线路要具备长度适中，曲线系数小的特点，最大限度地减少不必要的重复和绕行，通过公交集散点的衔接，实现与主干线功能的互补。

③ 加强线网有效衔接。结合道路、桥梁建设，及时规划、改进公交集散点，减少乘客换车步行距离。加强公交线路与航运站、火车站、联营线网之间的衔接，方便市民出行。完成公交线路与长途客运站、郊区线路的衔接。

随着对城市公交线网优化问题的深入研究，对城市公交线网提出以下优化条件。

① 线路长度的限制：线路的最佳长度与平均运距有关。平均运距是指乘客乘坐一次公共交通车辆的平均距离。为了减少平均换乘次数，线路平均长度应大于平均运距。线路过短，效益不佳，换乘次数增加；线路过长，车辆班次安排和调度有困难，工作人员容易疲劳。一般情况下：$l_{min} \leq l_l \leq l_{max}, l \in R$，$l_{max}$、$l_{min}$ 分别为线路长度的上、下极限（km），其中 l_{min} 按运行要求约为 5 km，l_{max} 按运行要求约为 15 km。R 表示线路的集合。

② 线路非直线系数的限制：线路拐弯过多，行驶不便，也易引起道路阻塞。一般情况下：$l/d \leq 1.4$，l 为线路 l 的长度（km），d 为线路起、终点站间空间直线距离（km）。

③ 线路的路段客流量不均匀系数的限制：路段不均匀系数是指统计时间内营运线路某段客流量与平均路段客流量之比。路段不均匀系数大于 1 的路段称为客流高峰路段，必要时需考虑在规定时间内开辟区间车。一般情况下 $O_l / \bar{q}_l \leq 1.5$，其中 O_l 为线路中最大断面客流量，$\bar{q}_l$ 为平均断面客流量。

④ 乘客平均转换次数的限制：居民出行途中常要从一条公交线路换乘到另一条线路，有的还要多次换乘。平均转换次数是指全部乘客的换乘次数总和除以全部乘客人数的商。一般情况下，城市居民单程出行换乘次数不超过 2 次。

⑤ 线路负载效率系数的限制：一条线路不同部分的负载要均匀才能提高线路运能的利用率，降低营运成本。一般情况下：$0.6 < \eta_k < 0.8$，其中 η_k 为第 k 条线路负载效率系数，$\eta_k = \sum_{1 \leq i \leq j \leq n} [(Q_{ij} + Q_{ji}) l_{ij}] / (2Q_k L_k)$。其中：$i$、$j$ 分别为第 k 条线路上第 i 个和第 j 个站点；Q_{ij}、Q_{ji} 分别为第 k 条线路上第 i 个和第 j 个站点之间两个方向的客流量；l_{ij} 为第 k 条线路上第 i 个和第 j 个站点之间的线路长度；Q_k 为第 k 条线路上的最大流量；L_k 为第 k 条线路的长度；n 为第 k 条线路上站点的总数。

⑥ 线路重叠系数的限制：重叠系数是指同一道路路段上通行的公交线路数。线路越多，车站设置越困难，如果多条线路的车站设在一起，各路段的车辆同时停靠容易造成该路段的交通紊乱。一般情况下：$e \leq 3$，e 为重叠系数。

4. 接运公交线网优化

接运公交是指以轨道交通接运乘客为主要功能的公共汽车等公共交通方式，与轨道线网共同组成的轨道—接运公交系统，是常规地面公交系统的一部分。

公交系统的优化一般考虑的目标有社会总交通时间最小、服务乘客数最大、换乘率最小，以及公交部门经济效益最大或路线每公里载客数最大等，这些目标都是相关的。处理这个多目标规划问题有多种方法，如先以一个最重要的目标进行优化，保留多个较优解，再对各解进行多目标评价和决策；或将多个目标简化、合并为一个目标等。接运公交线网对轨道交通系统主要起到两方面的作用：① 为轨道系统的上、下客流提供方便快捷的换乘，满足轨道系统运行中的运量需求；② 加强轨道交通系统作为中长距离交通方式的功能特性。以此来确定接运公交路线的布设，并以路线效率最大为目标。接运效率是指接运路线所接运的乘客人数与其在轨道线上所乘行距离之积（即客运周转量）与接运公交路线长度的比值。

轨道与接运公交换乘出行主要有 3 种方式：

① 起点（O）接运公交——轨道路线——终点（D）；
② 起点（O）——轨道路线——接运公交——终点（D）；
③ 起点（O）——接运公交——轨道路线——接运公交——终点（D）。

其中第三种方式经过二次换乘，在接运换乘出行方式中所占比例很低，在此主要考虑前两种方式：

$$\max E_F[i] = \frac{\sum\limits_{\substack{j \in R \\ j \neq i}}[q_{FR}(i,j) + q_{RF}(j,i)] \cdot l_R(i,j)}{l_F[i]} \quad (5-3)$$

式中：$E_F[i]$ 为由站点 i 始发的接运路线 F 的接运效率（人）；$l_R(i,j)$ 为轨道交通线路 R 上从 i 节点到 j 节点的长度（km）；$l_F[i]$ 为由站点 i 始发的接运路线的长度（km）；$q_{FR}(i,j)$ 为由轨道交通线路 R 的站点 j 上车，到站点 i 下车再转乘接运路线 F 的客流量（人）；$q_{RF}(j,i)$ 为由接运路线 F 下车，从轨道交通路线 R 的站点 i 上车，到站点 j 客流量（人）。

$$\begin{aligned} q_{RF}(j,i) &= \mathrm{OD}_B(j,k) \cdot \delta_{RF}(j,k) \\ q_{FR}(i,j) &= \mathrm{OD}_B(k,j) \cdot \delta_{FR}(k,j) \end{aligned} \quad (5-4)$$

式中：$\mathrm{OD}_B(j,k)$，W 为轨道交通路线站点与接运路线站点常规公交客运需求 OD 量（人）；$\delta_{RF}(j,k)$，$\delta_{FR}(k,j)$ 为点 $j(k)$，$k(j)$ 间的轨道交通—接运换乘出行方式竞争参数，若用最短分配方法，有

$$\begin{aligned} \delta_{RF}(j,k) &= \begin{cases} 1, t_{RF}(j,k) \leqslant t_B(j,k) \\ 0, t_{RF}(j,k) > t_B(j,k) \end{cases} \\ \delta_{FR}(k,j) &= \begin{cases} 1, t_{FR}(k,j) \leqslant t_B(k,j) \\ 0, t_{FR}(k,j) > t_B(k,j) \end{cases} \end{aligned} \quad (5-5)$$

式中：$t_{RF}(j,k)$，$t_{FR}(k,j)$ 为点 $j(k)$，$k(j)$ 间的轨道交通—接运换乘出行方式运送时间（h）；
$t_B(j,k)$，$t_B(k,j)$ 为点 $j(k)$，$k(j)$ 间竞争方式（类）的运送时间（h）；

在优化的过程中要考虑的约束条件主要有：

① 轨道路线、站点和接运路线、站点的客流能力限制；

② 接运路线的长度限制，一般来说，接运公交路线长约 6 km，不宜超过 8 km，路线过长可能使路线的功能复杂化；

③ 接运路线自身的效益（路线效率）和它对轨道路线的作用（接运效益）都应该足够大；

④ 一般接运路线应避免与轨道路线竞争客流，优化搜索应在与轨道路线有竞争的区域之外进行。

5.3.5 快速公交线网

快速公交系统是用改良型的公交车辆，运营在公共交通专用道路空间上，保持轨道交通运营管理特性且具有普通公交灵活的一种便利、快速的公共交通方式。快速公交系统是一个高品质、以乘客为本的公共交通系统，能够提供快捷、舒适、经济的城市交通服务。在不同的地区，快速公交系统有着不同的称谓，包括大容量公交系统、高品质公交系统、地铁式公交系统、高速公交系统、公交专用道系统等。

1. 建立快速公交线路网的必要性和可行性

（1）必要性

① 城市交通问题是世界大城市发展过程中普遍存在的问题。问题的根源是车辆的发展速度超过了道路的发展速度，而城市的土地是有限的，道路发展必然受到用地数量、城市布局和历史与文化的影响。北京作为一个古城，中心区的道路用地已近饱和。它所面临的交通状况与世界上多数大城市是相似的，发展前景也有众多先例可循：如曼谷，小汽车大量使用，造成交通瘫痪、空气污浊；再如香港、新加坡，在优先发展公共交通的政策下，一些小汽车拥有者在进入繁华地区前，大量采用公共交通方式，从而显著减轻了交通压力，缓解了汽车交通所带来的堵塞和污染。在日益强调以人为本的今天，专家、媒体和大众在评价城市交通系统时，所使用的指标也在发生着变化，从车流量、车速，改为人次、出行时间。也就是说，提出了资源分配、道路利用率及交通政策向高效率的公共交通倾斜的问题。

② 改善交通状况一方面是要调整交通流分布，另一方面是要优化出行方式结构。若不能同步改进公共交通的运行状况，则无法改善广大市民的出行条件，影响出行方式结构的优化，交通状况的改善也难以实现。

③ 目前，城市发展建设已由中心区面积不断扩大的模式，向着发展边缘集团、卫星城的模式转变，人们的出行距离不断增加，对出行速度的要求也在提高。但近期轨道交通系统还不能完全提供这种支持，因而需要建立快速公共汽车系统。

④ 行驶条件的恶化和线网结构的单一是造成公共交通服务水平低下的重要原因，建立公

共汽车快速线网有利于改善公交车辆的行驶条件和线网结构，按照客流的强度和距离分出层次，将符合主要客流方向的重要线路从一般线路中剥离出来，充分利用现有道路资源，并创造条件使其高速运行，从而以较小的投入，争取公共交通服务水平的较大提高。

⑤ 20 世纪 70 年代，国外许多城市强化地面公交，相继建立快速公共汽车系统，因而公交不但在发展中国家进展相当迅速，在发达国家的许多城市都具有快速公共汽车系统，且与轨道快速系统并存。这表明快速公共汽车系统作为独立的系统，有其长期作用。建立快速公共汽车系统，实行公交优先，在交通意识上达到现代化水平。

（2）可行性

① 目前社会各界对通过优先发展公共交通来缓解城市交通拥挤已基本达成共识。北京市在公共交通优先方面做了大量的工作，如开辟公交专用道，在一些禁止左转的路口允许公共汽车左转弯，在快速道路的主路上开线、设站等。

② 近些年来，道路网系统不断完善，一些道路得到了拓宽，并修建了许多新的道路和立交桥，形成了一批可供连续通行的道路。

③ 随着城市区域的不断扩大和人们择业自由度的增加，人们的出行距离呈增长的趋势。以上海为例，1982 年公交乘客平均的出行距离为 6.2 km，1988 年达到 7.0 km。城市居民平均出行距离的增加，说明大站距的快速公共汽车线网具备了客流基础。此外，快速线网的时间效应还将吸引自行车出行方式向公交方式转化。

④ 具有极高的性能价格比。按照国际上的统计，利用现有道路开辟公交专用道的成本仅为轨道交通的 0.5%～1%，但其输送能力是轨道交通的 20%～50%。

⑤ 按北京市市政设计院编制的《城市道路设计手册》，当绿信比为 45%，即某一方向的绿灯时间占信号周期的 45% 时，小客车通行能力为 440 辆/h，大客车（单机）通行能力为 290 辆/h。小客车按定员 4 人，满载率为 60% 计算，运送能力为 880 人。大客车按定员 80 人，满载率为 60% 计算，单车运送能力为 48 人，即 18.3 次（880÷48）公共汽车，相当于小汽车的单车道 1 h 的运送能力。在条件许可的情况下，当公共汽车的小时车次达到 20 次（3 min 间隔）时，可以考虑开辟专用道，在小时车次达到 40 车次时，就有充分理由开辟专用道。香港薄扶林道的公交专用道，高峰小时流量达 80 辆，已成为公交优先的示范线路。

⑥ 车辆性能的改进、车型的更替及调度系统的现代化，也将为建立快速线网提供支持。

2. 快速公共汽车线网的基本特征

（1）构筑在公共交通优先车道网之上

为保证较快的运送速度，必须提供较好的行驶条件。而给予公共汽车以优于其他车辆的道路使用权，就是改善其行驶条件的基本手段。为了保证快速公共汽车线路网的整体畅通，公交优先道路应该与其行驶范围基本相同，即公共交通优先车道网是从道路中划出的公共交通优先车道构成的。

快速公共汽车可在实行以下优先措施的道路上行驶。

① 城市快速路的主路和高速公路的主路：一般地，公交车使用的车道，负荷度应限制在 0.7 以下，当负荷度大于 0.7 时，应考虑减少准入车辆直至禁止其他车辆行驶。

② 公交专用道：城市主干道、次干道中仅允许公交车行驶、禁止其他车辆行驶的车道。车道入口应有公交专用标志，车道全程应有标线。

③ 分时公交专用道：在指定时间内，仅允许公交车行驶、禁止其他车辆行驶的车道。一般在指定时间以外，此道路应为限流车道。车道入口应有分时公交专用标志，车道全程有标线。

④ 限流车道：限制进入该车道的车种或车号，且允许进入的非公交车辆进出时应主动避让公交车行驶，并禁止停车。车道入口应有避让公交标志，车道全程应有标线。一般车道负荷度应限制在 0.7 以内，当负荷度大于 0.7 时，应减少准入车辆。

⑤ 分时限流车道：在指定时间内，限制进入该车道的车种，且允许进入的非公交车应主动避让公交车。车道入口应有避让公交标志，车道全程有标线。车道负荷度应限制在 0.7 以内。

（2）具有一定的规模

对城市整体而言，一两条快速线路是难以发挥作用的，必须形成网络才能实现规模效应，即快速公共汽车线路占公交线路总数的 10% 左右，乘客人次占总人次的 25% 左右。具体到北京，线路网密度近期在 0.9 km/km^2 左右，中期在 1.3 km/km^2 以上，覆盖的中心区道路长度应在 350 km 左右。

（3）线路衔接良好，乘客换乘便利

乘客出行时间之中，步行时间是重要的一部分。交通心理研究结论表明，等候、步行和在拥挤的道路上乘车，出行者的主观感觉时间要长于实际时间；而在通畅的道路上乘车，出行者的主观感觉时间要短于实际时间。这个研究结果对揭示乘客的交通方式选择，或者说公共交通的吸引力有重要意义。

在快速公交线路运行以后，步行时间占总出行时间的比例将上升，其影响也日趋明显。如果线网衔接不良、换乘不便，虽然车辆的行驶速度提高了，但是由于乘客的换乘时间与距离的加大，快速线网的效率也难以体现。在线路规划与实施过程中，都要考虑快速线路之间、快速线路与普通线路之间的换乘问题，并较好地予以解决。一般地，通过公交快速线网的出行，其平均每次步行换乘时间应小于 4 min。

（4）快速公交线路的优势

① 速度快：其运送速度在高速公路和城市快速路可达 30 km/h，在专用道可达 25 km/h，在限流车道可达 20 km/h。

② 运量大：配置单机车辆的线路，高峰小时最大断面客流量在 1 500 人次以上。

③ 线路长：一般不小于 15 km。

④ 站距大：平均为 1～2 km。

⑤ 候车时间短：平均约 2 min。

⑥ 准点率高：90% 以上。

3. 建立快速公共汽车线网的基本思路

① 考察现状客流分布，并考虑未来城市功能布局的变化趋势，特别是城市边缘集团的发展，掌握现在与未来的主要客流方向。

② 根据骨干客流和主要客流方向确定优先车道网，在这个车道网上应实行必要的公共交通优先，保证公交车辆连续快速行驶。

③ 快速公共汽车线网的布设要与主要客流方向相吻合。应贯通大商业区、大型企业、大型公共活动场所、具有一定规模的居民小区，与地下铁路、城市铁路、普通铁路的车站及机场相衔接，并连接边缘集团和卫星城镇。

④ 快速公共汽线路的交汇处，特别是放射线与环线的交汇处，以及机场和铁路车站，一般是客流的大集散地，应设置公共交通枢纽站；在城市道路入口应考虑设置驻车换乘系统。普通公交线路要与快速公共汽车线路相配合，其主要功能之一是为快速公共汽车线路集结和疏散客流。

分期分批解决平交立交的换乘困难。立交换乘，步行距离较远，一旦解决，每处都有较大的影响。但平交路口具有点多面广的特点，涉及的乘客也更多，投资少，效益高。

⑤ 根据土地使用、客流情况及工程进度，分步推进，实施优先车道网、线路网方案。

4. 建立快速公共汽车系统的配套工程改进

（1）解决路口优先通行问题

据调查，路口停留时间占公共汽车总行程时间的30%左右，公共汽车的延误也主要在路口。快速公共汽车能否实现90%正点率，能否实现预定的运送速度，关键是路口优先能否落实。减少路口延误的方法主要有4种：

① 结合灯控区域优化（面控），对区内的公交车辆实行优先；

② 若公交线路方向少于交汇的道路方向，采用公交优先信号控制；

③ 在直行车道中画出一条直行公交专用道，其长度应与渠化长度相同；

④ 允许直行公交车使用右转车道，简便易行，可在右转车不满流的车道实行，但在安装分车道信号灯的路口应作技术处理。

在拥堵严重的地点实行公交优先会更加困难，但是恰恰在这些地方实行公交优先的意义更大，因为只有在资源紧缺的时候才能体现优先的作用。

（2）提高运营组织和管理水平

对于快速公共汽车线网系统，如继续沿用以前的分散调度管理方式，将难以发挥其集约效益。应运用智能交通技术，采用集中区域调度的方式。这其中包括运输计划的协调和运力的集中调配，运行监控系统，通信系统实时调度，快速反应。同时建立救援系统，及时排除故障和险情，保证快速公共汽车线网安全、稳定、高效地运行。

5. 效益分析

快速公共汽车线网构架如能实现，将会带来以下效益。

(1) 快速线网的建立有利于城市布局的调整

发达国家的城市大多经历了逆城市化的发展过程，形成了目前的大都市圈。在这些大都市圈中有多个城市次中心，这种城市结构，相对于只有一个主中心、人口过度集中的模式，产生的问题较少，也便于进行区域分工和管理。以北京市为例，目前正处于发展边缘集团和卫星城镇的过程中，快速公共汽车线网的建立为该城市规划布局的战略调整提供了支持，有助于城市人口的疏散和城市社会经济的整体腾飞。

(2) 促进出行结构的优化，缓解交通拥堵

北京的交通拥堵，有一个很重要的原因，就是存在大量的自行车交通。这种对道路资源利用率较低的交通方式，承担了大量的长距离出行。而自行车交通的存在是由于地面公共交通行驶速度低，不准时等。快速公共汽车线网的建立，能使运行速度和准点率提高，将吸引自行车出行者向公交方式转化。

(3) 节约出行时间

以北京为例，长安街专用道开通后，1路、4路等公交车的运行速度提高了14.5%，正点率提高了20%。二、三环成为快速路后，300路公交车运行速度提高了14.7%，44路运行速度提高了10%。

整个系统形成后，四环内乘客平均到站步行时间为8 min，平均候车时间为2 min，平均换乘时间为4 min，平均乘行时间为21 min，平均一次出行耗时为43 min。比1986年出行调查58.8 min减少了26%。

(4) 减少公共交通的运营成本（人工、车辆、维修）

快速线路增加了车辆周转，减少了堵塞路段的频繁起停，提高了劳动生产率，将有助于减少企业亏损，减轻政府和人民的负担。

总之，快速公共汽车网是建立在实行公交优先道路网上的运输系统，其中既包括了路段优先、路口优先和换乘设计，也包括了先进的车辆技术、救援方式和调度手段，必将为缩短乘客的出行时间、优化出行结构、防止交通瘫痪，发挥无可替代的作用。

5.3.6 远郊支线公交网络

远郊支线公交网络是市区公交网络的辅助系统之一，远郊支线公交网络以快速交通为骨干，多种交通方式相互衔接、相互补充。通过在城市和乡镇分别建立大型的中转换乘枢纽，配合公交线网实现城乡之间的良好衔接，形成以市区为重点、市郊协同发展、城郊一体化的"大公交"格局。其实质是形成公交的"城乡一体化"局面，使公共交通以全新的面貌展现在人们面前，并为人们提供一种全面的、互补的公共交通解决方案，同时也可大大改善公共交通服务方面的局限性。远郊支线的开行为城市和乡镇居民提供同样安全、高质量的生活环境，并能为乡镇居民创造更多的活动空间，从而建立起为城市和乡镇居民提供方便出行的公共交通体系，实现城市和乡村的良好交融，加快城市化的进程。

5.4 计算机辅助生成线网

5.4.1 计算机生成线网的意义

公共交通是为城市居民出行服务的。最大限度地缩短乘客旅行时间和平均换乘次数是公交企业提高运营服务质量，方便群众出行的基本目标。公共交通的运营服务质量虽然与日常运营组织密不可分，但从根本上说还取决于公共交通线路网的空间配置结构。城市中任意两地点乘车距离的远近及所需的换乘次数都是依据线网的布局形成的。不同的布置形式又能改变两地区间的乘车距离和换乘次数。在土地利用结构与道路空间布局基本确定的前提下，缩短居民平均出行距离，减少平均换乘次数的唯一途径是使公共交通线路网的空间配置结构，在最大限度内与城市居民的空间分布模式相吻合。

用计算机生成线网是北京市公共交通总公司工程师李建国等人的一次尝试。与以往布线方式不同，用计算机生成线网，不仅要考虑每条线路的沿线情况，更要追求整个线网布局的优化，从总体上减少乘客的出行时间，提高车辆利用率，从而提高公共交通方式在总出行中的比例和公交企业的经济效益。而基于 OD 调查的规划期末居民出行 OD 预测，是计算机生成线网的数据基础。有兴趣的读者可以参考交通规划方面的书籍，主要是 OD 调查和交通预测的部分。这个预测通常按照如下步骤进行。

① 预测规划期末的每日出行总量。常用的方法是用预测的日人均出行次数乘以规划期末的城市人口。日人均出行次数是在现有的 OD 调查结论基础上，考虑人口构成变化、城市布局变化、经济发展状况，特别是交通工具拥有量的增长等因素计算出来的。

② 确定交通小区之间的出行量和交换量。为了便于统计计算，OD 调查将城市划分为若干个交通小区，交通小区（以下简称为区）在市中心通常为 2 km²，向外逐渐扩大。可以认为区内的出行对城市的宏观交通没有影响，各区之间的出行，都是由此区的人口重心到彼区的人口重心形成的，甚至可以认为确定的一对 OD 交通小区之间的交通，都从一条路径（最短路）通过。所谓的人口重心，是以人口密度作为权重的加权平均地理坐标。按照各区的人口数量、土地使用性质（居住区、商业区、工业区、办公区）等因素计算各区的出行量（包括出发量 X 和到达量 Y），并按照一定的数学方法（OD 分配模型），推算出各区之间的 OD 量，从而得出一张 OD 表，如表 5-1 所示。表中的 i、j 是交通小区的编号，T_{ij} 是从 i 区出发，到达 j 区的 OD 量，X_{ij} 是第 i 区的出发量，Y_{ij} 是 j 区的到达量，Z 就是全市出行总量。

③ 计算出所有 OD 对之间的最短路径，根据出行距离、自有交通工具的数量、经济收入等因素，计算出不同 OD 交换量中公共汽车方式的分量，将其累加到道路网上。

到此为止，道路网上的公交客流需求已经确定，可以开始进行线路生成的工作。

表 5-1 规划末期的公交方式 OD 表

O\D	1	2	...	j	...	n	合计
1	T_{11}	T_{12}	...	T_{1j}	...	T_{1n}	X_1
2	T_{21}	T_{22}	...	T_{2j}	...	T_{2n}	X_2
⋮	⋮	⋮	...	⋮	...	⋮	⋮
i	T_{i1}	T_{i2}	...	T_{ij}	...	T_{in}	X_i
⋮	⋮	⋮	...	⋮	...	⋮	⋮
n	T_{n1}	T_{n2}	...	T_{nj}	...	T_{nn}	X_n
合计	Y_1	Y_2	...	Y_j	...	Y_n	Z

5.4.2 技术路线

对于庞大复杂的公交线网生成方案，首先要明确基本思路，设计出一整套数学模型，进而在计算机上编程实现。其所需遵循的技术路线如图 5-8 所示。

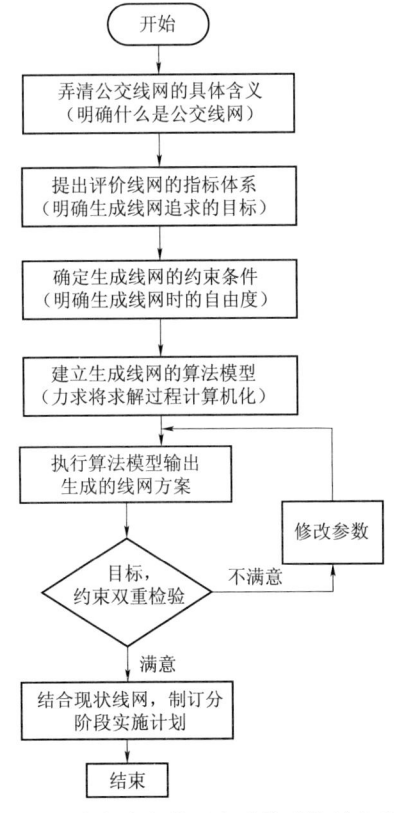

图 5-8 建立公交线网生成模型的技术路线

5.4.3 公交线网的定义和评价体系

公交线网的定义在前面已经讲过。概括地说，确定的首末站、线路走向和中途站确定了一条线路，由若干确定的线路和衔接换乘点所构成的有机整体称之为公交线路网，简称为公交线网。它的含义是，如果某个线网中的某一个元素发生了变化，如在一个有 100 条线路的线网中修改了某一条线路的一个中途站，即可以认为这个线网发生了变化，或者说，它已经成为另外一个线网了。

建立公交线网的评价体系，是要明确公交线网的好坏标准。评价线网的指标有很多，如何选取评价指标，直接关系到生成线网的质量。在众多的指标中，可以将其分为两类：主体指标和辅助指标。主体指标反映了线网总体的性能特点，是线网质量的总体描述；辅助指标是线网某一方面性能的描述，不代表总体的特性。例如，非直线系数反映了线路走向的曲折程度，一般认为越小越好。但在条带型城市中，非直线系数一般都较小，但不能说明其客运体系的效率就高于集团型布局的城市，因为其出行起讫点的平均距离加大了。因此，评价生成线网的优劣必须也只能以主体指标为依据。

建立的评价指标体系如表 5-2 所示。需要指出的是，线网生成的数据来源是未来全日公交出行量的预测值，在没有分时段客流、不能进行车辆选型和定量的情况下，是不可能得到线路或线网的平均满载率的。在实际的编程计算中，是使用人公里与虚拟客位公里的比值代替的，相当于线路双向的断面不均衡系数的倒数。

表 5-2 公交线网布局评价指标体系

	名　　称	理想值
主体指标	公交吸引的出行人次比值	1
	一次出行的平均乘车距离	城市布局决定的实际最小平均距离
	一次出行的平均换乘次数	0
	线网平均满载率	1
辅助指标	线网覆盖率	1
	平均非直线系数	1
	线网密度	不详
	平均线长	不详
	平均站距	不详
	平均运距	等于线长

5.4.4 生成线网的约束条件

计算机生成线网受到多方面客观条件的约束。确定生成线网的约束条件并加以分类，可以使算法模型简洁实用，并且分清楚哪些是应该并且可以在算法中体现的，哪些只能在算法开始以前确定或用计算结果检验的。生成线网的约束条件如表 5-3 所示。

表 5-3 生成公交线网的约束条件

类别	项目别	内容	约束性质	约束方式
外部	交通政策	客运交通结构的发展方向	定性	建模前
	设施压力	设施增加或改善的可能程度	定量	建模前（可行性检验）
	道路情况	规划期末可通行的公交车的道路范围	定性	建模中
	用地布局	城市土地利用可能对线路首末站，特别是保养场、站的设置产生制约	定性	建模中（可行性检验）
	交通管理	道路交通管理可能对线路走向产生影响	定性	建模后（可行性检验）
内部	经济因素	确保必要的经济效益	定量	建模中
	组织管理因素	便于管理及运营组织	定量	建模中（部分）

5.4.5 线网生成的算法步骤

根据目标约束条件提出设置公交线路的准则如表 5-4 所示。根据准则间的逻辑关系，确定生成公交线网的算法步骤。我们把路网中连接两个相邻交叉点的路径称为路段，若干个相邻路段就构成了一条公交线路的方案。在一个由上百个交叉点组成的道路网中，可能的备选方案也许有上万个。那么应该如何确定选中哪一条呢？尤其是当确定一条线路后，整个 OD 结构与道路客流分布都要做相应的修改，即把刚确定的线路所吸引的客流从 OD 表和道路客流表中减去，以便为下一条线路的生成创造条件。这意味着线网生成的过程是不可逆的。因此，生成算法必须解决 3 个问题：备选方案是否满足开线的基本条件；如何从若干备选方案中确定最优的线路；如何使线路生成的叠加过程与线网评价指标的求优过程相一致。

表 5-4 公交线路生成准则

总目标约束	目标、约束分类	具体指标项	相应的设线准则
在现实可行的前提下，以最少的投入获得最大的社会经济效益	提高社会效益	（1）缩短平均乘车距离	（1）沿主要客流方向开线
		（2）降低平均换车次数	（2）优先大流量的直达客流
	确保必要的经济效益	（3）尽可能提高平均满载率	（3）线路平均客流不低于最低开线标准
			（4）平均满载率尽可能高

续表

总目标约束	目标、约束分类	具体指标项	相应的设线准则
在现实可行的前提下，以最少的投入获得最大的社会经济效益	为运营组织提供必要条件	（4）一条线路单程时间 最小不少于　min 最长不超过　min	（5）最小线长不少于　km （6）最大线长不多于　km
		（5）单向最小行车间隔 min	（7）线路单向最大输送能力人次/km

（1）开辟线路的基本条件

从理论上说，一条线路的开辟需要有两个最基本的条件：可供公共汽车行驶的道路和足够的客流。但在实际运营中，还希望线路的长度在适宜的范围内，这也是生成线路时应该考虑的。

（2）线路优劣的评判

按照上述条件，会有很多连接 OD 对的最短路径成为备选方案。于是必须从中选出最优的线路方案。李建国提出用综合权重作为评判指标：

$$Q = N \cdot V \cdot D \cdot X \tag{5-6}$$

式中：Q 为综合权重，在若干备选方案中，Q 值最大者将被选中；N 为备选线路吸引的乘客人次；V 为虚拟线路的全程满载率，因为无法确定车辆配置，所以假定提供的客运能力与最大断面的客流量相同，也就是断面不均衡系数的倒数；D 为平均运距；X 为线路长度系数，线路过长或过短都是不利的，人为制定一个马鞍型数列，给适宜长度的线路以较高的系数，过长或过短的线路以较小的系数，来控制生成线路的长度。

（3）优化控制

由于线路是逐条生成，后生成的线路可能与先生成的线路发生换乘，其客流的计算也将受到影响。即生成顺序关系到各线路客流的累计，最终将决定整个线网的优劣。因此，需要使生成线路的过程与总体效益提高的过程统一起来，如图 5-9 所示。

乘客的一次公交方式出行，可能乘坐一条线路的车辆即可到达目的地，也可能需要换乘几条线路的车辆才能完成，我们称之为 0 次换乘（直达）、1 次换乘、2 次换乘等。在线网评价指标中，换乘次数是衡量线网质量的一项重要指标，即生成线路应该尽量保证客流直达，不能直达的应尽量减少其换乘次数。所以可将线路按换乘次数分层生成，各层的区别在于客流性质不同，计算方法也有较大区别。具体来说，直达层线路的客流仅指自身吸引的直达客流，计算各备选线路时是各不相关的。1次换乘线路的开线客流，不仅包括自身吸引的直达客流，还包括经过换乘1次直达线路到达目的地的换乘客流，即 1 次换乘线路的客流计算是依赖于直达层线网的。同理可以理解 2 次、3 次换乘层的形成过程，即各换乘层线路的生成必须依赖在其前面生成的各层线路。对于需要 4 次及更多换乘次数完成出行的客流，因为其数值较小，不再分层计算，而是直接以道路客流为准。

就某一层而言,相当多的线是重叠的,即同一 OD 对同时被多条备选线路吸引,按照综合权重 Q 的大小确定一条线路后,要相应修改 OD 表,从而淘汰一批相关的但达不到开线标准的备选线路。当备选线路方案为零时,表明该层的线路生成完毕。

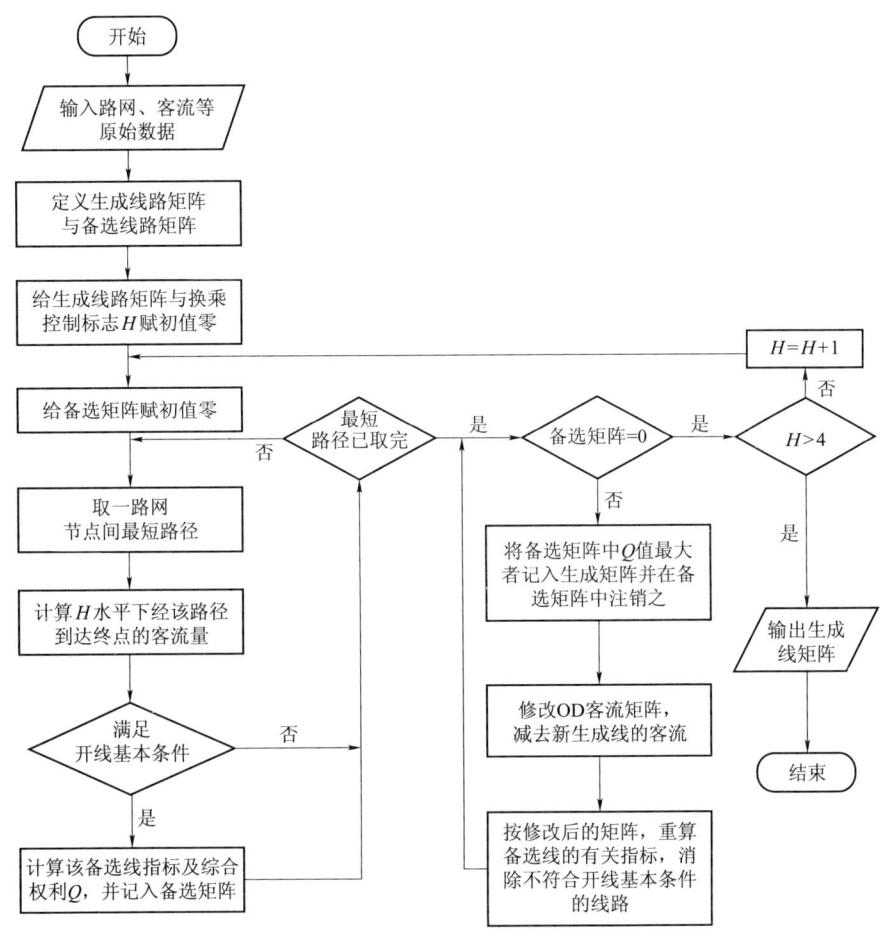

图 5-9 公交线网生成模型算法流程示意图

5.5 线路规划实施的程序

5.5.1 制订年度规划方案

在近期规划指导下,每年 9、10 月份是公交企业研究制订次年开线计划的主要时期。

1. 制定前的准备

① 广泛了解社会各方面对公共交通的需求，尽可能多地掌握一些客源及客流变化情况，然后列出具体需求细目；

② 了解上级主管部门对公共交通调整线路有何具体要求与指令；

③ 摸清次年全市道路新建、改建和扩建方面的工程信息；

④ 摸清企业内部明年站点建设进度、车辆投入状况、劳动力（尤其是司机）的培训情况及财政补贴状况等。

2. 制订年度规划的主要程序

① 根据各项需求与可能，按轻重缓急列出明年调整线路的工作设想；

② 根据站点、道路的完工情况，列出第一批可行性方案；

③ 根据企业人、财、物的具体情况，确定最后的报审方案。

5.5.2 申请批准的程序及有关工作的协调

鉴于全国各省市公交企业的自主权不同，因而各企业有关规划线路的申请批准程序上也不一样。

就目前北京的情况来看，公交总公司的线路方案须经交通局批准，然后会同有关部门（公安、园林、绿化、市政等）协商，最后予以落实。

复习题

1. 公交场站设计规模是什么？
2. 线网的概念是什么？
3. 常见的公共线路有哪几种主要形式？
4. 涉及公共交通线路网的技术指标主要有哪几个项目？其含义、作用、计算单位和计算公式各是什么？
5. 线网规划的原则和要求是什么？
6. 线网规划的主要内容是什么？
7. 接运公交线路如何优化？
8. 公交线网布局评价指标体系有哪些？
9. 制订年度线网规划的主要程序是什么？

第 6 章

公交运营的线路能力、行车速度与车辆利用

6.1 公交运营的线路能力

公交运营的线路能力表示在一般条件下，一条公交线运送一定乘客流的公交系统能力，它也影响着公交线路提供的服务水平。这是由于其他许多性能特征，如速度、可靠性和舒适性等特征都取决于流量与公交线路能力的比率（车辆中的乘客数或线路上的车辆数）。因此，公交线路能力是公交系统中基本特征之一。

将能力分为理论和实际两个方面加以讨论是为了避免出现常见的错误，即将能力处理为一个简单的定值，独立于其他公交系统性能要素。本章给出的能力计算方法可应用于现有和不同方式公交新线规划的分析和改善，如地面公交、准快速或快速公交。

下面简单介绍公交线路能力的相关概念。

单向能力是指在不停车情况下，某一方向上每小时通过某一点的车辆所运送乘客空间的最大数；车站能力是车辆停靠在车站的相应空间数；可提供的能力是某一方向上每小时通过某一点的车辆所运送的空间最大数；已利用能力是每小时单方向实际运送乘客的最大数。一般不是所有车辆的空间都被完全利用的事实，导致了这两个概念之间的区别，由于乘客的不均衡分布，乘客需要长时间地占用空间。已利用与可提供能力的比率即为装载因子 α。

对一条线路，利用最小发车间隔 h_{min} 计算出的能力即为理论能力；在实际中，理论的最小发车间隔 h_{min} 不能在一个较长的时间周期内维持，因此，在一小时内平均可达到的 h_{min} 用于计算实际能力。理论和实际能力的区别主要取决于运营规则和公交系统的控制，而快速公

交例外；对于地面系统，如拥挤交通下的公交车辆或电车，实际能力主要取决于道路条件。

每种能力定义对一定类型的分析有用，但在大部分规划、调度和运营分析的案例中，实际利用车站能力是与公交线路能力概念最相关的。

对于可提供公交线路能力的基本表达式是：

$$C = C_v \cdot n \cdot f_{max} = \frac{60 C_v \cdot n}{h_{min}} \quad (6-1)$$

线路能力是车辆能力 C_v 的直接结果，每公交车辆单位 n 的数量，在一定的时间单位，通常是一小时该公交线路单方向通过一点的最大公交车辆单位数，如最大服务频率 f_{max}。

6.1.1 影响线路能力的因素

可提供的公交线路能力可通过两个要素加以表示：公交单元的能力（空间数或乘客数），由式（6-1）的分子得到；以及公交单元间的发车间隔，由公式（6-1）的分母得到。

1. 公交车辆单元能力

公交车辆单元能力由 3 个因素组成：车辆能力、每个公交单元的车辆数及相对于已利用能力的装载因子。

车辆能力 C_v，取决于车辆空间尺寸和设计，座椅/标准比率和每个乘客的最小地面面积所采用的标准。

装载因子 α，在拥挤条件下单个车辆所达到的值接近 1.00，但它的最大平均小时值较低，因为一般能力条件持续不到一个小时。当然，如果一条线路在一小时内 α 都以平均值 1.00 运营，那么该条件下将使乘客极不舒适及产生乘客延迟，乘客无法搭乘先到达的公交车辆。

每公交单元的车辆数 n 取决于公交方式采用的技术。对于道路方式，$n=1$（采用公交拖车的例外）。对于导轨方式，n 可在 1 到 n 之间变化（特别是在许多区域轨道系统中），该方式取决于路权分离、车站长度及客流量。

2. 最小发车间隔 h_{min}

最小发车间隔由公交线上公交车辆单元的最大发车频率确定，它是影响线路能力最复杂的因素。在信号控制导轨公交系统中（如地铁），发车间隔由在车站相互追踪的两辆车辆之间的关系确定，如图 6-1 所示。临界情况是当前一辆车辆加速离开车站时，后一辆车辆进入车站并制动，其停站影响区域或它的移动停车距离正好接近前一车辆的后端路径。最小车站发车间隔（一般是临界值）$h_{s\,min}$ 是基于临界情况的速度 v 的函数，该函数为：

$$h_{s\,min} = t_s + t_r + \sqrt{\frac{2 \cdot n \cdot l'}{a}} + \frac{n \cdot l'}{v} + \frac{v(K+1)}{2b} \quad (6-2)$$

该公式表明公交线的临界发车间隔，取决于以下因素：

车站的停站时间 t_s；控制类型和所需的安全模式，该模式影响反应时间 t_r 和安全因素 K

（≥1），该因素普遍应用于轨道交通运营，考虑了由于制动率变化等造成正常制动率不能满足的情况；公交车辆长度 $n \cdot l'$，其影响列车在车站的完全离开时间；加速和制动率分别为 a 和 b，以及车辆到达速度 v。

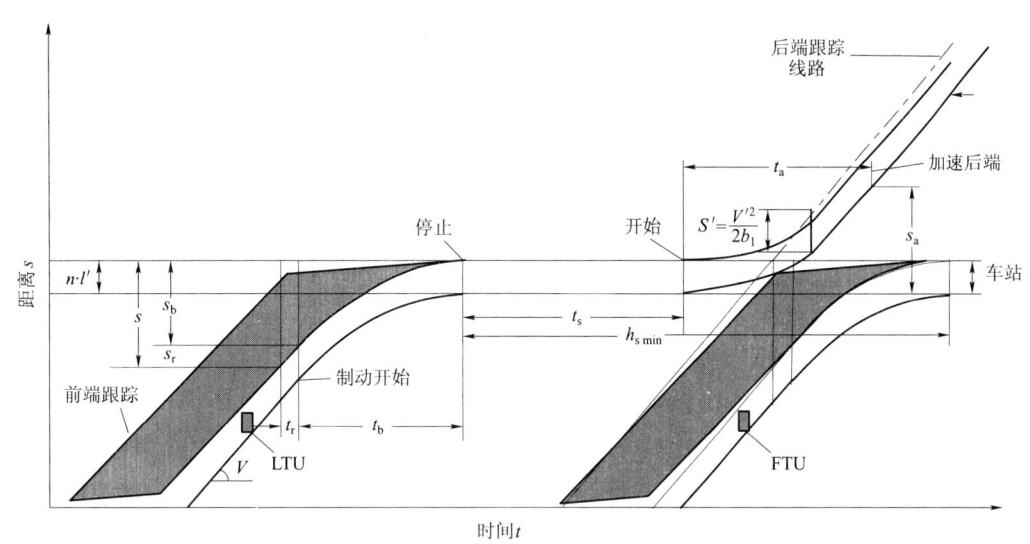

图 6-1　车站内离开/到达顺序和连续车辆间发车间隔的时间-距离因素

在这些情况下可提供的车站能力 C_s 的表达式可将式（6-2）中的 $h_{s\,min}$ 作为 h_{min}，代入式（6-1）而得到。该等式对于不同公交方式典型因素的不同数值图示由图 6-2 给出。

表 6-1 给出了 3 种基本公交方式：公交车、轻轨和快速公交，并对它们的物理和运营典型因素进行了总结，这些因素主要用于计算图 6-2 中的各曲线。此外，还给出了计算 3 种方式的单向理论能力和车站理论能力及车站的实际能力的方法。对于运行安全模式，不同方式间有所不同：模式 c 是驾驶员对公交车的控制，而对于轨道系统的模式 a 则提供了自动防故障的信号系统。

表 6-1 中的数字显示的单向能力是相同方式车站能力的许多倍。这是因为车站要求移动的车辆间的 $h_{s\,min}$ 比所需的最小发车间隔更长，设为 $h_{w\,min}$。另一方面，3 种方式的实际能力一般占车站理论能力的 50%。然而，实际能力随着当地物理和运营条件不同会发生相当大的变化，因此，用简单的数值描述一定公交方式的能力非常困难，也可能与事实不符。

实际上，发车间隔的计算一般较简单，可基于现有和已建公交新线测算运营参数的平均值。车站停留时间为首要因素，由开门前和关门后的损失时间 t_o（混合交通或重新进入车道的公交车）和乘客在最繁忙车门上下车所需时间组成。因此，如果车辆通过不同的门上下车（如大部分有秩序的公交车，在入口处进行收费管理），表达式为：

$$t_s = t_o + \max\{b' \cdot \tau_b, a' \cdot \tau_a\} \tag{6-3}$$

式中：b' 为最繁忙车门上车的乘客数；a' 为最繁忙车门下车的乘客数；τ_b 和 τ_a 为每位乘客上、下车的时间。在所有门上下车的系统中，该公式为：

$$t_s = t_o + b' \cdot \tau_b + a' \cdot \tau_a \tag{6-4}$$

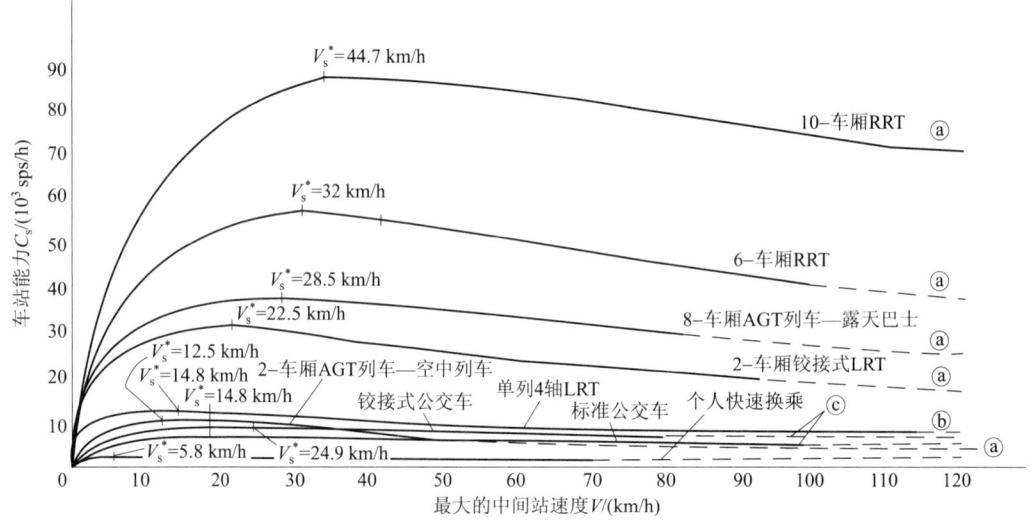

图 6-2　不同方式间的典型安全模式对应的车站能力

在该情况下，b' 和 a' 分别表示在最繁忙车门上、下车的乘客数，如涉及最长时间乘客上、下车的车门。b' 和 a' 的值依赖于车站上、下车的乘客数量 b_i 和 a_i，依赖于上、下车可利用的车门通道数 n' 和乘客在这些车门间的分布。表达式为：

$$b' = \frac{b_i}{n'} \cdot \xi_b \qquad a' = \frac{a_i}{n'} \cdot \xi_a \tag{6-5}$$

这里，ξ_b 和 ξ_a 是不同车门间的乘客分布系数，分别定义为每个门上车和下车的乘客最大数和平均数的比率。注意，所有的 b_i 和 a_i 分别表示每辆车上、下车的乘客数，或者在一个发车间隔内累积的乘客数。

表 6-1　典型公交方式的理论和实际能力

条　目	符号/单位	标准公交车	轻轨	快速换乘
公交车辆/公交单元	n/（veh/TU）	1	2	10
车辆长度	l/m	12	24	21
车辆能力	C_v/（sps/veh）	53	189	175

续表

条 目	符号/单位	标准公交车	轻轨	快速换乘
安全距离	S_0/m	1	2	2
反应时间	t_r/s	1	1	0
标准制动率	b_n/(m/s²)	1.4	1.2	1.1
紧急制动率	b_e/(m/s²)	4.0	3.0	1.8
最大速度	V_{max}/(km/h)	90	90	120
运营安全模式	—	c	A	A
最大的道路能力的速度	V_w^*/(km/h)	37	39	78
最大的道路能力	C_{vw}^*/(sps/h)	53 754	134 350	320 888
最大的车站能力的速度	V_s^*/(km/h)	29.7	22.5	44.7
最大的车站能力	V_{vs}^*/(sps/h)	6 373	30 758	89 950
实际能力（见以下备注）	C/(sps/h)	3 180	15 120	52 500

注：假设用 $h_{s\,min}$ 的平均值 1，1.5，2 分别表示 3 种方式。它们是实际的，除了在那些有两条车道，允许超车的繁忙巴士站，因此平均的 $h_{s\,min}$<1 min，C 高达 6 000 sps/h，在特殊情况下会更高。

上、下车的时间值 τ 和上、下车的乘客数 b' 和 a' 是决定停留时间的关键。它们在不同公交方式间有相当大的变化，因为它们取决于车站站台（或者公交车站步行道）的标准和物理设计、车辆（车底高度、门宽、台阶、车辆内部的车门四周面积等）、运营（单双向乘客流和收费）、上车的乘客流量、乘客的行为和管理，如无秩序地推挤比有秩序地先下车后上车耗费更多时间。

表 6-2 回顾了在不同公交方式和车辆类型间影响车站运营和停留时间的主要因素。包含的因素如下。

车底高度和站台高度：传统的公交车和路面电车具有较高的车底和较低的站台，比现代的低车底车辆需要更长的上、下车时间。上车最快的是地铁系统的高车底和高站台。

上、下车通道的数量 n' 可计算为：$n' = n_{TU} \cdot m$（每个门有 1 或 2 个通道），这里 n_{TU} 是每个车辆单元的车辆数，m 是每辆车的车门数。

收费类型和收费方式涵盖的范围从传统的在车门上车时的现金付费方式到更快的电子收费处理和确认，再到最后在站台和车内无须收费（地铁系统）。

表 6-2 随后的各列给出了 6 种情况下不同方式间、车辆、收费和其他因素的 τ_b 和 τ_a 典型值。τ 的平均值变化范围可从上车时公交车采用的单通道车门和分段收费的 5.0 s/人，到快速轨道列车的上下车 0.5 s/人，该快速轨道列车采用高站台、双向双通道多车门、无人售票或者

无须验票。

需要强调的是在表 6-2 中的数值不是准确的范围,不可直接用于任何特定情况。这些数值用于阐明不同因素的影响方式,并在规划公交系统运营及设计和运营因素比选分析中,提出使用这些数值的方法。例如,低车底 LRT 车辆的引入,或自动收费服务引入,或列车通过许多双通道车门上下车,考虑这些方式的引入如何对停留时间产生影响非常有意义。

本地条件在公交运营中起着重要作用。因此有必要获得车辆类型、车门、收费方式和出发监控等这些因素的相关数据,用于规划和运营方案的比选。

表 6-2 影响车辆停留时间的物理和运营因素

公交模式和公交单元略图	车辆地面/平台高度	车辆数×车门数×通道数=公交单元（上车+下车）	收费类型/收费方式	t_0/s	上车时间 τ_b/(s/prs)	下车时间 τ_a/(s/prs)	上述情况下的差异
i. 公交车	H/L	1×2×1=2 （1+1）	分段/上车收费	1.0	3.0~5.0	1.5~3.0	—
ii. 公交车/有轨电车	H/L	1×2×2=4 （2+2）	站台,乘车券,验票	1.0	2.0~3.0	1.5~3.0	更多的通道,更快的收费方式
iii. 公交车/有轨电车	L/L	1×2×2=4 1×3×2=6	自助服务,验票	2.0	1.2~2.2	1.0~1.6	低车底,更快的收费方式
iv. 铰接式公交车,单轨 LRV	H/L	1×4×2=8	自助服务,验票	2.0	1.6~2.6	1.5~3.0	更多的通道,高车底
v. 轻轨列车	L/L H/H	2×4×2=16 3×4×2=24	任何类型,预付	3.0	0.8~1.6	0.6~1.4	更多的通道,低车底;无收费方式
vi. 地铁 4到10列车	H/H	4×3×2=24 10×4×2=80	任何类型,预付	3.0	0.6~1.4	0.5~1.2	更多的通道

注:公交车包括无轨电车

为了说明表 6-2 中各因素如何使用,本节给出了两个实例。在该实例中,使用表中给出的所有时间范围的中间值。

【例 6.1】公交线规划数据显示,站号是 17 的公交车站具有每辆车最高平均乘客流量:$b_{17}=12$ 人,$a_{17}=19$ 人。为了计算线路能力,有必要预测该站点的 t_s。公交车采用两个单通道车门，上车时分段收费，没有预付车票。下车缓慢，因为下车时需要推挤车门边的乘客。在车站有很大部分的乘客是老年人。

使用式（6-3）和表6-2中情况 i 中 τ 取值范围的最大值，根据所述条件，得到以下结果：

$$t_s = 1 + \max\{12 \times 5.0, 19 \times 3.0\} = 61 \text{（s）}$$

【例6.2】 车站7是计算一条路面电车线路能力的关键，其拥有较低的站台。采用单节高车底车辆，拥有两个双通道车门。乘客在上车时付费或进行验票（情况 ii）。观测显示两个门之间乘客分布是相等的，$\xi = 1.0$。每辆车平均上、下车客流分别为 $b_7 = 52$ 人和 $a_7 = 63$ 人，目前平均停留时间是 $t_s = 65$ s。

在邻近车站7的地方规划了一个重要的综合性办公建筑。据预测，在高峰小时内乘客将增加60%。上、下车门间乘客的分布系数是 $\xi_a = \xi_b = 1.1$。采取了一些措施改善车站的运营，得到车站运营的3种可能措施，需要进行分析：

① 继续按现有模式运营——表6-2中的情况 ii；

② 在上车前收费，车辆采用单一铰接式、高车底公交车，每辆车拥有4个双通道车门——表6-2中情况 iv；

③ 与②中情况相同，只是采用低车底车辆及两节车（表6-2中情况 v）。

在这些情况下 t_s 的值会是多少呢？

首先将现有运营模式的信息用于确定个别时间参数值。由于现有条件对应表6-2中的情况 ii，τ 的平均值可从表6-2中得到，并代入式（6-5）：

$$b' = \frac{52}{2} = 26 \text{ prs} \qquad a' = \frac{63}{2} = 31.5 \text{ prs}$$

将这些值和 $t_0 = 1$ 代入式（6-3）得：

$$t_s = 1 + \max\{26 \times 2.5, \ 31.5 \times 2.2\} = 70.3 \text{ s}$$

该结果的误差在实际观测的 t_s 值的10%之内，因此所选参数值有效。如果在观测和计算值之间存在较大差异，需要使用不同的参数。通过对公式的校验，计算3种措施下的 t_s 值。

① 继续按现有模式运营——表6-2中的情况 ii。与以上计算相同，乘以系数1.6，即乘客增加60%，有：

$$b' = \frac{52 \times 1.6}{2} = 41.6 \text{ prs} \qquad a' = \frac{63 \times 1.6}{2} = 50.4 \text{ prs}$$

$$t_s = 1 + \max\{41.6 \times 2.5, \ 39.2 \times 2.2\}$$
$$= 105 \text{ s}$$

② 表6-2中的情况 iv：车门通道数从4个增加到8个，每个通道用于上、下车，应用式（6-5），有：

$$b' = \frac{52 \times 1.6}{4 \times 2} \times 1.1 = 11.44 \text{ prs} \qquad a' = \frac{63 \times 1.6}{4 \times 2} \times 1.1 = 13.86 \text{ prs}$$

将这些值和 $t_s = 2$ s 代入式（6-4），有：
$$t_s = 2 + 11.44 \times 2.1 + 13.86 \times 2.2 \approx 57 \text{ s}$$

③ 表 6-2 中的情况 v：每个车门通道的乘客数减少，因为通道数是 $2 \times 4 \times 2 = 16$，代替了②中的 8。因此，$b' = 5.72$ prs，和 $a' = 6.93$ prs，停留时间是：
$$t_s = 2 + 5.72 \times 1.2 + 6.93 \times 1.0 \approx 16 \text{ s}$$

所以，如果维持现有系统，乘客流量增加 60%，t_s 将从 71 s 增加到 105 s。消除所有由上车时收费或验票造成的延迟，引入铰接式公交车，车门通道从原来的 4 个增加到 8 个，t_s 可迅速缩短约 57 s。最后的比选方案是与情况②相同的运营类型，但采用低车底车辆和双节车，允许在同一水平下，更快的上、下车，该变化使停留时间下降约 16 s。

值得再强调的是，由于许多随机分布对 t_s 的影响，包括系统控制及驾驶员和乘客的组织习惯，在这里得出的数值并不准确。这些数值应该谨慎地使用，根据当地条件仔细评估，无论什么时候都需要组织和恰当地进行实际观察和观测。然而，简单实例计算得到的近似数值都显示，车辆设计和车站运营类型会对车辆停留时间产生重要影响，从而影响线路的运营速度和能力。

3. 能力因素的评述

由于车站停留时间在某些方面比走行时间有更大的成效，一般希望将其最小化。运营的公交线路可通过专设上车门，由于上车流量较小，$\tau_b = 2 \sim 4$ s/prs，因此，$b' = b_i = 3 \sim 5$ prs，停留时间可达到 $t_s = 12 \sim 30$ s。然而，由于 τ 值的增大，t_s 随着 b' 值的增加而迅速增加；当客流较大时，采用传统单通道上车和手工收费，由于低速和低可靠性，会使该公交线路既无吸引力也不经济。

对于服务于客流量较大的公交方式——铰接式公交车、轻轨和地铁，乘车条件越来越有效率，车门数量也必须是普通方式的好几倍。因此，根据上限，挂有 10 节车的地铁列车的可达到 40 个双通道车门，上、下车的时间可以缩短为 $\tau_b = \tau_a = 0.5$ s/prs，即使由于乘客的不均衡分布或大量的下车流，也只有一半的车门被完全利用，上车的总人数达到 80 prs/s。因此，停留时间即使在客流高峰也能维持在 $25 \sim 40$ s。

前面对影响因素的分析表明，在影响能力的众多因素中，多种因素具有非常重要的作用。如果需要提高能力，最有效的方法是通过改变以下 3 个因素达到要求。

首先，车辆能力（C_v 或/和 n）的提高是最有效的，因为它直接提高线路能力。车辆长度更长对 h_{min} 几乎不产生任何影响，因此，f_{max} 一般也不受影响，C 作为 C_{TU} 的函数，随着 C_{TU} 的增加而增加。因此，铰接式公交车在不改变发车频率前提下取代标准型车辆，可提高 50% 的线路能力。如果引入拖挂 4 节车辆的列车，轨道线路能力将是挂两节车辆列车的 2 倍。实际上，更长的列车拖挂多辆大型车辆可更有效达到很高的公交线路能力：轨道交通系统可运行拖挂高达 10 节车辆的列车，车辆长度达 23 m，宽度达 3.20 m，是所有公交方式中所能达到的最大线路能力。此外,电力信号控制列车的小编组、高发车频率运行,其性能、经济效能、可靠性和安全性相对于其他方式具有更大的优势。

其次,减小 t_s 缩短发车间隔 h_{min},方法包括车辆上车门能力比率的提高、站台、收费方式、车门监控的改进,以及从车站出发车辆的调度。这些措施对高能力的轨道交通方式特别有效。

最后,当较小型的车辆必须提供较高的能力时,如地面公交车,该公交线路在车站的通过能力可通过以下运营方式得到明显提高。

① 车辆在多个站点不超车同时停站。该运营模式可提高供给能力,一般用于地面公交车和路面电车,也用于轨道交通线路,但该模式可能降低车辆运行速度,因为最长停留时间的车辆决定每个车站停留时间长度。

② 交替越行,或是车辆在车站相互超越运行。该运营模式需要在每个方向上有两条较宽的车道及额外加长的车站。

③ 一些车辆(地面公交车甚至列车)以快车方式运行,利用其他车道或轨道,快速通过并避开停在车站的车辆。

④ 并排,或公交车辆间的排队运行。不同线路的车辆在一个特定的集结地,2~5 辆车集结成组,相互紧密地依秩序运行和停车。

6.1.2 能力计算

即使在专业领域,一般都倾向于将公交各方式的能力作为一个简单的数值。然而,这是个过于简单且不太准确的方法。主要有两个原因:第一,有许多因素影响公交系统性能,正如前面所述,线路能力可以有很大不同,如取决于车辆特性(公交车型、大小、座位量)、车站站型、收费等。因此,给定一个简单数值作为公交线路能力难以接受。第二,即使在线路和所有车辆、运营和其他特性已知的情况下,能力也可以有实质上的不同,这取决于其他性能测度,如舒适性、安全性和可靠性。

1. 能力和其他性能因素之间的关系

对于线路能力的精确计算,利用式(6-1)可对参数 C_v、α 和 h_{min}(f_{max})和其他不同的影响因素进行详细分析。通过这些参数,能力与其他服务水平和性能因素相互关联。

采用每位站立的乘客最小面积 σ 表示舒适标准,与能力 C_v(和 C)成反比,更高舒适度的 σ 值越大,而能力越小,反之亦然。装载因素 α 表示了可提供能力和可利用能力之间的差别,因此也反映了乘客的舒适性和方便性。该因素取决于高峰小时内的乘客流量变化、关键站点的上车乘客分布、乘客可接受的延迟及其他因素。例如,容许一些乘客不能登上首先到达的车辆,增大 α 值。

假定的(或测算的)h_{min} 值更加复杂,它取决于运营速度、采用的安全标准、车辆长度和车辆在起终点站的运行。此外,h_{min} 和服务可靠性 R 之间存在直接的反比关系,服务可靠性定义为根据调度时刻表,在一定时间间隔内(一般 4~5 min)车辆出发的百分比,通过 h_{min} 将线路能力、速度、服务可靠性、安全性和运营成本进行权衡。因此,为了对能力所能达到的条件提出比较完整的描述,给出以下因素:

① 可提供的能力 C(sps/h);
② 运营速度 V_o(km/h);
③ 舒适度标准 σ(m²/sp);
④ 可靠性 R(%);
⑤ 装载因子 α(prs/sp)。

对能力特性更准确的要求可通过以下实例进行说明。报告表明,20 世纪 20 年代在波士顿、法兰克福和维也纳,一种典型的路面电车线路采用以下性能因素运营:发车频率为 100 TU/h,每个 TU 提供 240 个乘坐空间,$\sigma=0.15$ m²/sp,$\alpha=0.92$,$V_o=12$ km/h。因此可利用的线路能力很高,达到 22 080 prs/h,但服务可靠性只有 80%。在对该线路进行主要改造后,今天在这些城市的轻轨线,运营的 f_{max} 只有 45 TU/h,但它们的 TU 能力是 3×190=570 sps;假定改造后舒适度标准为 $\sigma=0.25$ m²/sp。如果 $\alpha=0.86$ prs/sp,那么它的可利用能力是 22 059 prs/h。

公交线能力和相关性能因素的比较如表 6-3 所示。

表 6-3 公交线能力和相关性能因素的比较

因素	公交系统	i. 20 世纪 20 年代典型路面电车	ii. 20 世纪初典型轻轨系统	iii. 该轻轨系统最大运输状态
舒适度标准/(m²/sps)	σ	0.15	0.25	0.15
标准车运载力/sps	$C_{TU}=C \cdot n$	120×2=240	190×3=570	271×3=810
可提供线路能力/(sps/h)	$C=C_{TU} \cdot f_{max}$	240×100=24 000	570×45=25 650	810×45=36 450
装载因子/(prs/h)	α	0.92	0.86	0.9
可利用能力/(prs/h)	$C_p=\alpha \cdot C$	22 080	22 059	32 805
可靠性/%	R	80	94	90
运营速度/(km/h)	V_0	12	24	20
可用运输能力/(prs·km/h²)	$P_C=C_P \cdot V_0$	264 960	529 416	656 100

注:前两类情况中的数据都是在典型情况下所得(1 920 s 和 2 000 s);第三种情况是在前面两类基础上估算得到的。

因为两种系统的能力很相似,它们单独的直接比较不能显示出路面电车改造成轻轨车辆的影响。然而,通过所有的性能因素进行综合比较,表 6-3 给出了 3 种情况下的运营数据:

i. 20 世纪 20 年代的路面电车运营;
ii. 典型的同时代的轻轨运营;

iii. 如果需要提高能力，轻轨所能产生的最大性能。

表 6-3 显示路面电车和轻轨系统两个非常重要的变化：

情况 i 和情况 ii 的比较，说明现代轻轨线能提供更高舒适度的服务（σ 值大于 67%），更高的可靠性（分离路权，不拥挤的车辆上拥有更小的延迟），速度是 20 世纪 20 年代车辆的 2 倍。

情况 iii 说明如果不同的条件，如增加上座率、特殊事件或者紧急情况要求服务标准 σ 和 α 达到以前的水平，能够产生更大的能力和生产率值，达到 32 805 prs/h 的利用能力。因此，轻轨运营不仅服务质量更高，而且如果服务标准降低到 20 世纪 20 年代的水平，也有 49% 的储备能力能被利用。在此装载条件下，服务速度和可靠性比现有条件下的轻轨更低，比以前的路面电车的服务速度和可靠性却高很多，主要是由于轻轨有更高的车辆性能和分隔的路权（路权 B 和 A 取代 C）。线路的生产能力是 20 世纪 20 年代的 2.5 倍。

2. 能力计算方法实例

作为一个重要的性能因素，公交线路能力在不同情况下进行计算，如：① 对于现有线路和已知条件；② 对于一些规划改变的现有线路；③ 对于规划线路。在这些情况下使用的方法，随着一些因素在情况①中能测算，在②中能测算和修改，或者在情况③中能估计预测。然而对于所有情况的计算步骤由相似的基本步骤、计算顺序组成。计算公交线路能力的步骤如下。

步骤 1 收集以下数据：车辆座位量 C_s（sps/veh），站立面积 A（m²/veh），车门通道数量 n'（个/veh）、每个公交车辆单位 TU 的最大车辆数 n_{max}（辆/TU）、最大乘客流量 P_{max} 和高峰小时系数 PHC。

步骤 2 观察、测算、计算或预测：上下车的单位时间 τ_b、τ_a（s/prs）；在所有潜在的关键站点的平均最小发车间隔，如：重要的车站（使用式（6-3）～式（6-5））、交叉口、枢纽；选择最大的 h_{min}（s/TU）；最大的线路频率 $f_{max}\left[\dfrac{TU}{h}\right]=\dfrac{3\,600}{\max h_{min}}$；运行速度 V_o（km/h）；服务可靠性 R（%）。

步骤 3 采用的舒适度 σ（m²/sp）和利用率 α_{max}（prs/sp）标准。

步骤 4 计算车辆和车辆单位能力：$C_v\left[\dfrac{sps}{veh}\right]=C_s+\dfrac{A}{\sigma}$

步骤 5 计算可提供能力和利用能力：$C\left[\dfrac{sps}{h}\right]=f_{max}\cdot C_{TU}=\dfrac{3\,600\cdot C_v\cdot n_{max}}{\max h_{min}}$ 和 $C_p\left[\dfrac{prs}{h}\right]=\alpha_{max}\cdot C$。

步骤 6 得到能力数据：C、C_p、σ、α_{max}、V_o 和 R。

该方法用于计算公交线路能力和相关特性因素，可通过两个实例加以说明。

【例 6.3】 一部分公交网络需要重新调整，因此一些线路将集中到 CBD 的结合部。这些线路运营着标准的公交车，两个单通道车门，35 个座位和 12 m² 的站立面积。在结合部最繁忙的车站将拥有一个简单的停车位置，在高峰小时每 15 min 的服务周期内，每辆车有 25 位上车乘客和 30 位下车乘客。通过相同城市相似线路的测算表明，车辆在开关门的时候平均有 2 s 的延迟。通过前门上车，需时 2.0 s/prs，而通过后门下车需时 1.6 s/prs。公交车的平均运行速度是 14 km/h，当车站的公交车出发与下一个公交车到达之间的间隔是 18 s 时，记录的可靠性是 75%。如果该间隔平均为 32 s，可靠性增加到 82%。计算在该结合部的能力和相关性能因素，采用 σ =0.25 m²/sp， α_{max} =0.85 prs/sp 和 R =80%。

【解】步骤 1 已知数据有：C_s =35 个座位；A =12 m²；b =25 prs；a =30 prs

步骤 2 τ_a =1.6 s/prs；τ_b =2.0 s/prs；V_o =14 km/h；R_{18} =75%；R_{32} =82%

在最繁忙车站的停留时间通过式（6–3）计算如下：

$$t_s = 2 + \max(25 \times 2.0, 30 \times 1.6) = 52 \text{ s}$$

假定 R 随着 h_{min} 在观测的范围内线性变化，对于 R =80%，还需要规划增加公交车辆间 28 s 间隔。因此，h_{min} =52+28=70 s。

步骤 3 σ =0.25 m²/prs；α_{max} =0.85

步骤 4 车辆能力是：C_v = 35 + 12 / 0.25 = 83 sps

步骤 5 线路能力是

$$C = \frac{3\,600 \times 83 \times 1}{70} \approx 4\,269 \text{ sps/h} \quad C_P = 0.85 \times 4\,269 \approx 3\,629 \text{ prs/h}$$

步骤 6 因此，结合部的性能有：C =4 269 sps/h；C_P =3 629 prs/h；σ =0.25 m²/sp；α_{max} =0.85 prs/sp；V_o =14 km/h；R =80%

6.1.3 公交线路能力的系统分析

如果一条公交线路可认为是一个系统，它运送乘客的能力实际可由两类能力来确定：
① 线路运输能力，即每小时发送车辆产生的空间位移或运送的乘客数；
② 该线路乘客在车站的进出站能力。

这两个能力的概念可通过不同的方法进行计算，如图 6–3 所示。当把整条线的线路能力作为连续系统进行分析时，每个车站必须有足够的能力适应乘客流量，这些能力在车站间有很大变化。

因为线路由轨道、车站和列车这些设施完成运输任务，所以线路运输能力一般都受到这些因素的影响。故在讨论线路能力时都要涉及线路能力和它的能力瓶颈位置，一般乘客换乘最多的车站产生最长的最小发车间隔。最繁忙的车站可能位于城市中心、偏远的终点站或其他地铁线的换乘站。在一些情况下，如果终点站只有两条轨道，折返运行比停留在该线其他车站耗费更长的时间，终点站可能是瓶颈站点。然而，为了确保达到线路能力，车站能力必须设计满足能应付进出车站的乘客流，使列车没有延迟。

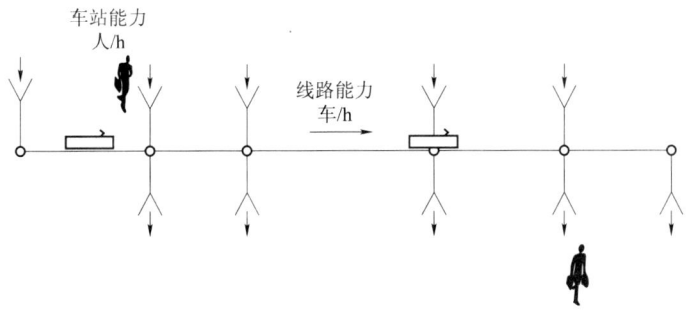

图 6-3　线路能力和车站能力概念

车站能力分析由一系列乘客流组成，从车站通过出口、楼梯和楼层中的电动扶梯进入街道，以及站台标准，站台能力与列车提供的线路能力相互影响。在换乘站，不管是不同站台标准，还是跨越站台，必须对线路间的换乘客流做专题分析。

当预测的乘客流量增加时，这类车站能力分析可用于检验现有线路系统能力。实际上特定模型主要用于华盛顿地铁和旧金山 BART 的核心能力研究，华盛顿地铁和旧金山 BART 开始调查中心城区的现有线路能力，以满足由于郊区放射线的进一步延伸增加的乘客流。研究发现在华盛顿，线路瓶颈是车站，这是由于大量的乘客换乘流在线路间相互交叉。

6.2　速度和行车速度

6.2.1　研究行车速度的重要意义

速度是个时间概念，时间就是财富。提高公共交通的运送速度，减少乘客旅行时间，对公共交通企业来说是十分重要的。城市客运组织工作的一项重要内容就是力求以最节约的时间，最快的运送速度来满足城市居民和在城市中活动的人们的出行要求。

城市公共交通企业的基本任务明确规定为"以运营服务为中心努力为乘客提供安全、方便、迅速、准点、舒适的乘车条件，最大限度地节约社会活动时间"。为了实现上述经营管理上的要求，就必须重视行车速度的研究。采取一切必要的措施提高运送速度，加速车辆的周转，实现"迅速、准点和节约社会活动时间"的要求，这不仅是满足乘客出行的要求，而且还可以节约车辆、降低成本并促进城市功能的充分发挥。

提高行车速度，从市政建设和公共交通企业经营管理者的角度来看，都是十分重要的。城市化程度越高，这一点就越为重要。许多发达国家为了改善城市交通状况，在道路建设和车辆上投入了大量的人力、物力和财力。因此，作为服务于全社会的重要出行方式的公共交通企业，把速度的研究工作列入日程是企业肩负的重要工作之一。

研究和提高行车速度，归纳起来有如下意义：

① 是实现企业经营方针和基本任务的重要内容；
② 是居民出行的客观要求，也是企业编制行车时刻表，改善运营质量的重要依据；
③ 是加强企业管理、增加运力和降低成本的重要措施；
④ 是改善城市建设和推动城市发展的重要组成部分，通过速度的研究，为城市规划、道路修建、交通管理、车辆制造、环境保护等诸多方面提供科学的参考数据。

6.2.2 各种速度的概念和计算

1. 速度的概念

速度是描述物体位置变化的快慢和方向的物理量。物体位置移动和其所用时间的比称为这段时间的"平均速度"。如果物体移动时间极短或趋于零时，称为"瞬时速度"。速度是个矢量，它的方向就是移动的方向。常用的单位有 km/h、m/min、m/s、cm/s 等。

宇宙间客观事物的发展变化，以及各种事物的形成，都是由开始到结束、从萌芽到成熟的时间决定的。因此速度可分为两大类：一是物体移动速度，一是事物发展速度。行车速度属于前者，而城市建设速度则属于后者。

2. 平均速度

由于交通状况随时间变化，仅用某一位置、某一瞬间的速度来描述车辆的状态，往往缺乏代表性，因此常用平均速度来描述车辆的运行状态，即通过若干次观测，记录事先确定长度的道路上不同车辆或车次的通过时间消耗，然后予以平均。常用的平均车速有两类：时间平均车速和区间平均车速。日常使用的车速指标，如技术速度、运送速度等，都是在这两个概念上分别进行引申得到的。

（1）时间平均车速

某个较短路段上若干车辆或车次观测速度的算数平均值。一般来说，"较短路段"选取具有明显交通特征的路段，长度一般不超过 200 m，有的只有 50 m，如两个交叉口之间的畅流路段、主辅路汇合处的交织路段等。计算公式为：

$$\bar{v}_t = \frac{1}{n}\sum_{i=1}^{n} v_i = \frac{1}{n}\sum_{i=1}^{n} \frac{L}{t_i} = \frac{L}{n}\sum_{i=1}^{n} \frac{1}{t_i} \qquad (6-6)$$

式中：$\bar{v}_t$ 为时间平均车速；n 为观测到的车次；v_i 为第 i 次观测的车速；L 为观测路段的长度；t_i 为第 i 次观测车辆的时间消耗。

（2）区间平均车速

沿某种路径计量的车速的调和平均值。"某种路径"一般较长，几公里或十几公里、几十公里，可能有转变，包括不同交通流特征的路段。它与时间平均车速的概念区别在于，时间平均车速反映了某一道路"点"的交通状况，而区间平均车速反映了一条路全"线"的状况。计算公式为：

$$\overline{v}_s = \frac{1}{\frac{1}{n}\sum_{i=1}^{n}\frac{1}{v_i}} = \frac{Ln}{\sum_{i=1}^{n}t_i} \qquad (6-7)$$

式中：$\overline{v}_s$ 为区间平均车速；n 为观测到的车次；L 为路径的长度；t_i 为第 i 次观测车辆的时间消耗。

3. 行车速度的种类

行车速度可分为以下几种。

（1）设计速度

设计速度主要是根据车辆本身的构造及各部机件的质量，特别是制动系统、传动系统方面的机械、电气、空气压缩等各种设备的牢固性、灵敏度和可靠性所允许的最大速度，它所反映的是车辆本身的设计性能。

（2）极限速度

极限速度是根据行车安全而定的最大允许速度，极限速度决定于行车制动距离、轨线和道路的设备状况、车身的构造，还决定于交通管理规定和安全驾驶操作规定。

（3）技术速度

技术速度是指车辆在线路上行驶的平均速度。它是反映车辆技术性能、驾驶员操作水平、道路条件和交通管理水平的指标，是线路长度（L）和行驶时间（T_1）的比值，计算公式为：

$$V_{技} = \frac{L}{T_1} \qquad (6-8)$$

技术速度又叫平均技术速度，原因是车辆在线路上行驶的过程是一个受各方面因素影响而形成的一种极其复杂的运动，有起和停，有加速和减速，有低速和高速，因此把这些变化加在一起用平均的数值，表示为车辆在线路上的技术速度。理论上的计算应该是一个站间从发出站起动行车至到达站制动停车，排除各种影响因素，按照各种车辆自身的功能，完成站间的运行过程。这个过程分为 4 个部分。

以电车为例，车辆站间的理论运动示意图如图 6-4 所示。

站间工艺图提供了实际运行情况下的各种数据。由此可以详细地研究和分析车辆的行车特性，从技术、经济和行车安全等方面确定最合理的行驶时间和运送速度，达到最低的速度损失和电能损耗及最高的设备利用率、高度的行车安全性和规律性。

反映在工艺图上的各站间的操作方法，要根据影响行车速度和电能的因素变化，随时加以修正。这些因素包括：季节、停车站地点的变更、线路、道路剖面、车辆类型或构造。它们对于行车的各要素（加速、滑行、制动）有很大的影响。

运程行驶时间的理论计算方法（牵引计算）如下：

① 起动时期起动时间 t_1，行程 L_1，起动加速度 a_1，进入自动特性运行的速度 v_1。

② 按自动特性的加速时期加速时间 t_2，行程 L_2，开始滑行时的速度 v_2。

③ 滑行时期滑行时间 t_3，行程=L_3，开始制动的速度 v_3。

④ 制动时期制动时间 t_4（秒），制动距离 L_4，制动减速度 v_4，站间长度 $L = L_1 + L_2 + L_3 + L_4$，站间行驶时间 $t = t_1 + t_2 + t_3 + t_4$，如图 6-5 所示。

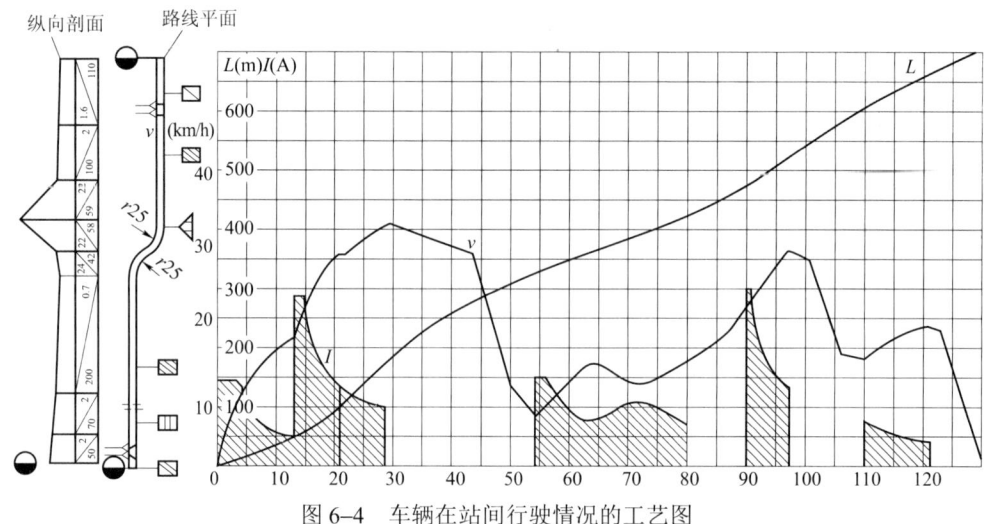

图 6-4 车辆在站间行驶情况的工艺图

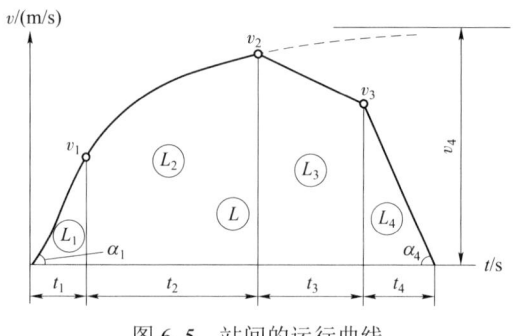

图 6-5 站间的运行曲线

在实际运行过程中，不可能按照车辆自身功能有规律地行驶，要受客观变化诸如信号灯、路口、堵塞、车流等的影响，因此在一个站间就有可能发生几次加速、减速或被迫停车、重新起步、再加速等过程，形象的比方就是电波的运动。车辆在一条线路各个站间周而复始地运动，理论上应该是比较规律的、有节奏的脉冲式的运动。但是由于客观诸因素的影响，就出现了许多干扰杂波，所以对这个复杂的过程，确定一个数据只能按照线路长度和所用的行驶时间来计算（图 6-6）。

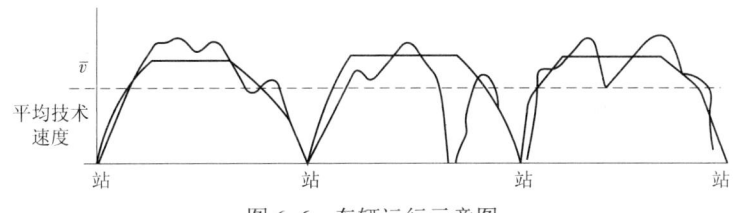

图 6-6 车辆运行示意图

（4）运送速度

运送速度是指运送乘客的实际速度。它是反映乘客旅行时间的速度。这种速度是乘客乘车的速度。乘客乘车时所花的时间是由这个速度来决定的。运送速度是线路长度（L）和行驶时间（T_1）和沿线各站停留时间（T_2）之和的比。计算公式为：

$$v_{送} = \frac{L}{T_1 + T_2} \tag{6-9}$$

（5）周转速度（运营速度）

周转速度也叫运营速度或营业速度，是指车辆的周转次数快慢的速度，也是反映运营管理和车辆利用的速度。企业的大部分支出都与周转速度成反比（车辆数、车场及设备数及职工人数），因此企业必须注意提高周转速度。周转速度是线路长度（L）和行驶时间（T_1）、沿线各站停留时间（T_2）、始发站及终点站的停站和回车时间（T_3）之和的比，计算公式为：

$$v_{周} = \frac{L}{T_1 + T_2 + T_3} \tag{6-10}$$

（6）各种行车速度的计算例题

根据表 6-4 单程行驶时间计算：①技术速度；②运送速度；③周转速度。

车型：解放；路长为 11.25 km。

表 6-4 车次运行时间记录表

车次（按发车时间）	单程行驶						现行规定单程点	实验单程点	技术速度/(km/h)		运送速度/(km/h)		周转速度/(km/h)	
	站间行驶时间		停站时间				合计							
				上下乘客		起动准备								
	小计	其中停驶时间	小计	时间	平均每人	时间	平均每次			调查速度	试验速度	调查速度	规定速度	实验速度	调查速度	规定速度
1	33'24"	3"	4'19"	3'28"		51"		37'43"		20.2		18			
2	32'22"	11"	4'31"	2'50"		1'41"		36'53"		20.9		18			
3	32'53"	15"	4'58"	3'13"		1'45"		37'51"		20.5		18			

续表

车次（按发车时间）	单程行驶						合计	现行规定单程点	实验单程点	技术速度/(km/h)		运送速度/(km/h)			周转速度/(km/h)	
	站间行驶时间		停站时间													
			小计	上下乘客		起动准备										
	小计	其中停驶时间		时间	平均每人	时间	平均每次				调查速度	试验速度	调查速度	规定速度	实验速度	调查速度	规定速度
4	33′10″	40″	5′36″	3′56″		1′40″		38′46″			20.4		17				
5	34′08″	46″	5′59″	3′55″		2′04″		40′07″			19.9		17				
6	33′43″	1′11″	5′01″	3′58″		1′03″		38′44″			20		17				
7	31′29″	26″	5′59″	4′46″		1′13″		37′28″			21.4		18				
8	31′26″	17″	4′32″	3′08″		1′24″		35′58″			21.5		19				
9	32′06″	38″	5′56″	4′24″		1′32″		38′02″			21		18				
平均	32′45″	29″	5′11″	3′43″	1.3″	1′28″	4.9″	37′56″	37′	31′11″	20.6		18	18	22	16	16

注：末站停车时间为 5 min。

【解】 计算步骤如下。

① 根据调查表将各车次调查的数据按发车时间依次填入表格。

② 将各车次的调查时间依次按各栏数据纵向相加，求出各车次各项数据的总计时间，再计算出平均每次的时间。

③ 按车次横向计算小计和合计时间。

④ 按车次计数：技术速度、运送速度和周转速度。然后填入表 6–4 内。

以 9 辆车的平均数为例计算 3 个行车速度：

$$平均技术速度 = \frac{路长}{行驶时间} = \frac{11.25 \times 60}{32.75} \approx 20.61 \text{（km/h）}$$

$$平均运送速度 = \frac{路长}{行驶时间 + 沿站停站时间} = \frac{11.25 \times 60}{32.75 + 5.18} \approx 17.80 \text{（km/h）}$$

$$平均周转速度 = \frac{路长}{行驶时间 + 沿站停站时间 + 末站停车时间}$$

$$= \frac{11.25 \times 60}{32.75 + 5.18 + 5} \approx 15.72 \text{（km/h）}$$

6.2.3 道路的速度等级

道路是各种路的通称。城市范围内的道路应叫作"街路"，但一般习惯上叫作道路。与之对应的，是公路和农村道路。

1. 城市道路的功能

① 城市道路是城市布局的框架。
② 城市道路是城市客流、货流的集散通道。
③ 城市道路是公共管线设施的走廊。
④ 城市道路是城市环境（大气）保护的重要设施。
⑤ 城市道路是城市建筑艺术群体的广角镜头。

综上所述，可以给城市道路归纳一个定义：城市道路是位于规划建筑线之间，用于城市交通其他城市基础设施的公用地带。

2. 确定道路速度等级的方法

道路静态条件与交通车辆的行驶速度有着直接的关系。正确确定各条道路行车的速度等级，对组织公共交通车辆的合理运行有着极为重要的作用。

确定道路的速度等级（通常叫路面等级）有两种方法：一是道路条件分级法；二是平均技术速度分级法。

（1）道路条件分级法

道路条件分级法是根据道路的形状、质量及分道情况等，通过试验推算确定道路等级的方法。这种方法是根据道路静态条件确定的。

（2）平均技术速度分级法

平均技术速度分级法是根据车辆在道路上实际行驶的平均技术速度确定道路等级的方法。它依据道路静态条件和动态条件，经测定后把各条道路上或道路的各路段上的平均技术速度加以分组，然后确定道路的速度等级。

（3）两种方法的选择和比较

选择时要根据使用路面速度等级的对象而定。进行道路规划和制定交通法规时，一般多使用路面条件分级法；而公共交通企业组织运营工作则应使用平均技术速度分级法。下面根据速度调查报告（表6-5）以北京几条道路为例加以说明。

表6-5 速度调查报告表　　　　　　　　　　　　　　　　单位：km/h

道　路	道路条件分级法		平均技术速度分级法	
	级别	速度	级别	速度
西单—东单	1	40	3	22
月坛—展览路	2	35	4	17
动物园—车道沟	3	30	2	27
祖家街—民族宫	4	25	1	32

从上表6-5可以看出两种分级法是不相同的,反映道路和技术速度的关系也有很大差别。

作为公共交通企业,为了正确地制定单程行驶时间、区段行驶时间,采用平均技术速度划分路面速度等级更符合客观实际。

(4) 平均技术速度分级法示例(图 6-7)

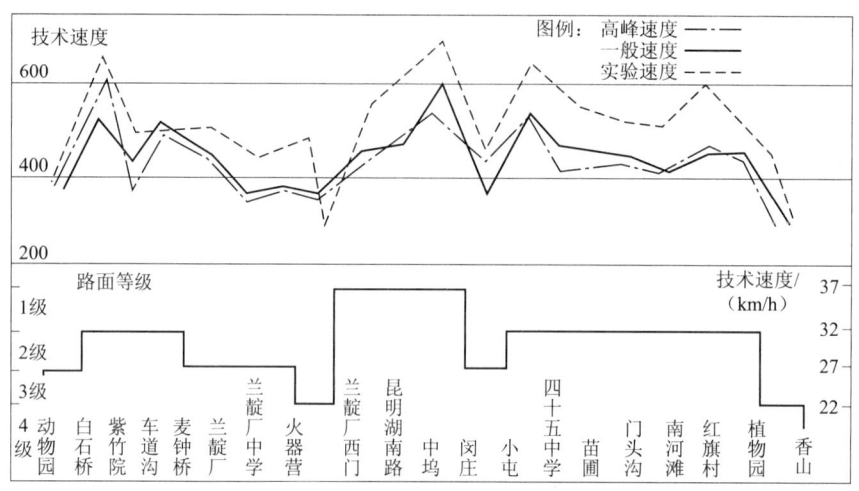

图 6-7　平均技术速度分级法示例

(5) 社会发展需要新的道路分级

上述分级方法是在 20 世纪 80 年代的调查数据基础上确定的。随着社会经济的发展,城市道路的交通状况也发生着变化。交通拥挤、城市快速路和公交专用道的出现,对城市道路的分级提出了新的要求。

6.3　影响行车速度的因素

车辆在道路上的行驶是个极其复杂的运动。这种复杂的运动是由于客观条件的多种因素所引起的,所以公共交通企业就必须研究影响速度的各种因素,揭示运行过程的规律,以便更有效地组织运输。道路条件对行车速度的影响大体可分为 3 类。

6.3.1　经常性的因素

1. 视距

通俗地说,视距就是车辆驾驶员能够见到的道路距离。这个距离是沿道路丈量的。视距对行车安全、通行能力及车速,都有重要的影响。当车辆前方出现障碍物或行人时,司机和车辆需要足够的时间和距离来反应、制动以至停车。这个距离称为停车视距。类似的还有会车视距和超车视距。会车视距是指迎面行驶的车辆相互发现、反应、制动、停车所需的距离。

超车视距是指上下行均为一条车道的道路上，后方车辆逆行以超越前车，完成超车的距离（称为完全超车视距）或发现对向来车、取消超车行为、回归正常车道所需的距离（称为最小超车视距）。另外，在平曲线（左转或右转）和凸竖曲线（先上坡后下坡）的路段上和平面交叉口，也应考虑视距的问题，有兴趣的读者可以参考北京市政设计院编著的《城市道路设计手册》。

停车视距可以按普通物理的运动学公式计算。以最简单的停车视距为例，停车视距包括3部分：反应距离，司机发现情况，采取制动措施期间车辆行驶的距离和开始刹车到制动力达到最大时所行驶的距离。一般按匀速运动计算。司机反应时间为 0.8 s，气压制动车辆为 1.0 s；制动距离，刹车生效，车辆克服轮胎与路面的摩擦力减速前进的距离；安全距离，车辆完全停止后与障碍物的剩余间隔，一般取 5 m。

$$L = L_f + L_b + L_s = vt + \frac{v^2}{2g\phi} + 5 \quad (6\text{–}11)$$

式中：L 为停车视距；L_f 为司机和车辆在反应时间内的行驶距离；L_b 为制动生效后行进的距离；L_s 为安全间隔；v 为制动前的车速；t 为反应时间；g 为重力加速度；ϕ 为轮胎与路面的摩擦系数。

式（6–11）中，t，g，ϕ，L_s 几乎都是常量，即停车视距主要决定于车速。反过来如果某路段视距不足，即司机能看清的前方距离小于其车辆要求的停车距离，则司机只能减速行驶，即使前方没有情况，也是如此。

2. 车行道宽度和侧向净空

车行道宽度是由路面标线决定的。当其宽度不足 3.50 m 时，车速（尤其是大型车辆如公共汽车的车速）将受到显著影响。侧向净空是指车道外缘至路旁障碍物的距离。如果一侧侧向净空小于 1.75 m，通常驾驶员都会将车辆靠向另一侧行驶，相当于减少了车道宽度。

3. 道路的平曲线

通路转弯时，可以看作由半径无限大的圆进入半径有限大的圆，又回到无限大的圆的过程。其中道路设计有多种不同的假定。

最低等级的是低级公路或城市立交匝道，受用地限制，直线和圆弧段直接相连。中等级的是高等级公路（高速公路、一级公路和二级公路），直线和圆弧之间插入一条"缓和曲线"，即假定保证车辆所受的离心力是均匀变化的，曲率半径等速地由无穷大变为有限大。在曲率半径变化期间，方向盘的转速是均匀的，但在直线和缓和曲线相接的那一点，方向盘有一个从不转到以某一均匀角速度 ω 旋转的跳跃。最高等级的是赛车场的赛道，它假定方向盘有一个角速度从 0 到 ω 的均匀渐进过程。上述不同设计带来的是工程难度的巨大差距。由于设计假定与司机生理反应的差距，造成司机在进入弯道尤其是低等级道路弯道时的普遍减速现象。

4. 行车道数

多车道的道路，尤其是具有中央分隔带的道路，能给司机带来心理上的安全感，使车速明显提高。

5. 路面铺装

在高级路面（沥青或水泥）上行驶的车辆，速度明显高于低级路面（沙石或三合土）上行驶的车辆。这是由于颠簸感导致司机的心理变化造成的。20 世纪 80 年代，某地在不改变公路线型的情况下，将沙石路面覆盖沥青，结果导致交通事故大幅度上升。原因是道路的设计速度决定了平曲线、竖曲线，新路面使司机以超过设计的速度行驶，到转弯时往往反应不及，视距也无法保证。

6.3.2 随交通状况变化的因素

1. 与交通流量和密度的关系

一般认为，速度和交通流量之间是二次抛物线关系。如果道路上车辆稀少，车速可能达到甚至超过设计速度。随着车辆增加，车速逐渐下降。达到最大流量 Q_{max} 时，车速对应值 v_{min} 约为最大车速 v_{max} 的一半，此后如果车流密度即单位长度内的车辆数继续增加，则速度会继续下降。但此时已变成拥挤状态，车速降低的影响大于密度增加的影响，交通量将下降。如图 6-8 所示。

同理，同一路段上公共电汽车的增加也将造成车速的下降，并且由于进出站的交织干扰，公共交通车流的增加所造成的车速下降，远远大于社会车辆的影响。关于设站问题，本书后面再讨论。

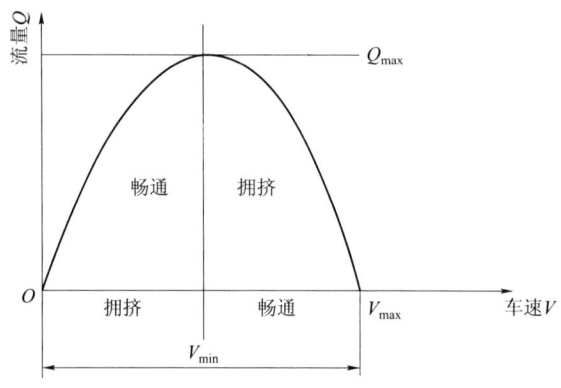

图 6-8 车流量与车速的关系

2. 交通管理的影响

交通管理水平的高低对车速有着显著的影响，可以将交通管理的影响分为两方面：对全社会所有车辆的影响和仅仅对公共电汽车的影响。交通管理部门可以采用标志、标线、隔离栅、信号灯等技术手段,对平流进行渠化、诱导、控制,使道路利用率得以提高。特别对信号灯的联锁控制,能大大降低车辆遇到红灯的概率,从而减少行车延误。所谓的"线控",是指车辆以一定速度通过若干交叉口时,其所经线路(一般是一条直线,如北京的长安街)的信号灯周期依路段车速的变化而变化,从而使行驶到这条线路的车辆在通过第一个路口以后,几乎觉得绿灯始终与其伴随。进一步地,通过计算机网络对一个区域内的车流状况进行监测,并使进入该区域的车辆遇到红灯的总延误为最小,就成为区域控制了,简称为"面控"。

在交通管理上给予公共电汽车各种优先权,可以明显提高公共电汽车的行驶速度。从 20 世纪 60 年代起,"公共交通优先"的口号在发达国家提出并实施,产生了显著的社会效益。在这方面,目前国内外的差距较大,即使国内公交优先工作进行较好的城市,也在思想意识上和技术手段上比国外落后很多。

6.3.3 气候变化的影响

恶劣天气对车速也有影响,有时影响还很大,它也包括两个方面。

1. 对路面的影响

雨雪天气造成路面摩擦力下降,直接影响行车安全,为了防止事故,司机只有降低车速。而泥泞路面也对车速和制动产生不利影响,北方一些冻土地带,冬季结冰,春季化冻,形成道路翻浆。

2. 对能见度的影响

雨雪和沙尘气候,还使能见度下降,起到了减少视距的效果,迫使司机减速。

对运行速度构成影响的因素还有很多,限于篇幅不一一论述,见图 6-9。

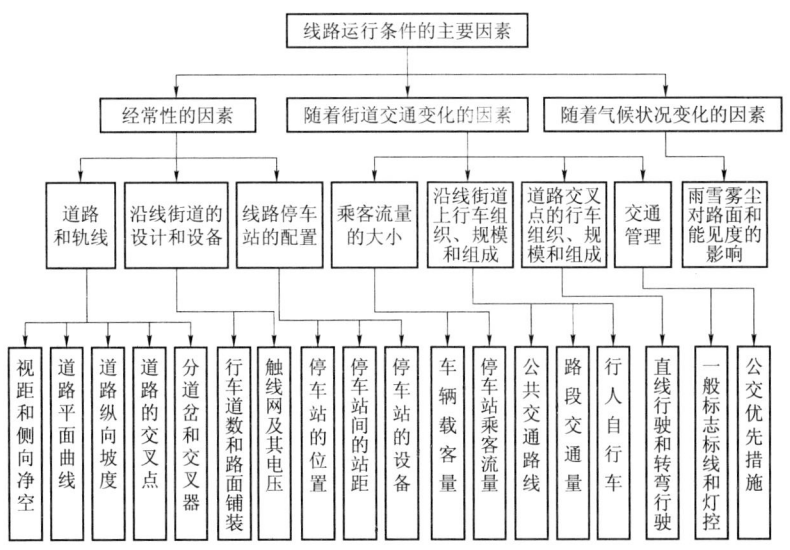

图 6-9 影响线路行车速度的主要因素

6.3.4 影响因素分析举例

速度调查的目的，就是通过大量的调查，系统地分析诸影响因素的规律性，研究各种影响因素和速度变化的关系，然后确定科学的、切合实际的各种数据。这些数据，不仅是编制行车时刻表的依据，而且是组织运输和新开线路设计单程点的依据。

1. 行驶时间的分析

通过大量调查把行驶过程的各种运动（变化）加以分析，按时间分解的内容确定规律性数据。如：起步换挡时间和对应的行驶距离，进站滑行时间和对应的行驶距离。

单程行驶时间的计算公式为：

$$T_{行}=\frac{[l-z(d+w)\times 60]}{u_{稳}}+(d_r+w_r) \quad (6-12)$$

式中：l 为路长；z 为站间数；d_r 为换挡时间；d 为换挡距离；w 为滑行距离；w_r 为滑行时间；$u_{稳}$ 为稳定速度。

2. 沿站停留时间的分析

即在沿站停车以后对上下乘客的规律和所占用的时间进行研究，然后确定各种规律性的数据。研究的内容包括：乘客人多人少和上下时间的关系；车门宽度、脚踏板高度和上下时间的关系；车门数和乘车秩序、站台秩序与上下时间的关系等。

乘客乘车心理研究证明，当车厢不十分拥挤时，车下人数又较少（3~5 人），这时平均每人上下车时间长（动作慢）；当车下人数多时（15~20 人），平均每人上下车时间短（动作快）；而当车下人数较多时（30 人以上），平均每人上、下车时间又加长了。这个关系如图 6-10 所示。

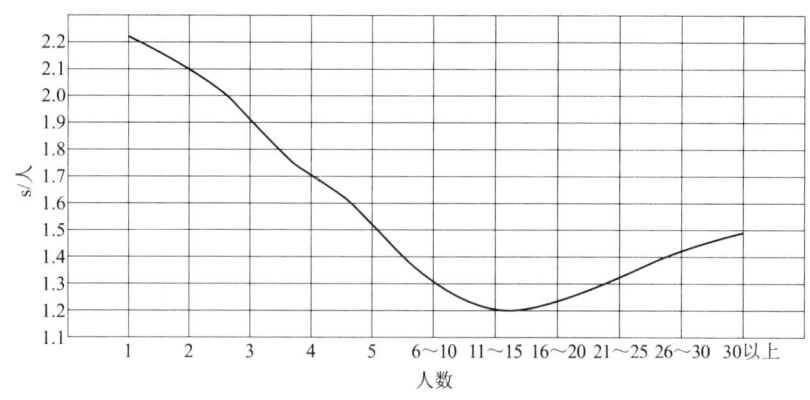

图 6-10 车下乘客人数与上下时间关系示意图

单门上下人数不均衡也是影响因素之一。目前单机 2 个门，通道车 3 个门，乘客上下车不可能均匀地从每个车门上下，因此要研究这一问题使不均衡系数力求接近 1。不平衡系数可按式（6–13）确定：

$$\mu = \frac{p_{m大}}{p_{m平}} \tag{6-13}$$

式中：μ 为单门上下乘客不均衡系数；$p_{m大}$ 为单门最大上下人数；$p_{m平}$ 为单门平均上下人数。

单程上下乘客所需时间可按式（6–14）计算：

$$T_{乘} = \frac{2p_{单} - p_{首末}}{m} \mu T_{人} \tag{6-14}$$

式中：$p_{单}$ 为单程乘客人数；$p_{首末}$ 为首末站上下车人数；m 为车门数；μ 为车门上下乘客不均衡系数；$T_{人}$ 为平均每上下一人时间。

总之，对所有影响速度的因素，都要逐项地进行分析研究，从中发现问题，掌握规律。

附：北京地区一次上下乘客调查统计资料（见表 6–6）。

表 6–6　北京地区一次上下乘客调查统计资料

项目 车型	最大断面载客量		车门宽度/cm	级数	脚踏板离地高度/cm			平均每上下 1 位乘客时间/s			
								早峰时间		一般时间	
	高峰时间	一般时间			前门	中门	后门	市区	郊区	市区	郊区
解放单机	90	40	73	3	33	—	35	1.26	1.75	1.4	1.8
解放通道	119	75	87	3	36	37	38	1.15	1.25	1.3	1.4

6.4　行车速度的调查

任何调查方法都是为调查目的服务的，行车速度的研究也是如此。汽车制造业研究车速是为汽车设计服务的；道路工程部门研究车速是为道路修建服务的；交通管理部门研究车速是为交通管理服务的。

城市公共交通企业研究车速是为组织运输和管理运输服务的，为了达到上述目的，应该从运输组织的最基础的单元（每条线路）入手，通过每条线路一个个的运输过程揭示运输组织的客观规律性。

6.4.1 调查内容

① 研究行车速度和道路的关系。
② 研究和了解运输过程中影响行车速度的主客观因素。
③ 提供编制行车时刻表的数据。
④ 提供合理的组织运输和企业管理的科学依据。
⑤ 提供城市规划、道路修建、车辆制造和交通管理方面的参考数据。

为此就必须把一个运程时间的构成加以分解,进行分类的调查研究。图6-11是一个行程的行车时间构成示意图,图中的时间分解是为了研究一条线路在一个单程的运行中与行车速度有关的各项内容而制定的。通过大量的调查,可以掌握其规律性,从而为编制行车时刻表提供科学依据。

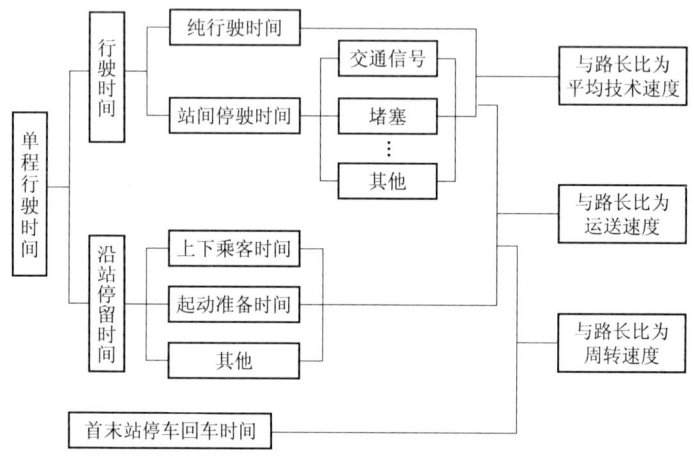

图6-11 一个行程的行车时间构成示意图

单程行驶时间由两个部分组成,即行驶时间和沿途停留时间。行驶时间是指行车时刻表规定应该运行的时间,包括纯行驶时间和站间停留时间。

纯行驶时间是指轮胎滚动的时间。这个时间里包括车辆起动后,从低速挡加速到高速挡的时间。这段时间应做单独的调查记录,再配合这段时间行走的距离,可以研究驾驶员的操作和车辆加速性能,这是速度调查中的重要内容。这方面的数据不仅为研究驾驶操作提供依据,而且也为车辆制造提供依据。

站间停留时间包括红灯停车、堵车停车、铁路道口停车、故障、事故等各种临时性的停车时间,也可以说是运行过程中被迫停驶时间。

沿站停留时间中的起动准备时间,指在停车站从乘务员发出走车信号时起,到轮胎开始滚动时止。它包括驾驶员听到信号的反应时间和起动操作的时间。从车轮滚动时起就进入了行驶时间。

沿站停留时间，除上下乘客时间外，还包括站上补票、站上纠纷等时间。

总之，对运行时间的分解，必须把每个时间构成规定得详细具体，这对于研究速度非常重要。如果时间概念不清，就难以在运行过程中找出内在的本质的规律性，调查分析的数据也就失去了科学性。

6.4.2　调查方法

行车速度的调查可采用两种方法进行，一种是随车测定法，一种是模拟测定法。

1. 随车测定法

随车测定法是设专人随车记录按照运程时间分解的内容。要尽可能多地采集数据，以便揭示其规律性。为了能详尽地记录运程时间分解的各个组成，可根据调查内容配备随车人员。例如，测定司机各项操作时间，应在司机旁设立一个测定工位，负责记录起动时间、换挡加速时间、灯岗阻断时间等；又如测定沿站上下乘客的停留时间，就应在车门旁设立测定工位，负责记录每站上下人数、停留时间等。

2. 模拟测定法

这种方法和随车测定法在记录方法上基本相同，所不同的是由具有代表性的驾驶员驾驶指定车辆，不运载乘客，以技术速度（路面条件和交通管理规定许可）按照正式运行的车辆沿站停车、起动。这种测定的优点在于驾驶员有明确目的，不受现行单程点的约束，缺点是没有实载乘客，属于空车运行，只能模拟沿线进出站的操作。

以上两种方法均属整个过程的全貌调查。

3. 单项和局部路段的调查

除了上述全貌调查外，为了取得某一局部地段或某一单项的规律和数据，可采取单项和局部路段的调查。调查时应该视调查内容安排调查方法，可在一个站点或一个站间进行，也可在车上装置"测试仪"对行车中的复杂运动进行写实。

单项调查举例如下。

（1）车门宽度和脚踏板高度对乘客上下车速度影响的调查

这种调查方法就是在线路上或站上记录上下车人数和所占时间。整理时按各类不同车型的车门宽度和脚踏板的级数、地面的距离进行分组，然后把与之相对应的上下乘客的人数和所占时间进行计算，对大量的调查数字进行分析整理，提出最合理的、便于上下乘客、减少停站时间的车门宽度和脚踏板高度的数据，提供给车辆制造单位，改进车辆设计。

（2）局部路段的调查

调查某一路段的行车速度，也叫地点速度，是利用测定时间和距离的方法推算速度。调查时，距离短的可以用停表法，距离长的或观测不便的可用填表法（或称牌照法）。

停表法类似运动会赛跑的形式，事先确定路段起止的两端，然后设观测员用秒表计测，两端各设 1 人，被测车辆驶入起测端，观测员举旗，止测端观测员开始秒表计测。当被测车辆驶至止测端，止测端观测员停表，然后把所调查的数据进行记录。这种方法也可在止端设 1 人，始端确定一个明显的标志，如图 6-12 所示。

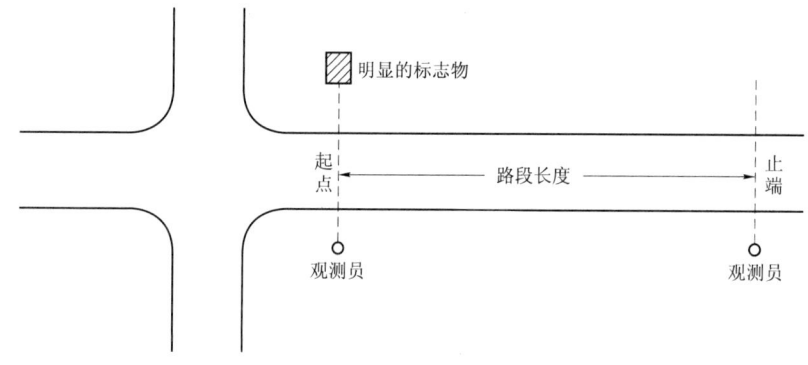

图 6-12　地点速度调查示意图

能见度差或有弯道时，起止两端均设观测员，各自记录起止时间及车号。调查时采用填表法，然后进行加工整理。

6.4.3　公共交通企业重点研究的速度

城市公共交通企业应该重点研究 3 个速度，即平均技术速度、运送速度和运营速度，这是由行业性质和企业肩负的任务所决定的。乘客出行需求表述如图 6-13 所示。企业管理运营组织如图 6-14 所示。

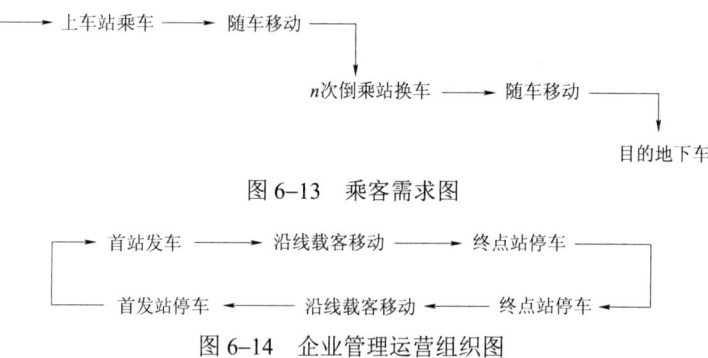

图 6-13　乘客需求图

图 6-14　企业管理运营组织图

从上面两个不同需要的过程，可以明显地看出，从乘客的角度要求，就是运送速度能够高些，旅行时间能够短些。从企业管理和组织车辆运输的角度要求，就是能够加快车辆的周转和合理的使用。这两个速度正好一个是运送速度，一个是运营速度。平均技术速度又是两个速度的基础。为了组织好运输，就必须做好 3 个速度的调查研究工作。

6.4.4 速度调查的程序及表格

进行速度调查时必须有一个完整的工作程序和必要的准备工作。下面以公共交通企业组织线路上一个完整的运输过程为例加以说明（随车调查法）。

1. 调查程序

① 确定调查目的和为实现调查目的所选用的方法。
② 按目的分解全运程的组成时间。
③ 按分解的时间设置调查岗位，配备调查员。速度调查大体可以设置 5 个岗位，即：起动准备时间岗；加速换挡和减速滑行时间岗；纯行驶时间岗；被迫停车时间岗；上下乘客时间岗（此岗按车门数配备）。
④ 按调查岗位和调查目的设计随车调查表、车下整理表、过渡表和汇总表。
⑤ 培训调查人员和组织调查工作。这项工作是能否取得真实数据和预期效果的关键。
⑥ 根据调查和整理的数据绘制示意图表。这项工作是非常必要的，由于调查的数据量大，仅从数字上较难分析，把数字报表按需要绘制成形象的示意图表就比较直观，从中可以发现某些规律，然后再去分析研究其具体数据。
⑦ 分析研究各有关方面的数据，诸如为编制行车时刻表提供区段点、单程点的数据，驾驶操作的数据和交通工具、交通管理、城市规划的参考数据等。
⑧ 编写全面的调查报告。

2. 培训调查员的主要内容

培训调查员是搞好速度调查的关键。调查员大多是临时组成的非专业人员，为此必须认真培训，必要时还要进行实地演习，使之熟悉调查内容和方法。培训内容主要有以下几方面：

① 讲清调查目的，统一认识，强调原始调查记录的重要性；
② 熟悉线路运行情况，记住沿站站名和接班时间；
③ 排除车内外的各种干扰，专心记录；
④ 按规定填写调查表，字迹清楚，并签注发车时间和调查员的姓名。

3. 调查表格及示意图表举例（表 6-7～表 6-9、图 6-15）

表 6-7 某路速度调查整理表

年　月　日

站名＼调查项目				

续表

站名 \ 调查项目			

表 6-8　某路乘客人数整理表

年　月　日

	站名								
	站距								
车号	上人								
	下人								
	上下合计								
	通过量								
	人公里								

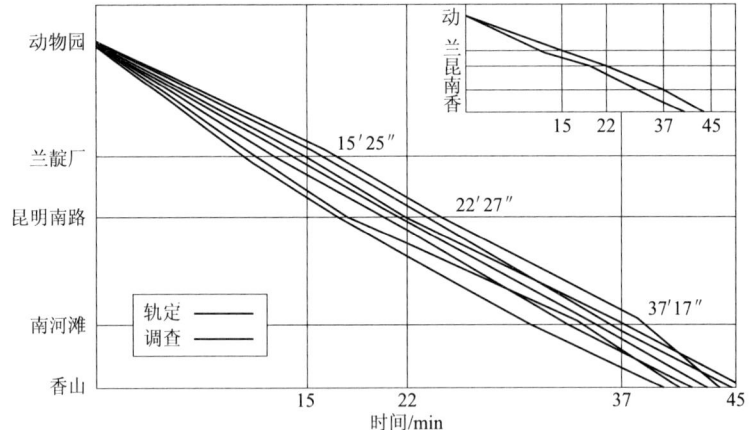

图 6-15　360 路运程示意图

第6章 公交运营的线路能力、行车速度与车辆利用

表 6-9 某路运营情况汇总表

年　月　日

车号	调查单程时间				规定单程时间	规定运送速度	调查运送速度	调查技术速度	区段运营情况								其他数据					
	行驶时间	沿站停站时间	起动设备	合计时间					规定时间	调查时间/速度	规定时间	调查时间/速度	规定时间	调查时间/速度	规定时间	调查时间/速度	乘客人数/人次	加速换挡时间/s	加速换挡距离/m	减速滑行时间/s	减速滑行距离/m	车门上下不均衡系数	平均运距/km
	小计	其中迫停	上下乘客	小计	平均每人	平均每次																	

6.5 车辆利用

6.5.1 研究车辆利用的意义

企业的工作必须以经济内容为核心，公共交通企业也不例外。在经济活动中，设备的使用和资金的利用是有周期性的（见图 6-16）。

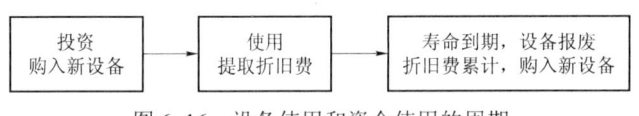

图 6-16 设备使用和资金使用的周期

折旧费是从设备使用产生的收益中提取的。对于公共客运车辆，折旧费是从票款和财政补贴中提取的。若在循环周期中，提取的折旧费累计之后不足以购置新车，则企业无法维持简单再生产，造成资产总值下降，无法持续发展，企业将面临破产。若企业收入在支付成本之后还有盈余，则盈余部分即成为企业利润，可用于扩大再生产、分配股息和提高职工福利。

国家规定，车辆的报废周期按两种指标控制：行驶里程和购置年限，即二者之一达到报废指标，车辆就应该报废。如大客车，规定为 80 万 km、购置年限为 10 年，若车辆 10 年内行驶里程不足 80 万 km，到期仍要报废，则企业要承担经济损失。

由于上述原因，如何更充分地利用车辆，发挥其效能，就成为企业必须研究的问题。指导思想是：首先，增加单位时间内的营业里程，减少空驶，以增加收入，降低成本。在公交企业中，有些指标是和车辆行驶里程有关的，如油耗；有些是和车辆行驶里程无关的，如站务设施。在单位时间内，可通过增加车辆的营业里程来增加收入，降低成本；其次，均衡使用车辆，争取各辆车的行驶里程与其车龄按比例增加。这样即使不能保证报废里程与报废年限同时到达，也可以使在用车辆保持较好的车况。例如，在 10 年报废期到达时，第一种情况是 1 号车和 2 号车都行驶了 60 万 km；第二种情况是，1 号车行驶了 40 万 km，2 号车行驶了 80 万 km。则第一种情况要好于第二种情况。原因是，接近报废里程的车辆，其车况一般较差，则其故障率、维修费用和油耗都会上升，从而在另一方面增加了成本。

以下分别介绍改善车辆利用的方法。

6.5.2 提高车辆周转速度

由于线路的营业里程是固定的，则提高车辆周转速度，实际是减少车辆在不同阶段的时间消耗。减少时间消耗可以从以下几个方面进行。

1. 缩短行驶时间

缩短行驶时间应采用公交优先措施。在车辆增长远远大于道路增长的情况下，交通拥挤以至于堵塞是经常出现的。为使公共汽车对乘客有足够的吸引力，各国都采取了公共汽车优先通行措施，以保证公共汽车的行驶。其中，优先通过路口最为重要。

2. 合理布置站位，减少进出站干扰

在有多条线路并停的站位，通过合理布置，可以减少进站车辆与出站车辆的相互干扰，从而缩短进出站时间。在一些客流量较大的道路上，可能同时有几条或十几条公交线路，车辆在停站时，如果各站位均匀布置，则先进站、站位靠后的车辆，就可能与后进站、站位靠前的车辆发生矛盾，影响两车的车速。为减少这种情况的出现，对线路较多的车站，站位应采取"分组集中"布置。每组包括三四条线路，长度为四五个停车位（视车次频率而定，并留有余量），站牌集中设置在一起。车辆停靠时，按先后次序，依次停靠，当最后 1 个车位被占用时，再后来的车辆到第 1 个车位停靠（此时第 1 个车位已经放空）。这种秩序化的结果就是最大限度地减少了车辆之间的相互干扰。

3. 减少乘客上下车的时间

降低车厢地板、增大车门开度，无疑将缩短乘客上下的时间。但此措施是在车辆设计阶段进行的，为实现上述目的，必须采取相应的技术措施，也就是说，会提高车辆的制造成本。

减少乘客上下车的时间的方法，是指要建立一种司售人员与乘客之间、乘客与乘客之间的行为规范，以良好的秩序来减少时间的浪费。

例如，有 2 个或 3 个车门的车辆，如果司机将车停在站牌处，则几个车门将有数量相近的乘客上下，若车辆停在离主要乘客较远的位置，则每个车门上下的乘客数量可能相差悬殊，其结果可能会使停车时间大大延长。

售票员对乘客疏导不力，也可能延长乘客上车时间。在拥挤情况下，售票员往往只注意疏导车门区的乘客，认为只要车门附近的乘客减少了，上下车的速度就能提高。其实在多数情况下，车门区的乘客往往拥挤得没有活动空间，根本无法响应售票员的疏导。但即使在最拥挤的情况下，车厢内乘客的分布也是不均匀的。通常中部相对宽松，车门附近比较拥挤，在宽松和拥挤之间，存在 $1\sim 2\ m^2$ 的过渡区。正确的疏导方法是动员过渡区的乘客向宽松区移动，通常情况下，由于车门区的高度拥挤，只要过渡区稍有空间，车门区的乘客会自动向过渡区移动。

其他可能延长上下车时间的情况还有：秩序混乱，不靠边停车，过分限制车门开度，不同车门的关闭时间相差较大等。

6.5.3 减少低效里程

所谓低效里程，是指载客量较少或不载客的里程。在运营过程中，低效里程是不可避免的，但也是可能减少的。

由于城市是由中心区逐步扩展的，企业的职工多数在中心区或中心区边缘居住。而郊区线路，即由中心区边缘通往郊区城镇的线路，最容易出现因照顾职工上下班而形成空驶的情况。早晨上班高峰时，车辆满载率高，驶向中心区，而返回时车辆满载率极低。晚高峰时情况则相反。

还有一个造成浪费的现象，就是滥发区间车。区间车不是为了客流需要而发，而是为了工时需要而发，造成区间车的高峰断面满载率明显低于正常车次的满载率。如规定职工每天工时不得低于 360 min，某线路单程行驶时间 45 min。在正常情况下，行驶 4 个来回正好合适，但由于通路拥挤，车辆晚点，当行驶完 3 个来回时，已经耗时 300 min。为了凑足当天工时，就发区间车，中途折返。但线路上的乘客有其固定的目的地，区间车等于放弃了远途的乘客，必然造成满载率下降、收益下降。实际上，上述做法是完全可以避免的。劳动法规定的是每周 40 h 工作制，并非每天 8 h，而公交作为特殊行业，更享有优惠政策，完全可以灵活安排职工工作时间，只要总量不突破每周 40 h 即可。

6.5.4 车辆均衡使用

要使各车辆的行驶里程与其车龄之比相近，就要在运营工作中，努力争取对不同车辆的均衡使用。由于各种原因，即使是相同线路的车辆，在同一时期中行驶的里程也可能有所不同。如车辆发生故障，当日运营计划就可能无法完成，造成其行驶里程低于其他车辆。而不同线路的车辆，差异可能更大。市区线路，道路拥挤，车速慢，车辆行驶里程少；郊区线路，道路通畅，车速快，车辆行驶里程多。高峰线路，只在高峰时间运营，车辆日行程肯定少于普通线路。对车辆的均衡使用，可以从以下两方面着手。

1. 线路内车辆均衡使用

在编制行车计划和采取临时调度措施时，有意识地增加对里程利用不足的车辆的使用。在几条线路统一调度的情况下，可以在不同线路之间调剂使用。这是一项细致而烦琐的工作，最好能用计算机辅助处理。其方法是：制订车辆每日的里程计划，记录车辆的总行驶里程，在每日的行车计划中，优先使用计划里程与实际里程差距较大的车辆。

2. 线路间的车辆互换

不同线路之间的车日行程可能差距较大，可采取车辆互换的方法。车辆互换应在同种车型间进行，互换不宜过频。

复习题

1. 线路公交能力怎样计算？

第6章 公交运营的线路能力、行车速度与车辆利用

2. 简述技术速度、运送速度和运营速度的概念和计算公式。
3. 一个单程时间是由哪些时间组成的?行驶时间和纯行驶时间有什么区别?
4. 什么是视距?
5. 速度调查的方法有哪些种类?简述其内容。
6. 平均每次上下乘客时间应如何计算?
7. 如何理解速度调查对组织客运的重要作用?
8. 简述速度调查的程序和内容。
9. 简述提高车辆周转速度的措施。

第 7 章

行车时刻表

7.1 行车时刻表的作用和编制依据

7.1.1 行车时刻表的作用

1. 线路行车时刻是组织线路运营的具体作业计划，指导线路各个车组运营生产的全过程

线路行车时刻表表示：本线路的营业时间、全日计划车次、载客公里；本线路高低峰时间各时组行驶车数、行车间隔和首末站的停站时间；本线路的行车调度方法；本线路低峰停车、晚间驻站车时间、班次和驻站地点。

根据行车时刻表的需求，可编制出需配备的劳动班次、班型、班数、司售人员数量。规定出每个车组司售人员进出场（站）时间和上下班时间、地点。依线路行车时刻表，可推算出车辆进出场（站）、中途调度站和车组的各种行车时刻表。通过线路行车时刻表，可以把线路上分散、流动的车辆和司售人员组成一个整体，纳入计划运营的轨道，使之有秩序、有节奏地运转。

2. 线路行车时刻表依据客流不均衡规律确定营业时间各时组的行车频率、行车调度方法

由于乘客乘车方向不同、终止点不同，电汽车线路铺设又受到街区道路条件的影响及首末站选址的制约，因而形成了电汽车线路客流量在时间、断面与方向上的不均衡。线路行车时刻表则依据客流量的不均衡规律做好车辆在时间、空间上的配合，确定行车频率和行车调度方法，使之基本上保证在各时组、各断面保持运力和运量的平衡，符合满载车的要求。

3. 行车时刻表为提高公共交通的整体服务水平提供了条件

乘客寻求的是候车时间短、准时、快捷和宽松的乘车条件，行车时刻表将乘客的要求具体化并付诸实施。只有安全、服务、运营等各专业系统和全体职工共同努力，协调执行好线路行车时刻表，才有可能达到整体运营服务水平和实现各专业系统的工作目标。

4. 行车时刻表具有计划管理和经济核算的功能

企业经济技术指标，如运营车数、载客公里、运营速度、满载率、工时利用率等都具体体现在线路行车时刻表中。所以编制行车时刻表时，要挖掘潜力、提高效率、经济合理地使用车辆，使车辆、劳力、成本合理地投入并取得一定的社会效益和经济效益。依据行车时刻表调整和确定车队、车组的有关指标和承包方案。行车时刻表的编制和实施起到了保证完成或均衡企业生产计划的作用。

7.1.2 行车时刻表的编制依据

线路行车时刻表体现出企业的经营方向和企业的管理水平。一份编制质量高的行车时刻表，能体现出为乘客服务的精神，对运营服务水平的改善、车辆周转率和劳动生产率的提高，对企业经济计划的完成、司售人员劳动条件的改善都会有很大作用。

一份行车时刻表一般要执行 3 个月。行车时刻表变更后，乘客要摸索乘车规律，司售人员也必须随之安排好工作与生活，因此行车时刻表不可轻易变动。由此，提高行车时刻表的编制质量至关重要。编制前应对下一期运行环境、客流规律的变化有预见性，资料、数据要丰富、准确，依据客观规律和企业内部条件，挖掘潜力、提高效率，保持运力与运量的平衡。只有提高行车时刻表编制的科学性，才能保证行车时刻表执行期间的稳定性。

1. 掌握客流规律是编列行车时刻表的主要依据

乘客活动是规律的，并受休息日的影响，受道路通行、运营秩序的影响。这种规律往往不是一两次调查就能准确掌握的，需要不断地调查、搜集、分析和研究。

乘客活动的规律主要表现为在时间、方向和断面上的不均衡。我们不能强求客流的"平衡"，而是要根据这些不平衡规律来调整和编制行车时刻表。使行车频率、行车调度方法更符合客流规律，取得各时组、各断面运力和运量的平衡。

（1）客流在时间上的不均衡规律

客流量在营业时间内各个时段里分布是不均衡的，尤其是通勤客流比重很大的线路，形成了上下班时间的客流高峰。这种时间的不均衡一般用时间不均衡指数表示，其计算方法是：高峰小时最大断面客流量与同一断面全日平均小时客流量相除，表示时间的不均衡规律。即：

$$p_\mathrm{t} = \frac{V_\mathrm{h}}{\dfrac{V_\mathrm{d}}{h}} = \frac{V_\mathrm{h}}{V_\mathrm{d}} \cdot h \tag{7-1}$$

式中：p_t 为客流时间不均衡系数；V_h 为单向高峰小时最大断面客流量；V_d 为同一方向断面的全日断面客流量；h 为全日营业小时。

一般线路的指数为 2～3，工业区线路为 4～6。线路的配车数往往以高峰小时的客流数量为确定配备车辆数的依据，高峰小时客流量的比重越大，需投入的车辆数越多。

（2）客流在方向上的不均衡规律

在相同的时间里，线路上下行的客流量往往是不相同的，如通勤客流的规律是：上班时间由住宿地前往工作地，下班时返回住宿地点。于是形成同一时间同一方向的客流量大，另一方向客流量小的规律。方向不均衡系数的计算方法是：最大方向的乘客人数与双方向平均乘客人数相除，即：

$$p_t = \frac{V_d}{\frac{V_d + V_d'}{2}} = \frac{2V_d}{V_d + V_d'} \qquad (7-2)$$

式中：p_t 为客流时间不均衡系数；V_d 为单向高峰小时最大断面客流量；V_d' 为对应 V_d 的另一方向最大断面的全日断面客流量。

一般线路的指数为 1.1～1.2，工业区线路为 1.4～1.5。掌握了方向上的不平均规律，可以采用"屯车"、"加车"、"快车"的调度方法，将运力加于客流量大的方向，减少客流量小的方向的车次。

（3）客流在断面上的不均衡规律

在线路的一个方向中，沿线各个断面的客流量也不尽相等。如郊区（或工业区）线路上午出城方向客流量大，沿线各站上车人数少，下车人数多，形成下坡形的客流断面。市区线路自首（末）站发出后逐站增加上车人数，由于中途各站乘客上下的交替量大，往往形成线路中间客流量大，两端客流量小的正态分布形状，体现出断面的不均衡规律。其计算方法是：最大断面小时客流量与同方向平均客流量相比。即：

$$p_h = \frac{V_h}{\dfrac{\sum_{i=1}^{n} P_i L_i}{\sum_{i=1}^{n} L_i}} = \frac{V_h L}{\sum_{i=1}^{n} P_i L_i} \qquad (7-3)$$

式中：p_h 为客流断面不均衡系数；V_h 为单向高峰小时最大断面客流量；P_i 为第 i 个断面的客流量；L_i 为第 i 个站距；L 为线路全长。

一般线路的指数为 1.2～1.4，指数达 1.5 以上的线路，要采取在最大断面加发区间车、快车等调度方法，以增加最大断面的运输能力，保持线路各个断面运力与运量的平衡。

在实际工作中，要根据客流规律研究行车调度方法。掌握了客流在时间上的不均衡规律，就可决定线路高低峰时间的行车频率和配车数；掌握了客流在方向上、断面上的不均衡规律，就可决定线路的行车调度办法。只有掌握了准确的客流数据，才能编好行车时刻表，为乘客提供较好的乘车条件，经济合理地使用车辆。

2. 指标要求

（1）里程

与行车时刻表直接相关的是载客里程和运营里程。载客里程为载运乘客的里程，其计算方法是：线路长度乘以线路上下行车次。即：

$$载客里程 = 线路长度 \times 线路上下行车次 \tag{7-4}$$

如有区间车，则为区间车行驶的里程加班车行驶里程。

运营里程是为运营而出车行驶的全部里程。其计算方法是：载客里程加上车辆进出场行驶的里程。即：

$$运营里程 = 载客里程 + 车辆进出场行驶的里程 \tag{7-5}$$

根据上级下达的运营里程和载客里程，折算出本线路每日（平日，星期六、日）发出车次和进出场次数，以控制行车时刻表的行驶里程和车次。

（2）满载率

① 全日、月、年度的客运周转量与客运里程之比，表示车辆客位的利用程度，它反映出全营业时间内（日、月、年）各断面的平均满载程度。其计算公式为：

$$满载率 = \frac{客运周转量}{客运里程} \times 100\% \tag{7-6}$$

② 日常使用的方法是用线路最大断面的客流量与同一断面运输能力的比较。即车厢内实际乘客人数与车型定员人数之比，是衡量车辆（运力）利用程度的指标。其计算公式为：

$$满载率 = \frac{客运量}{车型定员 \times 车次} \times 100\% \tag{7-7}$$

其中：车型定员=车型座位+（可站立面积×9），"9"表示 9 人/m²。

（3）工时利用率

工时利用率指运营线路的平均班工时与标准班工时之比。即：

$$工时利用率 = \frac{平时班工时}{标准班工时} \times 100\% \tag{7-8}$$

由工时利用率可推算出以"分钟"为单位的工作时间，其中含运行中首末站的停站时间、用餐时间和辅助时间。

因线路的行驶时间和停站时间的比重不同，有的单位以"直接工时"计算，即司售人员实际在车上的运营时间，或每劳动班的单程行驶时间的总和，不含首末站的停站时间、用餐时间和辅助时间。

（4）班里程

即运营线路上，平均每个劳动班（由 1 名司机和 1～2 名售票员组成）所行驶的载客里程。

$$班里程 = \frac{线路日载客里程}{劳动班组制} \qquad (7-9)$$

此指标用于劳动效率考核。编制行车时刻表时，参照此项指标，要综合达到每劳动班计划行驶的载客里程。

（5）单程行驶时间

单程行驶时间指运营车辆在线路的起点站发车至终点站止的车辆单向计划走行时间，不包括首末站停站时间，是反映车辆周转和劳动效率的一项重要指标。

单程行驶时间是由车辆在中途每站间的行驶时间、中途各站上下乘客时间、每站开关车门时间、准备时间等组成的。一般根据道路通行条件、车辆性能、乘客数量等因素测定或用近似比较的方法确定。单程行驶时间大体上分为早晚高峰时间、平峰时间、早晚低峰时间等，时间长短略有不同。单程行驶时间用于编制行车时刻表时，在计算每个时组的周转时间及配车数量时使用。

（6）停站时间

停站时间即运营车辆在线路终点站的停留、待发时间。在早高峰时间，为提高车辆周转效率，车辆在终点站只保持回车和上下乘客时间，一般为 3 min；在晚高峰时间，因道路照明和通行能力较差，车辆晚点较多，为保证能按计划发车，应适当延长停站时间，一般为 5～8 min；在低峰时间，除回车、上下乘客时间外，应适当考虑乘务人员休息、整理清洁车辆等因素。停站时间长短参考单程行驶时间而定，一般占单程时间的 20%，首末站停站时间可以根据具体情况调剂。在低峰时间，继续行驶的班车要有用餐时间，约 20 min（含停站时间）。

（7）行车间隔

行车间隔即线路运行中，车与车之间的相隔时间。它是由客流量、车型定员、满载率要求、单程行驶时间、停站时间、车辆数等决定的，用于检测车辆的使用效率。行车间隔有两种计算方法，一般应该按客流需求即式（7-10）计算，若配车不足或临时客流突然增加，应按运输能力即配车数计算，即式（7-11）。

$$T_v = \frac{60}{\frac{V_h}{P_v \cdot m}} = \frac{60 P_v \cdot m}{V_h} \qquad (7-10)$$

式中：T_v 为按客流量计算的行车间隔；V_h 为单向高峰小时最大断面客流量；P_v 为车型定员；m 为计划满载率。

$$T_A = \frac{t_1 + t_2 + 2 t_0}{A} \qquad (7-11)$$

式中：T_A 为按配车数计算的行车间隔；t_1 为某方向的单程行驶时间；t_2 为另一方向的单程行

驶时间；t_0 为首末站的最短停站时间；A 为配车数。

3. 企业内部条件

（1）线路配车量标准

线路行车时刻表的配车数量，是根据企业的设备能力、客流量、服务水平、车辆周转时间和调度方法决定的。一般线路因早高峰时间客流量大、时间集中，为全日最高配车数，所以一般线路以早高峰时间的配车数量为准。配车数的计算方法为：

$$A_v = \frac{t_1 + t_2 + 2t_0}{T_v} \qquad (7-12)$$

式中：A_v 为按客流需求的配车数；t_1 为某方向的单程行驶时间；t_2 为另一方向的单程行驶时间；t_0 为首末站的最短停站时间；T_v 为按客流需求的行车间隔。

A_v 是按照客流需求计算的，应作为线路配车的依据。不同峰别的配车数，因单程行驶时间、停站时间不同，客流量和满载率要求不同而有差异。

（2）司售人员的配备

公共电汽车线路的营业时间长，大部分车辆为双班作业，部分车辆是 1 班或 2.5 班作业。每个车组的营业时间长短不一，不同峰别的行驶车数不同，司售人员配班数也不同。同时，公共电汽车的司售人员不是集中作业，不在同一地点上下班，更增加了设置劳动班型计算司售人员需要量的困难，这是由公交企业经营特点所决定的。人员配备内容如下。

① 以运营时间和辅助工时共 8 个小时为一个工作日。

② 以不同车型配备的 1 名司机和 1～2 名售票员为一组（或一个班组）。目前单机车型每班配 1 名司机，1 名售票员。铰接车型每班配 1 名司机，2 名售票员。

③ 以各个时组计划车辆数的配置和各车组营业时间决定班型和配班数量。

④ 配班数量的计算：

$$配班数 = \frac{班车营业时间总和}{班车规定工时 + 辅助工时} + \frac{单班车营业时间总和}{单班车规定工时 + 辅助工时} \qquad (7-13)$$

⑤ 预备率。为保障线路运营需要，免受出勤率的影响，在计划配班数外，需另设配班数 5% 的预备率，以供临时替补。

7.2 行车时刻表的种类

7.2.1 不同季节的行车时刻表

季节的变化，对乘客的乘车规律产生了影响。北部地区冬季气候寒冷，日照时间短，上下午高峰时间集中，客流量大，低峰客流量较其他季节减少。春秋季是旅游、购物的季节，低峰客流量较其他季节大。夏季气候炎热，早晚高峰时间客流量不集中，晚间客流量较大。此外，还有社会上各单位作息时间的变更，大、中、小学假期等影响因素。

根据不同季节客流规律的变化，要调整和重新编制行车时刻表。在一年中，原则上有春、夏、秋、冬4个季节的行车时刻表。

7.2.2 不同日期的行车时刻表

不同日期的行车时刻表主要是根据一周内平日、周末、公休日客流规律的变化而编制。公休日通勤客流小，游览区、商业区客流大，其在低峰时间投入的运力要大于平日。周末晚高峰客流上升的时间早，客流量略大于平日晚高峰的客流量，需提前加车。此外，各区受供电影响及公休日的不同，应依以上规律适当安排。

7.2.3 不同岗位的行车时刻表

1. 线路行车时刻表

线路行车时刻表是行车时刻表的主体。依据线路首末站行车时刻表，可推算出车辆进出场行车时刻表、中途站行车时刻表和车组行车时刻表。

2. 线路车辆进出场行车时刻表

以线路行车时刻表中每个班次（车辆）的起点站发车时间、最后一次车到站时间、地点为依据，可推算出每个班次的出场进场时间。列出进出场时刻表，可保证线路行车时刻表的实施。

例如，车辆的出场时间计算方法是：

车辆出场时间=首次站发时间-停站时间-场至站行驶时间

1号车首次站发时间是5:30，到站后在站准备工作5 min，场至站车辆行驶16 min，其出场时间是：

出场时间=首次站发5:30-停站5 min-车辆行驶16 min=5:09。

填入出场时刻表的格式如表7-1所示。

表7-1 出场时刻表

路别	车号	到达站	计划出场时间	实际出场时间	迟出场原因
1	1	首站	5:09	5:09	

车辆进场时间是：

最后一次到达首站（或末站）时间+场至站车辆行驶时间=进场时间

如1号车最后一次到达首站的时间是23:00，站至场行驶16 min，即：

车辆进场时间=23:00+16 min=23:16。

进出场行车时刻表由场调度室记录、统计。

3. 车辆中途站行车时刻表

依据线路行车时刻表中各班次首末站的发车时间、中途区段行驶时间，可推算出每班车从发车和首站（或末站）至中途调度站的计划行驶时间。以时间顺序和发车的班次顺序纳入中途站行车时刻表中。

中途站行车时刻表分上行、下行、计划通过本站的每班次的到站时间。一般市区线路设1~2个中途调度站，设在本线路的客流最大断面，或其前后。

如1号车首站6:00发车，到达中途站的计划行驶时间是15 min。表现在中途站行车时刻表上则为"1号车"、"到站时间6:15"，以时间和发车班次向后顺推。

此时刻表由中途站调度员使用。记录统计本线路中途站各车组运营正点和车次完成情况。

4. 车组行车时刻表（见表7-2）

表7-2 车组行车时刻表

上 行				
五棵松发	西单	天安门	东单	到四惠桥
5:00	5:10	5:15	5:20	5:35
6:30	6:43	6:50	6:58	7:21
下 行				
四惠桥发	东单	天安门	西单	到五棵松
5:45	6:00	6:05	6:10	6:20
7:15	7:38	7:46	7:53	8:06

车组行车时刻表是由线路行车时刻表中分解出来的。每个车组就是线路行车时刻表中的1个班次（或车号）。以班次为单位，从行车时刻表中提出每个班次自首站、末站的发车时间。根据各区段行驶时间，可推算出经过中途各区段站的时间、到终点站的时间。分上、下行按时间和车次顺序编排在一起，可形成车组行车时刻表。有了此表可便于车组掌握本班各次车的首末站的发车时间、到达时间和经过中途站时间。

7.3 劳动组织

公交企业的工作性质、特点与一般工厂、企业不同，线路上运行的车辆是连续周转的单车作业。每个车组的运行时间不同，各个时间配备的车辆数不同，由司售人员组成的班组则要相应地配备出不同时间、峰次的劳动班型、配班数,指导每个司售人员在不同时间和班次去完成运营任务。这个整体的运营组织是依据行车时刻表和劳动配班连接的。

编排劳动班次(也叫劳动配班)是一项细致的工作,与编制行车时刻表同样重要,它以行车时刻表为依托,行车时刻表又以它来实施,两者相互配合同时进行。

有关名词注释如下。

① 劳动班组:由 1 名司机和 0~1 名售票员组成,同在一组上班并完成一个工作日,称为一个班组或一个配班数。

② 班工时:连续或间断作业 8 小时为一个班组的工作时间,简称班工时。

③ 工时利用率:计划班工时与标准班工时之比。

④ 班公里:每 1 班组计划或实际完成的载客里程。

⑤ 班型:各班组在不同时区作业时间的区分。

⑥ 配班数:依据行车时刻表要求的各时组行驶车数、车次而配备的班组数量。

⑦ 班次表:依据行车时刻表编制的每个车组、班组连续或间断作业的起始、终止时间、地点的综合表格。

7.3.1 劳动班型

以线路的营业时间(即首末车时间)原则上划分为 6 个时区,即 5 点~8 点为一区;9 点~12 点为二区;13 点~16 点为三区;17 点~20 点为四区;21 点~24 点为五区;1 点~4 点为六区。

① 早班(或称 1、2 班)。从 5、6 点开始连续作业至 12 点左右下班为早班。因跨入 1、2 时区,也叫 1、2 班。

② 小单班(或称 1、3 班)。即从 5、6 点开始至 8 点左右止。中午从 12 点左右上班至 16 点左右下班为小单班。因跨入 1、3 时区,也叫 1、3 班。

③ 大单班(或称 1、4 班)。即从 5 点或 6 点开始至 8 点左右停止。下午 16 点左右上班至 20 点左右下班为大单班。因跨入 1、4 时区,也叫 1、4 班。

④ 日班(或称 2、3 班)。即从 8 点左右上班,连续作业至 16 点左右下班为日班。因跨入 2、3 时区,也叫 2、3 班。

⑤ 晚班(也称 3、4 班)。即自 12 点左右上班,连续作业至 20 点左右下班为晚班。因跨入 3、4 时区,也叫 3、4 班。

⑥ 晚班间歇(也称为 3、5 班)。即自 12 点左右上班到 16 点左右停止。间隔一段时间,于 19 点左右上班到 23 点下班为晚班间歇。因跨入 3、5 时区,也叫 3、5 班。

⑦ 大晚班(也称 4、5 班)。即自 16 点左右上班,连续作业到 23 点左右下班为大晚班。因跨入 4、5 时区,也叫 4、5 班。

⑧ 夜班(也称为 5、6 班)。即自 22 点左右上班,连续作业到次日 5 点左右下班为夜班。因跨入 5、6 时区,也叫 5、6 班。

⑨ 替行班。在班次的使用和安排上，日班和晚班也可以做"替行班"使用。大部分线路的营业时间为 19 个小时，而早晚配班的车组合在一起的工作时间为 15 个小时左右，其工时和车次不足的部分由"替行班"班组顶替行驶。

"替行班"组是由 1 名司机及 1～2 名售票员为 1 组，不固定车号，以 1 个工作日的工时插入 1 个班次或 2 个班次中顶替原车班人员按行车时刻运营。延长被"替行"班次中的运营时间，增加行车次数，如图 7-1 所示。

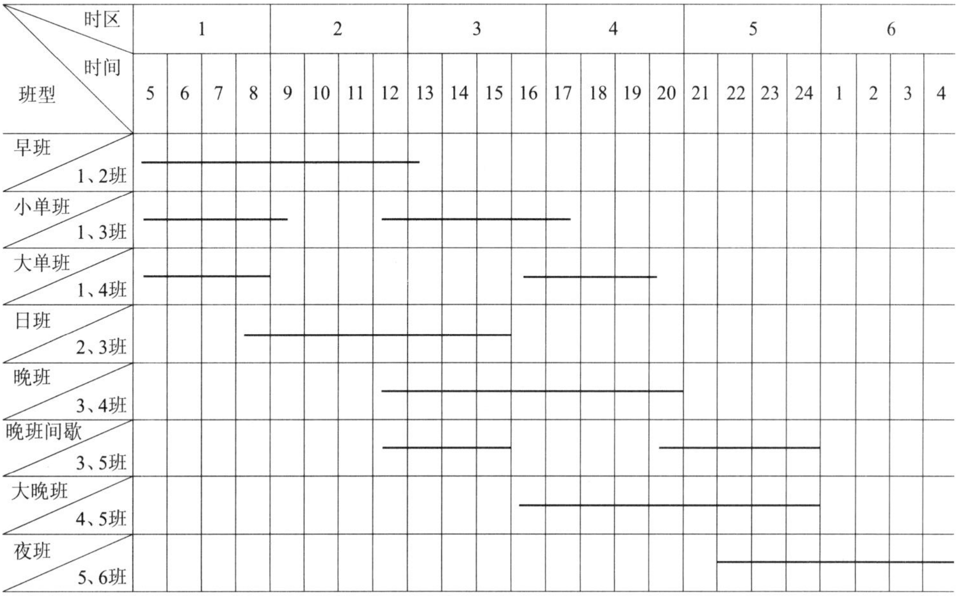

时区 时间 班型	1				2				3				4				5				6			
	5	6	7	8	9	10	11	12	13	14	15	16	17	18	19	20	21	22	23	24	1	2	3	4
早班 1、2班																								
小单班 1、3班																								
大单班 1、4班																								
日班 2、3班																								
晚班 3、4班																								
晚班间歇 3、5班																								
大晚班 4、5班																								
夜班 5、6班																								

图 7-1　班型示意图

7.3.2　劳动配班

每班（或每组）司售人员的劳动工时为 8 小时，可以连续作业，如早、中、晚班，也可以间断作业，如大单班、小单班。这是根据行车时刻表的要求以不同时组行车数和计划工时要求编排劳动班次的结果。

行车时刻表编制中，应尽量达到单班、早、晚班的行车次数和劳动工时的指标要求。但因为营业时间和各时组配车数影响，有时会出现配一组劳动力有余，有时又出现有的车组（班次）配两组劳动力工时仍不够的情况，这就要恰当地安排好不同班型的作业时间，既要完成劳动工时定额，又要尽量方便职工。

如 1 班和 2 班车配早晚双班，车辆需要的营业时间为 19 h。早晚双班工时不够，则需增配"替行班"以延长车班的营业时间和增加行车次数。劳动班型大体上可采取 3 种方法，如图 7-2 所示。目前劳动班次的编排中，采取 2、3 的方法较多。

编号	班次	时区 时间	1 5:00—8:00	2 8:00—12:00	3 12:00—16:00	4 16:00—20:00	5 20:00—24:00
1	1		早1、2班		替行组	晚4、5班	
1	2		早1、2班		晚3班		晚5班
2	1		早1班	替行组	早3班	晚4、5班	
2	2		早1、2班			晚4、5班	
3	1		早1班	替行组		晚4、5班	
3	2		早1、2班		早3班	晚4、5班	

图 7-2　单班、替行班、早晚班配班示意图

7.4　行车时刻表的编制方法

7.4.1　行车时刻表编制前的准备工作

① 备有本线路营业时间内各断面的客流资料，至少包括比较准确的五峰（早、晚高峰、上午、下午、晚间低峰）多断面上下行的客流资料。

② 沿线单位的作息时间、乘车人数。

③ 正在执行中的行车时刻表在编制上与客流规律不相吻合的问题，拟改进和采取的调度措施。

④ 上级下达的配车数、劳动力配班数。

⑤ 指标要求。如营业时间、载客里程、满载率、劳动工时定额、高低峰时间的单程行驶时间、停站时间、极限间隔、换饭时间等。

⑥ 计划晚间首末站的驻站车数，低峰时间首末站的停站车数。

⑦ 草拟行车时刻表方案，依据各时组的客流量，拟出各时组的车次、车数、周转时间、劳动配班数。

7.4.2　注意事项

① 要依据拟定的各时组配车数、行车间隔和劳动班型、班次进行编制。

② 班次的顺序尽可能按时间顺序排列；确定单班车的班次时要注意和正常班次相互交叉；单班车的班次不宜连续，以免班次分布不均衡，造成其他班次停站时间过大或过小。

③ 每个车班的全日车次必须是双数（指全程行驶的车次），不然会出现晚间首站驻车，次日上午末站发车的现象。

④ 每个班次的全日行车次数，要符合劳动班型应达到的车次要求，否则会影响配备劳动班次并造成各班次的工时差别过大。

⑤ 保证高、低峰时间规定的各时组的单程行驶时间和停站时间到位。编制过程中首、末站的发车时间要交替核对，随时检查班次、车次、间隔和停站时间是否正常。

⑥ 根据以上要求拟出相应的劳动配班的班型班数，不同班型的行车次数等。

7.4.3 编制程序

行车时刻表的编制依据主要有 3 个：
① 客流依据；
② 线路配车数、劳动配班数；
③ 指标要求。

客流依据反映客流的需要，配车数、劳动配班数、指标控制数则是公交企业主观上应达到的供应能力。

客流在时间上的不均衡规律决定了行车时刻表各时组的配车数和车次。断面上的不均衡规律和方向上的不均衡规律决定了行车调度方法。只有与配车数、配班数、指标数互相综合平衡，才能最后确定行车调度方法和行车时刻表的编制内容。

行车时刻表是基于以上 3 个依据综合平衡后的产物。行车时刻表和劳动配班的班型班数，必须同时拟定、配套、相互比照先后拟出。以此为据由调度人员根据其业务熟练程度和编制专业技巧，编制出行车时刻表。

行车时刻表编制后，需详细编排劳动班次表、填报汇总表、报上级部门审批，批准后由车队贯彻执行，编制程度如图 7-3 所示。

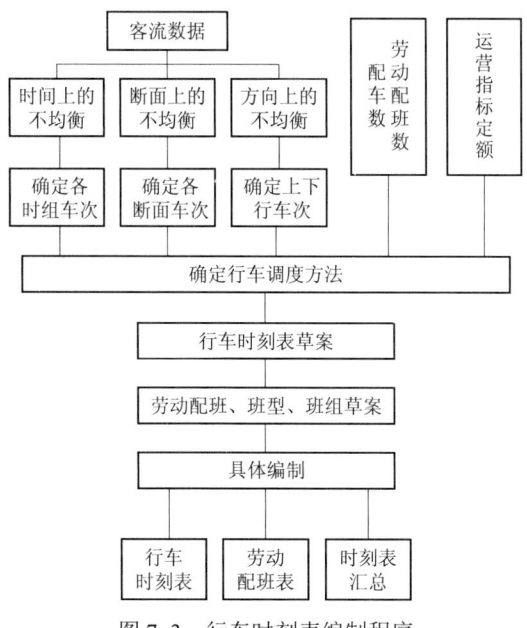

图 7-3　行车时刻表编制程序

为便于研究和具体编制行车时刻表，可以假设以下条件进行试编。

例如，某路的运行条件是：线路长度 10 km，配车数：解放牌单机客车 18 辆，每车定员 80 人；满载中要求：高峰时间为 90%，低峰时间为 70%；单程行驶时间：早晚高峰为 42 min，低峰时间为 40 min，早 6:00 前、晚 21:00 后为 35 min；首末站停站时间：早高峰时间首末站各 3 min，晚高峰时间首末站各 5 min，低峰时间首站 10 min，末站 6 min；低峰停站车数：首站 4 辆，末站 2 辆；首末站晚间驻站车数：首站驻车 11 辆，末站驻车 7 辆。

行车时刻表的编制方法在各城市中，甚至各公交公司所采用的编制方法、表格形式均不统一。表 7-3 为行车时刻表的编制方法，仅供参考。

表 7-3 某路行车时刻表草案

营业时间/h	5—6	6—7	7—8	8—9	9—10	10—11	11—12	12—13	13—14
客流量/人次	400	780	860	400	400	400	400	460	460
车次/h	8	11	12	8	7.5	7.5	8	8	8
配车数/辆	12	18	18	15	12	12	14	14	14
行车间隔/min	7.5	5.5	5	8	8	8	7.5	7.5	7.5
营业时间/h	14—15	15—16	16—17	17—18	18—19	19—20	20—21	21—22	22—23
客流量/人次	400	400	600	700	470	380	320	250	200
车次/h	8	8	9	10	9	7	6.5	5	5
配车数/辆	12	14	14	16	15	14	11	7	7
行车间隔/min	7.5	8	6.7	5.9	6.7	8.5	9	12	12

7.4.4 行车时刻表草案

用草案（见表 7-4）估算出线路高低峰谷时组的配车数、各时组发车次数、行车间隔及劳动班型、班数等，可为具体编制行车时刻表提供数据。

横向第 1 行：为营业时间，列出线路首班车至末班车各时组的时间。

第 2 行：为客流量，指各时组的线路最大断面客流量。

第 3 行：为车次，依据客流量、车型定员和高低峰时间的满载率要求，推算出各时组所需车次。

如早高峰客流量 860 人次/h，车型定员 80 人，满载率要求 90%，所需车次是：

$$车次 = \frac{小时客流量}{车型定员 \times 满载率要求} = \frac{860}{80 \times 90\%} \approx 12（次）$$

低峰客流量是 400 人次，满载率要求 70%，所需车次是：

$$\frac{400}{80\times70\%}\approx7(次)$$

高低峰车次用以上方法测算后，横向在各时组内填写。全日计算后总计为290~292次。

第4行：为车数，指各时组根据客流量、车次、周转时间，计算各时组所需配备的车次。其计算公式为：

$$配车数=(单程行驶时间+停站时间)\times2\div\frac{60\times车型定员\times满载率要求}{客流量}$$

仍以所设线路为例：早高峰时间的配车数为：

$$(42+3)\times2\div\frac{60\times80\times90\%}{860}\approx18(辆)$$

低峰时间配车数为：

$$(40+8)\times2\div\frac{60\times80\times70\%}{400}\approx12(辆)$$

第5行：为行车间隔，主要依据客流量、车型定员、满载率、车数，其计算公式为：

$$行车间隔=60\div\frac{客流量}{车型定员\times满载率要求}$$

上例所设线路早高峰时间的行车间隔是：

$$60\div\frac{860}{80\times90\%}\approx5(\min)$$

分各时组计算后填写在行车间隔栏内。各项填写完毕，线路行车时刻表的概况即已表示出来，见表7–4。

7.4.5 劳动配班草案

编制行车时刻表必须与劳动配班结合进行。编制过程中，同时要考虑到劳动工时和班公里的指标要求、每个劳动班次的行车次数，各班型的行车次数要均衡，不能参差不齐，否则行车时刻表将不能准确地实施。

劳动配班草案是根据行车时刻表草案的各时组所需车数拟定的。此表用于估算需要配备的班型和不同班型的数目、总配班数，见表7–4。

左边竖格为车辆的班次编号，可看出本路最大配车数为18辆车。

可以采用在各时组栏下划横线的办法来估算每个时组栏内需要多少车，其下配班数栏内即有多少条横线，上下数量应相对应。如22—23点的时组内规定配7辆车，即在该组内向下计数，配班表内必须有7条横线，即已配备了这7辆车的劳动力。同样6—7点栏内应配备18辆车，此栏下即有18条线。

表 7-4　各时组劳动配班草案

时组/车数/班次/班数	5~6	6~7	7~8	8~9	9~10	10~11	11~12	12~13	13~14	14~15	15~16	16~17	17~18	18~19	19~20	20~21	21~22	22~23	配班数
车数	12	18	18	15	12	12	14	14	14	12	14	14	16	15	14	11	7	7	
1																			2.5组
2																			2.5组
3																			2.5组
4																			2.5组
5																			2.5组
6																			2.5组
7																			2组
8																			2组
9																			2组
10																			2组
11																			2组
12																			1.5组
13																			1.5组
14																			1组
15																			1组
16																			0.5组
17																			0.5组
18																			

根据各时组对配车数的需求量，标完横线后，即可计算出应配备的劳动班型和配班数。当然，具体编制过程中会有部分调整，但配班数量不会有大的变化。

考虑辅助时，班车以 7—8 点为 1 班，单班以 7 点左右为一班进行估算。

如 1～7 班（共 7 辆车）工作时间为 5—23 点，加辅助工时，每车约 20 个工时，每车需配班 2.5 组。

8～12 班（共 5 辆车）工作时间为 5—20 点或 21 点，每车约 16 工时，每车需配班 2 组。

13～14 班（共 2 辆车）3 段时间约 10 个工时，加辅助工时，每车需配班 1.5 组。

15～16 班（共 2 辆车）间断工作，每车配班 1 组。

17～18 班（共 2 辆车）上午约 3 个工时，共配 1 组。

按以上估算，共需劳动配班 33.5 组（公休日和预备率未算在内）。此值为估算值，表示 34 组劳动力有余，而 33 组劳动力不够，需增配替行班。

当然，在班次的编排上要做一些调整，如 13、14、17、18 班最少有 2 种调整办法。

① 如将 13、14 班的中间两道横线移至 17、18 班中间空格内，13、14 班将是 1、4 班（大单班），17、18 班将是 1、3 班（小单班）。

② 如将 13、14 班的后两道横线移至 17、18 班的 16—20 点的空格内，13、14 班是小单班，17、18 班是大单班。

以上两种调整办法，对配班数没有影响。

③ 1～7 班除配备早晚双班外，都需各加半组"替行"，共 3.5 组"替行班"，编排方法可参照"单班、替行班、早晚班配班示意图"编制。

至此，行车时刻表草案和劳动配班草案已全部编制完成，可以开始具体编制行车时刻表。

7.4.6 编制行车时刻表

国内各城市行车时刻表的格式不一。北京公共电汽车的行车时刻表也和其他城市略有不同，分为横式和竖式两种，其编制方法也不相同。下面简单介绍这两种不同格式的行车时刻表及编制方法。

1. 横式行车时刻表的编制

（1）表格（见表 7–5）

"横式"行车时刻表只标明各班次的首末站发车时间。班次和时间顺序都表现在一张表上，简单明了。

① 表格内容介绍。这个表格是一条线路的首末站和各班次全日的发车时间表。左边竖格"车次"是指班次或车号的顺序号，配多少车辆即有多少班次。横向上部的空格，每两个大格为一组。一格为首站，另一格为末站。车辆的第一个周转为第一组，车辆的第二个周转为第二组，以此类推。表格内容是各班次首末站的发车时间。

② 填写方法。首末站大格向下与横向班次号交叉的小格是这个班次的首站、末站的发车

时间。发车时间以时间顺序向下排列,向右的另两个小格是这个班次下一个周转的首站和末站的发车时间,以此类推。

表7-5　分场　某站　年横式行车时刻表(首末站用)　年　月　日

车次	首站	末站	首站	末站	首站	末站															
1																					
2																					
3																					
4																					
5																					
6																					
7																					
8																					
9																					
10																					
11																					
12																					
13																					
14																					
15																					
16																					
17																					
18																					
19																					
20																					
21																					
22																					
23																					
24																					
25																					
26																					
27																					
28																					
29																					
30																					
31																					
32																					

如：第 1 班车首站发车时间是 6:00，填写在首站大格下与左边班次中 1 班交叉的小格内 6:00，即指第 1 班车的首站发车是 6:00，如间隔是 6 min，第 2 班车首站发车时间即在与左侧 2 班交叉的小格内填写 6:06，即为首站第 2 班发车时间。一直填写到这个车辆周转时间的最大配车数。一个周转时间结束，这一竖行即结束。再从上另起一组（两个大格）作为下一个周转时间的开始。分首末站由上向下按应配备的车数、班次逐格填写发车时间。一组为两个大格，两个大格中首站在左侧，末站在右侧。末站向下的小格内是其各班车发车时间。在同一组里，末站向下第一个小格是第一班的发车时间。如车辆单程行驶时间为 42 min，停站时间为 6 min，第 1 班车首站发车是 6:00，到末站是 6:42，在末站停站 6 min 发出，则第 1 班末站发车时间为 6:48。将 6:48 填写到第 1 班末站发车的小格内，依次向下填写到本次周转的最大配车数止，为末站一个周转结束，然后再另起一组填写。

横向看，第 1 班首站发车时间是 6:00，末站发车时间是 6:48。因为此表是首末站的发车时刻表，所以两个发车时间的时间距离含单程行驶时间和停站时间。每个班次横向相邻的发车时间（包括首站、末站和下一时组的首站、末站）间距不得少于规定的单程行驶时间和车辆停站时间之和，否则会发生车辆到站而发车时间已过的问题。行车时刻表将不能使用。

（2）行车时刻表的编制

横式行车时刻表是一种表上作业方法。其主要优点在于每个班次的行车次数、发车时间都体现在一张表上，便于统计也便于识别。编制行车时刻表时可以利用这一特点。

简便的编制方法可以分段编制，从早高峰开始，延续到低峰时间、晚高峰时间直至末班车。最后编制早高峰之前的部分，这样可以利用早高峰前和晚高峰后的一段时间作为综合平衡调整个别班次的行车次数的一段空白时间以供操作。

① 早高峰时间。

早高峰布局可从全日最大车数、最小间隔的早高峰时间开始编制，如从车辆第 2 个周转的 6:00 开始，也可以从 6:30 开始。

一般线路的早高峰时间是 6:30—8:00。6:00 开始编制即从早高峰前的车辆布局开始，延续到 7:50 左右早高峰结束。以小时计算应行驶 18 辆车，小时发车 11 次。

首站编制时要考虑到 6:00 开始编制时，已临近高峰时间了。此外，首站驻站车数一般多于末站驻站车数，所以首站应提早一些发出小间隔车辆，以做好早高峰前的布局和末站缩小间隔后，首站发出车辆及时供应末站使用。因此自 6:00 开始，发 3 个 6 min 间隔车辆至 6:18 后改发 5 min 间隔。填写到 7:28，这一行结束（也是这一个周转结束）。严格地说，小时发车 11 次应当是 6:00 至 6:30 发 6 次车，6:35 至 6:55 发 5 次车，共 11 次。但是在线路中途 6:30 已进入高峰时间，而首站 6:35 才发出最小间隔，显然已稍晚了一些，小间隔应适当地提前发出。

与首站相对应的末站发车时间，末站第 1 班的发车时间，是首站发车时间加上单程车辆行驶时间和末站停站时间；要计算好到站车辆间隔时间和本站发出车辆的间隔时间，以及相应的停站时间。

如第 1 班单程行驶 42 min，到达末站时间为 6:42，停站 6 min（以此计算，均不填写到行车时刻表中），末站第 1 班车的发车时间则应是 6:48，将其填写到首站右侧的末站与第 1 班相交的格内，即在首站 6:00 发车时间的右侧。

上例第 1 班的高峰停站时间应为 3 min，末站为何要停 6 min 呢？

其一：末站此时发车时间已是高峰时间，应以 5 min 间隔发出。

其二：首站发车的 1～4 班的发车时间是 6:00，6:06，6:12，6:18，共 3 个 6 min 间隔。

3 次车以 6 min 间隔到站，以 5 min 间隔发出，缺少了 3 min。所以，末站停站时间要预留 3 min。停站时间应为 3 min，加上预留的 3 min，共为 6 min，如表 7-6 所示。

表 7-6 首末站发车时间对比表

班次/首站发车时间	1 班/6:00	2 班/6:06	3 班/6:12	4 班/6:18	5 班/6:23
不预留 3 min 末站发车时间	6:45	6:50	6:55	7:00	7:05
末站停站时间/min	3	2	1	0	0
预留 3 min 末站发车时间	6:48	6:53	6:58	7:03	7:08
末站停站时间/min	6	5	4	3	3

如不预留 3 min，大间隔到站，小间隔时间发出，到站车的停站时间越来越小，会挤掉停站时间。预留 3 min 后，自第 4 班开始恢复了规定的停站时间。

末站以 5 min 的行车间隔，自第 1 班 6:48 开始，依首站发来的班次间隔 5 min 的顺序发出，到 7:48 第 13 班车发出后止。

首站 6:00 发出第 1 班车，以 6 min 的行车间隔发至第 4 班车 6:18 后，自第 5 班开始发 5 min 行车间隔。这一周转到第 18 班 7:28 发出止。另起一大组，行车间隔仍为 5 min。自第 1 班 7:33 发出，5 min 的行车间隔至 7:48 第 4 班止。

② 上午低峰时间。

上午低峰时间高峰客流最大断面一般在线路中途。早高峰最大断面客流量一般在 8:00 后开始下降。因此，首末站发出的小间隔车次应以到达最大断面后客流量开始下降的时间为宜。所以，首末站发出的小间隔结束时间应以略早于最大断面高峰结束时间为宜。设首末站的 5 min 小间隔发到 7:48，并迅速转换到间隔时间为 8 min 的低峰运行布局中，首站自 7:48 后，第 5 班发出时间为 7:54，第 6 班为 8:01，第 7 班为 8:09。之后转入到行车间隔 8 min，单程行驶时间 40 min 的低峰行车计划中去，并开始"抽车"（即减少行驶车数）。

线路运营由高峰转入低峰时，要处理好以下事项。

a. 单程行驶时间和行车间隔的转换。

高峰时间结束后，车辆的单程行驶时间缩小，行车间隔放大。要处理好其中的转换关系，以保持线路行车间隔正常。一般情况下放大行车间隔时，要同时缩小单程行驶时间；缩小单程行驶时间时，要适当放大行车间隔。

设第 14 班 7:53 发车，5 min 间隔不变，单程行驶时间缩小 1 min（见表 7-7）。

表 7–7 发车时间对比

13 班 7:48 发出	单程行驶 42 min	7:58	8:09	8:20	8:30
14 班 7:53 发出	单程行驶 41 min	8:03	8:14	8:24	8:34

发车时的行车间隔 5 min。由于第 14 班行车间隔不变，单程行驶时间缩短 1 min，行驶到第 3、4 区段时，距前车的间隔为 4 min。单程行驶时间缩短，同时放大行车间隔（见表 7–8）。

表 7–8 放大行车间隔结果

14 班 7:54 发出	单程行驶 41 min	8:04	8:15	8:25	8:35

调整后距前车间隔 6 min。行驶到第 3、4 区段时，间隔时间仍为 5 min。

由低峰转换到高峰时间也是同样的道理：开始延长单程行驶时间的班次，发出的行车间隔要比前车小。开始缩小行车间隔的班次，单程行驶时间要比前车大。这样基本上可保持行驶在线路中途的前后车间隔大体上一致。

b. 增减行驶车辆数量时，要保持适当的停站时间。

为加速车辆周转，加车时要缩小行车间隔，减少停站时间。加车的发车时间要安插在接近于计划规定停站时间的车次之前，如表 7–9 所示，早高峰规定停站时间为 3 min。

表 7–9 增减行车间隔前后对比

间隔	班次	1	2	3	加车	4	5	6	7	8
6 min 间隔到站	到达	6:25	6:31	6:37		6:43	6:49	6:55	7:01	7:07
5 min 间隔到站	出发	6:30	6:35	6:40	6:45	6:50	6:50	7:00	7:05	7:10
停站时间	min	5	4	3	7	6	5	4	3

加车放在第 4 班之前较为妥当，如放在第 3 班之前，则第 3 班的停站时间为 8 min。如放在第 4 班之后，则第 4 班停站时间为 2 min，都不理想。

减少车辆（抽车）时间，应放在减少车数后，且能保持规定的停站时间的班次之前（见表 7–10）。

表 7–10 减少车辆前后对比

班次		1	2	3	4	5	6
5 min 间隔到站	到达	7:45	7:50	7:55	8:00	8:05	8:10
较大间隔发出	发出	7:50	7:55	8:03	停	8:11	8:19
停站时间/min		5	5	8		6	9

如第 3 班停车，第 4 班的停站时间为 3 min。若第 5 班停车，第 4 班的停站时间达 11 min。相比较而言停第 4 班为宜。

  c. 做好车辆运营中司售人员的用餐时间安排。

  首站在早高峰过后，要根据客流量下降的幅度、低峰时间车辆定员标准，适量地减少行驶车数，扩大车辆的停站时间，同时还要给继续运营的司售人员约 20 min 的早餐时间。可以采取以下步骤。

  第一，扩大行车间隔，增加停站时间。使车辆停站时间达到 20 min，作为用餐时间。如首站用餐时间自第 9 班车 8:10 开始至第 7 班车 9:53 结束。

  第二，在职工用餐过程中，逐步"抽停"车辆。即：停站时间扩大到抽停某个班次车辆，其后的班次仍能保证用餐时间时，可以"抽停"车辆，首站第 13 班车、第 16 班车、第 3 班车、末站第 2 班车、第 5 班车是单班车，已抽车停站。

  第三，"抽停"的班次车辆要间断错开，不要连续，以免造成停站时间过大，过多地消耗时间。

  第四，待运营车组司售人员用餐之后，迅速恢复到低峰时间应行驶的车数和停站时间。

  d. 做好首末站停站车数的布置。

  线路运营转入低峰时间时，要安排好低峰行车布局，并给中午和晚高峰的车辆运营做好准备。上午低峰时间首站要停下单班车车辆，末站停下单班车 2 辆。

  首站自第 7 班 8:01 发出后即转入低峰时间，行车间隔为 8 min。因为首站停站车数大于末站，用餐地点又在首站，所以末站向首站陆续以小于首站的行车间隔向首站"送"时间。首站由于末站发来的 5 min、6 min 行车间隔到站，以 8 min 的行车间隔发出，迅速扩大了停站时间，第 8，9，10，11，12 班的停站时间达到 20 min 以上，第 12 班达到 24 min。第 13 班 8:30 到首站后，已具有可以"抽车停站"的可能，否则它的停站时间将达到 27 min。第 13 班"抽车停站"后，第 14，15 班继续行驶，停站时间为 21 min、25 min。第 16 班到达首站后"抽车停站"，第 17 班、第 18 班、第 1 班继续行驶，停站时间为 17～24 min。

  末站自 7:54，第 14 班发出开始向低峰计划转换。首站第一个转入 8 min 间隔的是第 7 班车 8:09 发出，8:49 到达末站，到 8:55，再次发出时为止共计 61 min。在这一段时间里，末站共到站 12 次车，按计划"抽车停站" 2 辆，发出 10 次。停站时间由 3 min 扩大到 6 min，行车间隔由 5 min 转换至 8 min。

  61 min 发出 10 次车，其发车时间如下（10 次车，9 个间隔）：6 min 间隔 4 次，7 min 间隔 3 次，8 min 间隔 2 次。发车时间为：7:54，8:00，8:06，8:12，8:18，8:25，8:32，8:39，8:47，8:55 共 10 次车。在保持均衡停站时间的情况下，抽停下来第 2 班和第 5 班车。至此末站又转入低峰时间的运营计划中去。

  首站在第 1 班 9:29 发出后，第 3 班到站"抽车停站"，第 4 班、第 6 班、第 7 班继续以 8 min 的行车间隔发出。第 8 班 9:43 到站"抽车停站"。第 9 班 10:01 发出首站，行车间隔 8 min，停站时间为 10 min。至此，首末站完全转入低峰运营计划，共计行驶 12 辆车，单程行驶 40 min，停车间隔 8 min。

③ 中午加车和职工用餐时间。

中午连续作业的司售人员要有 20 min 的用餐时间。增加用餐时间等于停站时间的延长，必然要增加运营车数。一般市区线路中午客流量略有增加，也需要投入一定运力。

行车时刻表草案中，中午应加车 2 辆，共行驶 14 辆车。行车间隔为 7.5 min，末站停站时间不变，首站停站和用餐时间共 20 min。

中午加车（加入第 1 班、第 3 班或小单班车辆）可以采取首末站同时加车，也可以采取在首站一端加车的方法。如果中午低峰时间客流量小，可以采取扩大行车间隔，加大停站时间的办法解决。本章行车时刻表是采取首站加车的方法。

首站第 3 班自 11:12 加入行驶。开始时为 7.5 min 的行车间隔，即 7 min、8 min 的间隔交叉发车。第 8 班 11:42 加入，停站时间为 20~22 min，职工用餐开始。末站停站时间不变，依据首站发出的班次、间隔时间发车。

第 3 班、第 8 班行驶 2 个周转后工时已到，加车时间已过，在首站"抽车"停驶。

首站要在减少车辆后，保证后车仍能保持规定的停站时间的条件下"抽停"车辆。

加车行驶时首站停站时间为 19~21 min，抽停第 3 班、第 8 班车后要减掉 2 个间隔时间约 15 min，保持 10 min 的停站时间还缺少 5 min。应在第 8 班（即第 2 个加车）第 2 个周转到首站的时间中余出 5 min 的停站时间。为此要逆推第 8 班到达首站之前，末站发来的 5 个 7 min 间隔改为 5 个 8 min 间隔发出。同时与其交叉发出的 8 min 间隔不变。即自第 12 班 13:38 到首站开始。其后陆续到达首站为 7 min 间隔的第 15 班、第 3 班、第 6 班、第 8 班，均由第 12 班、第 15 班、第 4 班、第 6 班、第 9 班以 8 min 间隔发出。余下 5 min，第 3 班、第 8 班按计划"抽停"。至第 10 班 15:19 发出后完全恢复低峰运营计划。

④ 晚高峰加车。

行车时刻表草案规定 16~17 点时组为晚高峰开始，要求 14 辆车投入运营。以单程行驶 42 min，停站时间 5 min 计算，行车间隔应为 6.7 min，小时发 9 次车。其间隔时间的分配如下。

a. 小时 9 次车，每车 6 min 间隔，共为 54 min。比 60 min 少 6 min。所以 9 次车中应有 6 个 7 min 间隔，3 个 6 min 间隔。

b. 小时 9 次车，若每车 7 min 间隔，共为 63 min，比 60 min 多 3 min。所以 9 次车中应有 3 个 6 min 间隔，6 个 7 min 间隔。

17:00—18:00 时组，应有 16 辆车投入运营，小时发出 10 次车，平均间隔 5.9 min，如以周转时间计算，其间隔分配为：16 辆车，每车间隔 6 min 共为 96 min，减去一周转时间 94 min，仍余 2 min，则应在 16 次车中，安排 2 次 5 min 间隔，14 次 6 min 间隔。

具体编制过程中要注意：

其一，确定首末站应加入的班次、车数、时间；

其二，加车的使用要考虑到晚高峰后职工用餐时间的需要。

首站有第 13 班、第 16 班，末站有第 2 班、第 5 班共 4 辆车，因为是大单班（或叫 4 班）的第二段作业时间，每车只能在晚高峰时间行驶 4 次车。

行车时刻表草案要求，首末站在 16:00 和 17:00 两个时组中各投入 1 辆车。首末站的第 2 个加车推迟一些，除集中用于客流量最高的时间外，还可使之在晚高峰之后多运营一段时间，以加大首站的停站时间，保证职工用餐时间的需要。所以 16 点时组时，行驶 14 辆车。17 点时组时，行驶 16 辆车。至 18:30 左右，晚高峰结束。

首站自第 14 班 15:42，发出开始，行车间隔缩小为 7 min，减少停站时间为加车做准备。第 16 班 15:56 投入运营。自第 6 班 16:38 以后行车间隔缩小为 6 min。减少停站时间为第 2 个加车做准备。第 13 班 17:14 投入运营时，全线进入高峰状态，其中第 2 班、第 4 班各以 5 min 间隔发出，小间隔发至 18:18。因晚高峰客流量下降逐步削减运力，行车间隔由 6 min，7 min 转到 8 min。

末站因停站时间较首站少，因此待第 5 班 15:40 投入运营时，行车间隔缩小为 7 min。第 2 个加车，第 2 班车 17:08，加入并与其后的第 4 班车以 5 min 间隔投入运营，进入高峰状态。为保证首站职工用餐时间，末站小间隔结束时间要比首站略晚一些，至 18:31 开始调整行车间隔，由 6 min 改为 7 min 间隔。

⑤ 晚低峰和职工晚餐时间。

19—21 点是晚低峰和运营中司售人员用晚餐的时间。19—20 点时组行驶 14 辆车，间隔 8.5 min。停站时间首站到 25 min，末站 5~6 min。

20—21 点时组中行驶 11 辆车，间隔 9 min。停站时间首站约 20 min，末站 5~7 min。

这两个时组中停站时间加大，为的是使运营中车组司售人员用晚餐，并为首末站"抽停"车辆做准备。

20 点左右，晚高峰已过，是计算各车、班行驶次数、调整确定劳动配班的重要阶段。按照劳动配班要求：单班车、替行班的每班组应行驶 8 次车，整班车每个班组行驶 9 次车，早晚双班共 18 次车。超过 18 次车的班次（车组）可另加"替行班"。全日行驶的车次加上"替行班"行驶的车次，全日共计 22 次车。

参考以上标准，各类班型的车次不得超出定额车次，也不能低于标准车次过多，所以要统计 6—20 点这一阶段各班型（单班、双班、计划双班加替行班）的行车次数。已达到车次的单班车应按计划"抽停"下来，保持 21 点以后有 7 个班次继续行驶。其他班次要在 21 点前停下来。如某个班次未完成计划行车次数，可以在 6 点以前增加其车次。

调整各个班次的行车次数是在 20 点以后的 3 个小时和首车 5—6 点 1 个小时的时间内进行的。这些时组的计划还未编制，有调整班次和行车次数的余地。但是各个班次可调整的幅度不同，如第 1~5 班，早 6 点以前只能增加 1 次车；第 6~12 班可能增加 2 次车；第 13~18 班可能增加 3 次车。为扩大调剂每班车次的余地，在已达 18 次车的班次中，抽停第 1~5 班的比重应大一些。第 6、10、11、12、15、17、18 班可以继续运行。

首站由于末站发来车次的间隔时间小，首站停站时间会加大。自 19:05 起发 7 次 8 min 行车间隔后,"抽停"第 16 班。19:37 开始职工用餐 21:20 左右结束（1 个周转时间）。20:02—20:50 发 9~11 min 行车间隔,"抽停"第 9 班、第 13 班。

末站自 19:06 发 4 个 7 min 行车间隔,1 个 8 min 间隔。转为 9 min 间隔至 20:56。"抽停"第 2 班、第 14 班。

21 点以后,第 4、10、11、12、15、17、18 班共 7 个班继续运营,至末班车时间止。

⑥ 首末站的晚间驻站车数。

驻站车数影响到早晚低峰,尤其是首车后、末车前的低峰时间运营服务质量和载客里程的合理使用。

驻站车数根据线路早晚低峰客流量和驻车条件而定。晚间驻车和次日发车的班次、地点必须一致。

驻站车数的计算（主要是末站）:

a. 末站根据客流量确定驻站车数。

时间计算（首末站的营业时间相同）。首站末班车发车时间减去单程行驶时间,就是末站驻车时组的开始时间,此后首站发出的车次应当驻在末站。

若首末站营业时间不同,则应用首站末班车发车时间减去首末站末班车发车时间之差,再减去单程行驶时间,就是末站驻车时组的开始时间。

$$以上时间应驻站车数为:\frac{末站驻车时组的客流量}{定员 \times 满载率要求}$$

b. 根据末站首车后客流量计算出应驻站的车数。

用首站首车到达末站的时间,减去末站首车时间,就是末站驻站车发车时组。

$$以上时间应驻站车数为:\frac{末站驻站车发车时组的客流量}{定员 \times 满载率要求}$$

根据早晚客流量计算得出的驻车数如有差异,则末站可以采取晚高峰后"抽车停站"的办法,或次日中途加发区间车的措施给予处理,解决其中运力不足的矛盾。

⑦ 调整各班次行车次数和完成行车时刻表的结尾阶段。

编制到末班车发出收班后,统计各班次、班型的行车次数。根据所余车次和 6 点前所需车次综合编制,完成 6 点前的发车班次、车次。

6—23 点部分已达到各班型规定的行车次数的班次,除必要调整外,原则上不变动。

清理个别班次车次不足。"超出"车次要就向不足班次转换,并计算出首站在 6 点前、末站在 6:48 前发出的车次。综合编制方法如表 7–11 所示。

表7-11 某路 某年 某季行时刻表（用）年 月 日

车次	首站	首站	首站	首站	首站	首站	首站	首站	首站	首站	首站	首站	首站	首站	首站	首站	首站	首站	首站	首站	首站	首站
1	6:00		6:48	7:33	8:25	9:29	10:15	11:05	11:51	12:51	13:37	14:39	15:25	16:17	17:03	17:50	18:38	19:37	20:29			
2		5:27	06	53	38	32		12	58	58	44		47	33	08	53	45	45				
3	12		53	38	43	32		20	23	58	44			24	31		13	19	52	18:00	45		38
4	18		7:03	48	39	23				12:06	52	47		31	19	13	18:00		53			
5	23	36	08	54								40							38			
6	28	44	13	8:01	47	45	31	27	35	13	59	55	47	③38	31	25	06	12	20:02	47	21:34	22:19	23:00
7	33		18	09	55	53	39	35	42	21	14	④43		55	44	37	18	33		11	56		
8	38	52	23	17	9:03	10:01	47	42	50	28	22	①51	11	19	50	43	25	41	59	20		13	
9	43		28	25	11	09	55	50	57	36	28	11	16:01	08	56	49	33		20	29	46	32	
10	48	6:00	33	33	19	17	11:03	12:05	12	43	36	19	08	15	17:02	55	41	49	27	39	18		
11	53	07	38	41	27	25	11	12	20	51	43	27	15	①22	08	18:01	49	55	35		30	58	22:10
12	58	13	43	49	35	②27		19	27	59	51	35	22	29	14	07	57	19:05	44				
13	7:03	18	48	54		35		21	45	13:06	14:07	42	29	20	26	19:01		13	53	50			22:10
14	08	23	54	57	43	43	35	23		15	45	49	36	32	43	19	13	20:02		21:01			
15	5:00	28	8:00		51	41	13	31		15:01	49	56	43	38	25	19	20:02	21:01		12			
16	39	33	06			49							50								22		
17	09	45	13			57	35	③43				16:03							11			45	
18	18	50	18	59	10:07		43		29	23		②	10	51						23	34		
19	55	38	23	13										44						22:06	54		
20		43	28	21															20		46		23:00

续表

车次	首站	首站	首站	首站	首站	首站	首站	首站	首站	首站	首站	首站
21												
22												
23												
24												
25												
26												
27												
28												
29												
30												
31												
32												
33												
34												
35												
36												
37												
38												
39												
40												

根据表 7-11 中数据已编的 6 点至末班车的各班次行车次数可作如下统计。

第 1 班车：是早晚双班车。全日计划行驶 18 次，实际已编 18 次，暂时不动。
第 2 班车：是大单班。计划行车 8 次，已编 7 次，可以增加 2 次。
第 3 班车：是小单班。计划行车 8 次，已编 8 次，暂时不动。
第 4 班车：是早晚双班车。计划行车 18 次，已编 18 次，暂时不动。
第 5 班车：是大单班。计划行车 8 次，已编 7 次，可以增加 1 次车。
第 6 班车：是早晚双班车。已编 21 次，加上替行班后，可增加 1 次车。
第 7 班车：是早晚双班车。计划行车 18 次，已编 18 次，暂时不动。
第 8 班车：是小单班。计划行车 8 次，已编 8 次，暂时不动。
第 9 班车：是早晚双班车。计划行车 18 次，已编 16 次，可增加 2 次。
第 10 班车：是早晚双班车。已编 20 次，加入替行班后可增加 2 次车。
第 11 班车：是早晚双班车。已编 20 次，加入替行班后可增加 2 次车。
第 12 班车：是早晚双班车。已编 20 次，加入替行班后可增加 2 次车。
第 13 班车：是大单班。计划行车 8 次，已编 6 次，可增加 2 次车。
第 14 班车：是早晚双班车。计划行车 18 次，已编 17 次，可增加 1 次车。
第 15 班车：是早晚双班车。已编 19 次，加入替行班后可增加 3 次车。
第 16 班车：是大单班。计划行车 8 次，已编 6 次，可增加 2 次车。
第 17 班车：是早晚双班车。已编 19 次，加入替行班后可增加 3 次车。
第 18 班车：是早晚双班车。已编 19 次，加入替行班后可增加 3 次车。

根据以上对各班次行车次数的统计，有 13 个班次可以增加 25 次车。在行车时刻表中可以增加车次的各班次横向小格内，作出可增加车次的标记。可以看出首站可增加 9 次车，末站可增加 16 次车。

首站的 9 次车，应确保在接近 6 点时以小间隔发车。行车间隔要由大到小。9 次车以 8 个行车间隔发出（即减去首次车，因为首次车前没有间隔时间），间隔的分配为：9 min 间隔 1 次，8 min 间隔 2 次，7 min 间隔 2 次，6 min 间隔 1 次，5 min 间隔 2 次。第 9、10、11、12、13、15、16、17、18 班，分别以 5:00、5:09、5:17、5:25、5:32、5:39、5:45、5:50、5:55 自首站发出，与第 1 班 6 点发出时间相连接。

末站自 5:00 至 6:48 共有 16 次车可以发出。因末站驻车数是 7 辆，少于首站 4 辆，行车间隔应比首站略大。为确保 6 点以后有较小间隔发出，6 点以前应发出 8 次车，6:00 以后至 6:48 应发出 8 次车。即第 15、17、18 班（需在行车时刻表上另起一组。即第 1 班 6:48 发车时间前的 2 个周转）。第 2、5、6、9、10、11、12、13、14、15、16、17、18 班分别以 5:00、5:09、5:18、5:27、5:36、5:44、5:52、6:00、6:07、6:13、6:18、6:23、6:28、6:33、6:38、6:43 自末站发已与第 1 班自末站 6:48 发出时间相接。

至此，横式行车时刻表的编制基本结束。全日行车 292 次，与行车时刻表草案相符。

2. 竖式行车时刻表的编制

（1）表格（见表7–12）

表7–12　北京市公共汽车某场竖式行车记录

路	年　月　日	调度员	早班		第　页
站	星期		晚班		共　页

到达车辆					本次最大断面通过量	开出车辆					
本路车次	车号	到达时间	实际行驶时间/min	准点情况	不准点原因		本路车次	车号	开出时间	停站时间/min	间隔时间/min	单程行驶时间/min

表格分左右两部分，左半部填写车辆到达的有关项目，右半部填写车辆开出的有关项目。在左半部，车辆到达部分横向排列项目：

① 本路到达车次。本路到达车次指线路的另一端（首、末站）发来车辆到达本站的车次从"1"开始按顺序填写。本站首发的驻站车、加车不在到达栏填写，在到达车次栏内可空一格，保持每个班次到达、发出都在平行栏内，以免出错。

② 车号。即行车时刻表中班次号，如可用1～18表示，也可用实际车号填写。

③ 到达时间。线路另一端发来车辆到达本站的时间，即另一端的发车时间加车辆单程行驶时间。

④ 实际行驶时间。此栏内填写计划的单程行驶时间。

以上各项均以到达本站车次横向逐格填写。

在右半部，车辆开出部分，横向排列项目：

① 本路车次。凡本站发出的车次都从"1"开始，以顺序号填写。包括驻站车的发出，大小单班第1次、第2次作业时间发出的车次都要填写。

到达本站不再发出的车辆，填入到达车辆部分。开出车辆部分空格，以保持每班次到达、发出都在平行栏内，以免出错。

② 车号。即指班次。

③ 开出时间。即指发车时间。

④ 停站时间。车辆到达本站后，在站停留的时间。
⑤ 间隔时间。与上一次车的时间距离。
⑥ 最后一栏内可以填写规定的车辆单程行驶时间。
（2）劳动班次的组合（见表7-13和表7-14）

表7-13 劳动配班表

行车时刻表草案	营业时间	5:00―6:00	6:00―7:00	7:00―8:00	8:00―9:00	9:00―10:00	10:00―11:00	11:00―12:00	12:00―13:00	13:00―14:00	14:00―15:00	15:00―16:00	16:00―17:00	17:00―18:00	18:00―19:00	19:00―20:00	20:00―21:00	21:00―22:00	22:00―23:00
	客流量/人	400	480	860	400	400	400	400	460	460	400	400	600	700	470	380	320	250	200
	车次	8	11	12	8	7.5	7.5	8	8	8	8	8	10	10	9	9	6.5	5	5
	车数	11	18	18	15	12	12	14	14	14	12	12	14	16	15	14	11	8	7
	间隔/min	7.5	5.5	5	8	8	8	7.5	7.5	5	7.5	8	6	5.9	6.5	8.5	9	12	14

表7-14 班型班次表

劳动班次草案	班型班次	班型	班次																		配班数
		1, 3	1																		2.5
			2																		1.0
			3																		2.5
			4																		2.0
			5																		1.0
			6																		2.5
			7																		2.0
		1, 3	8																		1.0
			9																		2.5

续表

劳动班次草案	班型	班次															配班数
	班型班次	10															2.0
		11															1.0
		12															2.5
		13															2.0
	1，4	14															1.0
		15															2.5
		16															2.0
		17															1.0
		18															2.5

确定班车、单班车的单车营业时间及其顺序，计划好班次的组合是很重要的。

为便于研究，讲述一条线路的行车时刻表编制过程，其内容要求和横式行车时刻表相同。编竖式行车时刻表要注意以下几点。

① 单班车（含大小单班）。单班车要分开，交叉在全日行驶班车的班次中，避免连续"加车"、"抽车"使停站时间过大过小。此行车时刻表设单班的班次为：第2、8、11、14人共6个单班，各配一组司售人员。

② 行车次数相同。同在首站或末站加车和停驶的班次要分开，穿插在车次不同、驻车地点不同的班次中。如第3班和第4班，第3班全日行驶22次车，第4班全日行驶18次车。班次的营业时间不同，可免去连续"抽车"的不便。

③ 全日行驶的班次分开，如第1、3、6、9、12、15、18班7个班次是5点以后发车，上下午低峰、晚高峰连续作业，直至晚间的车次。各配2.5组司售人员，即以上7个班次每个班次配备早、晚双班外，另加3.5组替行班。替每个班次行驶4次车。

（3）首末站的班次分配

① 首站驻车、停车的班次为第 1~11 班，共 11 个班次。其中含配 2.5 组司售人员的第 1、3、6、9 班，配早晚双班司售人员的第 4、7、10 班，配单班司售人员的第 2、5、8、11 班。

② 末站驻车、停车的班次为第 12~18 班，共 7 个班次。其中含配 2.5 组司售人员的第 12、15、18 班，配早晚双班司售人员的第 13、16 班，配单班司售人员的第 14、17 班。

（4）班次的发车顺序

此行车时刻表（竖式）可以不受班次顺序的影响。根据客流量在高低峰时间的变化随时可以增减车辆，使之更为合理。

（5）具体编制

根据行车时刻表和劳动班次表草案的要求，首末站同时自首车起，开始编制行车时刻表。因为编制竖式行车时刻表不受班次顺序的约束，所以可根据需要随意使任何班次投入或抽出。

① 自首车开始编制行车时刻表。

线路另一端（首、末站）所发出车辆未到车站之前，要发出已配劳动力的驻站车。

从劳动班次表上可以看出，首车至 6 点，已配劳动力的班次是：首站为第 1、3、6、7、8、9 班，末站为第 12、14、15、17、18 班、共 11 个班次。

线路另一端发来的首班车，到达本站再次发出的时间约是 5:45 左右。在此之前，首末站应将以上 11 个班次陆续发出。

本站应发出 5 次车，平均间隔 9 min，时间顺序为 5:00、5:09、5:18、5:27、5:36。班次的顺序为第 12、14、15、18、17 班，其中第 14、17 班是单班车。发车班次后延是因为以周转时间和行车次数计算。单班车应行驶两个周转后，在 8:10 以后到站"停驶"为宜。否则这两个班次的工时、车次已到，而早高峰未结束致不能停驶，造成抽停车辆困难。

首站因早高峰后职工需用餐等因素，单班车加车时间应向后延迟到 8:30 以后停车为好。因而未按班次顺序投入运营，首站的驻站车数大于末站的驻站车数，间隔可以比末站小一些。末站首班车未到本站前，计划发出 6 次车，平均 8 min 间隔。其间隔的组合为 9、8、8、7、7 min，即 5:00、5:09、5:17、5:25、5:32、5:39。发车的班次顺序为第 1、3、6、9、7、8 班。

第 8 班是单班车，向后推迟发车。

没有驻站条件的首末站，要采取一端（首站或末站）推迟首车时间或车辆在营业时间开始前空放到首站或末站的措施。随加车要适当投入，使行车间隔缩小，在 6:20 之后完成早高峰时间的行车布局，行车间隔为 5 min。

首末站加车时间要考虑到早高峰过后，单班车停站、职工用餐车辆停站时间需要加大等因素，部分单班车班次投入行驶的时间可向后拖延一些，以增加 8:30 以后的行驶车数和延长停站时间。

② 表格的编制和填写。

竖式行车时刻表分为首站和末站各 1 份，互相衔接。首站只编制首站到达与发出车辆的各项内容，同样末站也只编制末站到达及发出车辆的各项内容。

从表格的右半部分开始，即"开出车辆"部分开始。如首站发出的首班车为第 1 班，发车时间为 5 点，规定单程行驶时间为 35 min，即分别在右侧横向第 1、2、3、5、6 栏内填写。其中第 4 格"停站时间"，本站驻站车首次发出时，此栏可不填写。第 2 次车为"3 班"，开出时间为 5:09，间隔时间为 9 min，规定单程行驶时间为 35 min，填入右侧横向向下的第 2 格的第 1、2、3、5、6 栏内。以此类推，逐项填写到本站发出的第"6"次车，第 8 班 5:39 发出。末站也依此规律编制和填写。第 12、15、14、18、17 班，分别于 5:00、5:09、5:18、5:27、5:36 自末站发出。

再编写首站的行车时刻表。末站发来的首班车第 12 班应 5:35 到站，计划在本站停留 10 min 后作为首站的第 7 次车发出。格式的填写以"开出车辆"的顺序为主，在末站发出第 7 次车的同一横线，即左侧的"到达车辆"与右侧的发出第 7 次车平行的栏内填写"车辆到达"的各种数据。如：本路车次填写"1"，车号栏内填写"12 班"，第 3 格"到达时间"内填写 5:35。在同一横线并行的"开出车辆"部分的栏内继续填写，本路车次为"7"，车号为"12 班"，开出时间填写"5:45"，停站时间栏内填写"10"，间隔时间栏内填写"6"，单程行驶时间栏内填写"36"。

③ 表格的填写规律。

a. 驻站车、单班车首次在本站发出（含单班车第二次作业时间的首次发车），在"开出车辆"栏内各格内填写，左半部"到达车辆"栏内空格。

b. 由对方站发来的车次，填写到本站"到达车辆"各栏内，同一班次由本站发出的车次填写到同一横栏内"开出车辆"各项格内。

c. 对方站发来到达车站的班次，如遇驻车、停站，则在到达栏内填写，开出栏内空格。总之，本表横向的左右部分，只填写 1 个班次，或左右同一班次。顺序到达和发出的班次，在同一横线各格内填写。首站发出的车次编号，即是末站到达的车次编号。同样末站发出的车次，即是首站到达的车次编号，以便于识别查找。

d. 计算车辆周转时间、车次间隔等方法与"横式"行车时刻表相同。

e. 首末站两份行车时刻表要互相对照、衔接，同时编制，首站（或末站）要依照末站（或首站）发出车次、发车时间、单程行驶时间，填写在"到达车辆"的栏内。根据发车间隔、停站时间，填写"开出车辆"部分。如此反复、对照、填写。开始可以连续填写 3～5 次车，如车数、间隔相同，也可以填写 1 个车辆周转时间。

f. 注意车次、班次的顺序，不要遗漏或颠倒。首末站循环要交替编制，要随时检查核对，随时纠正。注意高低峰配车数的变化，抽车、加车、职工用餐时间编制等方法和注意事项与"横式"行车时刻表相同，可依行车时刻表草案的要求编制，不另叙述。

（6）提前做好全日车次的估算和末班车前各时组的运力配置

晚高峰结尾时，单班车和部分班车的劳动工时、行车次数已接近完成定额，需要对首车起至 19 点的各班次的行车次数的完成情况作出小结。要根据各班次、班型的车次完成的情况，略作调整，适时抽停车辆。未完成车次的班次，继续行驶。要及时确定 19 点以后各时组行驶车数、班次和各班次的行车次数，以达到各班型的车次和劳动工时定额。要做好晚低峰和末班车前的运力配置及结尾的工作，使行车时刻表顺利完成。

① 首车至 19 点已编制车次的情况（见表 7–15）。

表 7–15　首车至 19 点已编制车次的情况表

班次	1	2	3	4	5	6	7	8	9	10	11	12	13	14	15	16	17	18	计
计划车次	22	8	22	18	8	22	18	8	22	18	8	22	18	8	22	18	8	22	292
已编车次	17	8	17	16	7	17	17	8	17	16	8	17	16	8	17	15	7	17	245
待编车次	5		5	2	1	5	1		5	2		5	2		5	3	1	5	47

计划车次是指每个班次应该完成的车次。如单班车应完成 8 次车，早晚班班车应完成 18 次车。班车配备替行班，应完成 22 次车等。

已编车次是指到 19 点止，各班次已编入的车次。

待编车次即计划车次与已编车次之间的差数，是以班次为单位进行计算的。其中第 2、8、11、14 班已完成车次，不可能再增加车次。已编出 245 次车，与行车时刻表草案要求的 19 点以前的总车次相一致，没有差错。余下的就是继续编制另 14 个班次去完成其余的 47 次车。

② 清理各时组班次，确定各时组行驶和停驶班次（见表 7–16）。

表 7–16　各时组行驶和停驶班次表

时组 项目	19:00—20:00	20:00—21:00	21:00—22:00	22:00—23:00
配车数	14	11	8	7
行车间隔/min	8.5	9	12	12～14
行驶班次	1、3、4、5、6、7、9、10、12、13、15、16、17、18	1、3、4、6、9、10、12、13、15、16、18	1、3、6、9、12、15、16、18	1、3、6、9、12、15、18
停驶班次	8、11、2、14	5、7、17	4、10、13	16

工时、车次已满的班次必须抽停下来，否则将造成劳动配班混乱和行车时刻表返工修改。

依据以上各时组的配车数、停驶班次、行车间隔的要求，完成各班次、班型车次、全日车次，行车时刻表编制结束。表 7–17 为首站行车时刻表，表 7–18 为末站行车时刻表。

表7-17 北京市公共汽车某场首站行车记录表

| | | | | | 路 | 年 月 日 | 调度员 | 早班 | | 第 页 |
| | | | | | 站 | 星期 | | 晚班 | | 共 页 |

到达车辆					本次最大断面通过量	开出车辆				
本路车次	车号	到达时间	实际行驶时间/min	准点情况	不准点原因		本路车次	车号	开出时间	停站时间/min	间隔时间/min	单程行驶时间/min

本路车次	车号	到达时间	实际行驶时间/min	准点情况	不准点原因	本次最大断面通过量	本路车次	车号	开出时间	停站时间/min	间隔时间/min	单程行驶时间/min
							1	1	5:00		首车	35
							2	3	5:09		9	35
							3	6	5:17		8	35
							4	9	5:25		8	35
							5	7	5:32		7	35
							6	8	5:39		7	35
1	12	5:35	35				7	12	5:45	10	6	36
2	15	5:44	35				8	15	5:51	7	6	36
/						加	9	11	5:57		6	38
3	14	5:53	35				10	14	6:03	10	6	38
/						加	11	4	6:09		6	40
4	18	6:04	37				12	18	6:15	11	6	41

表7-18 北京市公共汽车某场末站行车记录表

| | | | | | 路 | 年 月 日 | 调度员 | 早班 | | 第 页 |
| | | | | | 站 | 星期 | | 晚班 | | 共 页 |

本路车次	车号	到达时间	实际行驶时间/min	准点情况	不准点原因	本次最大断面通过量	本路车次	车号	开出时间	停站时间/min	间隔时间/min	单程行驶时间/min
							1	12	5:00		首车	
							2	15	5:09		9	
							3	14	5:18		9	
							4	18	5:27		9	
							5	17	5:36		9	
1	1	5:35	35				6	1	5:45	9	8	
2	3	5:44	35				7	3	5:52	8	8	
3	6	5:52	35				8	6	6:00	8	8	
4	9	6:00	35				9	9	6:07	7	7	
5	7	6:07	35				10	7	6:13	6	6	
6	8	6:14	35				11	8	6:19	5	6	
/						加	12	13	6:25		6	

3. 区间车行车时刻表的编制

客流在断面上的不均衡系数达到 1.5 时，有条件的线路可以采取发区间车的调度方法，以能达到与正班车的行车间隔相同为最好。也可以同正班车相互交叉行驶，如时间上略有些偏差，可以适当调整区间车的停站时间和前后车的行车间隔，以便与班车的行车间隔均匀，提高区间车的满载程度。

图 7–4 是某线路各断面客流量示意图，如配解放牌单机客车，最大断面需要通过 15 次车，间隔 4 min，如以最大断面客流量进行配车，周转时间为 88 min，需配车 22 辆。如采取在最大断面上加发区间车的措施，则配车数可为 17 辆，即：正班车往返共 88 min，间隔为 8 min，配车 11 辆；区间车往返于 1～5 号站之间，往返时间 48 min，间隔为 8 min，配车 6 辆；正班车和区间车的行车间隔都是 8 min，交叉发出后，1～5 号站的平均间隔为 4 min。6～10 号站间隔为 8 min。

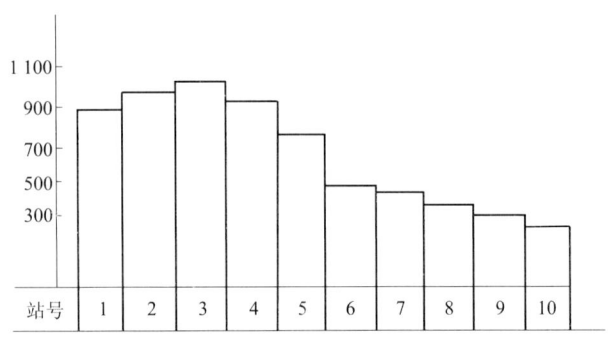

图 7–4　某线路各断面客流量示意图

区间车与班车交叉发出，在行车时刻表中也交叉填写，见表 7–19。

表 7–19　北京市公共汽车某场行车记录表

			到达车辆			本次最大断面通过量	开出车辆					
本路车次	车号	到达时间	实际行驶时间/min	准点情况	不准点原因		本路车次	车号	开出时间	停站时间/min	间隔时间/min	单程行驶时间/min
							1	1	16:00			
							2	区1	16:04			区间车
							3	2	16:08		8	
							4	区2	16:12		8	区间车

第7章 行车时刻表

续表

| | | | | | | | 路 | 年 月 日 | 调 | 早班 | | 第 页 |
| | | | | | | | 站 | 星期 | 度员 | 晚班 | | 共 页 |

到达车辆						本次最大断面通过量	开出车辆					
本路车次	车号	到达时间	实际行驶时间/min	准点情况	不准点原因		本路车次	车号	开出时间	停站时间/min	间隔时间/min	单程行驶时间/min
							5	3	16:16		8	
							6	区3	16:20		8	区间车
							7	4	16:24		8	
							8	区4	16:28		8	区间车
							9	5	16:32		8	
							10	区5	16:36		8	区间车
							11	6	16:40		8	
							12	区6	16:44		8	区间车
							13	7	16:48		8	
1	区1	16:49	45			往返时间	14	区1	16:52	3	8	区间车
2	8	16:53	41				15	8	16:56	3	8	
3	区2	16:57	45				16	区2	17:00	3	8	区间车
4	9	17:01	41				17	9	17:04	3	8	
5	区3	17:05	45				18	区3	17:08	3	8	区间车
6	10	17:09	41				19	10	17:12	3	8	
7	区4	17:13	45				20	区4	17:16	3	8	区间车
8	11	17:17	41				11	20	17:03		8	
9	区5	17:21	45				22	区5	17:24	3	8	区间车
10	1	17:25	41				23	128	17:03		8	
11	区6	17:29	45				24	区6	17:32	3	8	区间车
12	2	17:33	41				25	2	17:36	3	8	
13	区1	17:37	45				26	区1	17:40	3	8	区间车
14	3	17:41	41				27	3	17:44	3	8	
15	区2	17:45	45				28	区2	17:48	3	8	区间车
16	4	17:49	41				29	4	17:52	3	8	
17	区3	17:53	45				30	区3	17:56	3	8	区间车
18	5	17:57	41				31	5	18:00	3	8	

表7–19中的行车间隔是4 min。也可以使区间车的发车间隔为5 min，班车的间隔为3 min，如第1班车16:00发出，区间车1班车16:05发出；第2班车16:08发出，区间车2班车16:12发出，以此类推。

虽然正班车和区间车的行车间隔分别都是8 min，平均间隔4 min。但在间隔的分配上，区间车前的间隔是5 min，正班车前的间隔是3 min。这样有利于提高区间车的满载程度，减少班车的压力。

如果区间车（或大站快车）的车次少于班车车次、行车间隔不相匹配并穿插于正班车间隔之中时，正班车的间隔可以适当加大，并尽量使区间车前的（大站快车则在首站或最大断面上）间隔大一些，班车前间隔小一些。

横式行车时刻表中，如采取区间车和大站快车的调度措施，因与班车的周转时间不同，发车班次不能顺序发出和到达，可以与班车的行车间隔交叉，另附加区间车或大站快车的发车时刻表。

7.5　编排劳动班次表

7.5.1　审核劳动班型与应行驶车次是否符合

1班：全日行驶18次车，配早晚双班，各行驶9次车。早班6点自首站发车，13:31末站下班；晚班13:37自末站发车，21:07停首站下班。

2班：为大单班（1、4班），行驶8次车，在末站上下班。

3班：为小单班（1、3班），行驶8次车，在首站上下班。

4班：全日行驶18次车。配早晚双班，各行驶9次车。早班6:18自首站发车，13:46末站下班；晚班13:52自末站发车，21:16停首站下班。

5班：为大单班（1、4班），行驶8次车，在末站上下班。

6班：全日行驶22次车，配置班2.5组。除配早晚双班需另加半组替行班（需替行4次车）。

7班：全日行驶18次车。应配早晚双班各行驶9次车。早班6:33首站发车，14:01末站下班，晚班14:07自末站发车，21:34停首站下班。

8班：为大单班（1、4班），全日行驶8次车，在首站上下班。

9班：全日行驶18次车，应配早晚双班各行驶9次车。早班5:50自首站发车，12:30末站下班；晚班12:36自末站发车，19:53停首站下班。

10班：全日行驶22次车，应配2.5组。除配早晚双班外，需另加半组替行班。

11班：与10班同。

12班：与10班同。

13班：为大单班（1、4班），应行驶8次车，在首站上下班。

14 班：全日行驶 18 次车。应配早晚双班，各行驶 9 次车。早班 6:23 自末站发车，13:46 首站下班，晚班 14:07 首站发，21:48 停末站下班。

15 班：与 10 班同。

16 班：大单班（1、4 班），行驶 8 次车，在首站上下班。

17 班：与 10 班同。

18 班：与 10 班同。

综合以上班型和配班数，计每组司、售各 1 人。

小单班：（1、3 班）2 组，共 16 次车。

大单班：（1、4 班）4 组，共 32 次车。

早晚双班：5 个车组，共 10 组，共 90 次车。

配早晚双班：另加替行 7 个车。

早晚班 14 组，共 126 次车。替行班 3.5 组，共 28 次车。总计配班 35 组，全日计划行驶 292 次车。每个班型计划行驶车次与要求相符，配班数与全日行车计划相符。

7.5.2 替行班的编排使用

以上的班次编排中，第 1、2、3、4、5、7、8、9、13、14、16 班共 11 个班次的班型，行车次数与计划要求相符，可以确定。第 6、10、11、12、15、17、18 班共 7 个车组，因工时长、车次多，需配替行班，以补其不足。

替行班的配班方法：在配班示意表中列出 3 种类型，下面试用 1、3 两种方法编排。

共有 7 个班次各超出 4 次车（即共 28 次），以替行班每组行驶 8 次车，应配替行班 3.5 组。

1. 采取配班示意表中编号为 "1" 的配班方法（表 7-20）

共有 3 组晚班需间断作业，两次作班。替行班分替 7 个班次行驶。

（1）替行组

替行 1 组：先替 11 班，自东站 12:51 发车，16:07 末站下班。再替 12 班，自末站 16:22 发车，19:31 在末站下班。

替行 2 组：先替 15 班，自首站 12:27 发车，15:41 首站下班。再替 17 班，自首站 16:03 发车，19:07 在首站下班。

替行 3 组：先替 18 班，自首站 12:43 发车，15:57 首站下班。再替 6 班，自首站 16:38 发车，19:31 在首站下班。

替行 4 组（半班）：替 10 班，自末站 12:43 发车，15:59 在末站下班。

（2）其他班次

第 6、12、17 班的晚班分 2 次间断作业。

表 7-20　某路　某年某季行时刻表（用）某年某月某日

车次	首站	首站	首站	首站	首站	首站	首站	首站	首站	首站	首站	首站	首站	首站	首站	首站	首站	首站	首站
1		6:00	6:48	7:33	8:25	9:29	10:15	11:05	11:51	12:51	13:37	14:39	15:25	16:17	17:03	17:50	18:38	19:37		
2	5:27	06	53	38	/	/	/	/	/	/	/	/	/	08	53	45	45	/	/	/
3		12	58	43	32	/	/	12	58	58	44	47	33	24	13	18:00	52	53	38	/
4		18	7:03	48	39	37	23	20	12:06	13:06	52	加40	40	31	19	06	59	20:02	47	/
5	36	23	08	54	/	45	31	27	③13	13	59	55	47	③38	25	12	19:06	11	56	21:34
6	44	28	13	8:01	47	53	39	35	21	21	14:07	15:03	54	44	31	18	13	20	/	/
7		33	18	09	55	/	47	加42	28	28	14	11	16:01	50	37	25	20	29	21:07	46
8		38	23	17	11	10:01	55	50	36	36	22	19	08	56	43	33	27	39	18	58
9	5:00	43	28	25	19	09	11:03	57	43	43	29	27	15	17:02	49	41	35	/	30	22:10
10	③09	6:00	33	③33	27	17	11	12:05	51	51	37	35	22	08	55	49	44	50	/	32
11	①17	48	38	①41	35	25	19	12	①58	59	45	加56	29	加14	18:01	57	53	21:01	42	22
12	25	53	43	49	43	33	27	20	13:06	14:07	53	42	36	20	07	19:05	20:02	21:01	/	45
13	32	58	48	/	51	41	35	②27	13	15	15:01	49	43	26	13	13	11	12	22:06	23:00
14		7:03	54	57	59	49	43	35	21	23	09	加56	50	32	19	21	20	23	/	/
15	39	08	8:00	9:05	10:07	57	51	③43	29	31	17	16:03	51	38	25	29	11	54	34	/
16	45	13	06	/										44	31	21	29	20	22:06	46
17	50	18	②12	13	59															
18	55	23	18	21	10:07															
19		28																		
20																				

续表

车次	首站	首站	首站	首站	首站	首站	首站	首站	首站	首站
21										
22										
23										
24										
25										
26										
27										
28										
29										
30										
31										
32										
33										
34										
35										
36										
37										
38										
39										
40										

6 班：第一次自首站 13:13 发车，16:27 首站下班。第二次自首站 20:02 发车，23:35 停末站下班。

12 班：第一次自末站 12:58 发车，16:15 末站下班。第二次自末站 19:35 发车，23:35 停首站下班。

17 班：第一次自首站 12:35 发车，15:49 首站下班。第二次自首站 19:21 发车，23:09 停末站下班。

2. 采取配班示意表中编号为"3"的配班方法（表 7–20）

此方法是替行班连续作业。第 10、11、17 班的早班为小单班（第 1、3 班）。

（1）替行班

替行 1 组：替第 11 班，自首站 8:41 发车，行驶 9 次车后，16:07 在末站下班。

替行 2 组：替第 17 班，自首站 8:12 发车，行驶 9 次车后，15:49 在首站下班。

替行 3 组：替第 10 班，自首站 8:33 发车，行驶 9 次车后，15:59 在末站下班。

替行 4 组：替第 15 班（半班），自首站 12:27 发车，行驶 4 次后，15:41 在首站下班。

（2）其他班次

第 11 班早班，为小单班（第 1、3 班），自首站 5:17 发车，8:20 首站下班。中午替第 12 班，自末站 12:58 发车，16:15 在末站下班。

第 17 班早班，为小单班（第 1、3 班），自末站 5:17 发车，8:05 在末站下班。中午替第 18 班，自首站 12:43 发车，15:57 首站下班。

第 10 班早班，为小单班（第 1、3 班），自首站 5:09 发车，8:15 首站下班。中午替第 6 班，自首站 13:13 发车，16:27 首站下班。

在目前配班分法中，以此方法为多。劳动班次表即可以此编排方法填写。

7.5.3 编排劳动班次表

为便于识别，劳动班次表早晚班分别填写（见表 7–21）。

表 7–21 ＿＿路＿＿日劳动班次表　　年　月　日实行

班次	车号	场到站		出场		站发时间	接交班时间		全日工时	替班型
		时间	地点	时间	地点					
1		5:45	首			6:00	13:31 末		7 h 46 min	早
							13:31 末	21:22 首	7 h 51 min	晚
2		5:12	末			5:27	8:20 末	16:53 末　20:25 末	6 h 40 min	1、4 班

第7章 行车时刻表

续表

班次	车号	场到站		出场		站发时间	接交班时间				全日工时	替班型
		时间	地点	时间	地点							
3		5:57	首			6:12	9:12 首		10:57 首	14:24 首	6 h 42 min	1、3 班
4		6:03	首			6:18	13:44 末				7 h 43 min	早
									13:46 末	21:31 首	7 h 45 min	晚
5		5:21	末			5:36	8:34 末		15:25 末	18:48 末	6 h 36 min	1、4 班
6		5:29	末			5:44	12:53 首				7 h 24 min	早
									16:27 首	23:50 末	7 h 23 min	晚
7		6:18	首			6:33	14:01 末				7 h 43 min	早
									14:01 末	21:49 首	7 h 48 min	晚
8		6:23	首			6:38	9:43 首		11:27 首	14:54 首	6 h 47 min	1、3 班
9		4:45	首			5:00	12:30 末				7 h 45 min	早
									12:30 末	20:08 首	7 h 38 min	晚
10		4:54	首			5:09	8:15 首	替 6 班	12:53 首	16:27 首	6 h 55 min	1、3 班
									15:59 末	23:22 首	7 h 23 min	晚
11		5:02	首			5:17	8:20 首	替 12 班	12:52 末	16:15 末	6 h 41 min	1、3 班
									16:07 末	23:35 首	7 h 28 min	晚
12		5:10	首			5:25	12:52 末				7 h 42 min	早
									16:15 末	23:50 首	7 h 35 min	晚

续表

班次	车号	场到站		出场		站发时间	接交班时间				全日工时	替班型
		时间	地点	时间	地点							
13		5:17	首			5:32	8:30 首		16:59 首	20:24 首	6 h 38 min	1、4 班
14		6:08	末			6:23	13:46 首				7 h 38 min	早
									13:46 首	21:43 末	7 h 57 min	晚
15		4:45	末			5:00	12:07 末				7 h 22 min	早
									15:41 首	23:12 末	7 h 31 min	晚
16		5:30	首			5:45	8:46 首		15:41 首	19:01 首	6 h 36 min	1、4 班
17		4:54	末			5:09	8:05 末	替 18 班	12:23 首	15:57 首	6 h 45 min	1、3 班
									15:49 首	23:24 末	7 h 35 min	晚
18		5:03	末			5:18	12:23 首				7 h 20 min	早
									15:57 首	23:36	7 h 39 min	晚
替 1	11 班	8:20	首			8:41	16:07 末				7 h 49 min	日
替 2	17 班	8:05	末			8:12	15:49 首				7 h 44 min	日
替 3	10 班	8:15	首			8:33	15:59 末				7 h 44 min	日
替 4	15 班								12:07 首	15:41 首	3 h 34 min	日

① 班次、车号,即行车时刻表中的班次。
② 到场站时间、地点,指早班(含 1、3 班和 1、4 班)应到达首站或末站的时间。
③ 站发时间,即首站(或末站)的发车时间。
④ 交接班时间,内设 4 行。
第 1 行:为早班的下班时间和地点。如 4 班,13:46 末,即 13:46 在末站下班。也含 1、

3 班，1、4 班的第一作业时间的下班时间和地点。

第 2 行：为本班次是小单班（1、3 班）做完本班的第一作业时间（即前半班），中午再做第二作业时间的班次、时间、地点。如 10 班 5:09 首站发车，8:15 首站下班。中午 12:53 到首站，替 6 班行驶。

第 3，4 行：晚班上班时间、地点和下班时间、地点，也可用于大、小单班的后半班的上下班时间、地点。

工时计算时，全日工时填写的是每组司售人员 1 个工作日的工作时间。如：第 1 班早班工时为 7 h46 min，第 2 班是大单班，工时为 6 h40 min。班型指早晚班、日班、大小单班、替行班等。

早班第 1 次发车时间前加 15 min 辅助时间。晚班接班时从车运行中到接班地点的时间算起。如：第 1 班中午 13:31 到末站，13:37 发车。晚班工时自 13:31 计算，晚班下班时车到站时间是 21:07，加 15 min 辅助时间，工时共计 7 h51 min。大小单班因两次做班，各加 15 min，共计 30 min 辅助时间。

劳动班次表编制后，司售人员以此为上下班时间、地点，并作为考勤依据。

7.6 行车时刻表汇总表

7.6.1 审批时刻表的原则

行车时刻表汇总表是行车时刻表的概括和归纳。行车时刻表由编制单位确定后，填写汇总表，并连同行车时刻表一起上报有关主管部门审批。

主管部门审批时刻表的原则是：
① 审核是否符合行车时刻表的编制要求；
② 审核运营指标是否达到了计划标准；
③ 审核高低峰各时组的配车数、间隔和车次；
④ 审核运力配备与预计客流量比较是否符合满载率要求；
⑤ 审核劳动配班数、劳动班型和工时利用率是否充分发挥；
⑥ 审核停站时间、用餐时间等是否符合要求，以及编制技巧等。

7.6.2 行车时刻表汇总表

表 7–22 为行车时刻表简要汇总（以横式行车时刻表为准填写）。

表 7-22　行车时刻表简要汇总

场_____路_____日_____年_____月_____日

车型	解放						执行日期		年 月 日						
路长	10 km	配车	通	单	单程点	运送速度	高峰 13.33	低峰 12.50	司 售	劳动班组		首末车时间	劳动组工时利用		
													首站 末站	平均	利用/%
			全路配车		峰别	断面小时车次		停站车	车辆周转分	班别	班组	总工时			
						车次	合运力	间隔	班数	总分	平均				
各峰配车情况			18	早高峰	12	960	5		3	90	正班	21	9 596	457	95.2
			12	上午低峰	7.5	600	8		8	96	小单班	5	2 030	406	84.6
			14	中午高峰	8	640	7.5		12	105	大单班	4	1 590	398	82.9
			12	下午低峰	7.5	600	8		8	96	日班				
			16	晚高峰	10	800	6		5	94	替行	35	1 611	460	95.8
			11	晚二次	6.5	520	9		10	99	合计	33.5	14 827	443	92.3
全日车次公里						车辆动态					吃饭走止时间		首车 5.00	末车 23.00	
	车次	km				首站	4	早高峰后	起止时间 11:27~13:28	上午	起止时间 19:18~21:23	下午	首站 5.00	末站 23.00	
	292	2 920				末站	2			班组 14	总分 289	平均 20.6	班组 12	总分 260	平均 21.6
						回场			起止站段			区间车调度方法			
						行驶	12	晚班收车						间隔	单星点
						首站							配车		
						末站		首次至 8:00 车次					车次		
类别	车次					回场			首站						
长次						长途	33		末站						
区间						区间									
快车						长途	31								
联运						区间									
专车															
摆站															
小计															
调度															
其他															
总计															
里程利用率/%															

续表

起止站段	起止时间		配车	车次	行驶点		附记	
	上午	下午						

联运车次情况

单位	时间	起止地点	车数	单位	时间	起止地点	车数

专车情况

主管科长：劳动　　　　　　　　　　运营　　　　　　　　　审批人　　　　　　　　　计划编制人

7.7 行车时刻表的管理

7.7.1 客运公司

① 根据企业年度计划要求和客运市场的变化，向车队下达客运量、高低峰满载率、行车里程、载客里程、车辆利用率、工时利用率、班里程、运行速度、单程行驶时间、停站时间、劳动配班数、营业时间等各项指标控制数，行车时刻表的编制要求和应注意解决的问题。

② 审核本公司线路行车时刻表的编制情况。如：是否符合下达的各项指标和编制要求？客流资料是否齐全、准确？行车调度方法是否合理？审核以后批准或提出调整修改意见。

③ 统计、分析各场和重点线路的客流量、车次、满载率、正点率等指标完成情况，作为调整和审核行车时刻表的依据之一，定期组织客流调查和运营质量检查，分析客流规律的变化和线路运营质量，以验证行车时刻表的编制质量和执行程度。如与客观状况不符，则指令编制单位限期调整修改。

7.7.2 车队

① 根据上级下达的各项指标，车辆、劳动力的配备，完整的客流数据资料和本期行车时刻表应修改的部分等，编制线路的行车时刻表。

② 行车时刻表和劳动班次表编制完毕后，填写好汇总表，一并交上级审批。批准后拟定出不同岗位的行车时刻表，并向车队职工贯彻执行。

③ 行车时刻表原则上每季度编制一次，但也要依据客流的规律和客观条件的变化，根据有关指标完成情况及时地调整、修改，使之在科学、完善的基础上执行。

④ 日常注意对客流规律和运行状况的观测、记录、统计、分析，并定期上报。

⑤ 严格执行行车时刻表，指挥车辆运营。认真记录行车时刻表的执行情况。

复习题

1. 线路行车时刻表的作用是什么？
2. 线路行车时刻表的编制方法是什么？
3. 线路行车时刻表的编制程序是什么？
4. 线路行车时刻表编制前要做哪些准备工作？

5. 编制线路行车时刻表应注意哪些事项？
6. 线路行车时刻表的编制为什么要与劳动配班结合进行？
7. 行车时刻表有几种，各有什么功能？
8. 行车时刻表如何管理？

第 8 章

日常调度工作

8.1 调度工作概述

8.1.1 调度工作在公交企业中的作用

公交企业的运营车辆、司售人员通过线站调度手段和措施形成了各线路的载运乘客能力。各线站的调度在上级运调部门的指导下,根据客流规律、线路的运营条件、企业的运输能力和公交企业社会效益、经济效益的指标要求编制出为乘客服务的行车时刻表。通过执行行车时刻表,将分散作业的各个车组纳入计划运营的轨道,使公共交通线路运营工作有计划、有节奏地进行。通过调度系统对线路运营状态的监控和现场适时、合理地调度指挥,保持运营生产稳定性,保证公交企业较好而均衡地完成客运任务和各项经济、技术、服务指标。

公交企业必须加强运营调度工作,不断提高调度系统各级人员的素质和政治业务水平,建立和健全与运营生产有关的各项规章制度,采用先进的科学技术,加强对运营车辆的监控、对运营质量的考核,使信息反馈及时。

8.1.2 调度管理的组织形式

公交企业的调度系统一般从属于负责经济核算一级的行政机构,并接受上级调度的指挥,担负着组织与指挥所属线路运营和各项客运指标完成或均衡完成的任务。所以,公交调度管理的组织形式要视企业规模大小和行政管理层次而定。大部分公交企业采取二级或三级调度的组织形式。

企业规模大、运营线路、车辆、人员较多,可设三级调度制。由公司总调度室、分公司(场)调度室和线(车队)调度组三级组成。即在公司总调度室下按区域位置设分公司(场)

调度室。

在分公司（场）调度室领导下，设线路（车队）一级调度。

线路和车辆较少的公交企业，一般按二级调度制。即在公司直接领导下，设线路（车队）一级调度组织。

8.1.3 各级调度制的主要工作

1. 公司级总调度室

一般由主管副经理兼任主任，另设副职若干名，负责公司的调度管理工作。主要工作如下。

① 负责全市性各种客流调查的组织实施和资料的整理分析工作，定期汇总各区域、各线路的客流动态资料，用以指导各线路运营调度组织工作。

② 拟定行车时刻表的编制程序，提出运营组织方案，审核分公司（场）行车时刻表、汇总表和重点线路行车时刻表。

③ 掌握分公司（场）线路的运营状态和有关指标的完成情况，发现问题立即纠正。遇有运营重大问题时，有权指挥各场各线路的调度人员，指导线路运营工作。

④ 全市性重大活动时，负责拟订全市各线路的行车组织方案。

2. 分公司（场）级调度室

由主管场长兼任主任，另设副职若干名，负责本场的调度管理工作。主要工作如下。

① 负责定期组织所辖线路的各种客流调查，整理全场各线路主要时组的客流资料（如早、晚高、低峰主要时组的客流资料），为拟定行车时刻表编制要求提出依据。

② 依据客流资料，均衡本场各线路运输能力，编制所辖线路行车时刻表，确定行车调度措施。如行车时刻表由线路一级编制，场级调度须提出行车时刻表的编制要求和有关指标控制数并负责审批。

③ 了解和听取各线路运营情况汇报，有权指挥全场各线路调度工作。本场所辖线路临时性改道、断线等重大调度措施待上级批准后执行。

3. 线路（车队）调度组

由车队长或主管队长兼任组长，由一名专业调度人员任副组长。主要工作如下。

① 掌握本线路的客流规律，经常进行本线路各断面、各时组的目测客流调查。了解沿线各单位的乘车人数和乘车规律，积累调查资料，分析出本线路的客流规律及其特点，作为编制行车时刻表、指挥线路运行工作的重要依据。

② 按照行车时刻表的编制程序、依据，编制本线路的行车时刻表。如由场级调度编制行车时刻表，线路调度组应负责贯彻执行。

③ 监控行车时刻表的执行情况，认真记录各项运营数据，保持原始记录的真实性，从中

分析研究运营中出现的规律和问题。

④ 现场适时调度。影响线路正常运行的情况是经常发生的，线站值班调度员要根据对行车时刻表的影响程度，及时采取调度措施（一般应有若干种预案，以保证调度措施的正确性与规范化），均衡乘客候车时间，维持线路正常运行。

⑤ 遵守调度纪律，及时反馈运营信息。发生影响运营的重大事件应及时向上级汇报，如若采取非常重大的措施，则须取得上级调度的批准与支持。采取二级调度制时，公司级和场级调度室的主要工作可合并为一级。

8.1.4 行车时刻表的贯彻调整与管理

行车时刻表是公交企业组织线路运营生产的作业计划，是计划调度的基本形式。通过行车时刻表，把分散作业的各车组司售人员组织起来，纳入计划运输的轨道。行车时刻表根据乘客的流动规律，确定各时组的行车频率和调度方法，为乘客提供良好的乘车环境，为提高整体服务水平提供条件。行车时刻表的编制质量和执行中的准确程度，直接反映调度工作的能力，反映企业管理水平的高低和社会效益、经济效益的优劣。所以，公交企业必须加强对行车时刻表的管理。

1. 行车时刻表的编制

提高行车时刻表的编制质量是非常重要的。编制质量直接影响执行效果，关系着服务质量的优劣、企业潜力的发挥、效率的提高和国家计划的完成。所以加强行车时刻表的管理，首先须从提高编制质量入手，使之达到编制依据充分、调度方法恰当、潜力充分发挥、编制技巧熟练、可行性强的要求。

（1）编制原则

编制行车时刻表和拟采取的行车调度方法，要遵守下列原则：

① 必须符合客流规律；

② 提高车辆的周转效率；

③ 经济使用车辆；

④ 与邻近线路协调配合。

（2）编制依据

① 掌握客流的活动规律是编制行车时刻表的主要依据。根据客流在时间上、断面上、方向上的不均衡规律，确定各时组的行车频率和调度方法，以此为据编制的行车时刻表，即可满足乘客乘车的需求。

② 依据下达的指标编制。国家计划、国情、企业承受能力、确定的社会效益和经济效益的指标要求，必须在行车时刻表中体现出来。

③ 公交企业的运输能力，是编制行车时刻表的基础。公交企业的运力是由司售人员和运营车辆组成的，是为乘客服务的基础，必须根据实有的劳动力和完好运营车辆数编制行车时

刻表。要力求充分发挥企业的运输能力，又尽最大可能为乘客提供比较宽松的乘车条件。

④ 现行行车时刻表中存在问题的解决方法，是调整行车时刻表的重要参考资料。

2. 行车时刻表的编制和管理程序

（1）编制程序

① 根据上级（公司、场）下达的行车时刻表编制要求做好编制前准备工作。内容包括：

a. 进行客运形势分析、运量预测；

b. 明确时刻表编制中的有关指标要求（如运营里程控制数、高低峰满载率、线路配车数、劳动配班数、工时利用率、班里程、单程行驶时间、停站时间等）；

c. 确定在同一区域内并行线路的行车调度方法，做好行车间隔的组织协调。

② 线路（或专职编制人员）编制行车时刻表工作程序。根据上级下达的编制要求和指标控制数，依据本线路的客流规律、运行条件，总结上期行车时刻表编制上的问题，并征求车队干部职工意见，确立行车调度方法，编制出行车时刻表草案，填写行车时刻表汇总表报上级部门审批。

③ 上级主管部门负责审核、批准和指令修改线路行车时刻表。

（2）行车时刻表的贯彻执行

① 行车时刻表批准后，编制车辆进出场行车时刻表，编排劳动班次表，分配车组班次。

② 本队应召开队务会、调度专业会，拟定贯彻措施，向职工介绍本期行车时刻表的主要概况，提出贯彻执行的要求。

③ 行车时刻表执行中的检查。主要检查各时组、各断面的运力配置是否符合运量要求，调度方法是否恰当，客流规律变化情况，运行秩序是否正常，与行车时刻表的关系等。属于司、售、调执行操作中的问题，由车队进行分析帮助解决；属于编制质量和客流规律发生变化的情况，应报上级部门提出修改建议。

（3）行车时刻表的调整

虽然行车时刻表是依据客流规律编制的，但是，往往计划与实际状况会有一些偏差。此外，行车时刻表的执行中，客观条件也有可能会出现一些变化，所以进行一些调整、修改是正常的。

正常情况下，一份行车时刻表要依据春、夏、秋、冬 4 个季节（主要是依据客流的变化规律）进行调整或重新编排。

凡不涉及时刻表整体方案的调整，如个别班次的行车间隔、高低峰起落时间的提前或错后，不影响指标要求，由车队及时调整修改，报上级部门备案。

如果客流规律和运行环境发生了较大变化，运力配置不当，运行状况不好，需要重新编制或大幅度的调整行车时刻表，此时要向上级（公司、场）提出修改依据和修改建议，经批准后由车队贯彻执行。

8.2 行车调度方法

8.2.1 选择调度方法应遵守的原则

① 要符合客流规律。
② 提高车辆周转效率。
③ 车辆载客均衡满载。
④ 经济使用车辆。
⑤ 不给邻近线路增加运输压力。

8.2.2 "区间车"的调度方法

线路各断面的客流量往往是不均衡的，当客流断面不均衡系数达到 1.5 时，就应该采用发区间车的调度方法，即组织一部分车辆在客流量大的断面上与线路的班车重复行驶。

【例 8–1】 某路线路长度 2.82 km，全程行驶 10 min，各断面客流量见表 8–1，假设车型为解放牌单机，定员为 80 人，满载率要求为 90%。

从表 8–1 中可以看出，2、3、4、5 号站的客流量较大，其中 5 号站的断面不均衡系数达到 1.67，应发区间车。

表 8–1　各断面客流量示意图

方向	站号	1	2	3	4	5	6	7	计
→	站距/km	0.37	0.52	0.45	0.53	0.39	0.56		2.82
→	客流量/人次	526	1 302	1 706	1 809	486	460		
→	人公里	195	677	768	959	190	258		3 047
→	不均衡系数	0.49	1.21	1.58	1.67	0.45	0.43		
←	客流量/人次	1 212	1 527	1 868	2 059	993	951		
←	人公里	448	794	841	1 091	387	533		4 094
←	不均衡系数	0.83	1.05	1.29	1.42	0.68	0.66		

若以最大断面客流量为准，全线以班车行驶配车数为 13 辆。即：

$$(10+3) \times 2 \div \frac{60 \times 80 \times 0.9}{2\,059} \approx 13 \quad (辆)$$

根据客流量在断面上的均衡规律，除正常全线行驶的班车外，需另发 1～5 号站的区间车，总配车数为 12 辆。

① 班车：以 6～7 号站的客流量配车

$$(10+3) \times 2 \div \frac{60 \times 80 \times 0.9}{903} = 5.97 \approx 6 \text{（辆）}$$

$$\text{行车间隔为} \frac{(10+3) \times 2}{6} = 4.3 \min$$

为了与区间车的行车间隔交叉匹配，改行车间隔为 4 min，配车 6.5 辆，小时断面运力为 1 200 人/h，与 6～7 号站最大客流量的 993 人次相比较，满载率为 82.75%。

② 发 1～5 号站的区间车，单程行驶 7 min，即：

$$\frac{(7+3) \times 2}{4} = 5 \text{（辆）}$$

间隔 4 min，配车 5 辆，断面运力为 1 200 人/h，行车间隔与班车相同，可以相互交叉配套行驶。

班车与区间车配套行驶，最大断面小时车次为 30 次/h，运力为 2 400 人/h，客流量为 2 059 人次，满载率为 85.79%。配车数比改发区间车前减少 1 辆。

8.2.3 "大站快车"的调度方法

由于道路布局的影响和线路衔接的不同情况，乘客交替换乘形成了一些线路首末站和中途站的上下人数很集中，形成"大站"。

采取"大站"快车的调度方法，应考虑以下条件。

① 本线各站上下车人数不均衡，幅度较大，准备采取停车的"大站"上下车人数应是同方向同时间每站平均上下车人数的 1.4～1.5 倍。

② "大站"快车吸收客流量应占有一定比重，它的行车间隔和班车的行车间隔相等或近似，不能相差过大。

③ 停车站数大体上应比班车停车数少 1/2 以上，全程行驶时间以减少 1/4 为宜。

④ 与班车比较，满载较为均衡。

⑤ 如客流量大断面在中途，首末站发车的快车可以考虑在邻近的较大站停车，以吸引乘客，提高满载率，如图 8-1 所示。

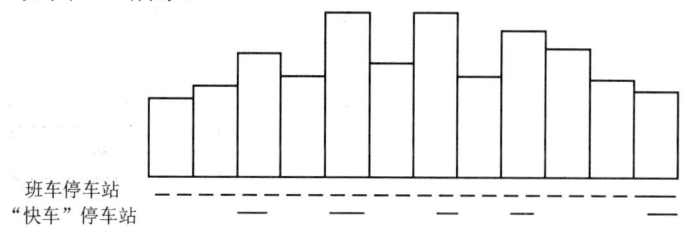

图 8-1 各断面上下车人数示意图

大站快车以其减少停站次数，提高平均技术速度而节省了时间，最好辅以"乘客流向"资料，则更为完善。

8.2.4 "单向快车"的调度方法

根据线路上下行客流方向不均衡规律，在客流量小、差数很大的方向（上行或下行），可以采用单方向大站快车，或在保证这一方向乘客有较好的乘车条件下，采用直达车的调度方法，以加快车辆周转，如图 8-2 所示。

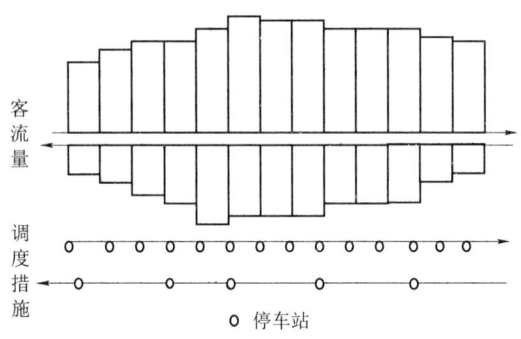

图 8-2　客流在方向上不均衡示意图

8.2.5 密集小间隔的调度方法

客流在时间上的分布是不均衡的，即使是在高峰时间的 1 h 内也是不均衡的。其中重点时间（或叫尖峰、高峰尖）约 20 min 内的客流量大于高峰小时内平均 20 min 的客流量。若行车时刻表以小时为单位平均行车间隔发出，在尖峰时间内由于客流量大于平均数而运力以平等数量分配，则不能适应。这一段时间通过的车辆将满载率过高，所以需要精确掌握客流规律、具体分析、精心安排，力求每个车次都能发挥出应有的效益。这也是提高行车时刻表编制质量，搞好运营秩序的重要措施之一。

为取得较准确的数据，我们曾在一些市区线路进行了调查分析，数据见表 8-2、表 8-3。

表 8-2　早高峰小时以 20 min 分组比重

时组	6:53—7:12	7:13—7:32	7:33—7:52	计
客流量	11 030	14 585	8 461	34 076
小时比重/%	33.33	42.19	24.48	100

表 8-3 发车方法示意表

	发车时间									小时车次
调整前	6:50	6:55	7:00	7:05	7:10	7:15	7:20	7:25	7:30	7:45	12 次
调整后	6:50	6:55	7:00	7:04	7:08	7:12	7:16	7:21	7:27	7:45	12 次

7:13—7:32 是高峰小时内的"尖峰"时间。"尖峰"20 min 的客流量占高峰小时的 42.19%，高于平均数的 8.8%，后 20 min 的客流量仅占高峰小时的 24.48%，低于平均数的 8.8%。因此应减少后 20 min 的运力（车次）移至客流尖峰的时组中去，以达到平均满载。

某线路上午高峰小时发车 12 次，平均间隔为 5 min。7:00—7:16 为客流尖峰，可用表 8-3 方法发车。

小时 12 次车不变，调整后的计划是 7:21—7:45 放大行车间隔，由 5 min 改为 6 min，运力集中（车次）于 7:04—7:16，缩小行车间隔由 5 min 为 4 min，增加了 1 次车。

8.2.6 跨线联运调度方法

即"甲"线路车辆载客，跨出本线路，进入"乙"线继续行驶。

1. 跨线行驶的方法

① 在本线路中途，载客跨入顺行邻线行驶。
② 载客跨出本线首末站，进入邻近线路。

2. 联运的可行性

（1）符合客流方向

两条线路在部分区段衔接或顺行，终点站不同，乘客在中途站大量相互（或单向）换乘。"甲"线车辆已越过本线客流最大断面，满载率低于"乙"线。"乙"线正值高峰断面，"甲"线部分车辆可以从衔接断面跨入"乙"线行驶。

（2）高峰时间不同

由于作息时间不同，市郊区乘客乘距不同，因而乘客出行时间不同，各线路的高峰时间会有差异。跨出车辆的线路，可在本路的高峰时间前或高峰时间尾跨入正值客流高峰的线路。

（3）客流最大断面不同，客流高峰结束时间不同

公交线路的走向受工厂、企业、居民区商业区布局和道路铺设等因素影响，使一些线路客流最大断面和高峰结束时间不同。利用这点，在本线已过最大断面和高峰时间且运力有余的车辆，跨入另一条高峰时间未过且顺行的线路行驶。

（4）线路上下行客流量不同

受工厂宿舍布局影响，一些职工往返于市郊通勤，形成上下行客流量的差异。这样可以组织衔接的市郊区线路跨线联运。

3. 跨线联运的效果

① 减少乘客的换乘次数。

② 充分发挥运输潜力。

③ 跨线形成规律，具有一定的客流量之后，给开辟和调整线路提供了条件。

此项工作要由熟悉业务、了解全局、掌握乘客流向、了解邻近线路运营情况的专业人员组织安排，其效果是很显著的。

如原先北京的367路，是国际展览中心沿北三环路到巴沟村的一条市郊干线（见图8-3）。客流非常大，满载率高，相当一部分乘客来自409路。409路原先由望京新城开往樱花西街，与367路在和平街口衔接。为了减少乘客换乘，同时加大367路的运力，总公司从1998年4月开始，开辟了由客一分公司和客七分公司共同经营的367路和409路联运线路，利用客一公司巴沟站和客七公司来广营站，优势互补，此线路自开辟之日起，乘客一直反映很好。该线的乘客从望京新城直达中关村地区，既减少了换乘，又有效地平衡了三环路上的运力。现在由于联运的客流相当大，为规范管理，2001年将联运路号正式改为361和422路。类似的联运线路还有一批，现已全部成为正式线路。

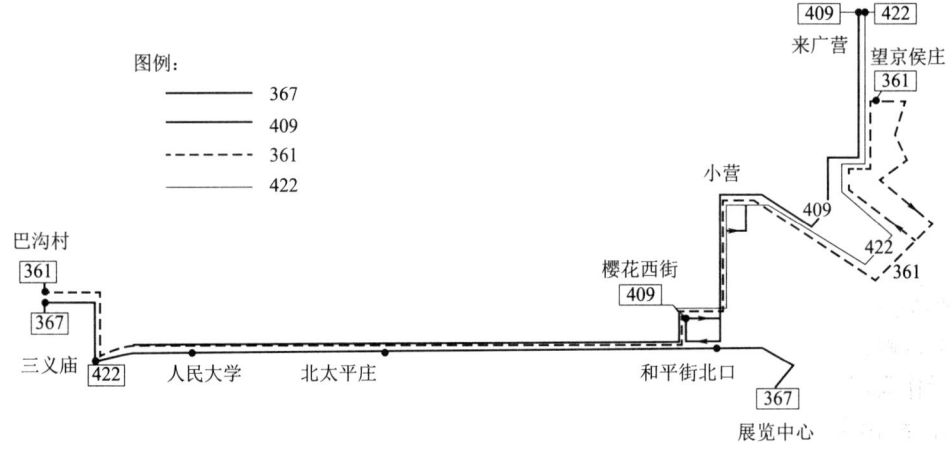

图8-3 跨线联运示意图

8.3 区域调度

8.3.1 实行区域调度的必要性

目前常规地面公交是城市的主要运载工具，是承担城市公共客运交通量的主体。要实现公交系统的高效运营，不仅要有道路、车辆、场站等必要的硬件基础设施，还要有先进的公交调度手段和技术作保障。目前公交企业运营调度计划的制定，主要依靠调度管理人员的经验，采用单线运营模式，单线调度存在的主要问题如下。

① 各条线路相互独立，相互之间的协调性差，运作中缺乏灵活性。特别是公交运营过程中各种不确定因素所导致的需求与供给的失衡，如道路拥挤或者大型活动等所引某些线路客流的巨大增加，不能迅速得到其他线路的配合和支援。

② 成本高，效益低。以线路为实体，是一种"小"而"散"的运营模式，造成管理人员、运营辅助人员偏多。加油、洗车、保养作业及员工餐饮、休息等生活设施因车辆分散，难以集中建设，造成多处建、标准低、投入大、效果差。根据对北京现有单线调度运营的公交车辆的实际调查，由于近几年公交运营成本上升，目前有42.5%的公交车辆，其票价营利不足燃油费或仅够燃油费，政府对此的财政补贴长年居高不下。

为了解决以上存在的问题，借鉴国外公共交通运营调度模式，可以采取公交区域调度，即：变单条线为多条线于一实体，人员车辆面向多条线统一配置，实现人员集中管理、车辆集中停放、计划统一编制、调度统一指挥，加油、洗车、低保设施及职工的生活设施集中建设与使用。同时将信息技术和智能技术引入到公交的管理和运营决策之中，形成管理经营实体、运营组织实体、调度指挥实体紧密结合的新的调度模式。依靠先进的技术手段进行区域综合调度已成为公交发展的必然趋势。

公交区域调度是以一个区域为单位，进行运营资源的组织与调度的公交运营模式，相对于目前我国公交企业普遍施行的单线模式而言，有着巨大的效益优势。区域运营模式下，车辆的运营轨迹从一维（单条线路）变成了两维（一个区域），调度计划工作已经超出了人工能够应付的范围，这已被世界公认为一种组合优化难题。

8.3.2 实行区域调度的条件

近几年，鉴于城市拥堵越来越严重，国家提出了优先发展城市公共交通的方针，并给予了公共交通事业大量的补贴，这就保证了区域调度实施。目前，北京、杭州和上海的公交部门已将ITS技术应用于公交调度管理系统，并取得了较好的效果。同时在有些城市公交部门已经有比较完善的视频监控设备及先进GPS和GIS设施，可以随时检测车辆的位置，这些可以有效地确保各个区域之间各条线路的联系与调配。国内外专家学者对区域调度的研究为实行区域调度提供了理论支持，这些都是区域调度的有利条件。总之，区域调度是实现资源优化配置，高效的公交客运组织模式。同时，区域模式下车辆运营效率一般可以提高8%～20%，同时可以节省4%～8%的驾驶员。一体化的公交系统从硬件和软件两方面着手也能处理好轨道交通与常规公交、出租车等的衔接，其中最具实践意义且易于普遍实施的环节就是实现一票换乘的票制一体化。

8.3.3 实行区域调度的方法

装有车载GPS信息采集设备的运营车辆，将运行状态经移动通信系统，实时传输到区域调度平台，运行状况信息如下。

① 车辆定位信息：经纬度、时间、速度、方位等；

② 车辆状态信息：车辆线路号，车号，上车人数、下车人数，司机工号及车辆状态短信息：道路阻塞、车辆故障、交通事故、服务纠纷、乘客滞留等。

根据这些实时传送的信息就可知道发生偏离行车计划车辆的异常类型、发生异常的地点、车辆所属线路及车辆型号等。在运营调度平台的辅助支持下，调度员对运行异常的车辆及时提出调度方案并下达给车辆司机和首站线路监管员。

区域调度为实体调度,接收来自车载终端的信息,直接对所管辖的车辆进行监控与调度,并进行相应指标和报表统计与分析,向分公司传输运营数据,并将超出自身权限的问题及时上报公司,进行调度。

公共交通区域调度主要包括车辆运营前准备工作和开始运营后的调度工作。

1. 车辆运营前准备工作

车辆运营前准备工作为一天车辆运营前要做的运营准备工作，包括：

① 选择行车计划，根据当日的断面客流数据，选择行车计划，以便在车辆实际运行时对照，指导车辆运行；

② 进行行车计划及初始数据的更新，包括维修车辆等数据的初始化处理；

③ 配班表的相应处理,进行当日班次与车号的对应处理,根据配班表安排司售人员配班。

2. 运营调度工作

运营调度为车辆运营开始后调度员所做的工作，具体如下。

① 实时运营状态接收。车辆实时运行状态数据，通过信息采集设备（车载终端）、信息传输（无线）系统传输到调度监控系统。当发生异常时，驱动调度系统，对异常情况进行处理，提出调度方案。

② 行车实时动态记录，在行车记录表上，由计算机实时记录首末站车辆的发车、到达、停站、发车类型，以及车辆运行过程中发生的异常情况和采取的调度措施，作为统计和查询的依据。

③ 运营过程中车辆运行动态查询。包括线路分时段：发车数、到达数；正点次数；平均停站时间；大间隔；发生的异常情况；司售人员出勤情况。

公交区域调度是指公共交通扩大实体运营组织与调度的规模，变单条线为多条线于一实体，人员、车辆面向多条线统一配置，也是借助现代信息技术实现对车辆的动态监控，提高调度员的应变能力，为乘客提供准确、翔实的信息服务的调度模式。

8.4 线站调度的相关工作

线站调度工作处在为乘客直接服务的位置上，是在乘客需求、计划要求、现有完好车辆、人员配备和必要的站务设施允许的条件下，在企业内部各部门的支持、协调下进行的。它是公交企业内部各个部门、各个环节工作质量与管理水平的综合反映。调度工作既受到各部门的支持，也受到各部门的制约。所以，提高线路运营质量仅仅抓调度工作是不够的，离开公交企业内部各系统的工作质量管理这个基础是搞不好调度工作的。

满足居民出行的乘车需要是公共交通企业的根本任务，必须落实到企业内部各个系统的工作之中。贯彻"以运营服务为中心"，对运营生产过程中的服务质量、经济活动进行计划、组织、协调、监督，给运营一线提供为乘客服务所需的物质条件，通过调度以行车时刻表的形式和现场调度指挥的手段，保证城市生产、生活与经济建设的正常进行，真正发挥城市生活的"动脉"、工农业生产的"第一道工序"和精神文明建设的"窗口"作用。

公共交通企业运营生产的全过程是多专业、多工种联合作业的过程。城市公交企业与一般工业企业不同，运营一线是在城市的市郊区大面积流动运转，每个运营车辆既是公共交通整体运行中的一部分，各个车组又是分散作业，单车运送乘客、单独进行服务工作的。工作的性质要求企业内部各个相关的专业系统，以运营服务为中心，围绕着公交运营一线，做好组织与管理工作。

与线路运行直接有关的工作包括以下几项。

8.4.1 车辆技术管理

车辆是线路行车时刻表拟定和实施的物质基础，车辆的完好状态对运行质量有重要的影响。因此，车辆技术管理成为与线站调度相关的一项重要工作。

1. 车辆选型

规划上要求公共电汽车应具有大容量、大马力、大车门、低踏板、低污染等特点。目前，在考虑车辆的动力性、安全性、经济性的前提下，应选用适应道路通行能力，配置与线路客流量相适合的车型。

如果最小极限间隔为 3 min，立席以 9 人/m^2 为标准，根据线路高峰小时客流量，应配置的车型如表 8-4 所示。

表 8-4 车型配置参考表

车　　型	车型定员/人	小时车次	小时运力/人
京华单机型	70	20	1 400
京华铰接型	150	20	3 000
宇通单机型	95	20	1 900
黄海铰接型	170	20	3 400

根据表 8-4 进行计算：

线路高峰小时客流量在 1 400 人次以下时，应配置京华牌单机车型；线路高峰小时客流量在 1 400~1 900 人时，应配置宇通牌单机车型；线路高峰小时客流量在 1 900~3 000 人时，应配置京华牌铰接车型；线路高峰小时客流量在 3 000~3 400 人时，应配置黄海牌铰接车型。

2. 线路配置机动车

有条件时，应在线路行车时刻表的计划车数之外，另配 10%左右的机动车，以备线路车辆、客流、行车间隔出现非正常情况时应急使用。

3. 提供完好车辆

加强车辆维修保养，防止重大隐患，保持车辆完好状态，使之安全运行。

4. 车辆设施整洁齐全

加强车辆设施检查和维护，保证设施齐全，保持设施整洁。

5. 及时抢修临时故障车辆

在多条线路的汇集站和重点线路的首站（或末站）设车辆抢修站，配备抢修人员，对车辆运营中出现的小故障及时抢修，维护线路正常运营。

8.4.2 劳动管理

公共交通的客运能力（简称运力），由运营车辆和出勤出乘的司售人员组成，纳入行车计划后，形成载运乘客的能力。劳动管理尤其是司售人员的管理，是公交企业的基础管理。合理的劳动组织、定额和管理，可以不断提高出勤率，对运营生产的组织和实施是至关重要的。在线路运营工作中的劳动管理包括以下内容。

① 挖掘劳动潜力，提高劳动效率，严格劳动纪律，保证劳动出勤，完成班里程、班工时定额，为行车时刻表的编制提供依据。

② 根据行车时刻表的实施要求，做好各班次人员和预备机动人员的配备。

③ 根据行车时刻表，编制劳动班次，分配车组的运行班次；做好出勤人员和临时请假及预备人员调派等劳动考勤工作。

8.4.3 安全管理

公共电汽车的安全运行，是公交企业司售人员对人民高度负责的体现。它使人民生命财产得到保障，企业和社会得到安宁，线路得以正常运营，高效完成运送乘客的目的得以实现。

认识和处理好安全行车和乘客需求的关系是非常重要的，公共交通是乘客的代步工具，乘客对公共交通的主要要求是迅速和准点。乘客的需求就是公交企业的使命，如果实际与需求的差距过大，乘客可能采用其他交通方式，公共交通的客运量必然下降，造成危机。

就公交企业内部工作而言，行车安全是重要的。如果发生行车肇事，既会造成人民生命财产损失，也必将打乱运行秩序，影响各方情绪和社会安宁。

乘客需求和内部安全管理必须统一认识，统筹协调。二者是互相联系、互为影响、互为依存的，不可孤立地强调某一方面。在满足乘客的需求过程中，必须安全运行。在安全运行中不断提高技术操作水平，更好地为乘客服务。

安全工作必须做好以下几方面工作。

1. 坚持预防为主的方针

掌握安全行车规律，制定安全措施，开展安全教育，总结安全经验，防患于未然。

2. 建立安全管理制度

加强安全检查，定期分析安全态势，采取有效措施，杜绝事故发生。

3. 加强岗位练兵

熟悉本线的道路交通条件、客流变化规律、准点行车要点、特殊气候条件下的操作，不断提高驾驶技术水平。

8.4.4 服务管理

公共交通服务质量管理的内容是很广泛的。它包括：公共交通的线网站点布局、票制票价、车辆质量及内部设施、营业时间、行车间隔、满载率、行车速度、准点程度、调度措施、安全行车、车厢服务等。只有全面提高水平，才能为乘客提供良好的乘车条件。

公共交通的服务工作，更多地反映在运营一线的司售人员中。司售人员是运营服务的主体，每位司售人员、每个车组都是整体服务链条中的一个环节，在客流量大，交通情况复杂的情况下，个别车组的失误，都可能给局部甚至全线路带来影响和损失。

售票员的车厢服务，是运营服务质量中的重要组成，售票员的工作对企业的收入、服务质量、行车准点、安全行车，甚至企业的形象都起到了重要的作用。

在线路运营中，乘务人员应做到以下几点。

① 认真售票、收验票，杜绝跑、漏票。
② 礼貌服务。语言文明、态度和蔼，避免纠纷。
③ 遵守运营纪律，提前进站，准点发车，服从调度指令。
④ 司售人员要密切配合，照顾好车厢内外情况，做好行车安全，准点运营。

8.4.5 票务管理

票务管理包括：票制票价的制定、车票售后结账、收款、印票、配票及数字稽核等工作。公共交通企业以规定的票率向乘客收取运输费用。票款收入既是对公交企业完成运送乘客中消耗劳动价值的回收补偿，也反映出服务量的大小与供需水平。

与运营一线直接有关的工作是:根据平日假日、不同季节所售出的车票张数,回收的票款,定时向车组收款、结账,减轻售票员的负担。按季节、行车班次为车组配票,保证票张供应。

推行无人售票制前,要修改票制、票价,确定收费方式及票箱的回收管理办法等。

8.4.6 车队工作

车队是带领本队司机、售票员、调度员、后勤和管理人员在运营一线直接为乘客服务的基层单位。要落实上级各项规章制度要求,处理车队的安全、服务、运营、后勤、人事、政治思想教育等事务,指挥线路运营生产。车队是展现公交服务水平、反映公交企业精神面貌、取得社会效益和企业经济效益的运营一线的指挥部。

在线路运营管理上要做到:

① 车队长或副队长兼任线路调度组长,负责线路的运营工作;

② 行车时刻表是线路运行工作的基础,要根据本线的特殊性与普遍存在的问题,向职工宣讲行车时刻表并提出具体工作要求;

③ 坚持上岗值班制度,掌握线路运行的第一手资料,纠正运行中的偏差,争取提高整体服务水平;

④ 重视调度工作,协调好调度员和司售人员的工作,建立服从调度指挥,遵守运营纪律的权威;

⑤ 听取调度工作汇报,强化对调度的管理,严格规范调度员签注运行单据,真实反映运行状况的工作。

8.4.7 调度员工作

线站调度员岗位是集中了公交企业各专业、各环节的工作质量、效能,形成载客能力,并付诸实施的一道重要工序和重要岗位。线站调度员负责编制、监督执行和临时调整行车计划,指挥线路运行工作。调度员的工作质量、业务能力对运营服务质量起着关键的作用。

在日常工作中应反复强调其岗位职责,保持严格的纪律:

① 熟悉线路行车时刻表的详细内容;

② 了解本线路环境、客流规律、车辆和司售人员的特点,为分析解决运营中出现的问题,提供切实可行的解决方案;

③ 具有调度专业知识,在现场工作中,善于抓住关键问题,及时采取有效的应急措施,维护线路正常运营秩序;

④ 监控行车时刻表的执行情况,认真签注原始单据。

8.4.8 后勤工作

公交系统的司机、售票员每日在客流量大、交通环境复杂、时间要求高的条件下连续作业，非常辛苦。所以，公交企业应把后勤工作作为工作的重点之一，认真落实。

在运营时间内，首站要安排适口的快餐。冬季要保证有热饭、热菜、热水，夏季要有防暑降温措施。还要有清洁卫生的休息室，简便有效的文娱设施等。其中应该强调的是水房和厕所，这是保障司售人员身体健康、工作正常的基本条件。其位置、容量都应该经过科学的论证和计算，必须保证清洁、方便。因为在客运高峰时，司售人员在前后车次之间的休息时间很短，一般计划为 3 min，若是车辆晚点，可能还会减少。

在向市场经济转变的过程中，后勤工作也逐渐从每个车队的独立食堂之类"小而全"设施向社会化服务转变，食堂就可能被快餐公司取代。

8.4.9 教育及培训工作

教育工作对运营一线尤为重要，城市公共交通企业作为城市的动脉，工农业生产的第一道工序和文明建设的窗口，必须加快职工队伍的文化技术业务、各种专业技能的培训，全面提高职工队伍的素质，以适应两个文明建设的需要。

① 管理干部除要求具有一定的文化知识外，还要进行本企业各专业的业务学习，熟悉本企业的工作特点、研究工作对象，不断提高企业管理水平和在市场经济中的竞争能力。

② 职工队伍，尤其是对司售人员应进行岗位培训，增强职业道德，实行持证上岗制。新职工要进行岗前教育，考核合格后再上岗。

司机要学习安全驾驶理论，掌握安全行车的主动权。通过培训使司机头脑清楚、操作技术熟练，提高在复杂的交通条件下的适应能力，基本具备准点运行的技术和操作能力。

售票员的工作是在不断处理和解决乘客的需要与维持公交线路正常运营中进行的。要处理好和乘客的关系，应学习与乘客接触交往的心理学、关系学、语言学，提高服务层次，全面提高整体服务水平。

8.5 特殊情况下的运营组织与调度工作

城市公共交通运营工作中，除了平时正常按照行车时刻表组织调度公交车辆运行外，还包括一些特殊情况下的车辆运营组织工作：主要有大型活动公交运营组织、一些紧急突发事件（如地震、地铁停运、游行、雪天、运行事故等）情况下的公交运营组织等。这些情况下的公交运营组织与调度也是城市公共交通的重要任务之一，是保障城市交通系统能够正常运行、支援城市建设与发展的重要组成部分。

8.5.1 大型活动公交运营组织调度

1. 大型活动主要特点及对公共交通的影响

《北京市大型社会活动安全管理条例》对北京市大型活动安全管理的职责、许可、规范及法律责任进行了具体规定。该条例中规定，大型社会活动（简称大型活动）是指主办者租用、借用或者以其他形式临时占用场所、场地，面向社会公众举办的文艺演出、体育比赛、展览展销、招聘会、庙会、灯会、游园会等群体性活动。

美国联邦公路署（Federal Highway Administration）于 2003 年 9 月组织编写了《大型活动交通管理》（*Managing Travel for Planned Special Events*）手册，对俄勒冈州、犹他州、威斯康星州、加利福尼亚州、肯塔基州、田纳西州、路易斯安那州的大型活动交通管理工作进行了系统总结，首次对大型活动交通管理的相关问题进行了初步的、较为全面的研究。手册中对大型活动（Planned Special Events）进行了如下定义：大型活动包括在固定的、多用途的集会地点（音乐厅、体育馆、体育场、游乐园、会议中心等）举办的运动会、音乐会、节日庆典及会议，同时还包括在临时场地举办的发生频率较小的游行、火灾演习、体育比赛、采摘节及其他大型活动。其中，单词"Planned"用于描述大型活动有事先知道的地点、时间安排及相应的运营管理特点。

在公交运营工作中，大型活动通常指那些涉及人员较多或区域较大、有专门机构或人员进行组织、对公交运营线路或客流会产生明显影响、需要公交部门制定专门措施进行应对处理的大规模活动，如奥运会、马拉松、高级别足球赛等体育活动，亚非论坛、中欧峰会、贸易博览会、文艺演出等大型政治经济文化活动，这些都属于公交运营工作中需要考虑的大型活动范畴。

大型活动通常具有以下一个或几个方面的特点。

（1）规模较大

大型活动通常参与人员较多，组织复杂，涉及交通、安保、商务、后勤保障等多个行业和部门，所参与和涉及的人员、单位众多。

（2）影响较大

大型活动因为参与和涉及的人员较多，所受的关注力度大，因此除本身活动内容外，其所体现出的人文精神、道德风尚、国家面貌也是重要的一方面。尤其是一些大型的区域性、国际性大型活动，更是展现当地政治、经济、文化发展成果的重要窗口，展示当地风土人情、居民素养、管理水平和发达程度的一面镜子，是拓展对外交流、增进了解和融合的重要机会和途径。

（3）有预先组织

虽然大部分是多方参与，涉及单位众多，但大型活动通常有预先设立或选定的牵头单位，负责总体协调各方面事宜，对活动的影响范围、影响程度等有先期预测和评估，对各种突发情况应有较详尽的应对预案。

（4）客流影响程度大

一些大型活动会产生和吸引较大的客流，同时由于伴随的交通管制、道路征用等手段措施的应用，对公交线路运行、私家车出行路径选择等都会产生较大的影响，一些路段只允许公共交通工具通过，对公交客流量也会产生一定的影响。

（5）有些活动时间长、区域集中

有些大型活动筹备时间、组织时间和运行时间都比较长，如奥运会、足球世界杯、锦标赛等，都会持续比较长的时间，且直接活动范围和影响较大的范围相对集中在一个或几个区域，使得局部性交通压力大增。

（6）场地临时

大型活动的场地大多是临时占用的，为了满足活动的需求，经常会有一些临时增加的设备设施，有时还可能会改变固有场地的使用性质。在活动进行完后，这些区域的有些临时功能还会取消，交通量也相应降低和恢复。

（7）频次、规模增多

随着社会的发展、进步，开始出现了各种各样内容的大型活动，且活动频率越来越高，活动规模越来越大，对社会的影响力也越来越深入。

（8）不确定性因素多

大型活动有些在固定的场地进行，有些在新建或改建的场地进行，有些同时在几个不同的场地举行，有些在临时搭建的活动场地，也有租用广场、公共道路或者公园的活动场地进行，活动形式多样，内容庞杂。而且随着活动呈现出频次增加、规模增大、参与人员增多、活动时间增长等特点，随之而来的是大型活动风险增大、不确定性因素增多、对公共交通系统和其他系统的要求增高。

2. 大型活动公交运营组织与调度原则

针对大型活动呈现出的特点和城市公共交通系统的职能，在活动期间，公交运营组织与调度工作既要保障大型活动的顺利进行，也要努力保证日常交通的运力和秩序，做好准备和各种预案，及时有效地处理各种突发和意外情况。在大型活动的公交运营组织与调度工作中，应遵循以下原则。

（1）准备充分

大型活动因为活动规模大，参与人员多，影响范围广，责任后果重，所以在公交运营组织与调度工作中必须进行充分的准备，从思想上高度重视，对具体活动的规模、时间、组织形式、覆盖范围等进行细致调研和了解，严格遵守各项组织管理制度，在管理人员安排、车辆安排、司售等工作人员安排，以及建立畅通的调度指挥体系等各方面都做好周密的部署。

（2）运力充足

在对客流进行估计和预测的基础上，得出客流分布情况，找出客流高峰时段和区域，安排足够的公交车辆和工作人员，保证运力供应。

（3）保证安全

大型活动的安全责任尤其重大，在公交运营组织与调度过程中既要做到客流的快速集散，更要保证安全。对司售人员要做好安全教育，对不同道路情况下的运行速度和走行路线要进行及时而恰当的调度指挥。

（4）注重时效

交通系统的生产过程是个动态的过程，尤其大型活动客流的产生和集散具有非常强的时效性，因此在公交运营组织与调度工作中，必须在充分准备的基础上做到调度指挥渠道畅通、车辆人员到位准时。

（5）方便乘客

大型活动产生的集中客流量大，公交等部门要做好集散地设置、走行路线指示等工作，科学合理地安排摆车位置和车辆运行计划，可通过电子显示屏、专门人员引导等手段提供车辆位置和运营状态信息，方便乘客候车和快速集散。

（6）节约用车

在保证运力的前提下，准确预测客流情况，科学安排公交车辆走行路线和二次集散地，节约人力物力成本。

（7）降低干扰

大型活动因为其影响范围较广、影响程度较大，通常处于优先保障的地位。但公共交通系统还担负着保证人们日常生产生活的任务，因此在公交车辆的运营组织与调度工作中，要及时、准确地掌握交通管理部门的信息，根据实时情况迅速调整运行计划，辅以绕行、分段行驶等方法，尽量降低大型活动对日常公交行驶路线的干扰。

（8）预案完善

在活动之前要制定完善的针对具体大型活动的公交运营组织与调度预案，有条件的可以进行交通系统运行仿真和预演，对可能出现的各种突发和意外情况做好应对措施。

3. 大型活动公交运营组织与调度方案

（1）制度安排

大型活动因为所涉及的社会影响范围大，公交部门所需要参与的单位多，组织工作复杂程度高，因此需要首先从制度安排上进行保证。

① 统一指挥。确定针对某项具体活动的公交总体调度指挥机构和负责人，对总体上进行把握。

② 分工协作。确定各相关参加单位，指定其责任人和联络人，保证活动过程中公交各部门的顺畅沟通、协同运作。

③ 制订方案。根据大型活动的具体规模和内容，按照就近安排、合理分配运力的原则，制订公交运营组织与调度的具体方案，做到准备充分、有案可依，有条件或者必要的情况下还可以进行方案的演练和修改。

（2）大型活动公交运营组织与调度方案内容

为了保证大型活动期间公共交通系统的安全、顺利、有序进行，必须预先制订详细的公交运营组织与调度方案。一个完整而有效的运营组织与调度方案内容应该包括以下全部或其中几部分：

① 大型活动名称及主要内容概况；
② 大型活动开始和结束的时间，活动过程中的一些关键时间节点；
③ 大型活动进行的主要地点；
④ 大型活动所引起的客流预测数值及时间、地点分布情况；
⑤ 为大型活动所专门设立的公交线路或包专车线路信息，包括线路数量、各线路名称、各线路首末站位置、各线路中间站设置、各线路发车时刻表等详细内容；
⑥ 为大型活动所专门设立的公交线路或包专车线路上所需车辆型号及其他具体要求，车辆、司售人员的来源安排情况，调度员的来源及调度室位置、调度方式等具体内容；
⑦ 为大型活动所专门设立的公交线路或包专车线路上车辆的集结方式、发车方式等；
⑧ 针对大型活动时间、地点及规模所确定的二次疏散线路上的车辆数安排及发车时间安排；
⑨ 相关常规公交线路中受大型活动影响而被迫作出的公交线路运行调整，如绕行、甩站等情况；
⑩ 相关常规公交线路中为帮助协调满足活动期间的交通需求而进行的线路运行时间、发车间隔、站位调整、线路摆车等安排。

（3）大型活动突发事件公交应急运输预案

突发事件应急预案又称应急计划，是针对可能发生的重大事故或灾害，为保证迅速、有序、有效地开展应急救援行动、降低事故损失而预先制订的有关计划或方案。应急预案是在辨识和评估潜在的重大危险、事故类型、发生的可能性及发生过程、事故后果及影响严重程度的基础上，对应急的职责、人员、技术、装备、设施、物资、救援行动及其指挥协调方面预先作出的具体安排。预案明确了在突发事故前、发生过程中及刚刚结束后，谁负责做什么、何时做，以及相应的策略和资源准备等。大型活动的客流集中，交通规模较大，诱发突发事件的因素复杂，一旦处置不当产生的后果较为严重。为及时有效地处理大型活动中可能出现的突发事件，减少其带来的危害和损失，应该在大型活动之前建立突发事件应急运输预案。具体的各种应急预案种类和内容将在下面阐述。

4. 大型活动公交运营组织与调度依据

大型活动的公交运营工作从先期准备、中期组织到后期具体运营调度，主要根据以下几个方面内容来实施。

（1）活动所引起的客流情况

大型活动的客流情况是公交部门各项交通组织工作的基础，尤其有些活动如全国"两会"、奥运会、世博会、园博会等不仅涉及城市短时间内客流集中的情况，而且还会吸引地区区域甚至世界范围内的客流，其影响因素众多，对这些客流情况的估计和预测既复杂但又十分重要。对客流情况的主要预测值包括所产生的客流总量、客流在大型活动相关区域内的 O–D 空间分布、客流的时间分布情况等。

（2）活动的时间安排

大型活动的时间安排比较紧凑，公交运营组织和调度工作要紧密结合活动时间表，做好准备、灵活调度。如 2008 年北京奥运会闭幕式期间，运送观看比赛观众的北京公交 T5 系统下午停运，专门运力重点保障闭幕式观众。但在闭幕式正式开始前，仍有零星场馆还有比赛，于是在实际公交运营组织与调度工作中，T5 线路继续运行，但为保证闭幕式交通秩序和安全，这部分线路不再往闭幕式所在的奥运中心区发车。

（3）交通管制信息

大型活动期间，针对交通系统实际情况和某些特殊需求，为保障交通畅通和交通安全，道路交通管理部门会预先或临时制定和发布一些交通管理信息及管制措施。公交运营方案的制订要充分考虑这些方面的影响，并且建立与相关道路交通管理部门的良性沟通与协调机制，保证在实时调度工作中及时掌握新的道路交通管制信息。有时有些交通管理行为还会直接影响公交场站、车辆的使用等。如 2008 北京奥运会开幕式时奥林匹克公园附近的西公交场站被临时部分征用作为贵宾专用停车场，对公交调度的应变能力提出了更高的要求。

（4）其他公共交通方式及私人交通方式应用情况

随着城市社会经济活动的不断发展，各种交通方式都取得了较大规模的增长，整个交通系统的协调运行越来越重要。当前小轿车、城市公共交通电汽车、轨道交通、各单位大中型客车、自行车等不同交通方式都承担着重要的交通任务，各种方式之间的衔接对于交通系统的畅通运行至关重要。大型活动公交运营组织与调度要充分做好与城市轨道交通系统的衔接，与私人交通工具停放点的衔接，根据其他交通方式的客流特点、相关位置信息等制订方案组织运行，方便乘客换乘，缩短集结和疏散时间。

（5）活动的一些特殊要求

大型活动对于安全等方面通常有更高的要求，不同内容的活动有时也会有其他方面的特殊要求，这些要求对于客流情况可能产生直接的影响，公交运营组织与调度工作中要重视这些要求，及时制定、调整发车和车辆运行线路，满足这些新的交通需求。如需要安检工作时，安检口的设置、安检口与原公交运营方案中线路车站的距离、安检口与场馆会议场所等的距离、是否会发生短时间内人员集中到达需要摆渡车等，都是公交运营组织与调度工作的依据。

5. 大型活动公交线路、车辆运营组织设置方法

（1）开设运行专线

如果大型活动所直接集聚客流的位置比较集中，时间安排上比较密集，靠单纯调整原有公交线路运力难以满足客流运送需求时，则应在主要客流集散区域到活动场所间开设公交运行专线，专门用来运送大型活动直接吸引的乘客。如为运送观看 2008 北京奥运会开幕式的观众，北京公交集团开通了 28 条开幕式公交专线，在开幕式活动前 3 小时到活动开始、活动结束至结束后 1.5 小时的时间段内集中投入运力，以保障观看开幕式客流的疏送。开设运行专线通常用于规模特别大的大型活动中。

（2）包专车

大型活动的部分工作人员、一些特殊团体等，有时会有交通量较大、交通路线比较固定、时间要求比较严格的交通出行需求。如一些大型演艺活动、大型阅兵活动等，需要在郊区或其他固定场所进行日常排练，在彩排和活动正式开始期间相关参与人员要准时到达预定地点。类似的需求可以由公交部门以包专车的形式满足，保障活动的顺利进行。

（3）摆渡车

大型活动开始前，由于安全保卫、地形限制等因素的影响，活动的入口至正式场所、不同安检区域、活动场地内部不同区域之间可能仍有比较长的距离，这时需要公交部门根据人员交通要求安排摆渡车进行不定期运送。如某大型活动在活动场所的东西南北 4 个不同的方位安排了 A、B、C、D 4 个安保区安检口，活动开始当天 A 安检口却集结了大部分的人员，造成了人员拥挤、安检过程缓慢，此时调度人员实时调度来部分公交车辆将人员从 A 口运到其他人员少的安检口进行安检，这些车辆称为摆渡车。

（4）线路摆车

在与大型活动位置临近的一些公交线路上，在活动结束时等客流突然增大的时点之前，在线路上的相关站点预先备置一定数量的公交车，以便于迅速疏送突然增大的客流，这种方式称为线路摆车。

（5）二次疏散摆车

在一些规模特别大的大型活动中，虽然可以通过开通运行专线等方式快速将客流疏散。但由于客流量巨大，在运行专线乘客下车端点、轨道交通与社会公交线路换乘点等站点，乘客数量仍然较大，需要在这些站点上备置一定的公交车辆，按照社会公交运行路线进行二次疏散。在这些衔接点上摆放的车辆称为二次疏散摆车。

6. 大型活动期间受影响普通公交线路组织与调度运行方法

根据大型活动期间普通公交线路受影响程度的不同，在组织与调度过程中其运行方式可以采取以下一个或几个方法。

（1）线路绕行

如果受区域交通管制等因素影响，普通公交车辆不能进入原固定线路所在的某些区域运行，且受影响区域不大，则可以采取线路绕行的方法。公交车辆绕过受限区域后，继续按原线路方向运行。

（2）线路封站

当某些区域不允许普通公交车辆停车上下乘客，但允许在区域间穿行时，可以采取线路封站的方法，公交车辆在受限区域内的线路站点上不停车直接通过，仍按原线路方向运行。此方法通常也称为甩站通过。

（3）线路缩短

当普通公交线路运行方向上有较大面积或较长断面的禁止穿行交通管制区域时，公交车辆无法绕行通过，则可以采取线路缩短的方法，调度公交车辆在发车站点至临近受限区域站点之间的线路上往返运行。

（4）分段行驶

当一条普通公交线路被多个公交车辆运行受限区域分隔开来时，可以采取仍按原线路方向从首站运行到末站、各受限区域内不停车的方法，或者实时调度公交车辆在被分隔开的不同路段内分段往返行驶，而不从线路首站一直运行到末站。

（5）线路停驶

如果普通公交线路受大型活动和交通管制信息影响太大，已经无法再调度其日常正常运行，那么只能实行线路停驶，不再安排公交线路在受限时间内的运行工作。

需要着重指出一点：不论采用上述何种方法，在普通公交车辆线路运营组织与调度工作中，都要及时将运行变动信息传达给车上和线路上的其他乘客，方便其合理组织和调整自己的交通出行行为。

7. 大型活动所需线路抽车及后续调度原则

大型活动所需的公交车辆一般由公交部门从各线路上抽车得来。抽车的过程、数量、线路来源的确定一般应遵循以下原则。

总原则：保证大型活动车辆需求，并使对被抽车线路的不利影响降低到最小。

具体原则如下。

（1）平衡运力、就近抽车

抽车时尽量平衡抽取不同线路上的公交车辆，避免对原线路的日常运行产生太大的影响。同时为了节约运行距离，应抽取大型活动附近线路和单位的车辆。

（2）保证高峰运力

线路被抽车后，调度人员应积极采取措施调整实时调度策略，保证线路高峰运力。

（3）不造成大间隔

线路抽车后，调度人员应实时迅速均匀调整调度发车时刻，避免出现线路发车大间隔的现象出现。

（4）保证头三班、末三班运力

我国大部分城市公共交通具有规模较大、路况复杂、地位重要等特点。为了公交系统的持续运转，我国实际的公交运行组织与调度工作中对于头三班、末三班车辆的准确准时运行非常重视。大型活动抽车时和抽车后应尽量减少对头三班、末三班车的干扰。

8. 大型活动公交组织与调度对智能公共交通系统的需求

智能公交系统是在公共交通网络分配、公共交通调度等关键基础理论研究的前提下，利用系统工程的理论和方法，将现代通信、信息、电子控制、计算机、网络、GPS、GIS等高新科技集成应用于公共交通系统中，并通过建立智能化调度系统、信息服务系统、电子收费系统等实现公共交通调度、运营、管理的信息化、现代化和智能化，保证车辆的准点运行，提高公交车辆运行速度和公交服务质量，从而形成一种定时、准确、高效的综合公交运输系统。为出行者提供更加安全、舒适、便捷的公交服务，从而吸引公众采用公共交通方式出行，缓解城市交通拥挤，有效解决城市交通问题，创造更大的社会和经济效益。

自20世纪80年代以来，为了提高公交服务水平，许多国家公共交通部门开始应用先进的信息与通信技术进行公交车辆定位、车辆监控、自动驾驶、计算机辅助调度及提供各种公交信息服务。美国的APTS（Advanced Public Transportation System）主要研究基于动态公交信息的实时调度理论和实时信息发布理论，以及将先进的电子、通信技术应用到使用效率高、舒适环保的公交车辆全程的使用中，提高公交效率和服务水平。

欧洲许多国家的城市街道一般都比较狭窄。但是，它们通过实施公交优先政策，设立公交专用道，为公交车辆提供优先通行信号，布设智能公交监控与调度系统等措施，提高公交车辆运行速度和公交服务质量，以吸引公众乘坐公交车出行，从而有效地缓解了城市交通压力，解决了城市交通问题，并取得了明显的社会经济效益。

近年来，我国城市公共交通事业得到了迅速发展，政府积极实施公共交通优先发展政策，对于先进技术的引入给予大力支持。这些都为智能公交系统在我国的实施提供了有利条件。

以人工调度为主的传统公交调度系统和模式，对于公交客流较为稳定的日常情况可以从容应对。但大型活动客流的特征使得这种服务于社会通勤出行的常规公交调度和运营组织技术不能很好地满足客流匹配和智能化公交运营的需求。大型活动客流具有时空集聚性、非常规性和需求波动性，必须依靠更快捷、更准确的客流监测手段，智能化调度技术和信息发布技术等，实现公共交通的科学、智能化调度，以更好地满足大型活动客流需求和交通流特性。

大型活动公交运营组织与调度对智能公交的需求可分为以下5类。

① 客流信息需求：基于历史客流数据，或者大型活动客流预测技术预测客流量、客流流向等信息。实时采集客流信息，为组织模式、客流相对固定的大型活动，如球赛、大型文体演出提供较为准确的客流信息。

② 车辆监控的需求：利用定位技术、无线通信技术，实现对运营车辆的动态监测，通过技术手段，加强大型活动公交运营过程的监测。

③ 调度指挥的需求：大型活动特别是执行大型包车任务时，车辆现场带队人员、发车点、落客点、停车点的调度员要与车队及时联系；大型活动场内客流监测人员与车场调度员需要保持联系；各级调度指挥中心之间信息和调度命令的传递等都需要通信保障。

④ 安全运营的需求：大型活动的公共交通运输，涉及面更广，社会关注度更高，因此在公共交通安全运营方面具有更高的需求，需要通过各种技术手段，提升交通运营车辆、场站的运营安全，提高公共交通安全性。

⑤ 乘客服务的需求：公共交通网站、交通服务热线具有动态查询公共交通服务信息的功能，可提供大型活动相关的线路时刻、站点等信息。

建立现代化、信息化、智能化的公交运营组织与调度系统，实现公交线路、人员、车辆、场站的集中管理、统一调度，实现运输资源的优化配置，对于提高公交资源使用效率，提高公交运营服务水平，缓解城市交通拥堵及重大型活动的公共交通控制都具有十分重要的意义。

案例1 2008北京奥运会开幕式大型活动中公交运营组织与调度情况

一、运输任务情况

2008北京奥运会开幕式于8月8日晚20:00在北京奥林匹克公园国家体育场鸟巢举行，观看开幕式的观众约为9万人。

二、北京公交集团奥运开幕式公交运营组织与调度工作

1. 预先进行了组织制度上的安排

北京公交集团公司专门成立了指挥领导小组，由集团主管领导任总指挥，集团相关部门主要领导任副总指挥，各分公司主管领导作为组员，保证组织、调度指挥命令顺畅上传下达。

2. 制订了详细的运营组织与调度方案

（1）开通开幕式28条公交专线

专线开幕式入场营业时间为16:00—20:00，散场营业时间为22:10至散场结束（预计末车时间23:40）。入场时28条专线远端集结，初验票证，中途增设40处专线车站位。采取单向发车方式，沿已经规划确定的路线发往奥林匹克东公交场站、南公交场站（图8-4、图8-5），市区发车点组织观众上车，将观众运送至奥林匹克中心区。散场时在奥林匹克东公交场站和奥林匹克南公交场站屯车。在21:40以前，东场站、景观大道东、西辅路各专线发车位摆车到位，开幕式专线发往市区场站，疏散开幕式结束后的观众。

（2）设置100条二次疏散常规公交线路

开幕式当日22点以前，二次疏散的100条常规公交线路全部摆车到位，准备运送专线车送达的观众，开幕式专线末车到达后二次疏散点常规线路发末车。

（3）调整相关常规公交线路及T5（专门运送观众的车辆）专线

奥林匹克中心区周边常规公交正常运营，12条常规夜班线路加密发车间隔，有两条T5专线全天停驶，其他8条（奥林匹克中心区6条）T5专线正常运营。

（4）开幕式散场时相关线路在临近场站摆车

奥林匹克中心区周边常规公交线路散场时在临近场站进行线路摆车，根据散场客流需求配备摆站车40~50部。

（5）配置好演员包专车

做好演员包专车安排，按要求完成演员包专车任务。

3. 精心准备，提前演练

基于奥运开幕式的重要性，公交集团采取初始小规模真实调度和桌面模拟相结合，再到全实战模拟的方式，先后进行了3次疏散演练，并根据北京市奥运交通指挥部的统一指挥，穿插进行了轨道交通突发事件应急支援预案和雨天防汛运输预案的启动演练。

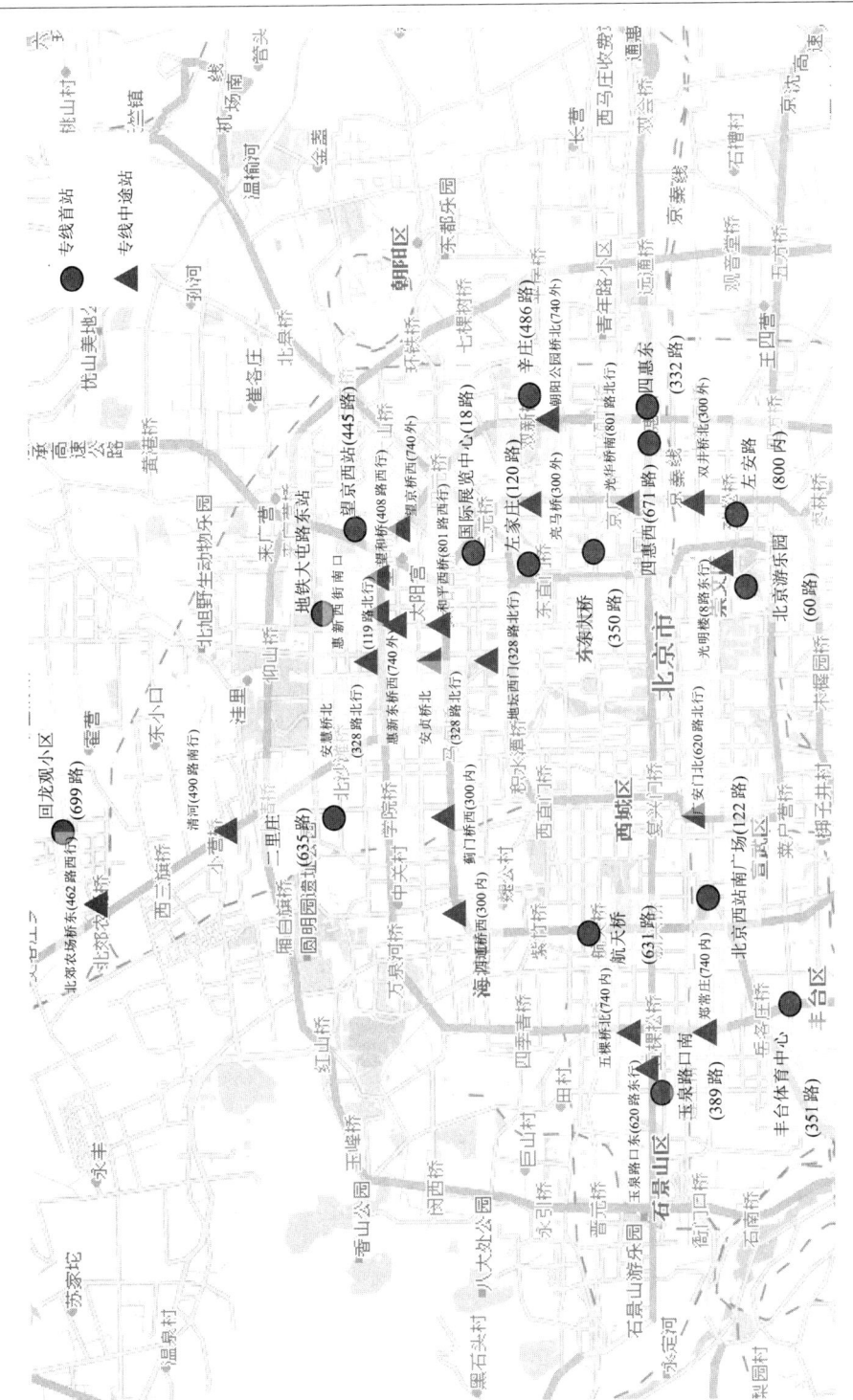

图 8-4 北京奥运公交专线站位示意图（发往奥林匹克东场站）

212 城市公共交通

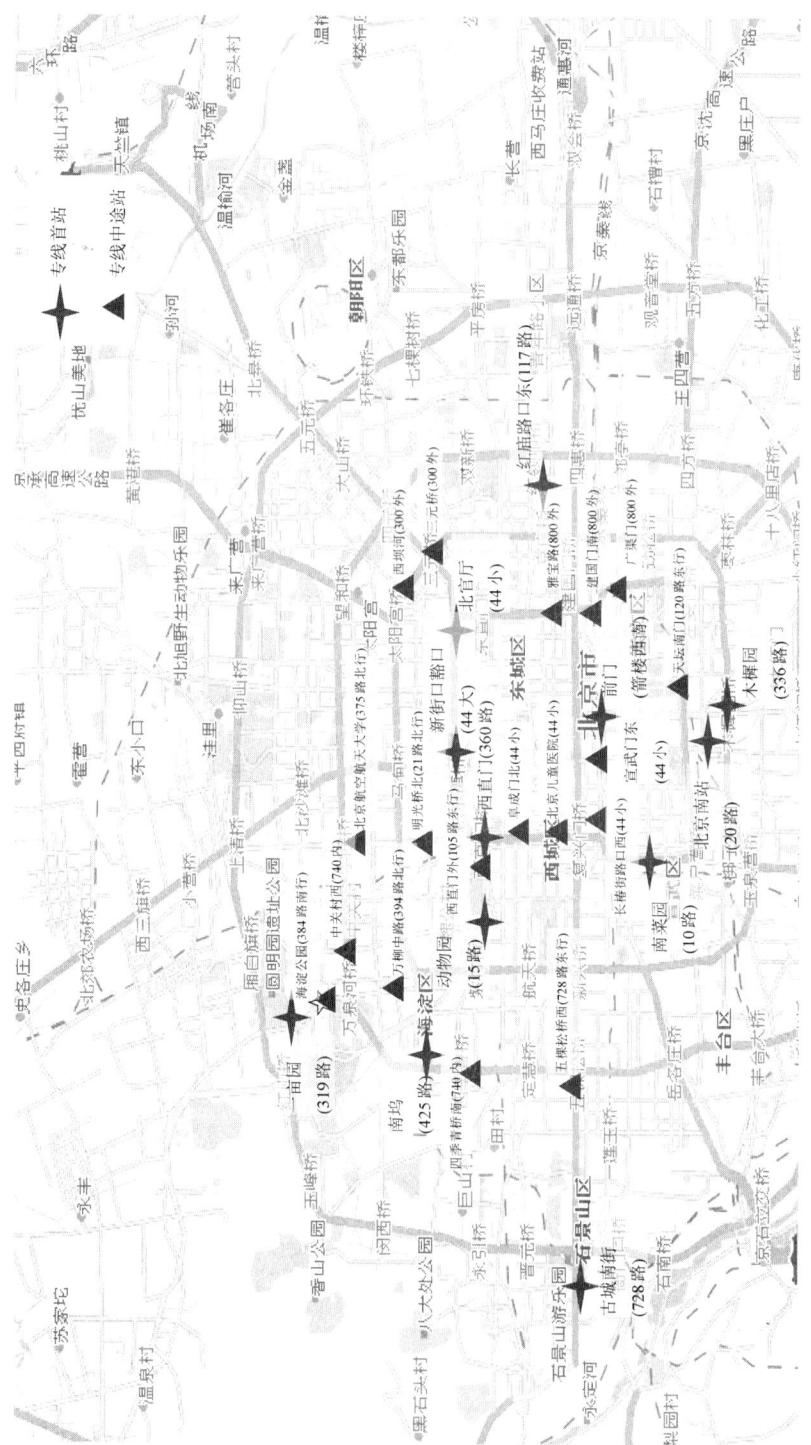

图8-5 北京奥运公交专线站位示意图(发往奥林匹克南场站)

4. 制定了具体的配车及摆车安排

（1）28条开幕式公交专线配车

每条专线配车15部。散场前，所有车辆集中屯放在奥林匹克中心区公交东、南场站，其中东场站16条专线屯车240部，南场站12条专线屯车180部。此外客一、客二、客三、客五、电车公交分公司各出15部机动车屯放在南场站。

（2）100条二次疏散常规线路摆车安排

在28个开幕式公交专线发车点的二次疏散线路，每条线路摆车3部。必要时，开幕式专线车到达市区后，套跑二次疏散线路。

（3）奥林匹克中心区周边常规线路车辆运行安排

开幕式当日晚上22:10以前末车辆尚未通过北四环（北辰桥西站），安外大街（炎黄艺术馆）、奥体东门（慧忠里站）的各条常规线路，根据线路情况自行制定加密发车间隔措施。

（4）附近相关线路摆车安排

开幕式当日晚上21:30—22:00相关线路在临近场站摆车到位（具体线路名略）。

5. 制定2008年8月8日奥运开幕式受影响的部分社会日常公交线路运行方案

根据北京市公安局公安交通管理局《关于2008年北京奥运会开幕式期间采取交通管制措施的通告》的要求，北京公交集团制定了2008年8月8日上午11:00开始至交通管制结束期间的部分社会日常公交线路运行方案，规定途径大屯路、北四环辅路（安慧桥—北辰西桥路段）、北辰西路、北辰东路的公交线路及部分奥运T5专线和奥运观光线将采取线路绕行、线路封站、线路缩短、分段行驶、线路停驶等措施，具体方案如：途径大屯路的328路双向绕行北四环路（安慧桥—健翔桥），双向封闭安慧桥北、炎黄艺术馆、豹房、洼里南口、中科院地理所、南沟泥河、北沙滩桥东7站；途径大屯路的425路缩短行驶线路，南坞—北沙滩桥发区间，双向封闭大屯东、豹房、洼里南口、中科院物理所、南沟泥河、北沙滩桥东6站；奥运观光线2线全日停驶。

三、北京2008年8月8日奥运开幕式公交运营情况

开幕式当日，公交集团按计划共开辟28条专线，采取了北四环周边备车、远端二次疏散备车及临时增加摆渡车等措施。同时为方便乘客乘车，新增加40处中途站，总计发出948车次，运送29 741人次，平均每车次运送31人次。具体运营情况如下。

开幕式入场共发出652车次，运送18 130人次，平均每车次运送28人次。28条专线入场发出434车次，运送3 850人次，平均每车次运送9人次（包括中途站461人次）；入场摆渡车218车次，运送14 280人次，平均每车运送66人次。

开幕式散场共发出202车次，运送7 353人次，平均每车次运送36人次。其中，28条专线散场发出201车次，运送7 273人次，平均每车次运送36人次，散场摆渡车1车次，运送80人次。

北四环周边线路备车发出54车次，运送3 044人次，平均每车次运送56人次。远端二次疏散的100条公交线路共计发出40车次，运送1 214人次，平均每车次运送30人次。

2008年8月8日公交集团28条开幕式专线及摆渡车入场、散场运营详细情况分别如表8-5和表8-6所示。

表 8-5　2008 年 8 月 8 日公交集团 28 条开幕式专线及摆渡车入场运营详细情况表

单位	开幕式专线线路号	负责地点	15:00—15:30			15:31—16:00			16:01—16:30			16:31—17:00			17:01—17:30			17:31—18:00			18:01—18:30			18:31—19:00			19:01—19:30			19:31—20:00			合计		
			车次	运送人数	平均	车次	运送人数	平均	车次	运送人数	平均	车次	运送人数	平均	车次	运送人数	平均	车次	运送人数	平均	车次	运送人数	平均	车次	运送人数	平均	车次	运送人数	平均	车次	运送人数	平均	车次	运送人数	平均
客一	1	国际展览中心	2	11	5.5	2	4	2	2	8	4	2	12	6	2	4	2	2	7	3.5	1	5	5				2	0	0	7	0	0	25	51	2
客一	2	北京游乐园	2	15	8	2	23	12	2	25	13	2	51	26	2	21	11	2	6	3	1	1	1	1	1	1	2	0	0	3	1	0	21	144	7
客五	3	四惠	2	9	5	1	6	6	1	10	10	2	51	26	1	10	10	2	6	3	1	2	2	1	1	1	2	0	0	1	0	0	14	95	7
客五	4	东大桥	1	6	6	2	8	4	2	10	5	2	17	17	1	8	8	2	6	3	1	12	12	4	7	2	2	0	0	2	0	0	14	74	5
客六	5	航天桥	2	36	18	2	29	15	2	64	32	2	63	32	2	24	12	1	29	29	2	10	5	1	4	4	1	0	0	0	0	0	15	265	18
客六	6	玉泉路口南	2	19	10	2	17	9	1	17	17	1	27	27	1	10	10	2	25	13	2	0	0		1	1	2	1	1	2	0	0	15	126	8
客六	7	丰体	1	12	12	1	8	8	1	13	13	1	14	14	1	7	7	1	6	6	2	0	0		0	0	2	0	0	4	0	0	15	61	4
客七	10	西站南广场	2	22	11	2	22	11	2	32	16	2	26	13	2	12	6	1	7	7	2	0	0	2	1	1	2	0	0	1	0	0	16	112	7
客七	8	望京西站	2	8	4	2	15	8	2	12	6	2	10	5	2	17	9	1	9	9	1	8	8	1	0	0	2	0	0	1	0	0	14	112	8
客七	9	左家庄	1	6	3	1	7	7	2	18	9	2	10	5	1	6	6	2	7	4	2	0	0	1	1	1	1	0	0	2	0	0	12	61	5
新奥	13	回龙观	1	7	7	1	9	9	1	13	13	1	9	9	1	10	10	1	4	4	1	0	0	1	1	1	1	1	1	2	0	0	10	54	5
新奥	12	二里庄	0	0	0	1	11	11	1	28	28	1	18	18	2	18	9	1	10	10	1	5	5	1	4	4	1	2	2	2	4	2	10	102	10
新奥	11	大屯	1	19	19	2	51	26	3	171	57	3	195	65	3	225	75	3	182	61	4	150	38	3	50	17	3	50	17	3	25	8	28	1118	40
专线	14	左安路	2	1	1	2	0	0	2	0	0	2	0	0	1	0	0	2	0	0	2	0	0	2	0	0	0	0	0	1	1	1	15	5	0
专线	15	辛庄	2	6	3	2	0	0	2	0	0	2	1	1	2	2	1	2	0	0	2	0	0	2	0	0	2	0	0	2	0	0	15	7	0
专线	16	四惠	2	6	3	2	10	5	2	12	6	2	1	1	2	6	3	1	0	0	1	0	0	1	0	0	2	2	2	2	2	2	15	29	2
东公交场站合计			26	178	7	22	211	10	23	434	19	26	514	19	24	389	11	26	316	8	24	203	8	21	70	3	27	59	2	35	42	2	254	2416	10
客四	17	南莱园	2	25	13	2	27	14	2	21	11	2	19	10	2	13	7	2	15	8	1	1	1	1	0	0	1	0	0	2	0	0	17	120	7

续表

单位	开幕式专线线路号	负责地点	15:00—15:30 车次	运送人数	平均	15:31—16:00 车次	运送人数	平均	16:01—16:30 车次	运送人数	平均	16:31—17:00 车次	运送人数	平均	17:01—17:30 车次	运送人数	平均	17:31—18:00 车次	运送人数	平均	18:01—18:30 车次	运送人数	平均	18:31—19:00 车次	运送人数	平均	19:01—19:30 车次	运送人数	平均	19:31—20:00 车次	运送人数	平均	合计 车次	运送人数	平均
客四	18	西直门	3	39	13	1	12	12	2	20	10	2	28	14	2	19	10	2	18	9	2	4	2	2	0	0	2	0	0	3	11	4	21	151	7
客四	19	动物园	2	29	15	2	22	11	2	36	18	2	51	26	2	26	13	2	17	9	2	17	9	2	1	1	2	0	0	3	0	0	21	199	9
电车	20	南坞	1	2	2	2	4	2	1	2	2	1	2	2	2	23	12	2	10	5	2	10	5	1	0	0	2	0	0	4	0	0	15	48	3
电车	21	红庙路口东	1	4	4	2	7	4	1	18	18	1	14	14	1	8	4	1	5	1		4	0	1	0	0	2	0	0	2	0	0	11	52	5
双层	22	前门	1	29	29	1	20	20	2	25	13	2	14	6	2	15	8	2	6	3	2	4	2	2	0	0	2	0	0	2	0	0	18	111	6
双层	23	一亩园	1	1	1	2	7	4	2	14	7	1	3	3	1	4	4	1	0	0	1	0	0	1	0	1	1	0	0	2	0	0	12	26	2
双层	24	古城南街	1	2	2	2	7	4	2	3	1	2	3	1	2	5	3	2	8	4	2	6	3	2	2	1	2	0	0	3	0	0	12	27	2
客三	25	北京南站	1	33	33	2	35	18	2	22	22	2	34	17	2	8	4	2	11	6	2	3	3	2	0	0	2	0	0	2	0	0	15	143	10
客三	26	木樨园	1	7	7	1	3	3	3	3	3	3	8	3	3	1	1	2	0	0	1	0	0	1	0	0	1	0	0	2	0	0	15	25	2
客三	27	北台厅	0	0	0	2	4	2	3	3	1	1	3	3	3	4	4	2	6	3	2	2	2	2	2	2							11	26	2
客三	28	新街口路口	2	4	2	2	6	3	1	3	3	1	14	14	1	4	4	1	7	7	2	7	2	2	3	2	2	2	1				12	45	4
南公交场站合计			16	175		18	151		17	167		19	190		20	124		20	95		16	47		17	11		13	1		24	12	1	180	973	5
入场情况合计			42	353		40	362		40	601		45	704		44	513		46	411		40	250		38	81		40	60		59	54	1	434	3 389	8
			中途			中途			中途			中途			中途			中途			中途			中途			中途			中途				461	
			合计	416		合计	417		合计	687		合计	780		合计	580		合计	456		合计	282		合计	103		合计	62		合计	58			3 850	
																																	总计		218			14 280	
摆渡																																			652	18 130	

表 8-6　2008 年 8 月 8 日公交集团 28 条开幕式专线及摆渡车散场运营详细情况表

单位	开幕式专线线路号	负责地点	24:00—1:00			1:01—1:30			1:31—2:00			2:01—2:30			合计		
			车次	运送人数	车均人数	车次	运送人数	车均人数	车次	运送人数	车均人数	车次	运送人数	车均人数	车次	运送人数	车均人数
客一	1	国际展览中心	2	82	41	3	128	43	5	170	34				10	380	38
客一	2	北京游乐园	3	131	44	5	240	48	7	291	42				15	662	44
客五	3	四惠	2	65	33	5	184	37	2	24	12				9	273	30
客五	4	东大桥	2	74	37	3	105	35	1	7	7				6	186	31
客六	5	航天桥	4	121	30	8	298	37	3	52	17				15	471	31
客六	6	玉泉路口南	5	107	21	5	132	26	5	39	8				15	278	19
客六	7	丰体	2	47	24	7	94	13	6	15	3				15	156	10
客七	10	西站南广场	1	45	45	4	201	50	2	31	16				7	277	40
客七	8	望京西站	1	56	56	3	155	52	1	18	18				5	229	46
客七	9	左家庄	1	60	60	1	40	40	2	70	35	1	15	15	5	185	37
专线	14	左安路				1	29	29	3	31	10				4	60	15
专线	15	辛庄				1	37	37	3	44	15				4	81	20
专线	16	四惠				2	49	25	3	51	17				5	100	20
新奥	13	回龙观	1	63	63	2	103	52	2	59	30				5	225	45
新奥	12	二里庄	1	60	60	1	60	60	2	70	35				4	190	48
新奥	11	大屯	9	725	81	12	1 123	94	5	320	64				26	2 168	83
东公交场站合计			34	1 636	48	63	2 978	47	52	1 292	25	1	15	15	150	5 921	39
客二	25	北京南站	2	119	60				1	46	46	1	15	15	4	180	45
客二	26	木樨园	2	112	56				1	32	32	1	0	0	4	144	36
客三	27	北官厅	1	46	46	1	70	70	1	30	30	1	1	1	4	147	37
客三	28	新街口豁口	1	37	37	1	81	81	0	0	0	2	9	5	4	127	32
客四	17	南菜园				1	68	68	3	86	29				4	154	39
客四	18	西直门				1	14	14	3	135	45				4	149	37
客四	19	动物园				1	67	67	2	85	43				3	152	51
电车	20	南坞							15	80	5				15	80	5
电车	21	红庙路口东							1	19	19				1	19	19
双层	22	前门							1	20	20	1	6	6	2	26	13
双层	23	一亩园				1	39	39	2	47	24				3	86	29
双层	24	古城南街				1	40	40	2	48	24				3	88	29
南公交场站合计			6	314	52	7	379	54	32	628	20	6	31	5	51	1 352	27
摆渡车															1	80	80
散场情况总计			40	1 950	49	70	3 357	48	84	1 920	23	7	46	7	202	7 353	36

8.5.2 紧急突发事件情况下的调度方法

在公交运营过程中，由于自然或社会的原因，公交系统内部和外部有时会发生一些紧急突发事故，对社会经济发展、人们生产、生活造成不利影响，有些重大事故甚至会产生严重后果。及时有效地采取措施，合理组织与调度，稳定交通系统的正常运行，对于降低紧急突发事件的不良影响具有重要作用。

1. 紧急突发事件的级别

按照事件的性质和可能造成的对社会损害程度，紧急突发事件通常可分为一级（特大）、二级（重大）、三级（一般）3个级别。

一级是指危害社会程度特别严重，涉及面大，影响范围广的特大突发偶发事件；

二级是指危害程度严重，影响范围广的重大突发偶发事件；

三级是指危害程度较重或一般，局部地区的突发偶发事件。

根据上面的级别分类标准，公交系统运行过程中其内部所发生的紧急突发事件大部分属于三级，如轨道交通故障、雪天影响、车辆故障、车辆运行事故、保养车不能及时出场、电车运营线路停电故障等，对这些问题的处理是日常公交调度工作中的一项重要内容。一级、二级紧急突发事件影响程度更大，所带来的潜在危害更深，如区域建筑物失火、地震等，需要公交部门作出迅速、正确、充分的反应，以协助降低事件造成的损害。对涉及公共交通的紧急突发事件的处理，现在大部分城市都已经提前制订了较完备的应急预案。

2. 重大紧急突发事件的公交运营组织方法

由于紧急突发事件发生时间短，如不能及时处理所造成的后果可能更为严重，应该建立完备的突发事件应急预案，以便迅速、有效地开展应急行动，减少损失。

重大紧急突发事件的公交应急预案一般包括以下几部分内容。

① 预案目的。说明制订预案的原因、目标和重要意义。

② 预案适用范围。说明预案的适用情况、适用条件。

③ 组织制度安排。说明应急预案中的组织机构人员安排及工作分工，一旦发生重大紧急突发事件，及时进行有力度、有秩序的组织协调。

④ 相关职责确定。说明应急预案中组织领导部门、中层管理部门、具体执行部门各级的具体职责。

⑤ 人车安排。说明紧急突发事件发生时的车辆征调安排、司机及服务人员劳务安排。

⑥ 通信方式。说明发生紧急突发事件时的具体通信方式、协调渠道、通讯录等。

3. 一般紧急突发事件的运营组织与调度处理方法

一般的公交运营工作中的紧急突发事件包括突然下雪、车辆故障、车辆事故、保养车未及时出场、司售人员临时请假、电车运营线路停电等。对此类事件，根据其影响强度、影响范围等，调度员和司机及时采取一些调度措施即可处理，影响程度较大的也可启动相关预案来处理。

一般的应急调度处理方法有以下几种。

① 突然下雪：对没有使用雪天行车时刻表又突然下雪的情况，因此时客流减小（如购物、游玩等客流减少），通常采用较均匀拉大行车间隔的方法来处理。

② 车辆故障：如果车辆故障在站内发生，那么可在不影响其他车原班次运行情况下临时换车跑一圈；如果车辆在站外发生故障，可将其调成区间车形式运行，修好后将车开回，继续下一班运行。

③ 行车事故：如果车辆在运用过程中发生了事故，调度员及时通知相关管理人员处理，对现有车辆则均匀拉大间隔，保障运力。

④ 保养车未及时出保养场：根据实际情况，将出场车辆改成区间车形式运行，保证后续的正常发车。

⑤ 临时请假：如遇正常上班人员突然病倒、急事请假等情况，如有备班人员，则安排备班人员上车运行；如没有备班人员，则采取适当拉大间隔等方法，尽量减小不利影响。

案例2　某市公交公司对突发事件运营组织的应急预案

下面以某市公交集团公司对突发事件运营组织的应急预案为例，来说明对紧急突发事件的处理及组织方法。其中的公交部门行政与业务管理架构按照集团公司—分公司—车队三级管理模式实施。

1. 为加强重大突发事件处理的综合指挥能力，提高紧急救援反应速度和协调水平，确保公交公司迅速有效地处理各类重大突发危机事件，将突发危机事件对人员、交通造成的损失降至最低程度，最大限度地保障人民群众的生命安全和出行要求，根据国家和我市有关规定，结合业务实际，制订本预案。

2. 预案适用范围。

（1）因自然灾害而引起的突发事件：地震、水灾、风灾、雹灾、雪灾等。

（2）因人为因素而引起的突发事件：地铁停运事故、建筑质量安全事故、爆炸品、危险品污染或泄露、火灾、压力容器管道事故、疫情、中毒等。

（3）因社会对抗和冲突而引发的突出事件：重大群体事件如罢工、集会、游行、示威等，刑事案件、邪教或敌对势力破坏、战争、恐怖暴力活动等。

上述给我市正常的经济发展、社会稳定、人民生产生活造成不良影响和严重后果的重大突发事件，需要公交公司提供后勤运输援助时启动本预案。

3. 按照性质和可能造成的对社会损害程度，将紧急突发事件分为特大、重大、一般三个级别。

4. 为确保在突发事件中的运输组织快速、及时、有效，由公交公司领导及其他相关部门主管领导组成集团公司突发事件应急运输指挥部，总指挥部设在公司调度指挥中心。指挥部成员有：总指挥，公交公司总经理；政委，公司党委书记；副总指挥，公司业务副总经理；大队长，公交公司调度指挥中心主任；副大队长，调度指挥中心副主任；公交公司所属各分公司成立应急运输分队，分队长由分公司业务经理担任，副队长由分公司运营部长担任，各分队以就近调车为原则，负责地区分配。

分区负责范围：一分队（第一客运分公司）负责A区疏散救援工作；二分队（第二客运分公司）负责B区疏散救援工作；三分队（第三客运分公司）负责C区疏散救援工作；四分队（第四客运分公司）负责D区疏散救援工作；五分队（第五客运分公司）负责E区疏散救援工作；六分队（第六客运分公司）负责F区疏散救援工作；七分队（第七客运分公司）负责G区疏散救援工作；八分队（第八客运分公司）负责H区疏散救援工作；九分队（第九客运分公司）负责I区疏散救援工作；十分队（第十客运分公司）为疏散救援运输预备队，做好支援运输准备工作。

5. 应急运输总指挥部应履行以下协调职责。

（1）在市政府的统一领导下，具体制订突发事件应急运输预案并组织实施；组织有关单位按照应急运输预案迅速开展运输工作；根据事件状态，统一部署应急救援预案的实施工作，对应急工作中发生的争议采取紧急处理措施。

（2）根据预案实施过程中存在的问题和突发事件的变化，及时对预案进行调整、修订、补充和完善，确保让所有参与应急救援预案的组织和人员熟知应尽的职责，指派专人和重大危险源单位经常保持联系，使突发事件应急救援预案不断得到更新和完善。

（3）根据突发事件情况，组织本行政区域内紧急调用各类物资、人员、车辆和占用场地。

（4）在突发事件应急处置过程中，应当和事件现场的主管人员保持密切联系，定期通报事故现场的态势。

6. 应急运输分队应履行以下职责。

（1）应急运输分队各级指挥人员，接到命令后应迅速赶到指挥位置，并与总指挥部随时保持联系。

（2）各分队必须坚决服从命令，严格执行应急运输预案。各分队接到命令后要在10 min内将第一部应急运输车辆派出。未接到命令，不得擅自撤回人员及车辆。

（3）在执行任务过程中，保证信息渠道通畅。

7. 当突发事件发生，需要公交配合紧急疏散某区域人员时（如：重要地区集会群众疏散，以及火灾、爆炸等事故现场人员疏散），由公交公司总指挥部以就近调度指挥为原则，组织协调运力，统一调度安排疏散车辆。三级方案各分队按10部车配备，共计100部车；二级方案各分队按50部车配备，共计500部车；一级方案各分队按100部车配备，共计1 000部车，如仍满足不了需求，由总指挥部下达命令就近调车。

8. 附有关各部门联系电话（略）。

××年×月×日

复习题

1. 调度系统的组织机构和主要职责是什么？
2. 采取行车调度方法应遵守哪几条原则？
3. 采取"放车"、"区间车"等临时调度措施的要求是什么？
4. 为什么线路上的运营质量、调度工作是公交企业的综合体现？
5. 与调度工作直接相关的有哪些系统？对线路运营和调度工作有什么影响？
6. 快速公交运营调度系统有哪几部分？
7. 如何进行票务管理？
8. 谈谈如何做好调度员工作？
9. 大型活动公交运营组织与调度的依据有哪些？
10. 大型活动期间受影响普通公交线路的组织与调度运行方法有哪些？
11. 什么是应急预案？重大紧急突发事件的公交应急预案一般包括哪些内容？

第 9 章

公交运营调度管理信息系统

9.1 概 述

为提高现有公交资源的利用效率,提高公交系统的服务水平和突发事件应变能力,在现代管理理念指导下,充分利用各种先进的智能交通管理信息系统技术,是公交运营组织与调度管理发展的一个重要方向。

20 世纪 70 年代,国外就开始了公交运营调度管理信息系统的开发与研制。到目前已经建立了很多著名系统,如 HOTII、RUCUS-II、HASTUS、EXPRESS、INTERPLAN、COMPACS、TRACE2、SAGE、HHA(Hamburger Hochbahn Aktiengesellschaft)、CHS(Chapel Hill Scheduler)等。其中 HASTUS 是国外流行的公交调度软件之一,它利用先进的优化技术提供有效的车辆时间表和车辆驾驶员调度方案,同时也提供了电子地图、乘客出行信息、换乘方案和系统评价等功能。

在我国,公交运营调度管理信息系统在 20 世纪 90 年代得到发展,目前许多大城市如北京、上海、深圳、苏州和广州等都建设了贴近它们各自业务的公交运营调度管理信息系统。它们多采用大型数据库技术、公交优化调度模型技术、Web 技术、GPS 技术(全球卫星定位技术)、GPRS 技术(通用分组无限业务)、GIS 技术(地理信息系统)、嵌入式系统开发技术等开发和建设。系统的实施提高了城市公交运营组织与调度能力,加强了公交管理人员对突发事件的应变能力,提升了公共交通的整体服务水平和运营效率。

9.2 公交运营调度管理信息系统的构成与功能

公交运营调度管理信息系统根据公交公司的规模和管理的模式,常被设计为 4 级、3 级或 2 级调度管理系统。对于大型公交公司，组织结构最小单位为线路，调度管理系统常被设计为总公司、分公司、车队、线路 4 级；组织结构最小单位为车队，调度管理系统常被设计为总公司、分公司、车队 3 级。对于小型公交公司，调度管理系统常被设计为公司、车队 2 级或公司、车队、线路 3 级。其中又以总公司、分公司、车队 3 级最为典型。下面主要介绍这种公交调度管理信息系统。

9.2.1 系统架构

3 级公交调度管理信息系统框架如图 9-1 所示。其中，车队级系统由实时调度主机和行车计划、劳动排班和统计管理等工作终端组成。实时调度主机连接发车显示器和司机（售票）签到刷卡器，并存有 3 天左右的调度数据，同时调度数据通过同步机制在分公司系统保存。行车计划、劳动排班和统计管理等功能通过 B/S 方式在分公司应用服务器上执行。分公司级系统由数据库服务器、应用服务器、通信服务器和 GIS 服务器及若干工作管理终端集组成。分公司数据库服务器存储本分公司的所用基础数据和业务数据。分公司应用服务器支撑本公司的业务系统和数据同步功能。分公司通信服务器负责接收车载终端传输的定位信息和其他业务数据，并将其转发给本公司 GIS 服务器、车队调度主机和总公司通信服务器供其监控及电子站牌；并负责接收车队调度主机的调度指令转发给车载终端；并对所用的数据进行存储和解析。总公司级系统通过数据同步机制保存所有分公司的数据，便于数据分析，并起到数据备份作用。总公司应用服务器支撑本公司统一门户和数据同步功能。总公司通信服务器接收所有子公司传来的车辆定位信息，在总公司 GIS 服务器上监控车辆运营情况。

9.2.2 系统功能

公交运营调度管理信息系统一般由行车计划子系统、劳动排班子系统、实时调度子系统、统计分析子系统、GPS 车辆监控子系统、乘客服务子系统和辅助支撑系统组成。具体功能描述如下。

1. 行车计划子系统

行车计划子系统主要功能是为某一条线路编制行车计划，可分为计算机智能编制系统和手工编制系统，具体内容如下。

① 行车方案。为某条线路建立的各种行车方案，具体内容包括：行车方案编号；方案内容（方案内容根据实际情况填写，标准是简单明了，易于理解，基本能表达方案的行驶路线。例如，"××路首站到末站"，"××路第三方场站空放首站到末站"，"××路末站到首站空放第三方场站"）；方案属性（包括发车、到达、保养和中途等）；属性细项（某些方案类型下面还分了类型细项，如保养分为例保、一级保养、二级保养、三级保养、四级保养、车身单停保养和三级加强）；场站（使用此行车方案的场站）；计划单程点；计划载客公里；计划空驶公里；车次是否有效（根据线路发车的实际情况来选择，一般空驶、加油、保养都不计算发

车车次）等内容。

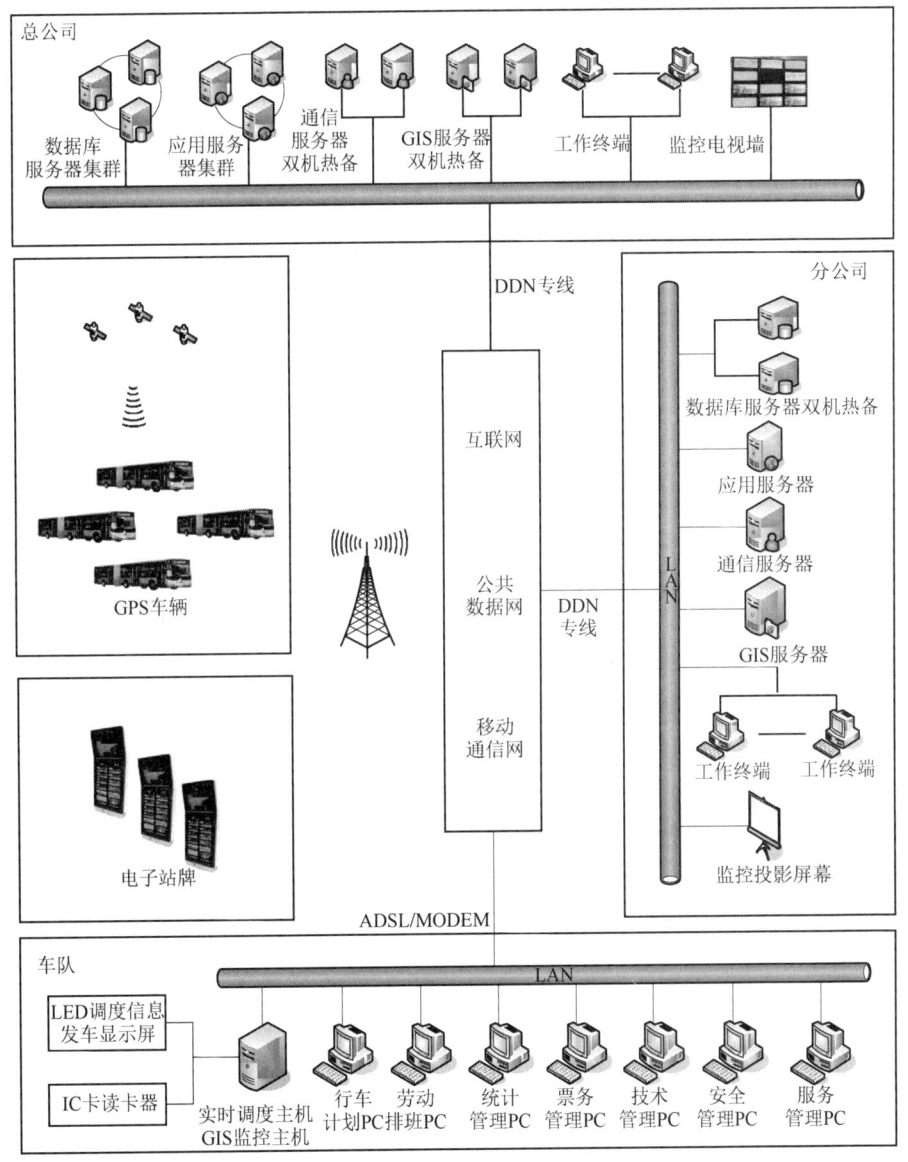

图9-1 3级公交调度管理信息系统框架

② 行车计划摘要与明细。为某条线路行车建立的具体时刻表，具体内容包括：行车计划名称；行车计划类型（包括平日、假日、节日等）；最小吃饭点（司售人员用餐的最小时间）；最小停站点（车辆停站的最短时间）；天气情况（包括晴天、阴天、雨天、雪天、雾天、沙尘等）；班次；班次状态（包括正常行驶、停站待发、停站驻车、保养加入、晚班加入、单班加

入等）；劳动班型（包括早班 1/2、小单班 1/3、大单班 1/4、日班 2/3、晚班 3/4、晚班间歇 3/5、大晚班 4/5、夜班 5/6、替行班、早单班、晚单班）；计划到达时间；计划发车时间；行车方案；计划单程点等内容。

③ 劳动班次。为某条线路行车建立的劳动班次，具体内容包括：班次；劳动班型；上班时间；上班地点；下班时间；下班地点；行驶次数（本班次车辆的行驶次数）；计划载客公里；计划空驶公里；计划非营业公里；计划工时（分钟）；计划有效工时（分钟）；计划售票员人数等内容。

2. 劳动排班子系统

劳动排班子系统按照行车计划的劳动班次进行车辆配备和人员的轮休。具体功能包括建立相应排班模版（劳动排班的基础数据），制订假日换班方案，按照人员的各种休息方式（单替休、双替休（连续）、双替休（间隔）、轮班、轮休）推班，提供班型人员互换（早、晚班人员互换）及连续多日推班功能，并可以对结果中的车辆及人员进行临时修改，支持线路间混合排班。

3. 实时调度子系统

① 系统智能调度。根据线路运行计划表、调度规则和车辆的运行信息，计算机系统自动提供优化、动态的车辆发车时刻表，并可自动向驾驶员发出调度指令。能自动监测车辆到达站、出站信息，自动编排线路行车时刻表。能按照线路行车时刻表或到站车辆信息（如到站时间）编排预订发车信息（到达本站时间、预计发车时间、预计到站时间），根据预订发车时间进行自动排列和派车发车。能按照到站时间自动排列等候发车命令。能按实际运行数据修改调度规则相关参数（如发车时间间隔），系统能够依据预定的调度规则进行自动发车。

② 人工辅助调度。系统根据预定的调度规则，计算出优化的发车间隔和发车时间提供给调度员作为调度的参考数据。根据需要调度员能够修改预计发车时间。调度员根据实际调度处理进行发车。在多任务状态下，具有转换、激活、保持和监控调度功能。

4. 统计分析子系统

① 运能运力统计分析。统计公司运能运力情况，如每日的客流量情况、客流分布等。

② 各种主题数据报表的生成。系统能生成的各主题数据报表有：运营公司的调派单，各运营公司的劳动力使用日报，各运营公司值班调度日报，各线路的车辆动态表，各线路的早出场汇总表，各线路的行车定点计划，各线路平峰、高峰各主要断面客流量统计图表，各线路故障次数汇总表，各线路行车事故登记表、日报，各运营公司的成本费用表，各线路的各时段、班次考核表，车辆行驶里程日报，管理人员到岗情况汇总表，其他报表。

③ 突发事件统计。能对公司运营调度过程中出现的突发事件进行统计，如堵车、事故、故障等，按分公司、线路分类统计（以备扩充）。

5. GPS 车辆监控子系统

① 显示功能。对本公司公交车辆的运行情况进行全面、实时、直观监控和跟踪，通过对公交车辆的监控，了解市区道路交通情况。大屏幕显示 GIS 基本情况（车辆分布、道路交通情况、客流分布）。

② 跟踪定位。实时查询行驶车辆所在位置（包括行驶速度和准确的时间信息）。

③ 报警跟踪。当车辆有报警信号时，中心计算机自动将报警车辆置于窗口的中心并实时监控，显示其运行轨迹和车辆有关信息。

④ 多屏显示。根据需要可以同时跟踪显示多个需监控车辆。

⑤ 选择监控。选择车辆进行监控跟踪显示，按需要可以分层对电子地图进行显示。

⑥ 轨迹回放。在电子地图上回放出车辆行驶的轨迹。

6. 乘客服务子系统

① 首末站发车服务系统。由 LED 显示系统和语音广播系统组成，显示和播报最近发出车辆的时间和车号。

② 电子站牌服务系统。由 LED 显示系统和无线通信设备组成，显示公交线路图、显示时间、公交线路车辆位置、到达本站时间、里程、拥挤度等信息。

③ 车辆车载终端服务系统。由车载 LED 显示屏和语音广播系统及无线通信设备组成，显示和播报车辆的行驶方向、全程里程、行驶时间、下一站的车辆要到达的站点及一些其他相关的信息。

9.3 公交运营调度管理信息系统平台建设

公交运营调度管理信息系统平台建设是一项持续时间较长的管理系统工程，应从系统的角度来考虑，从用户环境、建设任务、辅助任务及贯穿始终的管理变革思想多方面考虑。平台应符合 ITS 的设计规范，并满足与 ITS 其他系统信息的互联互通。从系统工程的角度看，公交运营调度管理信息系统整体架构如图 9-2 所示。

公交运营调度管理信息系统平台是服务于集团公司、分公司及车队的运营调度与指挥系统平台，应同时满足多个层面用户的公交运营管理业务需求。并在信息化整体规划及其标准化建设的指导下，通过管理体制的规范和创新，依托系统所必需的一系列基础平台，逐步整合资源，加以建设。在平台建设的层次上，可分为（次序由下向上）以下几层。

第一层是一个覆盖全面的基础网络平台，支持其上的各类系统。网络平台一般由集团公司、分公司和车队内部的局域网和租用的电信公司的广域网及移动公司的无线网组成。集团公司和分公司的局域网通过租用的电信公司的数据专线（带宽通常为 512 kbps～2 Mbps）连接在一起，成为公交核心网络，公交核心网络通过数据专线（带宽通常为 2 Mbps～10 Mbps）连接到 Internet。车队的局域网通过电话线（使用 ADSL 或 MODEM 协议）连接到 Internet，在其链路上建立 VPN 通道连接到核心网络。

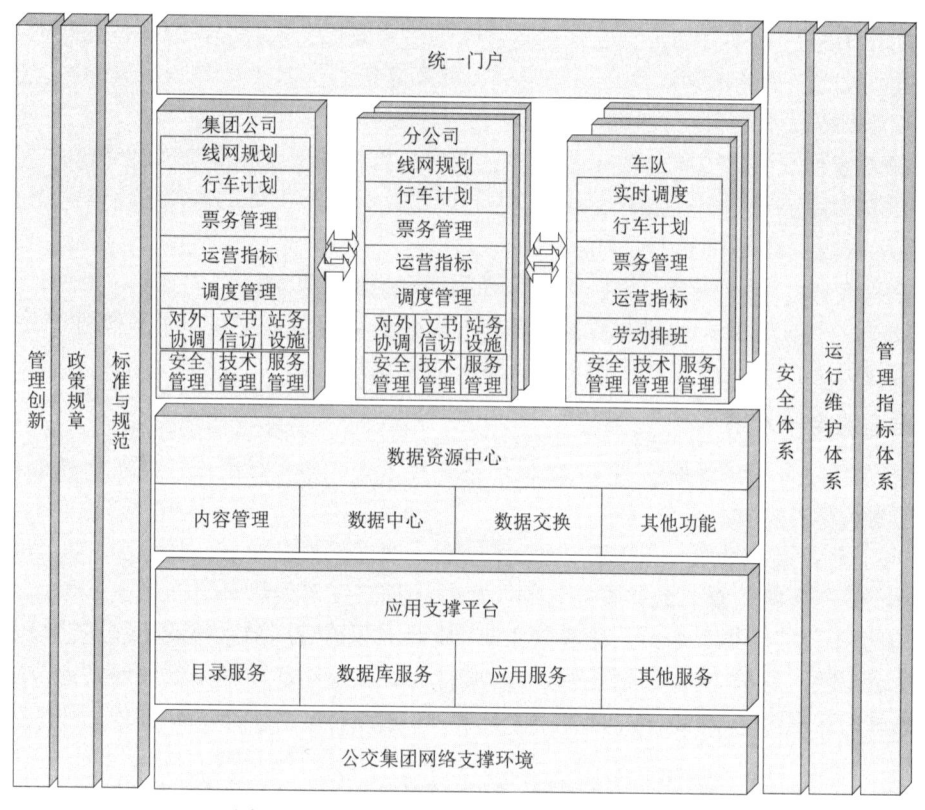

图 9-2 公交运营调度管理信息系统整体架构

第二层是应用支撑平台，它必须具备稳固、成熟、标准化的特性，在应用支撑平台上，按照统一标准规范体系，便于开发各类业务应用系统，包括利用统一的接口实现访问与访问控制。应用支撑平台包含目录管理系统、数据库管理系统、应用管理系统和其他服务系统。

第三层是数据资源管理中心，不仅提供统一和标准的数据管理，而且提供数据同步等其他服务功能。它包含内容服务中心、数据服务中心、数据交换服务中心和其他功能。

第四层是应用系统层，涵盖了总公司、分公司和车队的调度管理业务，包括行车计划、劳动排班、实时调度、票务管理、技术管理、安全管理、服务管理等功能。

第五层是门户层，统一的门户管理是分布式资源集中化的主要手段。它可以为所有的用户访问集团公司、分公司和车队等各级乃至各项应用资源时提供单一的访问入口和访问形式，用户可以一次性登录到系统中，完全透明地访问自己权限允许的所有应用功能，而不必关心应用系统在何处分布。

在平台建设过程中还需做到：① 从下至上贯穿的安全体系是信息系统不可缺少的组成部分；② 为了公交运营调度管理信息系统长期、稳定、有效地运行，须在系统建设的同时为其建立专门的运行维护体系；③ 为了使各类资源管理更加规范，管理目标更加明确，微观管理数据能够更好地为宏观管理服务，须逐步建立管理指标体系并不断依据管理业务变化进行调整；④ 整个系统必须制定一系列的标准与规范，以保证各子系统能无缝衔接；⑤ 为了促进用户对系统的适应过程，须通过公交内部制定一系列政策与规章进行行政保障；⑥ 在系统建设及其后长时间的运行过程中，会不断地根据业务模式、机构变动及用户成熟度等多方面因素进行管理创新活动（业务整合），体现为系统各方面的优化过程。

9.4　新技术在调度工作中的应用

9.4.1　车辆定位技术的原理及应用

在公交调度管理信息系统中，车辆定位是智能调度和车辆功能的前提和基础。如果不能对车辆进行实时、准确可靠的定位，公交调度管理信息系统的监控功能将无法实现。目前用于机动车辆的定位技术主要有两种：独立定位和卫星定位。在公交调度管理信息系统中主要使用卫星定位技术，独立定位系统作为补充，只有在 GPS 接收机接收不到卫星信号时，独立定位系统替代卫星定位系统工作。

1. 独立定位技术

独立定位方式主要是惯性导航系统。惯性导航系统（INS）是一种既不依赖外部信息、又不发射能量的独立定位技术。惯性导航系统通常由惯性测量单元和计算单元组成。惯性测量装置包括加速度计和陀螺仪，又称惯性导航组合。通过测量飞行器的加速度（惯性），并自动进行积分运算，获得飞行器瞬时速度和瞬时位置数据的技术。

惯性导航系统属于一种推算导航方式，即从一已知点的位置根据连续测得的运载体航向角和速度推算出其下一点的位置，因而可连续测出运动体的当前位置。惯性导航系统中的陀螺仪用来形成一个导航坐标系，使加速度计的测量轴稳定在该坐标系中并给出航向和姿态角；加速度计用来测量运动体的加速度经过对时间的一次积分得到速度，速度再经过对时间的一次积分即可得到距离。惯性导航系统有如下主要优点：① 不依赖于任何外部信息，也不向外部辐射能量的自主式系统，隐蔽性好且不受外界电磁干扰的影响；② 可全天候、全球、全时间地工作于空中地球表面乃至水下；③ 能提供位置、速度、航向和姿态角数据，所产生的导航信息连续性好而且噪声低；④ 数据更新率高、短期精度和稳定性好。其缺点是：① 由于导航信息经过积分而产生，定位误差随时间而增大，长期精度差；② 每次使用之前需要较长的初始对准时间。

航位推算系统是惯性导航系统的一种，是车辆独立定位广泛使用的技术，下面主要介绍其结构和工作原理。

（1）航位推算定位原理

航位推算（DR）是一种常用的独立式车辆导航定位方法,对于行驶在二维平面空间的车辆,假如起始位置和车辆所有位移是已知的,可以计算任何情况下车辆的位置。简言之,它是相对于一个参考点确定车辆位置（坐标）的技术。这种方法中航向和距离传感器被用来测量车辆行驶的方向和距离,从而推算出当前车辆的位置。航位推算原理图如图9-3所示。

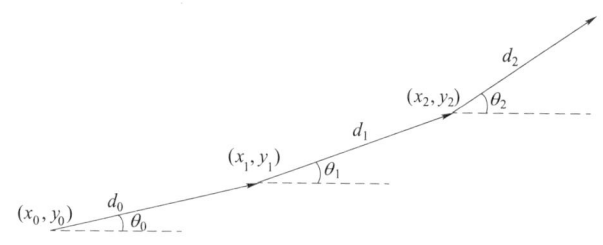

图 9-3 航位推算原理图

车辆在 t_k 时刻的位置可表示为：

$$x_k = x_0 + \sum_{i=0}^{k-1} d_i \cos \theta_i \tag{9-1}$$

$$y_k = y_0 + \sum_{i=0}^{k-1} d_i \sin \theta_i \tag{9-2}$$

$$\theta_k = \sum_{i=0}^{k-1} \omega_i \tag{9-3}$$

式中：(x_0, y_0) 是车辆在 t_0 时刻的初始位置；(x_k, y_k) 是车辆在 t_k 时刻的位置；d_i，θ_i 分别是车辆从 t_i 时刻的位置 (x_i, y_i) 到 t_{i+1} 时刻的位置 (x_{i+1}, y_{i+1}) 的位移矢量的长度和绝对航向；相对航向定义为连续两个绝对航向之差,用 ω_i 表示；θ_k 为车辆在 t_k 时刻的绝对航向。

（2）航位推算定位组成结构

航位推算由加速度计或者里程表、角速率陀螺（角速度传感器）和外围电路组成。在车辆导航系统中,里程表通常用来测量车辆行驶的距离。速率陀螺用来测量车辆行驶的距离。在已知起始点的情况下,可以通过处理器对车辆行驶的方向和距离处理来确定车辆当前的位置。

（3）航位推算定位硬件设备

① 角速率陀螺（角速度传感器）。

目前大多数定位和导航系统利用陀螺测量角速率。在组合导航系统中,角速率陀螺的作用主要是测量在行驶过程中方向的变化。陀螺仪的工作原理是：首先陀螺仪测量出车辆行驶过程中的角速率 ω,经过积分便可以得到车辆在行驶过程中的方向。角速率陀螺仪种类很多。下面以压电晶体陀螺仪为例对角速率陀螺仪进行性能分析。

压电晶体陀螺仪没有轴承,因此寿命仅取决于材料的疲劳寿命和电子器件的可靠性。材料的疲劳寿命可以说是无限的，所以陀螺仪的寿命实际上几乎完全取决于电子器件的可靠性。随着电子器件可靠性的不断提高，压电晶体陀螺仪的寿命也就不断增长，其寿命约为普通陀螺仪或线性加速度表的 25 倍。

普通陀螺仪的线性度由其支架偏转角和读出机构的线性度确定。压电晶体陀螺仪的位移实际上为零且读出装置的线性度很好，使得压电晶体陀螺仪的线性度比普通陀螺仪的线性度高 10 倍。

压电晶体陀螺仪由于结构简单，没有传动部件，所以可靠性显著高于普通陀螺仪。现在估计，压电晶体陀螺仪的可靠性比普通陀螺仪要高 5 倍。

压电晶体陀螺仪的灵敏度仅由振动材料的晶体内摩擦和读出装置的灵敏度确定。压电晶体陀螺仪的理论灵敏度可达 0.002 度/s，比普通陀螺仪的灵敏度优越 4 个数量级。但实际上，灵敏度还受到由于陀螺仪结构不对称而在运动时引起的假振动的限制，如果制作工艺不能保证较好的结构对称，也许灵敏度还会低于普通陀螺仪。

不像普通陀螺仪那样，压电晶体陀螺仪在理论上没有测量上限。据美国通用电气公司报道，使用压电晶体陀螺仪可测量高达 1 300 度/s 的角速率。测量下限受输出信号中杂音的限制。

因为压电晶体陀螺仪用直流电源工作，并且总功耗小于 1 W。输出信号也是直流。普通陀螺仪的陀螺马达信号器和力矩器通常要用交流电源，功耗 2～6 W。与普通陀螺仪不同，压电晶体陀螺仪输出信号的比例系数，只需调整电位器就能满足系统的需要，而普通陀螺仪的机械设计是不可能调整的。

压电晶体陀螺仪的性能指标如下：

a. 零位电压与零位漂移；
b. 比例系数为 52.98 mV；
c. 满刻度线性度为 –0.201%；
d. 测量范围为 ± 50°/s；
e. 工作电压为 ± 15 VDC（± 0.5 VDC）；
f. 准备时间为 10 min；
g. 漂移为 0.1～0.2°/s/h；
h. 输出电压为 ± 5 V～± 10 V；
i. 交叉耦合为 0.5%；
j. 阻尼比为 0.6。

② 里程表和加速度计。

在 DR 航位计算定位系统的用于测量车辆行驶距离的传感器有两种：一是里程表；二是加速度计。

a. 里程表。

里程表是通过测量车轮转数来测量行驶里程和速度的装置。目前已较多地采用非接触式的电磁或光电速度传感器，其基本原理是：每当车轮转过一定距离时，电磁或光电开关动作一次，相应的电路输出一个脉冲，通过计数器累计输出脉冲的个数，用一标准常量乘以里程表的脉冲数，得到汽车行驶的距离。单位时间内行驶的距离便是车辆的速度。

里程表的标准常量几乎与轮胎半径成正比，轮胎半径的轻微变化会给距离计算带来一个小的误差，轮胎半径的变化主要由以下几个因素引起。

车轮速度：轮胎半径随车辆速度增加而增大。

轮胎压力：轮胎半径随轮胎内压力增大而增大。

轮胎磨损：轮胎半径随轮胎磨损加重而减小。

b. 加速度计。

加速度计是一种运动传感器，能用来确定运动载体的速度和位移。在航位推算中，加速度计是一种距离传感器。加速度计具有如下两个优点：加速度计能够单独确定运动载体的速度和位移，不需要辅助设备；加速度计能被制作成体积小、价格低的集成块。

加速度计的工作原理是：根据运动载体的加速度 a，经过两次积分，得到运动载体的速度 v 和位移 d，如式 9-4、式 9-5 所示。

$$v(t) = v(0) + \int_0^t a(t) \mathrm{d}t \tag{9-4}$$

$$d(t) = d(0) + \int_0^t v(t) \mathrm{d}t \tag{9-5}$$

③ V/F 转换器。

V/F 转换器的功能是实现信号的模数转换（A/D 转换）。目前，A/D 转换技术得到了广泛的使用，特别是利用 A/D 转换技术制成的各种测量仪器因使用灵活、操作简便、体积小、重量轻、便于携带、测量结果准确等特点而普遍受到欢迎。电压频率变换型（Voltage–Frequency Converter）是通过间接转换方式实现模数转换的。其原理是首先将输入的模拟信号转换成频率，然后用计数器将频率转换成数字量。从理论上讲这种 A/D 的分辨率几乎可以无限增加，只要采样的时间能够满足输出频率分辨率要求的累积脉冲个数的宽度。其优点是分辨率高、功耗低、价格低，但是需要外部计数电路共同完成 A/D 转换。

④ 导航处理器。

航位推算系统中最重要的部分是导航处理器，在处理器中把来自陀螺和里程表的信号进行处理，并采用数据融合方法进行数据处理。关于数据融合的内容将在后续章节进行阐述。

（4）航位推算定位优缺点

由于航位推算是一个累积过程，因此，所有传感器的误差均会造成位置误差的积累，使得定位精度降低。根据航位推算方法进行位置推算，其产生定位误差积累的主要原因如下：

① 里程表误差，由于轮胎的充气程度不同、车速的变化、轮胎的磨损、载荷的大小、道路状况的影响使车轮打滑和弹跳及车辆转弯等造成测量距离误差；

② 角速率陀螺存在误差飘移，且随时间累积；

③ 方向误差，由于载体的姿态变化（非水平时）引入的方向误差。

2. 卫星定位技术

卫星导航系统主要有 4 个：美国的 GPS，俄罗斯的 GLONASS，欧洲的伽利略全球卫星定位导航系统和中国的北斗导航系统。

GPS 全球卫星定位系统（Global Positioning System），是美国从 20 世纪 70 年代开始研制，历时 20 余年，耗资 200 亿美元，于 1994 年全面建成（21 颗工作星和 3 颗备份星工作在互成 30°的 6 条轨道上）。具有海陆空全方位实时三维导航与定位能力的卫星导航与定位系统。GPS 的精度可以达到 1 m，国际上开放的民用精度为 30 m。1994 年开始运营。

GLONASS 是俄语中"全球卫星导航系统 GLOBAL NAVIGATION SATELLITE SYSTE"的缩写。作用类似于美国的 GPS。GLONASS 星座由 21 颗工作星和 3 颗备份星组成，24 颗星均匀地分布在 3 个近圆形的轨道平面上，这 3 个轨道平面两两相隔 120°。GLONASS 的精度为 16 m。2007 年开始运营。

欧盟 1999 年初正式推出"伽利略"计划，部署新一代定位卫星。该方案由 27 颗运行卫星和 3 颗预备卫星组成，可以覆盖全球，位置精度达 10 m，亦可与 GPS 和 GLONASS 系统兼容，总投资为 35 亿欧元。该计划已于 2010 年投入运行。

中国独立研制了一个区域性的卫星定位系统——北斗导航系统。该系统的覆盖范围目前限于中国及周边地区，尚不能在全球范围提供服务，主要用于军事用途，但也开放了低精度的民用服务。

目前，GPS 已经成为世界范围内应用最广泛的卫星导航系统。GPS 系统可以为用户精确、连续、全天候地提供动态目标的三维位置、三维速度和时间信息一次定位时间仅几秒到十几秒，用户不发射任何电磁信号，只要接受卫星导航信号即可定位，并可全天候昼夜作业。下面介绍其工作原理。

（1）GPS 的组成

GPS 主要由 3 部分组成，即空间卫星部分、地面控制部分和用户设备部分。

① 空间卫星部分。

全球定位系统的空间卫星星座由 24 颗卫星组成，其中包括 3 颗备用卫星，卫星在互成 60°的 6 个椭圆形轨道面上，轨道倾角为 55°。卫星轨道的长半轴长 26 609 km，偏心率为 0.01，卫星运行高度为 20 200 km，运行周期为 12 h。此轨道参数能保证地球上任何一点任何时刻均能够同时观测到至少 4 颗 GPS 卫星。

② 地面控制部分。

GPS 的地面控制部分主要用来测量和计算每颗卫星的星历，编辑成电文发送给卫星，即卫星所提供的广播星历。

地面控制部分由 1 个主控站、3 个注入站和 5 个监测站组成。主控站位于 Colorado Springs

的联合空间执行中心,3 个注入站分别设在大西洋、印度洋和太平洋的 3 个美国军事基地内,即大西洋 Ascension 岛、印度洋的 DiegoGarcia 岛和太平洋的 Kwajalein 岛,5 个监测站设在主控站和 3 个注入站及 Hawaii 岛。

监测站是一种无人值守的数据采集中心,其任务是对每颗卫星进行连续不断的观测,并在主控站的控制下将观测数据送往主控站。5 个监测站所提供的观测数据形成了 GPS 卫星实时发布地广播星历。主控站的任务是提供 GPS 的时间基准,控制地面部分和卫星的正常工作,包括处理由各监测站送来的数据,编制各卫星星历,计算各卫星钟的钟差和电离层校正等参数,并将这些导航信息送给注入站;控制卫星运行轨道、启用设备卫星。注入站的任务是在卫星通过其上空时,把导航信息注入给卫星,并负责监测信息的正确性。

③ 用户设备部分。

用户设备部分主要是 GPS 信号接收机。

④ GPS 的工作过程。

a. 选择卫星:从可见卫星中选择几何关系最好的 4 颗卫星,必须预先知道全部导航卫星的粗略星历,若接收机刚投入使用而没有这种数据,则需搜捕卫星信号;只要捕获并跟踪到 1 颗卫星的信号,便可从其第 5 子帧取得全部卫星的粗略星历。

b. 被选卫星信号:搜捕信号不用从头到尾进行搜捕,只要粗略地知道用户位置,便可在大概的用户到卫星的距离左右搜捕,一旦卫星信号被捕获并进入跟踪,那么就可以解调出导航信息。

c. 粗略伪距并修正:用 F1、F2 测得的伪距差,对测量伪距进行大气附加延时修正。

d. 定位计算。

(2) GPS 定位原理

GPS 定位采用空间被动式测量原理,即在测站上安置 GPS 用户接收系统,以各种可能的方式接收 GPS 卫星系统发送的各类信号,由计算机求解站星关系和测站的三维坐标。

如图 9—4 所示,欲确定三维空间中一点的位置,需要 3 个参考点并测定待测点与这 3 个参考点的距离(4 个点不能在一个平面上)。因此,理想情况下,通过测定地球上某一点 U 与 3 颗卫星 A、B、C 的距离,即可确定该点空间的位置。

GPS 的卫星时钟基频 $f_0 = 10.23$ MHz,在 L 频段上配有两种基频:

$L1$ 载波: $f_{L1} = 154 f0 = 1575.42$ MHz

$L2$ 载波: $f_{L1} = 120 f0 = 1227.60$ MHz

GPS 的每一颗卫星连续不断地发送可跟踪的唯一编码序列,GPS 接收机据此辨认相关卫星。GPS 的测距码(P 码和 C/A 码)和数据码都是采用扩频伪码的调相技术 PSK 调制到载波上去的。

在 $L1$ 频段上有数据流和两种测距码分别以通向和正交方式进行调制,其信号结构为:

$$S_{L1}(t) = A_p P_i(t) D_i(t) \cos(\omega_{L1} t + \varphi_1) + A_c C_i(t) D_i(t) \sin(\omega_{L1} t + \varphi_1) \qquad (9-6)$$

在 $L2$ 频段上只有 P 码进行双向调制:

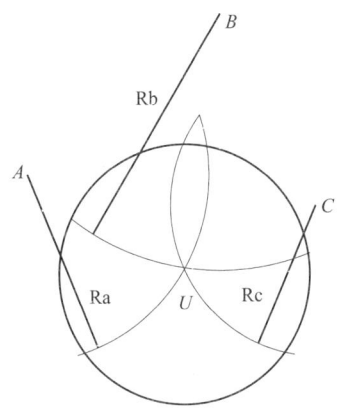

图 9-4 GPS 定位示意图

$$S_{L2}(t) = B_p P_i(t) D_i(t) \cos(\omega_{L2} t + \varphi_2) \tag{9-7}$$

式中：A_p、B_p、A_c 为 P 码和 C/A 码的振幅；$P_i(t)$、$C_i(t)$ 为 P 码和 C/A 码；$D_i(t)$ 为数据流，又称导航电文，其中包括该卫星星历、工作状态、时钟改正、电离层时延改正、大气折射改正以及从 C/A 码捕捉 P 码的导航信息；ω_{L1}、ω_{L2} 为载波 L1、L2 的角频率；φ_1、φ_2 为信号初始相位。

这里的 C/A 和 P 码是由数学方法产生的二进制码，具有随机噪声的特性，其作用是相当于精密的时标。将卫星与接收机振荡器产生的码序列进行相关处理就完成了对某一卫星的跟踪和锁定；进一步鉴相解调，可得到导航电文 $D_i(t)$，又可求出卫星信号的传播时间，乘上光速便得到从卫星到接收机的伪距。GPS 定位是通过伪距测量得到的，由于存在时钟差、大气效应、接收机误差，这里的伪距并非实距，伪距数学表达式为：

$$\begin{aligned}P_P &= c(t_{PR} - t_{SV}) + V_P \\ &= R_P + c(\Delta t_{PR} - \Delta t_{SV}) + d_{pP} + d_{pion} + d_{ptrop} + d_{MP} + V_P\end{aligned} \tag{9-8}$$

式中：t_{PR} 为接收机已同步的观测时刻；t_{SV} 为卫星已同步的发射时刻；Δt_{PR} 为接收机的时钟偏差；Δt_{SV} 为卫星的时钟偏差；d_{pP} 为卫星的星历误差引起的伪距误差；d_{pion}、d_{ptrop} 分别是电离层和对流层效应；d_{MP} 为多径效应；V_P 为接收机噪声；R_P 为接收机到卫星的几何实距，若接收机位置坐标设为 (x_P, y_P, z_P)，由卫星星历获得的卫星的地心坐标 (x, y, z)，即有：

$$R_P = \sqrt{(x-x_P)^2 + (y-y_P)^2 + (z-z_P)^2} \tag{9-9}$$

结合式 (9-8)、式 (9-9)，将 x_P，y_P，z_P，$\Delta t_{PR} - \Delta t_{SV}$ 视为 4 个未知数（不考虑多径效应和接收机噪声情况下），根据导航电文 $D_i(t)$ 确定其余各项，只要同时观测到 4 颗卫星，就可实现三维定位（经度、纬度、高度）。

(3) GPS 的特点

① 全球地面连续覆盖。由于 GPS 卫星的数目较多，且分布合理，所以地球上任何地点

均可连续地同步观测到至少 4 颗卫星,从而保障了全球、全天候连续地三维定位;功能多,精度高。GPS 可为各类用户连续地提供动态目标的三维位置、三维速度和时间信息。

② 实时定位。利用全球定位系统,可以实时地确定运动目标的三维位置和速度。

③ 定位精度高。现已完成的大量实验表明,目前在小于 50 km 的基线上,其相对定位精度可达 $(1\sim2)\times10^{-6}$,而在 100 km 到 500 km 基线上,相对定位精度可达 $10^{-6}\sim10^{-7}$。

④ 操作简便。GPS 测量的自动化程度很高,且接收机的重量较轻、体积较小,携带和搬运都很方便。

(4) GPS 误差分析

前面阐述了 GPS 定位的基本原理,其中影响伪距管测量的主要误差来源有以下 3 个方面。

① 空间飞行部分:包括卫星星历误差、卫星钟偏差。
② 信号传播部分:包括电波信号的电离层传播延迟、对流层传播延迟和多径效应。
③ 用户系统部分:包括用户接收机测量误差、用户计算误差。

下面对 6 种误差分别进行介绍。

① 卫星星历误差。由卫星星历所给出的卫星在空间的位置与卫星的实际位置之差为卫星星历误差。卫星星历误差主要由地面监控部分监测站的分布及其站址误差、监测站所取得的观测量精度、卫星所受摄动力模型的精确程度、计算精度与卫星中的稳定度等因素造成的。

② 卫星钟误差。尽管 GPS 卫星配备了高稳定度的原子钟,但是卫星钟本身及广义相对论和狭义相对论引起的频率均将影响卫星钟的准确性。相对论效应导致的卫星钟频的增长可以通过人为地减小卫星钟频进行校正,其他误差可以利用主控站测定的参数进行模型改正。卫星钟差或经改正后的残差,可以利用差分定位消除。

③ 电离层传播延迟。GPS 卫星信号通过电离层时将受到这一介质弥散性的影响,使信号的传播路径产生变化,因此而产生的时间延迟在最恶劣的条件下可达 300 ns,等效于 100 m 的测距误差。电离层的影响可以通过双频观测、电离层模型修正或者差分的方法加以减弱。

④ 对流层传播延迟。对流层传播延迟是电磁波信号通过对流层时其传播速度不同于真空中的光速所引起的延迟。其中干分量主要与大气的温度和压力有关,湿分量主要与大气温度和高度有关。与电离层延迟相比,对流层延迟比较容易预测,估计方法也较成熟。利用差分方法来消除对流层的影响时,步观测站之间的距离不能太大,根据经验,距离在 50~100 km 时,对流层传播延迟将成为影响 GPS 定位精度的决定因素之一。

⑤ 多径效应。所谓多径效应,就是接收机天线除直接接收到卫星的信号外,还同时收到天线周围地物反射的卫星信号,两种信号叠加对定位精度的影响难以控制,它随周围环境的不同而不同。消除办法有多次取均值、选择屏蔽良好的天线或者将天线安置在反射面体少的地方。但在动态定位中,多径效应导致的定位误差则无法消除。

⑥ 用户接收机的测量误差。用户接收机测量误差主要是由相关接收机对测距码的分辨率和接收机噪声造成的。一般通过提高接收机硬件的灵敏度和稳定度来降低接收机本身对定位精度产生的影响。

以上介绍了伪距定位的误差来源及其相应的改善措施,所有这些误差最终对定位精度的影响综合在一起,产生的定位误差将达到 100 m 的数量级。

(5) 差分 GPS 定位原理及方法

由于 GPS 系统在 SA 实施下提供的单点定位精度在 100 m 左右,这种精度难以满足要求。为了解决这个问题,提高定位的精度,提出了差分的技术。所谓差分 GPS(DGPS–Differential GPS)就是将一个已精确测定的已知点作的差分基准点,在此点安装 GPS 接收机,连续接收 GPS 信号,通过处理再发送给移动 GPS 用户,以修正它们的定位解。差分 GPS 实时定位技术基本上可分为两种类型,即局域差分 GPS 和广域差分 GPS。局域差分技术特点是向用户提供综合的差分 GPS 改正信息——观测值改正,而不是提供单个误差源的改正。它的作用范围比较小,如在 150 km 之内。广域差分的技术特点是将 GPS 定位中主要的误差源分别加以计算,并分别向用户提供这些差分信息,它作用的范围比较大,往往在 1 000 km 以上。

3. 公交车辆 GPS 车载系统的应用

从 20 世纪 90 年代开始,国外就开始进行了 GPS 定位技术在车载系统中的研究与应用。目前国内北京、上海、广州、深圳、厦门、南京等大中城市在公交车辆上安装了 GPS 车载系统实现车辆的定位、报警及监控功能。

公交车辆 GPS 车载系统主要的功能有 3 种:① 确定公交车在行驶路线的位置,在进出站时自动进行语音播报,同时在 LED 屏幕显示;② 向控制中心传输公交车位置信息、报警信息和其他信息,接收控制中心调度指令和信息,同时在 LED 屏幕显示;③ 公交车速度超速语音报警功能。为达到上述功能,公交车辆 GPS 车载系统结构如图 9-5 所示。

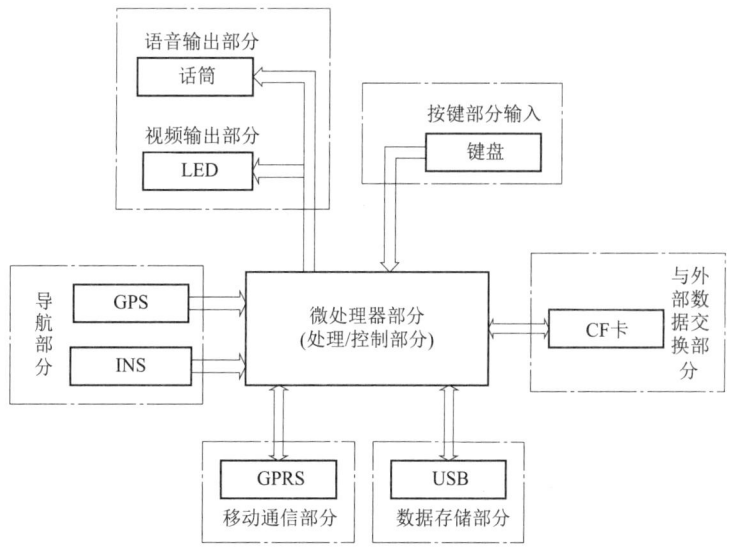

图 9-5 公交车辆 GPS 车载系统结构

车辆 GPS 车载系统由以下几个部分组成：GPS 模块，INS 模块，微处理器，GPRS 模块，**存储器模块**，语音接口模块，显示接口模块，USB 接口模块和串行通信接口模块等。图 9-6 是某厂家开发的车辆 GPS 车载设备（GPS 主机和设备显示屏）。

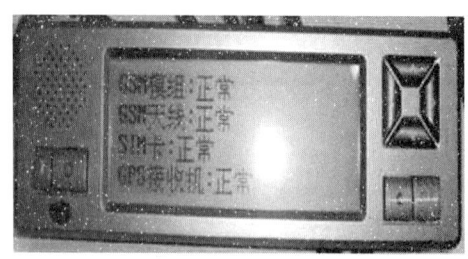

(a) GPS主机　　　　　　　　　　　　(b) 设备显示屏

图 9-6　车载 GPS 终端设备图

车辆 GPS 车载系统自动报站的基本原理：车辆经过的每一个站台的经纬度预先存在 GPS 车载系统内，微处理器在固定间隔匹配 GPS 模块实测的经纬度与站台固定经纬度来实现自动报站功能。

9.4.2　无线通信技术的原理及应用

在公交调度管理信息系统中，需要车辆实时向调度中心传送车辆定位信息，同时调度中心向车辆实时发送调度指令，这种动态双向通信模式必须采用无线双向通信模式。考虑到成本因素，要充分利用公用无线通信网络。目前，无线通信方式主要有：① 蜂窝数据通信；② 集群移动通信；③ 卫星通信。

公交调度管理信息系统车辆调度功能大多采用蜂窝数据通信网络，原因是蜂窝数据通信**系统稳定**、覆盖范围广且租用成本适中。集群移动通信网络覆盖面不如蜂窝数据通信网络，且主要业务为语音通信。卫星通信网络覆盖面最广，但租用成本高。下面主要介绍蜂窝移动通信网络。

1. 蜂窝移动通信网络

蜂窝移动通信是采用蜂窝无线组网方式,在终端和网络设备之间通过无线通道连接起来，进而实现用户在活动中可相互通信。其主要特征是终端的移动性，并具有越区切换和跨本地**网自动漫游功能**。蜂窝移动通信业务是指经过由基站子系统和移动交换子系统等设备组成蜂窝移动通信网提供的话音、数据、视频图像等业务。

蜂窝移动通信技术有很多种，但系统结构相似，下面以 GSM 系统为例说明。GSM 系统主要由交换网路子系统（NSS）、无线基站子系统（BSS）和移动台（MS）三大部分组成，如

图 9-7 所示。其中 NSS 与 BSS 之间的接口为"A"接口，BSS 与 MS 之间的接口为"Um"接口。

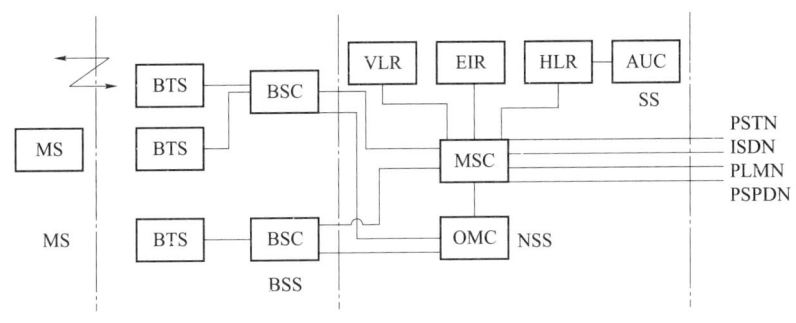

图 9-7 GSM 系统结构

A 接口往右是 NSS 系统，它包括移动业务交换中心（MSC）、拜访位置寄存器（VLR）、归属位置寄存器（HLR）、鉴权中心（AUC）和移动设备识别寄存器（EIR），A 接口往左 Um 接口是 BSS 系统，它包括基站控制器（BSC）和基站收发信台（BTS）。Um 接口往左是移动台部分（MS），其中包括移动终端（MS）和客户识别卡（SIM）。

（1）交换网路子系统

交换网路子系统（NSS）主要完成交换功能和客户数据与移动性管理、安全性管理所需的数据库功能。NSS 由一系列功能实体所构成，各功能实体介绍如下。

MSC：是 GSM 系统的核心，是对位于它所覆盖区域中的移动台进行控制和完成话路交换的功能实体，也是移动通信系统与其他公用通信网之间的接口。它可完成网路接口、公共信道信令系统和计费等功能，还可完成 BSS、MSC 之间的切换和辅助性的无线资源管理、移动性管理等。另外，为了建立至移动台的呼叫路由，每个 MS 还应能完成入口 MSC（GMSC）的功能，即查询位置信息的功能。

VLR：是一个数据库，是存储 MSC 为了处理所管辖区域中 MS（统称拜访客户）的来话、去话呼叫所需检索的信息，如客户的号码，所处位置区域的识别，向客户提供的服务等参数。

HLR：也是一个数据库，是存储管理部门用于移动客户管理的数据。每个移动客户都应在其归属位置寄存器（HLR）注册登记，它主要存储两类信息：一是有关客户的参数；二是有关客户目前所处位置的信息，以便建立至移动台的呼叫路由，如 MSC、VLR 地址等。

AUC：用于产生为确定移动客户的身份和对呼叫保密所需鉴权、加密的三参数（随机号码 RAND，符合响应 SRES，密钥 KC）的功能实体。

EIR：也是一个数据库，存储有关移动台设备参数。主要完成对移动设备的识别、监视、闭锁等功能，以防止非法移动台的使用。

（2）BSS 系统

BSS 系统是在一定的无线覆盖区中由 MSC 控制，与 MS 进行通信的系统设备，它主要负责完成无线发送接收和无线资源管理等功能。功能实体可分为基站控制器（BSC）和基站收发信台（BTS）。

BSC：具有对一个或多个 BTS 进行控制的功能，它主要负责无线网路资源的管理、小区配置数据管理、功率控制、定位和切换等，是个很强的业务控制点。

BTS：无线接口设备，它完全由 BSC 控制，主要负责无线传输，完成无线与有线的转换、无线分集、无线信道加密、跳频等功能。

（3）移动台

移动台就是移动客户设备部分，由移动终端（MS）和客户识别卡（SIM）两部分组成。

移动终端表现形式有："手机"、"车载台"和"便携台"等。它可完成话音编码、信道编码、信息加密、信息的调制和解调、信息发射和接收。

SIM 卡就是设备的"身份卡"，它存有认证客户身份所需的所有信息，并能执行一些与安全保密有关的重要信息，以防止非法客户进入网路。

2. 蜂窝移动通信技术标准

蜂窝移动通信技术历史上，由于依照的开发标准不同，形成了欧洲电信标准协会出版的 GSM 技术规范和美国高通公司（Qualcomm）开发的 CDMA 标准两大阵营，它们包括：900/1 800 MHz GSM 和 800 MHz CDMA 第二代数字蜂窝移动通信技术；GPRS 和 CDMA200 1xRTT 第二点五代数字蜂窝移动通信技术；目前在 3G 时代，形成了 WCDMA（GSM 系列）、CDMA2000（CDMA 系列）和以中国大唐电信公司提出 TD–SCDMA 第三代数字蜂窝移动通信技术。

（1）GSM 技术标准

GSM 全名为：Global System for Mobile Communications，中文为全球移动通信系统，俗称"全球通"，是一种起源于欧洲的移动通信技术标准，是第二代移动通信技术，其开发目的是让全球各地可以共同使用一个移动电话网络标准，让用户使用一部手机就能行遍全球。我国于 20 世纪 90 年代初引进采用此项技术标准，此前一直是采用蜂窝模拟移动技术，即第一代 GSM 技术（2001 年 12 月 31 日我国关闭了模拟移动网络）。GSM 系统包括 GSM900:900 MHz、GSM1800:1 800 MHz 及 GSM1900:1 900 MHz 等几个频段。GSM 是一种广泛应用于欧洲及世界其他地方的数字移动电话系统。GSM 使用的是时分多址的变体，并且它是 3 种数字无线电话技术（TDMA、GSM 和 CDMA）中使用最为广泛的一种。GSM 可提供的 9.6 kbps 的访问速度。

GPRS 是通用分组无线业务（General Packet Radio Service）的简称，它是 GSM 移动电话用户可用的一种移动数据业务。它经常被描述成"2.5G"，也就是说这项技术位于第二代（2 G）和第三代（3 G）移动通信技术之间。它通过利用 GSM 网络中未使用的 TDMA 信道，提供中速的数据传递。GPRS 突破了 GSM 网只能提供电路交换的思维方式，只通过增加相应的功能实体和对现有的基站系统进行部分改造来实现分组交换，这种改造的投入相对来说并不大，但得到的用户数据速率却相当可观。GPRS 是一种以全球手机系统（GSM）为基础的数据传输技术，可说是 GSM 的延续。GPRS 的传输速率可提升至 56 kbps 甚至 114 kbps。而且，因为不再需要现行无线应用所需要的中介转换器,所以连接及传输都会更方便容易。

W-CDMA 英文全称为:Wideband CDMA,中文译名为"宽带分码多工存取",基于 GSM MAP 核心网,UTRAN(UMTS 陆地无线接入网)为无线接口的第三代移动通信系统。W-CDMA(宽带码分多址)是一个 ITU(国际电信联盟)标准,它能够为移动和手提无线设备提供更高的数据速率。WCDMA 采用直接序列扩频码分多址(DS-CDMA)、频分双工(FDD)方式,码片速率为 3.84 Mcps,载波带宽为 5 MHz(基于 Release 99/ Release 4 版本),W-CDMA 能够支持移动/手提设备之间的语音、图像、数据及视频通信,速率可达 2 Mbps(对于局域网而言)或者 384 kbps(对于宽带网而言)。

(2) CDMA 技术标准

CDMA 是码分多址的英文缩写(Code Division Multiple Access),CDMA 技术的出现源自于人类对更高质量无线通信的需求。第二次世界大战期间因战争的需要而研究开发出 CDMA 技术,其思想初衷是防止敌方对己方通信的干扰,在战争期间广泛应用于军事抗干扰通信,后来由美国高通公司更新成为商用蜂窝电信技术。1995 年,第一个 CDMA 商用系统运行之后,CDMA 技术理论上的诸多优势在实践中得到了检验,从而在北美、南美和亚洲等地得到了迅速推广和应用。全球许多国家和地区,包括中国香港、日本、美国都已建有 CDMA 商用网络。在美国、韩国和日本,CDMA 成为国内的主要移动通信技术。在美国,10 个移动通信运营公司中有 7 家选用 CDMA。CDMA 技术的原理是基于扩频技术,即将需传送的具有一定信号带宽信息数据,用一个带宽远大于信号带宽的高速伪随机码进行调制,使原数据信号的带宽被扩展,再经载波调制并发送出去。接收端使用完全相同的伪随机码,与接收的带宽信号作相关处理,把宽带信号换成原信息数据的窄带信号即解扩,以实现信息通信。通话质量好、掉话少、低辐射、健康环保是其显著特色。

CDMA2000 1xRTT(RTT-无线电传输技术)是 CDMA 的升级版本,支持最高 144 kbps 数据速率。通常被认为是 CDMA 网络 2.5G 或者 2.75G 技术,因为它的速率只是其他 3G 技术几分之一。另外,它拥有双倍的语音容量较之前的 CDMA 网络。

CDMA2000 1xEV(Evolution-发展)是 CDMA2000 1x 附加了高数据速率(HDR)能力。1xEV 一般分成 2 个阶段:CDMA2000 1xEV 第一阶段,CDMA2000 1xEV-DO(Evolution-Data Only-发展-只是数据)在一个无线信道传送高速数据报文数据的情况下,支持下行(向前链路)数据速率最高 3.1 Mbps,上行(反向链路)速率最高到 1.8 Mbps;CDMA2000 1xEV 第二阶段,CDMA2000 1xEV-DV(Evolution-Data and Voice 发展-数据和语音),支持下行(向前链路)数据速率最高 3.1 Mbps and 上行(反相链路)速率最高 1.8 Mbps。1xEV-DV 还能支持 1x 语音用户,1xRTT 数据用户和高速 1xEV-DV 数据用户使用同一无线信道并行操作。

(3) TD-SCDMA 技术标准

TD-SCDMA 英文全称为 Time Division-Synchronous Code Division Multiple Access(时分同步的码分多址技术)。作为中国提出的第三代移动通信标准(简称 3G),自 1998 年正式向 ITU(国际电联)提交以来,已经历经十来年的时间,完成了标准的专家组评估、ITU 认可并发布、与 3GPP（第三代伙伴项目）体系的融合、新技术特性的引入等一系列的国际标准化工作。它的设计参照了 TDD 在不成对的频带上的时域模式。TDD 模式是基于在无线信道时域里的周期地重复 TDMA 帧结构实现的。这个帧结构被再分为几个时隙，在 TDD 模式下，可以方便地实现上/下行链路间的灵活切换。这一模式突出的优势是，在上/下行链路间的时隙分配可以被一个灵活的转换点改变，以满足不同的业务要求。通过引进智能天线，容量还可以进一步提高，它的定向性降低了小区间频率复用所产生的干扰，并通过更高的频率复用率来提供更高的话务量。TD-SCDMA 通过最佳自适应资源的分配和最佳频谱效率，可支持速率从 8 kbps 到 2 Mbps 的语音、互联网等所有的 3G 业务。

3. GPRS 通信技术在公交调度系统的中的应用

美国、日本和欧洲在公交信息智能化方面要比国内起步早、技术新、发展快。它们在 20 世纪 80 年代就开始发展公交系统信息化，在公交车信息采集方面，它采用下面的方式：公交车和公交站台采用弱电波通信，公交站台之间或公交站台和信息中心之间用电话线通信。90 年代中后期，通信采用 GSM/SMS 的方法，实现了公交车辆的动态监控。近几年由于 GPRS 技术的出现和 GPRS 网络在 ITS 方面的巨大优势，站台和站台或站台和公交公司控制中心的通信采用 GSM/GPRS 的方法。

（1）GPRS 优势

GPRS 是 GSM 向 3G 的过渡产品，基于 GSM 网络，共用 GSM 频率 900/1 800 MHz，共享 GSM 网络的绝大部分基础设施。GPRS 使 GSM 网络具有数据服务的功能，使移动通信和数据网络合为一体。对于 ITS 系统，GPRS 技术有以下便利之处：

第一，GPRS 可以实现用户永远在线，即用户可以随时发起数据传输，省掉拨号的延时，始终保持与 IP 或者 X.25 等数据网的连接以实现快速通信。

第二，通信速率大幅度提高。移动台最高可以有 171.2 kbps 的峰值速率。

第三，实现按照数据流量计费。用户只需要按照实际的数据通信量来付费。

（2）公交 GPRS 通信解决方案

监控调度中心与车载终端、电子路牌之间的通信使用频繁，15~30 s 通信一次，而每次传输数据量较小，使用 GPRS 网络作为其通信载体是一个很好的解决方案。具体结构如图 9-8 所示。

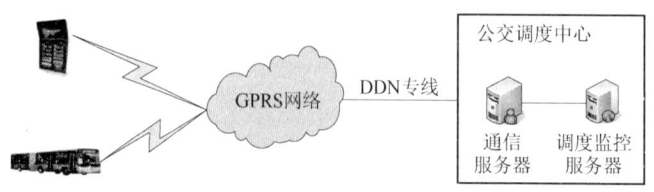

图 9-8 GPRS 通信结构

公交 GPRS 通信系统由车载终端或电子站牌，GPRS 网络和公交调度中心 3 部分组成。

车载终端或电子站牌内建 GPRS 模块,通过 SIM 卡 ID 作为识别号登录到 GPRS 网络,GPRS 网络动态为每一个车载终端或电子站牌分配一个公用 IP;调度中心通过 DDN 专线连接到 GPRS 网络,GPRS 网络分配一个公用 IP 给调度中心的通信服务器;车载终端或电子站牌同通信服务器通过获得的 IP 地址建立永久连接(通常为 SOCKET 连接);通信服务器将定位信息和调度监控服务器的调度指令转发给车载终端。

9.4.3 智能调度系统的原理及应用

公交智能调度系统是指利用车辆定位技术、现代通信技术、计算机技术对公交车运行状况进行实时监控,通过公交预测、优化等模型算法对车辆运行方案进行实时调整,从而实现对车辆的远程自动调度功能的系统。

公交智能调度系统的关键模块之一为智能调度模块,智能调度模块使用预测、优化等算法实时调整车辆调度方案。公交智能实时调度模型结构如图 9-9 所示。

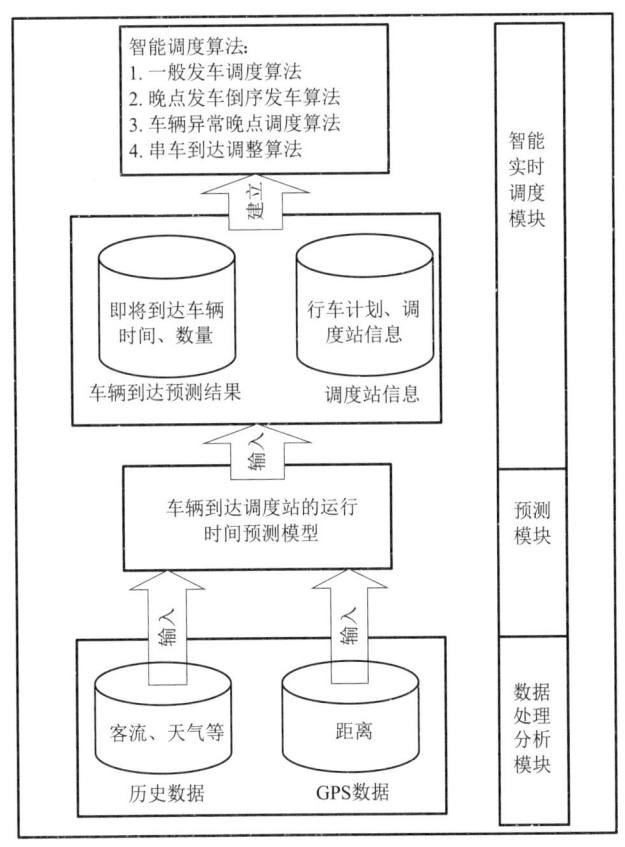

图 9-9　公交智能适时调度模型结构

公交智能实时调度模型分为以下 3 个主要模块。

1. 数据处理分析模块

公交智能实时调度模型的基础模块，数据来源两个部分：一是公交历史行车数据，这包括车辆发车时刻、运营时客流、天气等数据；二是 GPS 定位系统采集的实时数据，主要是各个时刻实时采集的车辆运行信息。该模块根据下一个预测模型的需要，选择合适输入数据，并且对数据进行处理分析。

2. 预测模型模块

通过对现有数据的分析、预测，得到车辆到达调度站的运行时间预测结果。具体的方法有：BP 神经网络算法、遗传算法和蚁群算法等。

3. 智能实时调度模块

输入预测模型得到的车辆运行时间结果，结合调度站的运营调度数据，通过多种不同类型的智能调度算法，解决不同调度问题，提出解决措施，下达调度指令。典型算法有以下 4 种。

（1）一般车次发车算法

调度站车辆按"先到先发车的原则"结合行车计划的发车次序发车，设对应的发车顺序序号为 c，这一时段接到调度指令的第一辆发车序号设为 z，那么较后车发车序号为 $z+1, z+2, \cdots, c$。

一般车次发车调度算法 BUS（）可以表述如下。

Step1：根据前车 z_i 的发车时间 t_{z_i} 和当前时段的发车间隔 Δt 计算后车发车时间，$t_{z_{i+1}} = t_{z_i} + \Delta t$。

Step2：在当天的车计划中搜索此车是否做了保养方案，如果有，车辆去保养，填写保养记录单，结束。反之，进入 Step3。

Step3：选取发车车辆，判断车辆序号为 z 的停站状态。

IF 车辆序号为 z 的车辆无故障

THEN 转入 Step4。

ELSE IF 选取 $z+1$ 车辆，继续 Step2。

IF 车辆序号为 z 的司售人员到了"吃饭点"

THEN 选取 $z+1$ 车辆，继续 Step2。

ELSE IF 转入 Step4。

Step4：判断选取车辆 $z+i$ 的换班情况，$i \in [0, m]$。

IF $z+i$ 到了换班时间

THEN 换班。

转入 Step5。

Step5：计算车辆发车间隔，取一段时间 ΔT，$\Delta T = t_{sf} + 60 - t_{now}$，其中 t_{sf} 为本站上一次发车时间，t_{now} 为当前时间。计算此时段的平均发车间隔 $\overline{t_{jg}} = \dfrac{\Delta T}{m}$，从计划中取出当前时段的发车间隔 t_{jhjg}，在确保发车间隔最小的原则前提下，那么当前发车的间隔时间 $t_{fcjg} = \min(\overline{t_{jg}} - t_{jhjg})$。转入 Step6。

Step6：选取当前时段计划中车辆发车方案，那么车辆序号为 $z+i$ 的车辆在 $t_{z_{i+1}}$ 时刻开始以发车间隔 t_{fcjg} 循环发车，记录电子路单，算法结束。

（2）晚点车辆倒序发车算法

当车辆发车次序较行车计划发生改变时，设晚点发车车辆计划发车次序 c_p，此时行车计划发车次序为 $c_p-1, c_p-2, \cdots, c_p, \cdots, c_p+1, \cdots, c_p+n$，$n \in [1, m-c_p]$。

车辆晚点以后，实际在 c_p+n 位置发车，实际发车顺序为：

$$c_p-1, c_p+1, c_p+2, \cdots, c_p+n-1, c_p$$

那么晚点车辆倒序发车的算法 BUSLATER（）可以表述如下。

Step1：计算晚点时间 Δt_w。

根据基于 BP 网络车辆到达时间的预测模型预测的车辆运行时间，计算出车辆的到达 t_f，计划到达时间 t_{pd}，计算出车辆晚点时间 $\Delta t_w = t_f - t_{pd}$。

Step2：判断晚点类型，设此线路定义的正常晚点分钟为 p_c，异常晚点分钟为 p_y。

IF　$\Delta t_w < p_c$

THEN　车辆不属于晚点，使用 BUS（）算法发车。

ELSE IF　$\Delta t_w > p_c$　AND　$\Delta t_w < p_y$

THEN　车辆晚点，进入 Step3。

ELSE IF　$\Delta t_w > p_y$

THEN　车辆晚点属于异常晚点，进入 Step4。

Step3：车辆正常晚点处理，记录晚点原因，调整发车顺序，按照新的发车顺序以 BUS（）算法发车。

Step4：车辆异常晚点处理，记录晚点原因，按照车辆异常晚点算法 BUSLATERYC（）算法处理。（后面详细论述了此算法）

（3）车辆异常晚点算法

车辆晚点时间过长，不仅会影响线路其他车辆运营，还会对班组上下班时间发生冲突。设异常晚点车辆对应的班次号为 i，晚点车辆序号为 c_{wy}，此调度算法考虑的目标是使班组人员的工作时间偏差最小，因此，车辆异常晚点算法 BUSLATERYC（）可以描述如下。

Step1：设班组工作时间为 t_{work}，上、下班时间分别为 t_s 和 t_e，所以班组工作时间 $t_{work} = t_e - t_s$，与公交劳动工时标准的差为 $\Delta Work = 480 - t_{work}$。

IF　$\Delta Work \to 0$

THEN 认为班组到下班时间,班组下班,车辆停止运行。

ELSE IF ΔWork 大于某一常数,通常调度员会根据经验判断,此算法去线路发车方案中单程点的最小值 $t_{\min(dcd)}$,即 $\Delta \text{Work} > t_{\min(dcd)} \pm C$,$C$ 为常数。

THEN 进入 Step3。

Step2:考虑车辆的行驶趟数和班公里数。

IF 这两个指标都大于等于计划规定指标

THEN 班组下班,车辆停止运行。

ELSE IF

THEN 进入 Step3。

Step3:计算班组剩余上班时间 $T_{\Delta \text{Work}} = \Delta T_{fc} + \Delta \text{Work}$,其中 ΔT_{fc} 为班组提前发车的节省时间。

Step4:采用 BP 神经网络预测班组当前发车到站点 s_i 的运行时间 T_{s_i},$i \in (j, S)$,j 为发区间车最近的站点编号,S 为对端站的站点编号。计算 $T_{\Delta \text{Work}}$ 与 T_{s_i} 的差值 ΔT_{s_i},选取其中的 $\min(\Delta T_{s_i})$ 作为计算结果。进入 Step5。

Step5:根据 $\min(\Delta T_{s_i})$ 得到目的地站点 i,搜索最优的区间车方案作为发车方案发车,算法结束。

(4) 串车到达的调整算法

采用了车辆运行时间预测模型后,就能获取在某时刻的"串车"现象,为了便于描述,这里假定始发站为首站,到达站为末站,当末站预计在某时刻会出现"串车"现象,对于首站来说,一天投入运营的车辆是一个有限的数值,那么可以预知在末站出现"串车"现象后的一段时间,首站必然面临着"少车"或"无车"的局面,为了减少车辆无车发车间隔,可采用串车调度算法来解决。

① 加大发车间隔算法。

自获知末站将要出现"串车"现象时,首站可以采取加大后续发车的发车间隔。采用一般发车车次发车算法 BUS( ),将里面的发车间隔参数 $t_{fcjg} = \min(\overline{t}_{jg} - t_{jhjg})$ 调整为 $t_{fcjg} = \max(\overline{t}_{jg} - t_{jhjg}) + C_{jg}$,这样发车间隔就得到了调整,其中 C_{jg} 为间隔时间调整参数,可以根据实际情况进行人工干预。

② 加入备用车算法。

如果首站有可投入运营的备用车,可以在无车或者少车,调用加入备用车算法。加入备用车可以认为多了一次首站到达车次,减少了车辆到达首站的间隔时间 t_{ddjg},如果发了 n_b 辆备用车,那么减少的到达间隔时间为 $n_b \cdot t_{ddjg}$。

串车到达调整算法的优先顺序为,先采用加大发车间隔算法,而后采用备用车算法。采用上述算法后可使串车到达时,无车发车时间减小。

9.5 案例分析

"北京公交集团运营组织与调度系统项目"（Public Transportation Dispatching System，PTDS）是北京公共交通控股（集团）有限公司（简称北京公交集团）奥运信息化建设的重大项目，是进一步推动管理创新、不断提升管理水平和效率的重大举措，它对于落实奥运时期及今后新时期公交业务建设方针、实施新时期发展战略有着十分重要的意义。

该系统是在应用智能交通系统（Intelligent Transportation System，ITS）技术及先进的管理思想的基础上，借助于全球卫星定位系统（Global Position System，GPS）等技术而建立的自动化、信息化和智能化的运营组织与调度系统，不仅支持车队调度同时也支持区域调度。是北京公共交通信息化建设的重要举措，大大改善了公共交通整体的运营效率和服务水平。

9.5.1 业务现状分析

北京市公共交通系统（公交电汽车）的运营组织管理主要由北京公共交通控股（集团）有限公司（北京公交集团）负责。公交集团是以地面客运为主，多元化投资、多种经济类型并存的大型国有企业。公交集团对公交系统的运营组织采用纵深三级管理的体系结构，如图 9-10 所示，即实行总公司、分公司、车队三级管理。

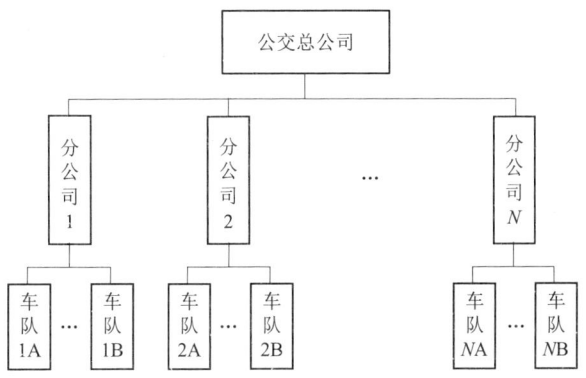

图 9-10 公交集团组织结构图

运营调度管理是公交集团的核心业务活动，公交集团的各种行为活动都是围绕运营调度活动开展的。北京公交集团运营调度业务的特征总结如下。

① 从业务性质看，公交集团的主要业务是运营调度。企业根据自身肩负的任务和所拥有的交通工具，为城市居民提供各种出行服务。城市居民根据各自出行目的，在时间、空间、地点、方向上对公共交通有着不同的需求，形成大量的、变化的、复杂的客流，也给运营调度提出了很高的要求。

② 从业务内容看，公交集团运营调度包括线网规划、运营质量管理、运营业务管理、现

场调度管理及其他的安全、技术、服务、保养、物资等辅助业务，如何对这些业务进行综合管理是公交集团面临的巨大挑战。

③ 从调度规模看，公交集团运营调度内部涉及 11 个分公司，170 多个车队，500 多条线，外部涉及交通出行者和管理者等相关利益者，牵扯组织、人员众多，业务活动十分复杂。

④ 从管理模式看，公交集团采用的是集权调度与分权调度相结合的线路负责制，是三级调度模式。随着公交改革的进行，对枢纽调度和区域调度模式也进行了有意义的探索。

⑤ 从资源配置看，以线路（车队）为运营组织调度实体，即人员车辆按线路（车队）固定配属，以线路为单位编制运营计划进行实时调度。线路配车按线路最大断面确定。在线路的首末站均设调度员，实行两头调度。图 9-11 是车队的组织结构。

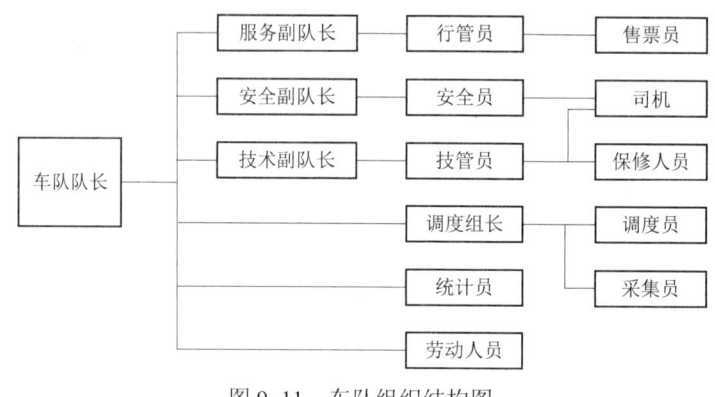

图 9-11　车队组织结构图

9.5.2　业务需求

公交集团对运营组织与调度系统提出业务需求，如表 9-1 所示。

表 9-1　运营组织与调度系统业务需求

	现　状	未　来
信息需求	公交集团运营部所属线网场站等静态数据、运营数据、客流数据、调度数据、乘务人员信息、票务数据等	在原有静态数据基础上延伸至各类动态数据，包括车辆实时运营信息、道路交通状况信息、异常信息等
信息获得	由乘务人员等人工完成记录、上报各类静态数据和历史数据	数据自信息采集终端自动入库、系统间信息通过信息平台获得
信息处理	完成简单的报表输出和数据统计	具备实时查询、统计和分析功能
信息存储	多数以纸介质形式存储，结合电子档案存储	建立统一的分布式数据库，格式化存储完备准确的数据
信息质量	数据维护难、管理难、完整性和直观性差	数据完备、易于维护管理、表现形式多样并直观，易于使用

续表

	现　状	未　来
信息发布	以较长周期向行业管理部门定期档案上报，附以网络上传数据，向乘客发布该子系统若干静态信息	根据需要周期灵活地通过网络向管理部门上传数据，多方式全方式，向乘客发布各类客运系统信息及相关信息

9.5.3　功能需求

公交集团对运营组织与调度系统提出功能需求，如表 9–2 所示。

表 9–2　运营组织与调度系统功能需求

	运营基础	运营生产	运营信息	其他信息	统计分析
总公司	站务设施	行车计划	运营基本信息	安全管理	运营统计分析
	票制票价	调度管理		技术管理	
	运营指标	票务管理		服务管理	
		信访管理			
分公司	站务设施	行车计划	运营基本信息	安全管理	运营统计分析
	票制票价	调度管理		技术管理	
	运营指标	票务管理		服务管理	
		信访管理			
车队	站务设施	行车计划	运营基本信息	安全管理	运营统计分析
	票制票价	实时调度		技术管理	
	运营指标	票务管理		服务管理	
		劳动排班			

9.5.4　系统设计

北京公交集团运营组织与调度系统（PTDS）设计为总中心（总公司）、分中心（分公司）和车队三级调度模式。总中心存放整个集团公司的管理、运营数据，主要利用系统的数据仓库、统计分析和运营监控功能；分中心只存放所属分公司的管理和运营数据，主要利用系统的运营、统计分析和监控功能；智能公交调度系统主要应用在车队层面，是车队调度员进行现场实时调度的平台，而车队其他业务人员使用浏览器访问分公司服务器来完成作业。

1. 系统总体设计

PTDS 系统是公交集团运营与指挥调度业务未来管理的平台和工具，技术体系架构的设计决定 PTDS 系统是否能很好地满足公交集团现状和未来发展的需求。系统的设计原则是基于满足公交集团在稳定性、安全性、适应性、整体连通性、向前包容性、灵活性和可扩展性等要求的基础上，保持体系架构的先进性；采用基于互联网技术的多层体系架构。技术体系整体架构如图 9-12 所示，包括 IT 基础设施、信息资源、应用中间件/集成服务、应用服务、门户框架、安全服务和用户界面七大部分。

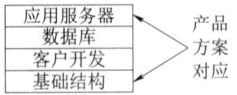

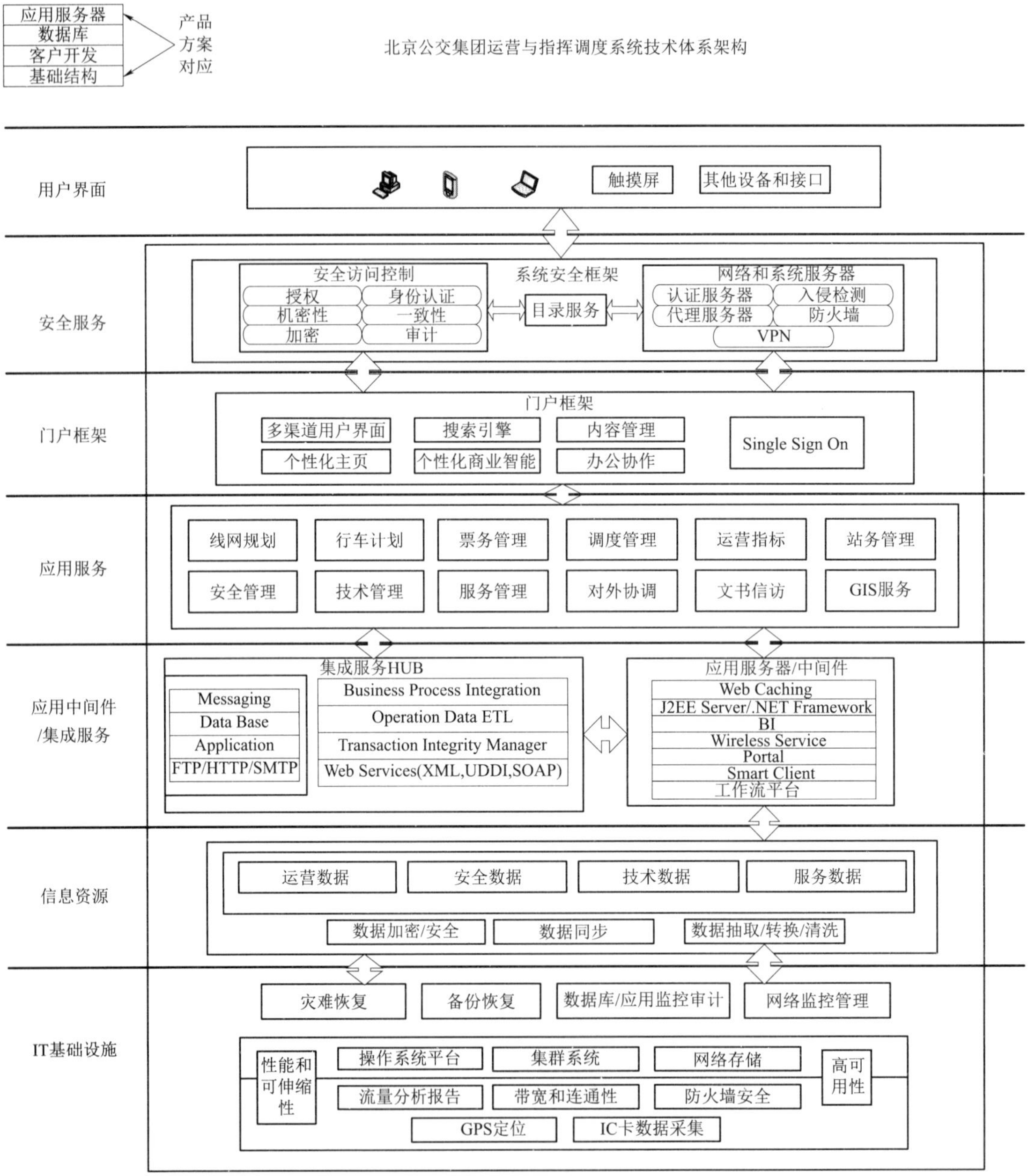

北京公交集团运营与指挥调度系统技术体系架构

图 9-12　北京公交集团运营与指挥调度系统技术体系架构图

软件支撑平台机构如图 9-13 所示。

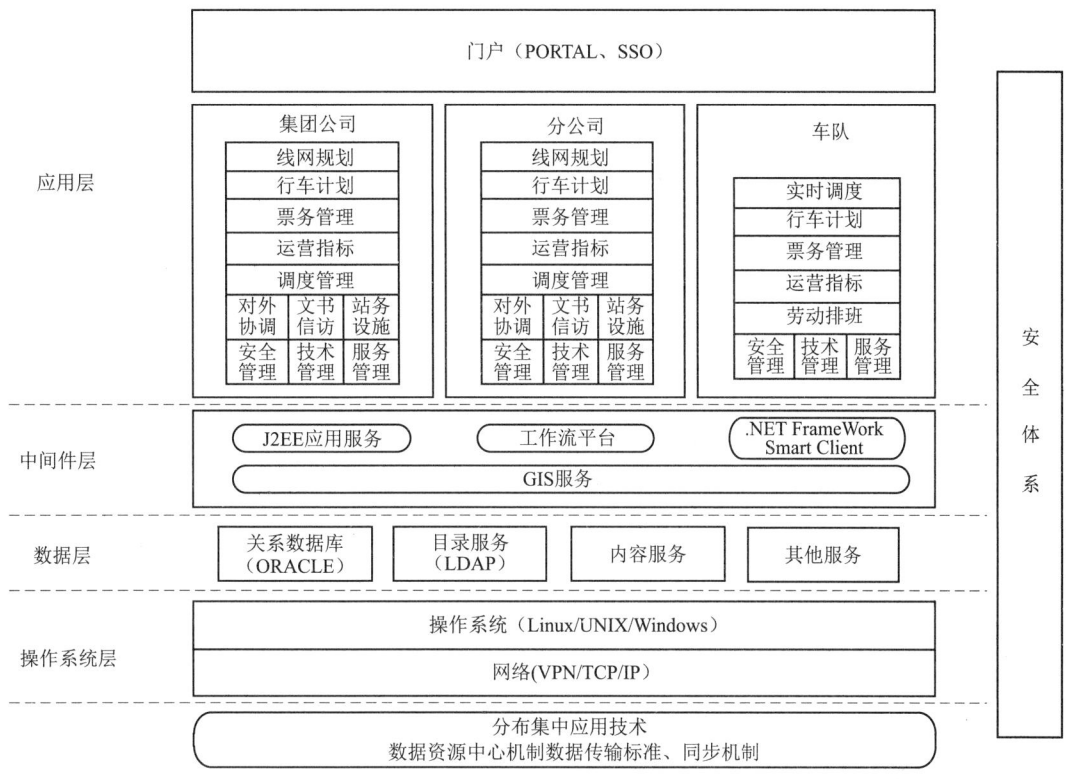

图 9-13　软件支撑平台机构

2. 系统硬件结构设计

总中心与分中心用专线连接，分中心与车队（首站）通过 ADSL 加载 VPN 方式进行通信，分中心与线路末站通过移动 GPRS 网络进行通信，运行中的车辆与中心通过 GPRS 网络进行通信。系统硬件架构如图 9-14 所示。

9.5.5　系统软件与功能设计

系统软件架构包括基础数据管理、运营计划管理、智能调度管理、统计管理等子系统。系统软件架构如图 9-15 所示。

1. 基础数据管理子系统

基础数据管理子系统主要是对基础数据的维护，包括组织机构维护、线路信息维护、场站信息维护、车辆信息维护。组织机构维护主要是对公交企业管理部门的信息维护；线路、车辆、人员、场站信息是对公交运营基础数据作出及时更新，保证运营调度的准确性。

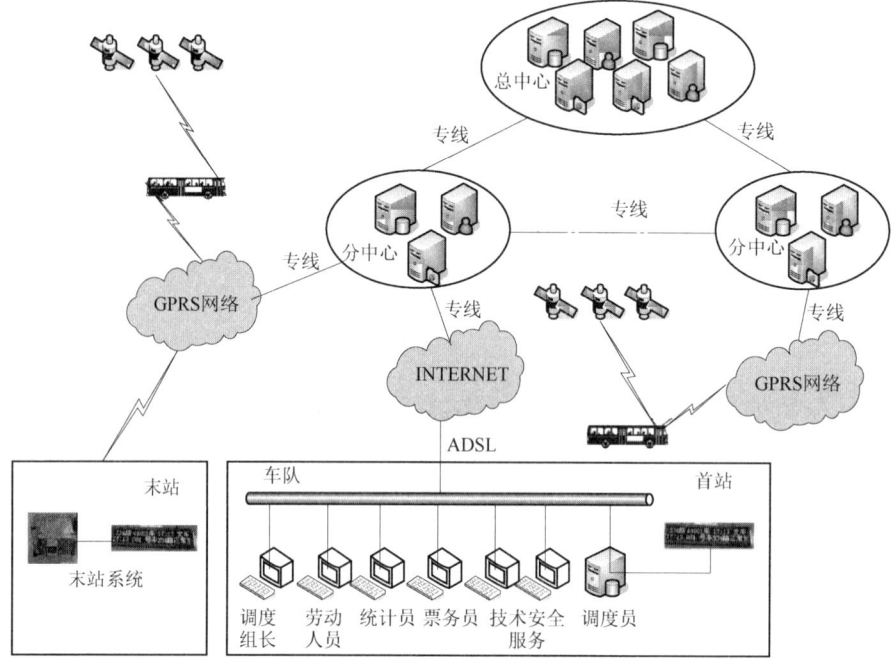

图 9–14　系统硬件架构图

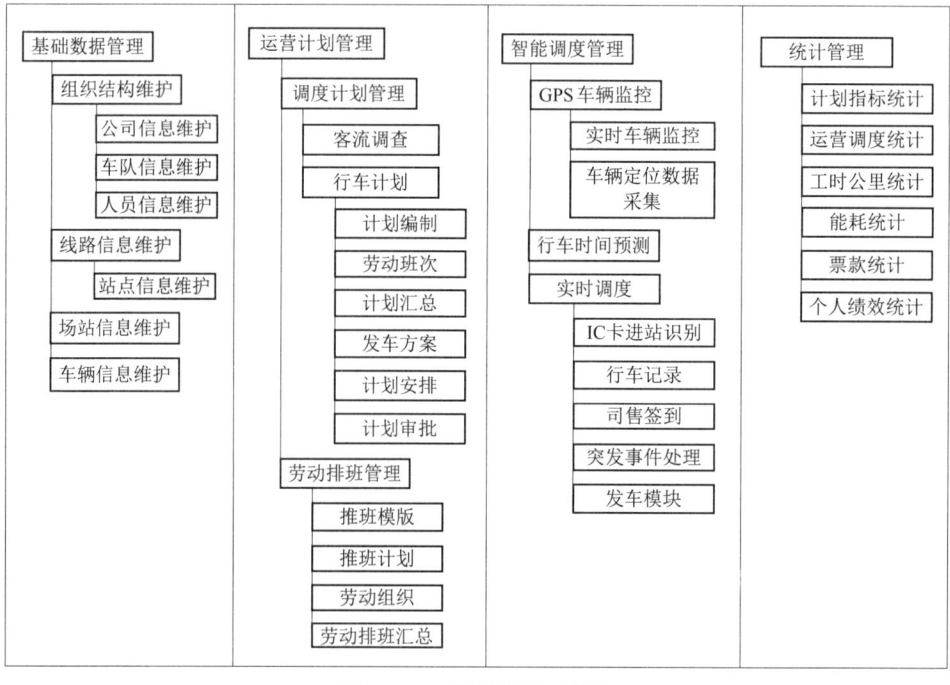

图 9–15　系统软件架构图

2. 运营计划管理子系统

运营计划管理子系统又分为调度计划管理和劳动排班管理两部分。

调度计划管理模块主要作用是协助调度组长统计、分析客流调查数据，在此基础上制订行车计划，并汇总分析行车计划各项指标。车队劳务人员利用劳动排班管理模块输入推班模板，系统就能按要求自动生成排班计划。

3. 智能调度管理子系统

智能调度管理子系统是整个车队运营业务的核心部分，是整个系统的核心，也是本书讨论的重点。它利用基础数据管理和运营计划管理子系统提供的基础数据和运营计划，不仅能够完成公交日常调度作业，还能凭借车载 GPS 设备传来的定位数据，利用 GIS 地图显示模块对运行的公交车辆进行实时监控，并随时存储这些实时数据。智能调度管理子系统最突出的特点是，其中的 BP 神经网络预测模块可以根据历史样本数据对车辆运行时间进行预测，结合系统自带的智能调度算法，进行智能调度。

4. 统计管理子系统

统计管理子系统的主要作用是对整个运营系统产生的计划、业务数据进行统计分析，按照不同统计方式生成报表，协助管理人员考核各种计划、运营指标，总结企业、分公司、车队的运营生产效率。

复习题

1. 简述公交运营调度管理信息系统的主要功能。
2. 简述公交车辆 GPS 车载终端的基本结构和定位的基本原理。
3. 简述公交车辆 GPS 车载终端同调度中心通信的基本原理。
4. 公交智能调度系统的智能化表现在哪些功能上？
5. 简述公交智能调度系统的体系结构。

第 10 章

公交运营指标的评价与统计

10.1 概　　述

10.1.1 评价目的和特点

1. 公交运营评价的目的

公共交通线路运营指标评价的目的是：通过建立一套科学、实用的公共交通运营综合评价指标体系，对公交线路的服务水平指标、运营效率指标及经济、社会效益等方面作出相对满意度的判断，以把握公交线路总体运营水平，从而对现有公交线路的运行状况、存在的问题及可能发挥的潜力作出判断，为线路的撤销、合并或者新线路的开设等方案的调整和优化提供规划、建设、管理等方面的依据，以促进城市交通系统的发展。

2. 公交运营评价的特点

城市公交线路运营的评价具有如下特点。

城市公共交通线路是城市公共交通系统中的一个组成部分，是城市公共交通系统的子系统，由人、车（公共交通工具）、路（途径、交通线路）3方面共同组成的，既包括硬件（设施、设备），也包括软件（技术、政策），有着综合和动态的内部关系，它是与城市交通系统和城市社会经济环境相联系的、复杂的、开放的大系统，具有多变量、多目标、多层次等特点，建立评价指标时应全面加以考虑。

不同的评价主体所需达到的目标是多样的，有的目标是相互冲突的，如乘客希望出行费用低廉，乘坐舒适，而运营者重视经营收益性，希望提高票价，并改善运营效率和降低运行成本。又如政府希望公交线路能最大限度地满足居民的出行需求，而公交公司则追求企业利润最大化,希望将线路布设在客流集中的线路上,从而使重复系数增大。因此,应针对不同利益主体确立综合、客观的评价体系。

公交线路的评价指标,有些可以定量,有些是难以量化的,如公共交通的社会、环境效益等。应尽量选择定量指标,对于必须选的定性指标应通过一定方法定量化。

公交线路的评价带有一定主观性,应尽可能将这种主观性降到最低。

10.1.2 评价的类型

评价类型有多种划分方法,根据评价的特性,可做如下划分。

1. 绝对评价与相对评价

绝对评价与相对评价是根据评价标准和评价依据来划分的,也就是根据评价的参照系不同来划分。

绝对评价是在被评价对象集合之外设立一个标准,被评价的各对象与标准相比较,判定被评价对象达到标准的程度。

相对评价是在被评价对象集合之内找出一个对象作为基准,其余对象与这个基准相比较,形成相对优劣程度的对比。

绝对评价因采用的是外部的评价准则,在选定评价标准后,评价对比目标是唯一的;相对评价以总体内的某样本为评价基准,评价对比目标是可变动的,评价结果呈现出不唯一性。

2. 历史评价与预测评价

历史评价与预测评价是根据评价对象的存在状态划分的。

历史评价是对被评价对象的历史状态进行分析,形成对事物已有实效的评价,目的是在于认识事物的存在价值。

预测评价是根据事物已有的发展趋势,利用拟合手段,寻求事物发展规律,作出对事物未来可能状态的评价。

3. 静态评价与动态评价

静态评价与动态评价是根据评价的持续性来划分的。

静态评价是指对具有时序性发展态势的事物进行一次性、终结性的评价,反映事物在某一时刻的特征。

动态评价是指对具有时序性发展态势的事物进行持续、多次的评价,在评价过程中加入事物新的要素,形成以时间序列为基础的对事物的认识,反映事物在不同时刻的特征。

4. 定量评价与定性评价

定量评价与定性评价是根据评价要素和评价结果的表达方式来划分的。

定量评价是对被评价对象的要素进行量化赋值,利用组合评价的方式得到量化的结果,它直观地反映事物的状态,分为线性加权评价和非线性加权评价方法。

定性评价主要是对被评价对象的评语采取文字方式得出结论（如优、良、中、差），反映人们的价值认识，主要用于难以量化处理的情况，也常用于对事物的分级。定量评价与定性评价在一定条件下可以相互转化。

5. 分级评价与排序评价

分级评价与排序评价是根据评价目的来划分的。

分级评价是指根据事物要素间的相似程度，找出差异最小的归为一类，差异较大的分为其他类，分类的结果有利于形成对事物规律性的认识。

排序评价是依据给定的价值标准，对被评价对象的优劣性进行对比分析，排序的结果作为判定事物先进性的依据。

此外，根据评价内容的不同，可以划分为：对物理状态的评价，这类评价是指对客观存在的、实物的评价；对意识状态的评价和心理世界的评价，如心理素质、思维模式的评价；对客观化了的心理世界和意识世界的评价，如书籍、音乐、艺术品等；对人的行为的评价等。

由此可见，根据不同的评价要求，公交运营评价的类型就有所区别。一般而言，公交运营评价是绝对或相对的、历史的、静态为主的、定量与定性结合、分级或排序的评价，并且是对已有的物理状态的评价。

10.1.3 评价的内容

根据实际需要，一般公交运营评价的内容包括单项评价和综合评价。

1. 单项评价

单项指标评价体系是指在大量的资料、调查和分析的基础上，由若干个单项评价指标组成的整体，它应能反映出所要解决问题的各项目标要求。

而单项评价是按公交线路分类，就公交系统的某一特殊方面进行详细的评价，以突出不同的特征，即分别针对各项指标展开评价，对各项指标数据无量纲化，并按线路分类进行排序，以作出评价。单项评价是综合评价的基础，可以看作是对综合评价中的某种属性的评价。

2. 综合评价

综合评价是指人们根据不同的评价目的，选择相应的评价形式，选择多个因素或指标，并通过一定的数学模型，将多个评价因素或指标转化为能反映评价对象总体特征的信息，即在各个部分、阶段、层次等子系统整体化过程中，不断向决策者提供各种相对信息。通过综合评价，为技术实践方向的明确和正确开展提供依据，从而使技术实践能取得更好效益。

综合评价是相对于单项评价而言的，它们之间的区别不在于评价个体的多少，而在于评价指标体系的复杂程度。综合评价是对多元、多属性、多指标对象的价值判断，一般来说，评价对象比较复杂，需要通过某种假定，利用某种方法，对指标进行合成，得出一个组合后的评价值。

公交线路运营的评价是一个多目标决策的问题。多目标决策是指需要按照一定的准则（或目标、指标），从很多方案中选出一个最优的（或比较满意的）方案，或对若干决策目标（策略、措施）依次排序，逐个实现。当评价优劣的准则只有一个且方案数不多时，利用较为简单的方案比较法就可以选出最优者进行决策。但需要评价优劣的准则有很多，而且方案数也非常多（有限个）时，这类问题就是所谓的多目标决策问题。解决多目标决策问题可通过综合评价的方法实现。

由于公交线路运营评价多目标决策的特性，决定了对其开展单项评价的基础上，应进行综合评价，从而对线路的发展水平作出一个科学合理的判断，为决策提供依据。

公交线路运营综合评价是指通过含义明确、具体的指标分类，计算影响公交线路综合发展水平的各分项指标值，然后通过各项指标所反映的与线路发展水平相关程度的大小，赋予不同指标以不同的权重，最后通过数学方法处理测出一定范围内某一时期公交线路发展水平的综合评价值。

公交线路运营综合评价具体的测算流程如图10-1所示。

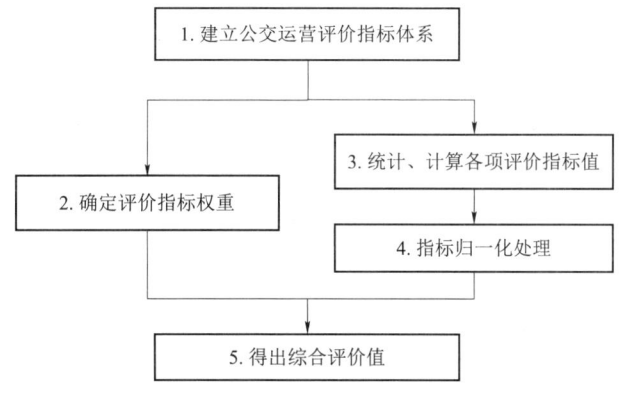

图10-1　公交线路运营综合评价测算流程图

10.1.4　评价的流程

公交运营评价的流程归纳起来大致有以下步骤，如图10-2所示。

1. 明确评价目的

明确评价目的是进行评价的第一步，即要做到"有的放矢"。目标明确后，才能有针对性地收集资料，获取与公交运营评价相关的信息。

2. 评价系统构成要素分析

系统构成要素分析是为了形成从整体到部分、从部分到整体的认识过程。这一过程需要完成对系统全面认识，把握系统特性，找出影响目标实现的各个因素及它们之间的关系。

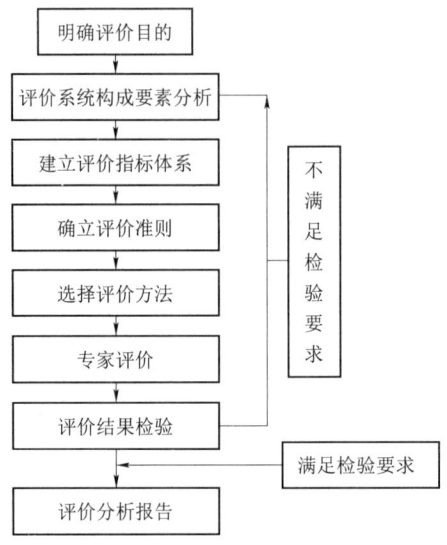

图 10–2　公交运营评价流程图

3. 建立评价指标体系

指标是对系统构成要素的抽象认识，是衡量系统总体目标的具体标志，不同指标反映系统的不同方面。指标体系建立的目的是对系统构成要素进行分类，更为有效地对系统要素进行量化处理。

4. 确定评价准则

评价准则是针对指标重要性作出的定量认识，指标反映系统的不同方面，不同指标对系统目标实现的重要程度不同，因而有不同的权重关系。建立评价准则即将指标体系中的指标规范化，采取同一尺度衡量对系统的影响程度。

5. 选定评价方法

选定评价方法要综合考虑指标的特点、数据的特点及实际评价的特点等多方面因素。选择评价方法应能够合理地表现指标之间的关系，能够合理地推定各要素对系统的贡献。

6. 专家评价

评价需要有专业知识的人来完成，专家评价有利于形成权威的评价结果，也有利于发现评价过程中存在的问题。

7. 评价结果检验

评价结果的检验是为了验证评价方法、评价过程的科学性、合理性，是评价过程的一个重要环节。评价的结果还可以包含通过周密思考和科学判断所得的见解，并不局限于评价方法所得的结论。

8. 评价分析报告

评价分析报告是评价的最终成果，是对系统价值的认识。

从严格意义上来讲，评价流程图只是一种工作的框架图，在实际评价过程中，评价工作并非是严格按这种顺序进行的。一般而言，评价方法往往在评价开始时就已经确定了，系统评价的最重要的工作是放在建立指标体系与评价方法的选取方面。

10.2 公交运营评价指标体系

10.2.1 评价指标体系选取的原则

根据公交运营评价的特点，公交线路运营评价指标体系的设计应遵循以下原则。

1. 整体完备性原则

从不同侧面反映公交线路运营的特征和状况。

2. 客观性原则

指标体系必须客观准确地反映线路的功能状况、行为特点和运行效果，保证评价指标体系的客观公正，保证数据来源的可靠性、准确性和评估方法的科学性。

3. 科学性原则

指标的选择与指标权重的确定、数据的选取、计算与合成必须以公认的科学理论为依据，要符合逻辑关系和计量标准，概念要明确，方法要简单。

4. 独立性原则

城市公共交通是一个复杂的系统，评价指标选取应遵循非线性原则，独立性要强，信息的关联性要尽可能小，不能相互包含，以实现指标体系的结构最优化。对于同一类型的指标只选其一，以避免在综合评价中的重复计算，以及由此产生的误差。

5. 尽可能采用定量指标原则

指标应能通过直接或间接的方法获得数据。客观现象复杂多变，只有定量化才能准确地分析和对比，同时也为建立模型，进行数学处理奠定基础。

6. 可操作性原则

城市公共交通运营评价工作的意义在于分析现状，认清所处阶段和发展中存在的问题，更好地指导实际工作，因此，尽量选取日常统计指标或容易获得的指标，以便直观、简便地说明问题。

7. 留有余地的原则

指标的筛选尺度，宜松不宜紧。尺度偏松，入选指标会增多，可能冲淡重要指标，但可以用加权的方法处理；尺度偏紧，可能遗漏，不便弥补。

8. 动态性原则

评价指标应随着城市社会经济的发展变化作适当的调整。

10.2.2 评价指标体系的设计结构

评价指标体系的设计可分为3种结构：一元的、线性的和塔式的，如图10-3所示。

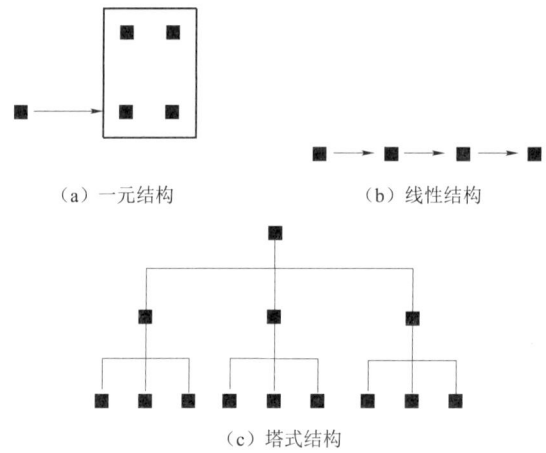

图 10-3 评价指标体系设计结构图

1. 一元结构

一元结构即单指标，如图10-3（a）所示。如经济指标、综合指标和关键指标等。经济指标即进行效益-费用评价，如堪培拉20世纪70年代的公共交通规划采用的费用-效益评价指标。综合指标即通过综合评价方法获得的指标，反映方案的优劣程度，通常没有具体的量纲和含义。关键指标如Bakker（1976）认为载客率是评估公交服务水平的关键指标。一元指标的决策最为简单。

2. 线性结构

线性结构即一系列指标的平行或顺序关系，如图10-3（b）所示，通常不超过7个主要指标。如Botzow选择平均速度、延滞、乘客占用空间、加速度变化率、通风度、温度及噪声等7项指标作为评价公交系统服务质量的标准；唐富藏、彭信坤（1980）选择旅行班次、服务可靠性、服务直接性、乘客舒适性等4项指标；韩复华等（1986）选择拥挤度、等车时间、行驶速度、平均载客里程这4项指标进行评价。线性结构指标体系常通过直接加权进行综合评价。

3. 塔式结构

当分析因素增加时，线性结构中各指标间的关系难以把握，为达到决策分析的目的，产生了塔式结构的递阶层次指标体系，如图10-3（c）所示，并形成了评价目标分析和综合决策两个对应塔式结构的较为固定的结构模式。

城市常规公交线路运营评价涉及面广、内容多，评价指标选取考虑的因素也多，因此，用简单的线性结构难以描述各指标的内在联系，通常采用塔式关系结构，运用目标层次分类展开法，将目标按逻辑分类向下展开为若干目标，再把各目标分别向下展开成分目标或准则，以此类推，直到可定量或可定性分析（指标层）为止。目标层次分类法是最常用的方法，选取的指标直接与目标相关，具有层次性，并随着目标的增多而扩充。

10.2.3 国内外公交运营评价研究综述

1. 国外公交运营评价研究

近几十年来，国内外经济分析人员和交通管理人员在公交评价方面做了大量的工作。尤其是 20 世纪 60 年代后，随着交通需求分析理论的发展，以及交通网络对城市土地利用的动态作用及其社会效益越来越重要，各国开始重视城市公共交通发展的评价。

1984 年，美国运输部（US DOT）公布了公共汽车服务评估方式，阐述了公交线路评价这一主题并给出了在公交领域适用的具体方法和评价指标，包括 5 大类共 15 项指标。1994 年，美国运输部的联邦公共交通总署（FTA，US DOT）联合加拿大，针对公共交通线路服务质量和服务数量的评价，对 297 家公交机构进行了大规模的调查研究，在 1984 年的评价标准基础上确立了包括线路设计、行车计划、经济和生产率、服务交付、乘客舒适安全等 5 大类的 44 项公交线路评价指标。其中，线路设计标准主要用于评价线路的设计或重新设计，其他类标准则是对线路的运营情况进行了多角度的总结。该评价指标体系为公交公司从多方面开展合理的线路评价提供了定量基础。在实际评价中，可根据需要从中选择相应的评价指标。

除了政府部门的标准，一些专家和学者也根据所处的实际情况对当地的公交线路或公交服务进行了研究，提出了自己的观点。Botzow（1974）针对旧金山市快速交通系统的出行服务质量提出了相应的分析评价方法；Allen（1976）等讨论了服务水平评价方法在公交企业管理、政府政策制定和补贴水平确定等方面的应用；Alter（1976）将可达性、出行时间、可靠性、直达系数、服务频率和客流密度作为吸引潜在乘客流量的 6 项服务质量水平评价指标；Baker（1976）讨论了全天和高峰时段的不同公交运行策略；Dhingra 等（1987）分析了印度南部德里市 3 条公交线路的不同运行情况，考虑了 9 项重要的指标因素；G. A. Giannopoulos（1989）提出了由运营效率和效益组成的公交评价标准，同时还指出，在不同的情况下，不能对现有的指标系统进行泛泛引用，必须根据实际情况，选取不同的指标；美国运输部（1978）认为效率反映了一个公交公司利用其人力资源和资金的程度，而效益反映了公交公司所设置目标的实现程度；R. W. Koski（1992）提出了公交线路规划评价的 11 项指标，包括基本目标、人口数据、土地利用、街道的标准和安全考虑、步行进出口、资金约束、市场策略、交通方式、便捷度、计划审议和政府审议等；Ray（1994）评估了印度加尔各答市的 2 条路线上不同类型公交车辆的服务质量水平；Lee SangYong（2003）探讨了城市公交线网的定性评价指标；Seongjae Park（2003）从公交用户、公交公司及社会 3 个评价角度出发，综合考虑乘客的方便性、公交公司的运营生产率及外部（社会）支出，提出了可达性（线路和居住地）、乘坐舒适度、运营生产率、线路直线性、车队最小车辆规模等 5 项指标，并进行了实际线路的评价。*Bus Route Evaluation Process*（2004）对固定线路和快速线路的评价及其标准分别做了定义。

2. 国内公交评价研究

和国外相比，国内公交评价研究起步于 20 世纪 90 年代中期，但也取得了不少成果。

在城市公共交通运营评价领域，《城市公共交通规范》（1997）对城市公共交通经济技术指标计算方法进行了描述；邹志云等（2000）对公交综合发展水平提出了灰色聚类评价方法；尹峰（2000）提出了公共交通服务水平的模糊评价，定义了相应的公交服务质量评价综合指数；陈启新（2001）对城市公共交通的现状评价指标进行了分析；李建国等（2004）提出了北京市城市公共交通现状评价的指标体系；王金科（2004）认为城市公共交通发展水平的评价指标体系由建设投入水平和运营服务水平指标组成；胡淑君（2004）提出了城市公共交通发展水平综合评价指标体系，认为城市公共交通的要素包括流动的人、行驶的车、变化的路，是一个非常复杂的系统，该系统的指标多达数十种，对指标进行归类分析整理，评价体系可以从建设投入水平、运营服务水平、综合效益水平 3 个方面来反映总体发展水平；《城市公共交通计划管理》（2006）对城市公共交通主要统计指标进行了描述；黄爱玲等（2007）提出了 3 大类 20 项公交线路评价指标，并结合北京公交线路实际运营情况给出了评价案例。

在城市公共交通规划评价领域，姚雪珍（1999）对城市公共交通规划评价指标体系尤其是其中的技术性能评价指标进行了研究，公共交通的技术性能可通过线路（网）、客运能力、站点设置、运输效果和公交服务状况等 5 个方面来衡量。此外，王军利等人（2002）在城市公共交通项目评价，陈启新（2001）、李进等人（2003）在公共交通线网规划评价，吕慎（2005）在城市公交技术评价，叶玉玲等人（2001）在区域性轨道交通线网规划评价等方面针对不同的研究对象提出了相应的指标体系。上述研究中有关公交服务水平和运营效率等方面指标的建立为公交运营评价提供了理论基础。

10.2.4 公交运营评价指标体系分类

对城市公共交通线路的运营进行评价，首先必须客观准确地反映线路的功能状况、行为特点和运营效果；其次，城市公共交通线路的运转不是孤立运作的，因此还要考虑线路与周围环境的关系。同时，城市公共交通线路的运营评价，应综合反映系统使用者（公交乘客）、系统经营者和管理者（公交企业与行业主管部门）及政府（代表城市或全体公众利益）的利益。因此，公交运营评价侧重从以下 3 方面展开。

1. 服务水平

公交线路服务水平是指公交线路满足居民出行需求的程度。

对既有线路而言，从整体来说，公共交通线路的综合效益如何，首先应该考虑的是线路所能提供的服务水平。公交线路服务水平与居民对公交的满意度息息相关，服务水平越高，居民对公交运营的满意程度越高，社会效益也越高。公交线路服务水平也与线路的运营管理水平有密切联系，是反映公交线路运营效果的一个重要内容。公交运营服务水平的提高很大程度上有赖于投入，必须在二者之间加以权衡，使其既能提供较好的服务，又能避免财政上的困难。体现公交服务水平的指标，可从安全、方便、迅速、准点、舒适、经济、高效等多方面反映运营特征、管理水平，这是公交发展水平最直接的体现。因此，服务水平是公交线路运营评价的重要内容之一。

2. 运营效率

运营效率是指公交线路运营中人力、物力的有效利用情况。

运营效率是衡量公交线路发展水平的重要依据。运营效率的高低，不仅反映了线路的运营组织和管理效率，也体现了公交线路系统资源配置的优化情况，线路投入产出水平的高低，劳动生产率水平的高低。因此，需要对公交线路运营效率开展评价。运营效率与线路的经济效益有密切的正相关关系。通过对运营效率的评价和分析，可找出既有线路组织管理中存在的问题和可能发挥的潜力，从而为提高线路效率、优化资源配置、降低成本提供决策参考。

3. 经济社会效益

经济效益是指在线路运营活动中所消耗的劳动量与所获得的劳动效果的比率，即要素投入与有效产出之比率。一般来说，公交线路的经济效益评价主要是指经济指标方面的计算和分析，通过比较线路的运营费用和效益，对线路的经济合理性进行分析论证。经济效益评价是公交线路效益评价的一个重要组成部分。在市场经济体制下，公交线路开行的重要原则之一就是不仅要考虑社会效益，满足公益性要求，同时也要努力以尽可能少的投资，实现经济效益最大化。只有注重收入，控制成本，提高经济效益，公交生产经营才能实现可持续发展。因此，公交线路的经济效益评价也是公交线路运营评价中极为重要的组成部分。

社会效益是指公交线路的开设和运营对社会和环境产生的积极作用和影响。公交是一项公益性事业，发展公共交通有利于缓解交通拥堵，减少环境污染、节约能源和体现社会公平，促进城市经济社会可持续发展，因此社会效益是衡量公交运营、发展水平的重要方面。从某种意义上说，公交线路的社会效益体现在其能不能为更多的乘客提供更好的服务。相对于经济效益评价而言，线路的社会效益评价具有长期性、多目标性、间接影响多、指标难制定等特点。

10.2.5 公交运营评价指标体系及其计量方法

基于上述公交运营评价指标分类,可建立如下评价指标体系。

1. 服务水平指标

公共交通服务质量指公共交通企业为满足乘客乘行需求所达到的程度。在线路运营评价中此项指标权重较高,公共交通服务质量评价通常涉及有关安全、迅速、准确、经济、方便、舒适等方面。因此,公交线路服务水平可通过以下指标来体现。

(1)运送速度

运送速度($V_{送}$)指车辆在运营线路起终点站之间(统计双方向)运送时间内的平均每小时行程,取全日平均速度,即:

$$V_{送} = \frac{L'}{T_{送}} = \frac{\sum_i l_i}{\sum_i t_i} \quad (10-1)$$

式中:L'为起终点间的距离(km);$T_{送}$为运营线路起点至终点的乘客运送时间,包括运送途中在各停车站的停靠时间和交叉口的延误时间(h);l_i为统计日中第i趟车载客运行的距离(km);t_i为统计日中第i趟车在运营线路起点至终点的乘客运送时间(h)。

运送速度表示乘客运送的快慢,反映了公交服务的迅速性,也反映出道路条件和交通环境对公交的影响,是衡量公交服务水平的重要指标。通常,公交服务的迅速性主要通过乘客出行时耗反映。乘客出行时耗为车内时间和车外时间的总和,车内时间主要和公交运送速度有关;车外时间包括乘客到离公交站台时间、等车时间、换乘时间等方面,主要和公交网络布设有关,因此在对公交线路运营评价时,在此仅采用运送速度来反映公交服务水平。

城市公共交通运送速度关系乘客的出行时间成本,也影响公交线路运营成本,同时还会影响运营车辆的配置。因为出行时间的长短,在很大程度上决定了城市居民所选择的出行方式。而影响乘客出行时间的一个主要原因就是运送速度。所以,运送速度是吸引城市居民采用公共交通方式出行的一个重要因素。

运送速度对城市公交运营的劳动生产率会产生很大的影响,而运营成本与运营的劳动生产率有密切关系,从而运送速度对运营成本的变化会起很大的作用;运送速度的提高能使车辆周转速度加快,也就是说车速提高以后运力得到节约,在同样运力的情况下能够多运送乘客;或者说在增加同样数量乘客的情况下,由于运送速度的提高可以减少车辆的使用,而同时能达到完成同样数量的客运服务量。所以,运送速度这一指标具有多重运营属性。

影响公交运送速度的因素有:道路条件、车辆状况、公交企业管理效率等。

高水平的公交服务,应在缩短出行总时耗、提高运营速度上下功夫。只有在同等出行距离条件下,相较其他交通方式,公交能提供较为迅速的出行,才有可能吸引更多的出行者,提高公交对乘客的吸引力；而车辆的运营周转速度高，则在路线上的周转就快，迅捷性得到保证，车辆投入相对减少，公交企业效率相应提高。

因此，该指标的选取无论对公交企业而言，还是对乘客而言，均具有重要的现实意义。公交企业根据该指标，可找出影响运送速度的相关因素并作改进，从而对现有公交服务水平作出改进。

（2）行车准点率

① 衡量方法一：高峰时段车辆到达末站的离散程度 C·V（变异系数）。

即用高峰时段公交车辆由起点站到达末车站的时间间隔的离散度来表示公交车辆的准点程度。统计时包括线路双方向车辆的到达情况。其计算公式为：

$$C \cdot V = \frac{S}{\bar{x}} \times 100\% \qquad (10-2)$$

其中，C·V 为变异系数，S 为公交车辆到达时间标准差：

$$S = \sqrt{\frac{\sum(\text{车辆到达时间间隔}-\text{所有车辆到达时间间隔的平均值})^2}{n-1}} \qquad (10-3)$$

$\bar{x}$ 为车辆由首发站到达末车站的平均时间间隔。

变异系数 C·V 越大，说明车辆在末车站处的到达时间间隔分布越不均匀，说明线路到达车辆的准点程度低，这与道路的运行状况、车辆的运行速度、车站停车时间等因素有关；相反，变异系数 C·V 越小，则说明车辆在末车站处的到达时间间隔基本呈均匀分布，说明线路到达时间准点程度较高，该指标适用于高峰时段时刻表发车间隔一致的情况。

② 衡量方法二：行车正点率。

行车正点率（$R_{正}$），指统计期内运营车辆在营业线路上正点运行次数（$Z_{正}$，次）与全部行车次数（Z，次）之比，是用以反映运营秩序、衡量服务质量的指标。即：

$$R_{正} = \frac{Z_{正}}{Z \times 100\%} \qquad (10-4)$$

通常正点率平均不应低于 80%～90%。

运营车辆的正点运行是指实际运行情况与运行计划之间的时间偏差，以车辆在首末站两端的准时性来衡量。正点运行范围的定义因不同的公交系统而有差别。美国联邦公共交通总署 1994 年在全国范围内制定的公交线路评价指标中，根据大多数城市公交系统的调查，把正点运行的范围定义为在计划内晚 5 min 或早 1 min。我国北京市的公交系统，通常采用"快 1 慢 2"的评价标准，即运营时间比行车计划早 1 min 或晚 2 min 都定义为正点运行。

公交线路运营车辆的正点率是反映公交服务的又一重要方面。准点率关系乘客的机会时间成本的支出。行车准点性与企业调度管理、运营组织、道路条件等因素相关。公交专用道的设置、交叉口处公交优先通行及港湾式停靠站的设计都可以提高公交运行的正点率。

正点率越高，反映公交发展水平越高。采用该指标，企业可用来衡量公交企业调度管理、运营组织的有效性；同时可作为衡量乘客对公交服务水平准点性满意程度的重要指标。

（3）发车间隔（高峰时段）

发车间隔，是指高峰时段线路起点站先后发车的时间间隔。包括双方向通过车次的时间间隔。

$$发车间隔 = \frac{小时}{小时通过车次} = \frac{周转时间}{配车数} \tag{10-5}$$

发车间隔是反映公交对乘客服务的方便性及企业管理效率的指标。公共交通是按一定的行车间隔时间准时地沿规定路线来回行驶。发车间隔大，乘客平均候车时间长，服务水平低；发车间隔短，发车频率高，公交的准时性和迅捷性就得到保证，乘客平均候车时间短，服务水平就越高，但车辆投入增多。因此，要使公交路线上的行驶车辆既要完成客运任务，又能按规定时间间隔在路线上周转，就必须确定合理的发车间隔。

本书采取高峰时段的发车间隔来衡量各条线路的服务水平。

该指标可通过行车计划调度表得出。由于发车间隔值表现为分钟，是有量纲的指标，在实际评价中，应把指标属性值统一变化在[0，1]的范围内，即对评价指标值 x_i 采用以下的函数进行无量纲化，以便于综合评价。

$$r_i = \begin{cases} 1 & (x_i \leqslant m_i) \\ \dfrac{M_i - x_i}{M_i - m_i} & (m_i < x_i < M_i) \\ 0 & (x_i \geqslant M_i) \end{cases} \tag{10-6}$$

其中 m_i 和 M_i 分别为评价指标值的最小、最大值，$r_i, i=1,2,\cdots,n$ 为决策者对评价指标属性值 x_i 的无量纲化值。

（4）营业时间

指一天 24 小时之内公交线路提供运行服务的时间（h）。实际中，线路双方向的营业时间往往不一致，则取平均值：

$$营业时间 = \frac{线路上行营业时间 + 下行营业时间}{2} \tag{10-7}$$

该指标是反映具体线路为社会服务程度的一个重要指标，用于衡量公交服务对乘客的方便程度。公交企业应根据实际的客流需求调整相应的线路营业时间。

为便于综合评价，需要把该指标转化为[0，1]范围内的无量纲形式。具体的转化函数如下：

$$r_i = \begin{cases} 1 & (x_i \geqslant M_i) \\ \dfrac{x_i - m_i}{M_i - m_i} & (m_i < x_i < M_i) \\ 0 & (x_i \leqslant m_i) \end{cases} \tag{10-8}$$

（5）关联度

方便性是指乘客在乘坐公共交通时乘行手续简便、各种公交服务标记、设施齐全和完善、换乘次数少等。由于公交服务标记、设施等硬件设施齐全与否无统一的规定，因此无法进行统计。

本书采用与主枢纽（即公共交通枢纽或轨道交通换乘站）的关联度表现方便性，指一条线路与主枢纽的衔接程度。公交枢纽是一种实现交通功能转换的场所，是不同交通方式、不同方向客流的转换点。而轨道交通换乘站在路网中起交通骨干的作用，公交线路与其的衔接对乘客而言则具有重要的方便性。与公交枢纽或轨道交通的关联度反映了线路换乘的方便。如果能够与公交枢纽站或地铁车站衔接，有利于减少乘客换乘次数、换乘距离，提供更多的乘车方案选择，提高乘客的出行速度。

与主枢纽的关联度 r_h 计算公式如下：

$$r_h = \sum_i d_i \tag{10-9}$$

其中，d_i 表示：该公交线路上，与第 i 个主枢纽距离最近的公交站点与第 i 个主枢纽之间的距离关联程度。与主枢纽的关联度 r_h 则是公交线路所经过的所有主枢纽的距离关联程度 d_i 的总和。其中，线路所经过的主枢纽是指线路上与主枢纽最近的公交站点与主枢纽之间的距离不超过 1 000 m。

对于 d_i，具体定义如表 10-1 所示。

表 10-1　线路与主枢纽的关联度表

d_i	线路与主枢纽的距离关联程度	线路站点与主枢纽的距离
1	完全关联	(0，200 m]
0.75	紧密关联	(200 m，400 m]
0.50	较为关联	(400 m，600 m]
0.20	较为不关联	(600 m，1 000 m]
0	完全不关联	(1 000 m，+∞]

（6）安全性

① 衡量方法一：百公里事故费用。

指一年中行车百公里发生事故所造成的费用（单位为元/100 km）：

$$百公里事故费用 = \frac{线路年度事故费用}{线路年度运营里程} \times 100\% \tag{10-10}$$

由于事故次数难以有统一的标准衡量，因此，根据事故费用的大小，可直接反映线路运营中事故的频率及严重程度，从而反映线路的安全性。

② 衡量方法二：事故频率（f_a）。

指统计期内该线路发生的事故次数（Z，次）与车辆总行程（L，百万公里）之比。一般只计大事故和重大事故，即：（单位为次/百万公里）

$$f_a = \frac{Z}{L} \tag{10–11}$$

据统计，部分城市公交企业事故频率限定范围为：$f_a \leq 0.1 \sim 1.5$ 次/百万公里。

该指标反映了车辆运行过程中随时发生或遭遇行车安全事故的概率，即安全行驶间隔，是衡量公交线路行车安全性的基本指标。事故频率越高，表明线路行车安全性越低，公交服务水平越低。追求低的事故频率是公交线路运营的一个基本要求。

③ 衡量方法三：安全间隔里程（l_s）

安全间隔里程表示线路的安全性。指平均每两次行车安全事故之间车辆安全行驶的里程数。该指标是事故频率的倒数。（单位为百万公里/次）

$$\text{安全间隔里程} = \frac{\text{同期总行程}}{\text{行车安全事故数}} = \frac{1}{f_a} \tag{10–12}$$

（7）舒适性

舒适性是指公交企业为乘客提供的乘坐环境比较舒适，能最大限度地减少乘行途中的疲劳。随着生活水平的提高，人们对公交出行的要求也越高，这就要求车厢内的拥挤不能超过一定限度。

① 衡量方法一：高峰小时最大断面满载率。

以目前公交的发展状况，高峰小时最大断面满载率是衡量公交线路舒适程度的指标。

高峰小时最大断面满载率指客运高峰期小时内线路最大断面客流量与小时定员（小时内通过车辆数与车辆定员（客位数）的乘积）之比，即：

$$\text{高峰小时最大断面满载率} = \frac{\text{线路高单向高断面通过量}}{\text{车辆通过高断面的客位数总和}} \times 100\% \tag{10–13}$$

主要线路的高峰小时、高单向、高断面，可根据客流的具体情况确定。确定后应保持一定时期内不变，以保证其可比性。

② 衡量方法二：最高满载率（r_h）。

线路最高满载率指统计期内主要运营线路高峰小时内，单向高峰路段车辆实际载客量（Q）与额定载客量（Q_0）之比，即：

$$r_h = \frac{Q}{Q_0} \times 100\% \tag{10–14}$$

最高满载率用以表示统计期内主要运营线路车辆载客能力最大利用程度和车厢拥挤程度。一般值不应超过 95%～100%。由于满载率与运营效率有紧密关系，其值也不宜过低。

（8）车次兑现率

车次兑换率指统计期内（按日统计）运营车辆实际发车次数与计划发车次数的比率。计划发车次数指运行时刻表规定行驶的车次数。计算公式为：

$$运营车次兑现率 = \frac{运营车实际发车次数}{计划发车次数} \times 100\% \qquad (10-15)$$

车次兑现率反映了线路运营组织的效率。指标值越高，表明车次出勤情况越好，乘客受到的影响越小，公交服务水平越好，线路的运营组织效率也越高。

2. 运营效率指标

（1）平均车日行程（$L_日$）

平均车日行程指平均每车每天行驶的里程，用以表示统计期工作车日内车辆实际运送的快慢，又称车日速度（$V_日$），即：（单位为 km/车日）

$$L_日 = \frac{L}{U} = \frac{\sum_{i=1}^{n} l_i}{n \cdot U} \qquad (10-16)$$

式中：L 为车辆在统计期工作车日内的总行程（km/车），不包括包专车的运营里程；U 为统计期内的总工作车日（车日）；l_i 为统计日中第 i 趟车载客运行的距离（km）；n 为线路配车数，不包括包专车。

平均车日行程既是一个以"车日"为时间计算单位的速度利用指标，同时也是一个车辆的速度、时间、行程综合利用的评价指标，反映了运营效率的高低。该指标高，在一定程度表明了车辆利用率高。该指标一受道路条件的影响，二受工作时间的限制，目前因城市道路条件的影响，使平均车日行程逐年减少。

（2）断面不均衡系数

断面不均衡系数指一条线路上最大断面客流量与平均断面客流量之比。即：

$$断面不均衡系数 = \frac{客流断面最大值}{客流断面平均值} \times 100\% \qquad (10-17)$$

该指标反映了线路承担客流的均衡程度，用以评价线路的客运效率。

它表示一条线路上客流量在各路段变化幅度的大小。断面不均衡系数过大，公交线路上的某些路段乘车就会过度拥挤，服务水平低下，而其他路段上则乘客稀少。断面不均衡系数过大也同样不利于公交运营，若增加配车，缩短发车间隔，满足高断面需求，则会造成其他断面上的车辆空驶，运营效率下降，反之则又满足不了高断面上的公交需求。

（3）方向不均匀系数

在无法获取断面不均衡系数时，可采用方向不均匀系数来衡量线路客流的均衡程度。

方向不均匀系数指一条线路最大方向客流量与双向客流量平均值的比值。

它表示一条线路在高峰小时内不同方向客流量的差异。方向不均匀系数一般按高峰小时最大断面客流量统计。方向不均匀系数过大,则反映出客流需求的方向性差异大,会给公交配车及运营管理带来一定难度,方向不均匀系数的值宜在 1.2~1.4 之间。

(4) 里程利用率 (α)

里程利用率是指统计期内该线路车辆的营业行驶里程 $L_{营}$ 与总行驶里程 L 之比,用以表示车辆总行程的有效利用程度。即:

$$\alpha = \frac{L_{营}}{L} \times 100\% = \frac{L_{营}}{L_{营} + L_{空}} \quad (10-18)$$

其中,$L_{空}$ 表示空车行驶里程。线路的里程利用率可用于衡量车辆的利用效率和线路运营组织的效率。里程利用率越高,表明线路运营组织的效率越高,经济效益也越好。

影响里程利用率的主要因素有:运输线网及场站分布、运输任务分布及运输过程组织等。

(5) 非直线系数 (β)

非直线系数是指公交线路首末站之间的实际距离与空间直线距离之比,反映了公交线路的迂回程度。环行线的非直线系数可为客流主要集散点之间的实地距离与空间直线距离之比,通常为 1。

$$\beta = \frac{l_{实}}{l_{直}} \quad (10-19)$$

式中:β 为非直线系数;$l_{实}$ 为公交线路实际的长度 (km),当实际中线路双方向长度不一致时,线路长度取双方向的平均值;$l_{直}$ 为首末站间的空间直线距离 (km)。

非直线系数可衡量线路的运营效率,其值过大,会造成不必要的迂回行驶里程,运营效率就低。非直线系数可用于评价线路服务的经济性。因为,非直线系数既是营运费用的经济指标,又是乘客乘坐公共交通所消耗时间的经济指标。实际上这个指标在一定程度上还反映乘客乘坐公共交通的方便程度,因此又体现了线路的社会效益。根据《城市道路交通规划设计规范》(GB 50220—1995) 标准,线路的非直线系数以小为佳,理想值为 1,一般取 1.15~1.20 为宜,通常不超过 1.4。

(6) 工时利用率

工时利用率指司售人员在工作日内,在线路上运营的时间占劳动工时的比率。

$$运营工时利用率 = \frac{运营时间}{劳动工时} \times 100\% = \frac{\sum_i (t_i \cdot p_i)}{p \times 8} \times 100\% \quad (10-20)$$

劳动工时是指我国的法定劳动时间,即 8 h。

式中:t_i 为统计日中第 i 趟车司售人员的载客运行时间,即在运营线路起点至终点的乘客运送时间 (h);p_i 为统计日中第 i 趟车上配备的司售人员数 (人);p 为该条线路上配备的司售人员总数（人）。

该指标反映了公交线路的人员劳动效率。一定范围内，工时利用率越高，表明人员劳动效率越高，运营效率也越高，线路的经济效益也会相应提高。但工时利用率过高，超过工作人员的疲劳极限，也会引起负面作用。

（7）劳动生产率

在司售人员的载客运行时间不便于统计，无法获得工时利用率的情况下，可采用劳动生产率指标来反映该线路的人员劳动效率。

劳动生产率指该线路单位司售人员完成的客运周转量，计算公式如下：

$$劳动生产率 = \frac{客运周转量}{线路司售人数} \tag{10-21}$$

该指标可衡量线路每位司售人员完成的客运工作量情况。

（8）车时利用率

指一天中运营车辆的运营车时总数与线路配车数车时总数的比率。计算公式为：

$$车时利用率 = \frac{车辆运营时间}{配车数 \times 24} \times 100\% = \frac{\sum_i t_i}{n \times 8} \times 100\% \tag{10-22}$$

该指标反映了公交企业管理车辆、车辆利用的效率，也会影响线路的经济效益。车时利用率高，则运营效率就高。指标值的大小与车辆的维修保养、车辆配置数、车辆的运用规划等因素有关。

3. 经济社会效益指标

公交线路运营的经济效益评价主要从线路的设施、人力资源的运用效果和运营效果来体现。社会效益主要体现在公交线路的运营对社会和环境产生的积极作用和影响。

（1）线路单位公里运营收入（$C_{收}$）

运营收入是指统计期内公交线路按规定向乘客收取该条线路服务费用所形成的收入，主要是指票款收入。

线路单位公里运营收入是指一天中线路单位公里产生的运营收入（单位：元/km），包括普票款收入和IC卡票款收入。线路长度指双方向线路的总长。对环线线路而言，则指线路的实际长度。

$$C_{收} = \frac{普票票款收入 + IC卡票款收入}{线路上行长度 + 线路下行长度} = \frac{普票票款收入 + IC卡票款收入}{环线线路总长度} \tag{10-23}$$

线路单位公里运营收入是衡量公交线路经济效益最直观的指标，它不仅是公交线路活劳动和物化劳动消耗的主要补偿来源，同时也在一定程度上反映了服务质量水平。运营收入高，可以减少财政负担，反之会增加财政支出，甚至影响公交线路运营服务。

（2）运营单位成本

运营成本指公交企业为完成运营服务所支出的费用,是用以评价公交企业生产经营效果的综合指标,也是确定公交服务价格的重要依据和补偿运营生产耗费的主要尺度。所支出的全部费用,如司乘人员工资、燃料、保修材料费、车队经费、企业管理费、运营业务费、事故等都属于成本项目。

单位成本（S）指统计期内公交企业所支出的全部运营费用（$\sum C$,元）与所完成的公交运营服务总量之比,用以表示企业完成每单位运营服务的成本耗费水平。单位成本有以下两种衡量方法。

① 以"标准车公里"为计算单位：（单位为元/车公里）

$$S = \frac{\sum C}{\sum P_{车}} \quad (10-24)$$

式中：$\sum P_{车}$ 为统计期内线路运营车辆完成的标准车公里合计。

② 以"人公里"为计算单位：

$$S = \frac{\sum C}{\sum P_{人}} \quad (10-25)$$

式中：$\sum P_{人}$ 为统计期内线路完成的乘客周转量合计。

以标准车公里为计算单位的主要优点是成本支出的大部分项目和车公里成比例,因而可较好地反映成本费用特性；其主要缺点是忽略了公交服务对象（乘客）因素,难以作为制定票价的直接依据。

以人公里为计算单位的主要优点是以此为根据制定票价比较直观；其主要缺点是实际人公里统计比较困难,成本费用特性也不如标准车公里为计算单位相对准确。

（3）客位公里

在成本方面,由于公交企业的成本并未完全以路线划分,车辆、燃料、人力等资源的消耗数量,互相间有许多交叉重叠的地方,很难单独计算与审核。而公交企业收入的很大一部分来自于月票收入,月票属于多次反复使用的票证,月票持有者乘坐哪一路车及乘车次数都是不固定的,导致不同车次的月票成本存在差异,但在月票成本的分摊中难以准确体现出来。所以,很多情况下,公交线路的成本和收入不能完全以货币形式体现,上述运营单位成本指标难以计算。因此,可采用客位公里这一隐性指标来替代上述运营单位成本,从一定程度上反映公交线路的资源投入情况。

客位公里指统计期内该条线路全部公交车辆客位实现的周转量,一定程度上体现了公交企业在线路上的隐性投入,用于虚拟公交线路运营投入。

$$客位公里 = \sum(各类运营车辆客位数 \times 发车次数 \times 相应载客里程) \quad (10-26)$$

（4）客运量

客运量指统计期公交线路运送乘客的总人次。

客运量与配车数、人员配班、线路运输效率有紧密的联系，在一定程度上刻画了公交线路的产出情况。在一定意义上，公交线路运送的乘客越多，其社会效益越显著。但指标值过高又与乘客满载情况有一定关系，引起线路服务水平下降；而指标值过小，可能与某些公益性线路的开设有关，线路社会效益因而会提高。因此应对指标值做全面分析。

（5）客运周转量

与客运量指标意义较为相近的替代指标为客运周转量。

客运周转量表示公交线路运营车辆客运的工作量，即公交线路上运营车辆完成的人公里数。人公里指乘客乘坐里程的总和。计算公式为：

$$客运周转量 = 客运量 \times 平均运距 = \sum(客运量 \times 相应运行里程) \quad (10-27)$$

其中，平均运距指乘客每次乘车的平均距离（单位：km）。由近期客流调查资料确定。由于客流调查不可能经常进行，也可以用计算公式算出一个近似值。计算公式为：

$$平均运距 = \frac{\sum(各种普通票售出张数 \times 相应普通票可乘距离)}{\sum 各种普通票售出张数} \times 100\% \quad (10-28)$$

月票乘客的平均运距可按月票可乘线路的普通票平均运距计算。

客运周转量反映了公交线路完成的客运量，客运周转量与配车数、人员配班、线路运输效率、乘客平均运行里程等有关。

（6）线路非重复率（γ）

线路非重复率指公交线路上，与其他线路不重复的路段长度之和与本线路长度的比值。计算公式为：

$$\gamma = \frac{\sum l_i}{l} \times 100\% \quad (10-29)$$

式中：l_i 为公交线路上与其他线路不重复的第 i 路段的长度（km）。

线路非重复率反映了公交线路在城市路网中的重复程度，可衡量该线路的社会公益性。因为对于政府特别要求开设的、满足社会公共效益的公交线路而言，线路非重复率则相对较高，线路在路网中的重要性也相对较大。而线路非重复率过低，表明线路在路网中重复程度较高，易引起线路运营效率低下。

（7）行车燃料消耗（$m_{车}$）

行车燃料消耗指统计期内运营公交汽车平均行驶 100 km 所消耗的燃料价值，用以表示线路运营车辆能源消耗相对水平及利用程度，即：

$$m_{车} = \frac{M_{车}}{L} \quad （元/百公里）\qquad(10-30)$$

式中：$M_{车}$ 为统计期内某线路公共汽车实际燃料消耗价值（元）；L 为统计期内该线路公共汽车行驶里程（km）。

该指标反映了公交线路能源利用的效果，是公交运营投入的一个体现。

（8）环境效益

环境效益是指公交线路在运营过程中对城市环境和生态循环的影响。公交运营产生的环境效益对于实现城市环境的可持续发展具有重要意义。公交运营的环境效益可用噪声、废气排放量和振动来衡量：

① 噪声以公共交通系营运中产生的噪声的等效声级分贝数（dB）表示；
② 废气排放量通过单位客运周转量所排放的废气量表示；
③ 振动以垂直方向的振动级（dB）为标准。

由于公交线路上运营的车辆往往有多种型号，在不同的运行工况下，不同车型的噪声、废气排放量和振动值难以确切检测，因此可根据能量来源的不同，采用层次分析法，邀请专家对各种不同能源类型的车辆的环境效益作重要性的两两评判，由此得出各种车型的环境效益量化值。

根据能量来源的不同，目前城市公交车辆构成主要包括汽油公交车、柴油公交车、压缩天然气（CNG）公交车、液化天然气（LNG）公交车、电车、电动公交车和燃料电池公交车等车型。

10.3 公交运营指标的统计

10.3.1 公交运营统计工作过程

公交运营统计由公交企业来完成。作为一个具有法人资格的独立经济实体，城市公共交通企业应充分运用各种调查、整理及分析方法，建立健全统计组织和以综合统计为中心的统计信息网络。

城市公共交通企业运营统计主要由 3 个阶段工作构成，即统计资料调查、统计整理与统计分析。3 阶段工作是有机结合，环环相扣，步步相联。首先根据统计任务运用各种调查方法，搜索企业运营统计所需资料，然后进行加工、整理，使之系统化，再进行统计分析研究，以反映城市公共交通运营活动的数量特征、数量关系及其变动的规律性。

1. 城市公共交通企业运营统计调查

统计调查就是数据资料的搜集。它是根据统计研究预定的目的和要求，运用科学的调查方法，有计划、有组织地搜集数据资料的工作过程。统计调查的基本任务是：按照确定的指标体系，通过具体的调查，取得反映社会经济现象总体全部或部分单位以数字为主体的信息。搜集统计资料的工作一般分为两种：一种是对原始资料的搜集，即直接对调查单位进行登记或调查；另一种是对已经经过加工的资料的搜集，例如，从统计年鉴、统计公报和报纸杂志上，或从有关部门搜集统计资料，通常称为次级资料的搜集。由于次级资料一般都是从原始资料过渡而来的，所以统计调查所搜集的资料主要是指原始资料。可以认为，搜集大量的以数字为主体的信息是统计调查不同于一般社会调查的主要特征。

从统计工作的全过程看，统计调查是统计工作的基础环节，统计资料的整理、计算汇总与分析研究都必须在调查搜集来的资料基础上进行。因此调查工作质量的好坏，取得的资料是否完整与正确，将直接影响到以后各个阶段工作的好坏，甚至影响整个统计工作任务的完成。因此，统计调查所搜集的资料必须满足准确性、及时性、全面性和经济性的要求。

统计调查的种类形式多样。根据不同的调查目的和调查对象的特点，选择合适的调查方法，是统计调查的重要问题。统计调查从不同的角度有以下几类。

（1）按照调查的组织方式不同，可以分为统计报表制度和专门调查

统计报表制度是按照国家统一规定的调查表式要求，自上而下布置，自下而上地逐级提供统计资料的一种报表制度。它要以一定的原始记录为基础，按照统一的表式、统一的指标、统一的报送时间和报送程序进行填报。执行统计报表制度，是各地区、各部门和各基层单位必须向国家履行的一种义务。具体来说，它是由企业上级部门以统计报表为基本形式，要求企业按照一定的日期和程序，自下而上地提供统计信息的一种报告制度。

而专门调查则是为了研究某些情况或问题专门组织的调查，以特定的目的，专门组织的一种搜集资料的形式。其主要方式有重点调查、抽样调查、典型调查和普查等。

重点调查：是一种非全面调查。它是只在调查对象中选择一部分重点单位进行调查，借以了解总体基本情况的一种调查方式。

抽样调查：也是一种非全面调查。它是指按照随机原则从调查总体中抽取部分单位进行观察研究，并根据结果推断总体指标的调查。

典型调查：也是一种非全面调查。它是根据调查的目的和要求，在对研究对象进行全面分析的基础上，有意识地选择部分有代表性的单位进行的调查。

普查：是专门组织的一次性全面调查。普查和全面统计报表虽然同属于全面调查，但两者不能互相替代。

（2）按照调查包括范围不同，可以分为全面调查和非全面调查

全面调查就是对被调查对象的全部单位无一遗漏地进行调查，如人口普查。非全面调查则是对调查对象中的一部分单位进行的调查，如抽样调查、重点调查等。全面调查能取得所有调查单位的全面统计资料，可用来说明所要研究问题的全貌。但全面调查由于调查的单位多，组织工作量大，需要花费较多的人力、物力和财力，出现调查登记误差的可能性也较大，因此选择的调查项目不能太多。非全面调查具有调查单位少，可以用较少的人力、物力和财

力,调查较多的内容,搜集到较深入、细致的情况和资料的优点,所以在不影响统计研究目的实现的条件下,常常采用非全面调查的方式,但它不能取得全面调查的资料。

(3) 按照调查登记的时间是否连续,可分为经常性调查和一次性调查

经常性调查要求随着调查对象的发展变化,连续不断地进行调查登记,因此又称连续调查。其主要目的在于取得现象在一定时期内全部发展变化过程及其结果的统计资料,这些资料一般是时期现象的资料。时期现象是随着时间的推移而不断积累的社会现象。一次性调查是间隔一个相当长的时间所做的调查,一般是为了研究总体现象在一定时点上的状态。主要目的在于取得现象在某一时点上的状态或水平的统计资料,这些资料一般是时点现象的资料。时点现象是在不同的时点上可能有不同的状态,但不随时间推移而累积的社会现象。

(4) 按照搜集资料的具体方法不同,可分为直接观察法、采访法和报告法等多种方法

直接观察法:是由调查人员亲自到现场对调查单位直接察看、测定和计量。直接观察法取得的资料,具有较高的准确性,但需要花费大量的人力、物力和财力,这使它的应用受到很大的限制。

采访法:是通过指派调查员对被调查者询问、采访,提出所要了解的问题,根据被调查者的答复来搜集资料的方法。采访法具体分为个别口头询问和开调查会等方式。

报告法:是报告单位根据各种原始记录与核算资料,按照统计表的格式和要求,向有关部门提供统计资料的一种方法。我国现行的统计报表制度,就是采用这种方法搜集资料的。

以上各种统计调查方法,在公交运营实际组织调查时,应根据调查研究任务和调查对象本身的特点,加以确定,必要时可以把多种调查方法结合起来,加以灵活运用,以多快好省地完成各项统计调查任务。

2. 城市公共交通企业运营统计资料的搜集整理

(1) 城市公共交通企业统计资料的搜集

城市公共交通企业统计资料的搜集,是按照预定的目的,采取科学的调查方法,有组织、有计划地从企业生产经营活动中,从城市公共交通企业所处的经营环境中系统地搜集城市公共交通企业管理所需的统计资料的工作过程。

城市公共交通企业统计资料搜集的种类大致可分为3类。

① 按表现形式不同,分为纵断面资料和横断面资料。

纵断面资料是指现象的历史统计资料,如历年的运力、运量、收入等资料。它往往用时间序列表示,是分析现象的发展过程、变化趋势和规律所必需的资料。

横断面资料是反映某一特定时间上现象状态的资料,如同一时间上的产量实际值与计划数等,它是反映事物内部结构之间相互关系的重要资料。

② 按来源不同,可分为直接资料和间接资料。

直接资料是城市公共交通企业直接深入实际调查后取得的资料,包括城市公共交通企业经常性的统计、会计、业务核算资料和专门性调查资料。直接资料是城市公共交通企业统计

资料的主要组成部分，但有些资料，城市公共交通企业无法或无必要直接进行调查取得，而必须利用间接的情报资料。

间接资料是来自报纸、杂志、简报、经济领导部门发布的经济公报等方面的资料及历史统计资料。间接资料都是通过一定记录方式记录在一定物质载体上的知识，也称文献资料。

③ 按内容不同，可分为内部资料和外部资料。

内部资料是指来自企业内部的统计资料，这些资料反映了企业生产经营的过程和成果，是企业了解自身实力的依据。

外部资料是说明企业外部环境情况的资料，主要来源于：城市公共交通企业主管部门积累的材料；各级政府部门发布的信息；科研单位、学术团体的成果及各种传播媒介发布的经济资料、经济新闻和市场信息；国际组织及其他国家出版的统计资料，这是企业了解国际市场行情的依据。

（2）城市公共交通企业统计资料的整理

统计整理是根据统计研究的目的，把统计调查所搜集到的原始资料进行科学的加工，使之系统化、条理化、科学化，成为能够反映事物总体特征的综合资料的过程。统计整理既是统计调查的继续，又是统计分析的基础和前提，在整个统计工作中起着承上启下的作用。统计整理的结果能否如实地反映客观情况，决定着统计资料的科学价值，也直接影响到统计分析的准确性和真实性。

随着信息技术的发展，计算机和互联网等现代化传输方式得到广泛应用，统计整理技术正在由手工整理向电子计算机整理发展，统计整理的内容也随之发生改变。具体包括两个方面：一是统计数据的处理，即分组、汇总、制表；二是统计数据的管理，即传输、储存、更新、输出。

统计整理一般包括如下步骤。

第一，设计统计资料整理的方案。

首先，要根据统计研究的目的把已经确定的统计指标体系、统计分组体系设计到整理表或汇总表中，并且要规定出整理或汇总的具体方法。其次，根据搜集的原始资料的多少和统计整理表、综合表的要求，仔细计算工作量，定出具体可行的工作计划，包括人员的配合、培训、技术设备和财力的保证，各工作环节的责任及其相互衔接的办法等。统计整理方案和工作计划所围绕的核心是保证统计数据的整理结果的质量。一些重大的统计调查工作，如人口普查、工业普查等，统计整理方案中还应该包括一些工作细则，如原始资料的审核细则、计算机数据库处理细则等。

第二，对原始资料进行审核。

通过城市公共交通企业运营统计调查取得的大量原始记录和其他原始材料，必须进行加工整理，并率先进行审核，审核的主要内容是资料的完整性和准确性。看资料是否系统周密、合乎逻辑，看其有无错漏、是否及时，口径是否一致。审查的方法多种多样，随审查目的的不同而不同。例如，在审查数字准确性方面，就有逻辑检查和计算检查。

统计资料的逻辑检查是在充分熟悉城市公共交通企业运营工作，也就是在了解各项业务的基础上，审查调查资料的内容是否合理，各项指标间的数字有无矛盾，平衡关系是否成立，是否符合逻辑和规律。在指标动态对比上，有无突增突减的现象；在计划数字上有无与上级下达不相符的情况等。计算检查则是核算计算单位，计算口径和范围等是否符合有关规定，表格上的各项数字有无计算技术上的错误等。实际工作中，两种检查方法常常结合使用，如在逻辑检查发现错误以后，就必须再做计算检查，找出错误原因，直到修正为止。

在原始资料审查的基础上，应进一步加工汇总分类分组，成为有系统的统计资料，用表表示，以供统计分组分析之用。

第三，对原始资料进行统计分组和统计汇总。

城市公共交通企业统计资料的汇总，上报过程，也就是城市公共交通企业统计信息的传输过程，通常是从登记原始记录开始，到编制成统计报表并上报主管单位结束，中间经过登记台账和编制汇总表阶段。所谓统计台账，是原始记录根据时间顺序，经常地按时序如日、月登记，期末进行结算的账册。城市公共交通企业汇总表则是在一定时点上，把报告期各单位的数字，按一定要求排列在一起，经过综合汇总而成的表式。

城市公共交通企业统计资料汇总方式一般有两种：一是采用单式或日报式的原始记录，登记台账加总编报；二是采用台账式的原始记录，到期末在台账上汇总，据此编制汇总表。汇总表为企业编制各种统计报表提供了依据。

第四，编制统计表和绘制统计图。

使用电子计算机时一般叫作制表打印。这里说的统计表已不是整理表，而是指正式提供的综合表。在编表之前，应该对汇总整理出的综合数据按编表要求进行审核，确实无误后，再正式填制、打印。将整理结果用统计图的形式反映出来，它可以清晰、简洁扼要地表述统计资料的内容。所以，统计图表是统计整理结果最常见的表现形式，也是整理统计资料的重要工具。

第五，统计资料的积累和保管。

由于统计整理是一项经常性的长期任务，所以要注意资料的积累，建立完善的保管和提供制度。

(3) 城市公共交通企业运营统计分析

城市公共交通企业运营统计分析包括生产经营条件的分析、生产经营过程和生产经营结果的分析。在生产经营条件中，有人、财、物诸方面的条件，其中物的条件有劳动手段和劳动对象，它们在生产中不断地消耗，又不断地补充，并经常有所扩大，从而使企业在扩大再生产的基础上进行。除了对生产条件统计分析外，还有对生产经营过程和生产经营成果的分析。具体来说，可归结为对公交线路运营的服务水平、运营效率、经济、社会效益等方面进行统计分析。所分析的内容，可从某些指标、某一方面或几方面进行分析，也可以以企业为总体，进行全方位的综合分析，从而对城市公共交通企业的生产经营活动和经济、社会效益作出全面的、科学的评价。

城市公共交通企业的运营统计分析，按照分析问题的范围和时期等不同，产生不同的分类。如综合分析、专题分析、生产进度分析、预期分析等，最后写成统计分析报告或其他表现形式，提交领导和有关部门，在发挥其参谋和助手作用的同时，也发挥其监督作用。

10.3.2 公交运营指标的统计信息流程

公交运营统计一般主要由企业的运营管理部负责。运营管理部设统计岗，负责各项运营指标的统计、分析，负责劳动报表月报、季报、年报的统计上报工作，为领导决策提供依据。企业统计资料的搜集方法及企业统计信息流程，在不同的企业有差别。图10-4为采用三级组织结构（总公司、分公司、车队）的某市公交企业的运营统计信息流程。

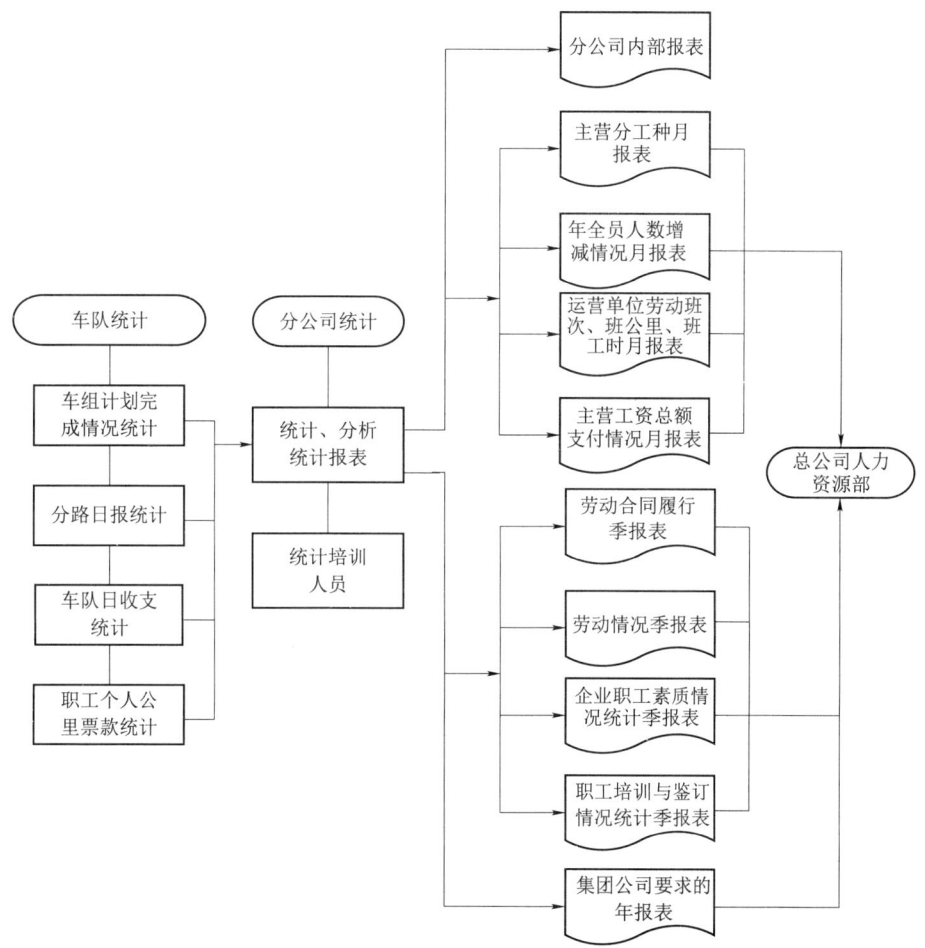

图 10-4 公交企业运营统计信息流程图

以上是城市公共交通企业内部统计资料的流程，它是城市公共交通企业系统、准确、及时地获取和交流企业内部统计资料的基本形式和手段。本书所建立的评价指标，可从行车计划表、路单或电子路单、行车记录表、公里车次表、工时利用表等相关统计报表中获得统计数据。

统计汇总过去大多采用手工汇总，辅之以算盘和计算器，这给评价工作的实际开展带来了较大的工作量。随着信息技术的发展，城市公交运营组织相关信息系统纷纷建立和全面实施，统计信息的向上传输工作，也可由过去单纯的交换或口头汇报等方式，转为计算机联网传送。这使得统计汇总迅速准确、存储运用极为方便，大大提高了统计加工整理及统计分析工作的效率，极大地提高了评价工作的便利性。

10.4 公交运营指标评价方法及应用实例

10.4.1 单项评价的方法

单项指标评价采用的方法是数据无量纲化，把各指标的评价值统一变换到[0,1]，以便于直接进行比较分析。评价指标属性按其自身的内涵，通常可以分成3类：效益型、成本型和区间型。效益型属性是指取值越大越好的属性，成本型属性是指取值越小越好的属性，而区间型属性是指取值越接近某个固定区间$[q_1,q_2]$越好的属性。对于不同类型的指标，有不同的标准化函数。

对于评价指标$u_i \in u$，设其论域为$d_i = [m_i, M_i]$，其中m_i和M_i分别为评价指标的最小、最大值，定义：$r_i = u_{di}(x_i), i = 1,2,\cdots,n$为决策者对评价指标$u_i$的属性值$x_i$的无量纲化值，且$r_i \in [0,1]$，其中$u_{di}(\cdot)$为定义在论域$d_i$上的指标$u_i$无量纲化的标准函数。采用以下的函数作为标准化函数。

1. 成本型指标

成本型指标无量纲化的标准函数为：

$$r_i = u_{di}(x_i) = \begin{cases} 1 & (x_i \leqslant m_i) \\ \dfrac{M_i - x_i}{M_i - m_i} & (x_i \in d_i) \\ 0 & (x_i \geqslant M_i) \end{cases} \quad (10\text{-}31)$$

2. 效益型指标

效益型指标无量纲化的标准函数为：

$$r_i = u_{di}(x_i) = \begin{cases} 1 & (x_i \geqslant M_i) \\ \dfrac{x_i - m_i}{M_i - m_i} & (x_i \in d_i) \\ 0 & (x_i \leqslant m_i) \end{cases} \quad (10\text{-}32)$$

3. 区间型指标

区间型指标无量纲化的标准函数为：

$$r_i = u_{di}(x_i) = \begin{cases} 1 - \dfrac{q_1 - x_i}{\max\{q_1 - m, M - q_2\}} & (x_i < q_1) \\ 1 & (q_1 \leqslant x_i \leqslant q_2) \\ 1 - \dfrac{x_i - q_2}{\max\{q_1 - m, M - q_2\}} & (x_i > q_2) \end{cases} \quad (10-33)$$

10.4.2 综合评价的方法

综合评价方法是否科学合理，决定评价结果的性质。综合评价需要解决的主要问题是分类、排序和整体评价，评价方法主要围绕此类目的展开。有关综合评价的理论和方法大致可以分为以下 3 类。

1. 以数理理论为基础的方法

它以数学理论和解析方法对评价系统进行定量描述和计算，通常需要在一定的假设条件下进行评价。评价方法主要有模糊分析法、灰色系统分析法、技术经济分析法等。

2. 以统计分析为主的方法

其特点是把统计样本数据看作随机数据处理，对指标数据进行转化，所得均值、方差、协方差反映指标潜在的规律，通过统计方法对指标体系进行分析，得出在大样本数据下对评价对象的综合认识。评价方法主要有主成分分析法、因子分析法、聚类分析法、判别分析法、关联分析法、层次分析法（Analytic Hierarchy Process，AHP）等。

3. 重现决策支持的方法

以计算机系统仿真和模拟技术为主，研究如何使系统的运行和人类行为目标的一致，以此得出系统评价结果。如神经网络方法等。

其中，在社会经济系统领域常用的综合评价方法有：层次分析法、模糊综合评价法、主成分分析法、聚类分析法、数据包络分析法、人工神经网络方法、灰色系统评价法等。各种综合评价方法的原理及特性在此不作一一介绍。

10.4.3 综合评价应用实例

本书选取某市公交线路运营的数据，基于上述介绍的评价指标体系和评价方法进行综合评价。

1. 基于 AHP 模型的某市公交线路运营评价方法

城市公交线路评价是一个多目标、多方案的系统决策问题,同时也是多人(多个专家评判)多准则条件下的决策问题,根据其特点,建立起基于 AHP 方法的公交运营模型,过程如下。

(1)建立递阶层次结构模型

根据上述介绍的评价指标体系,选取了适合该市公交线路运营评价的指标,建立起递阶层次结构模型,如图 10-5 所示。

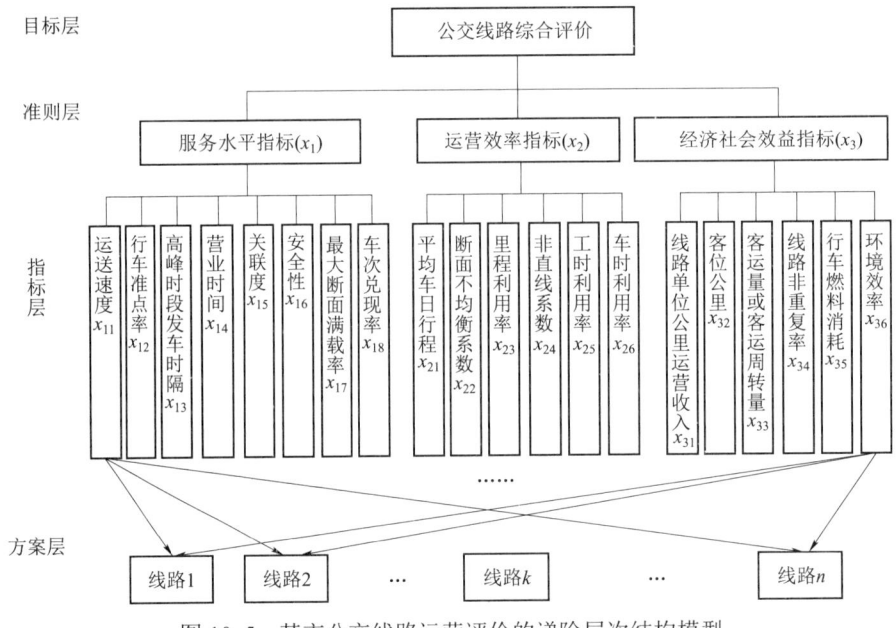

图 10-5 某市公交线路运营评价的递阶层次结构模型

(2)专家咨询,构造判断矩阵

由专家采用 1~9 标度法打分标出各个指标对于上层某元素之间的相对重要性,构造出各层次中的所有判断矩阵。元素两两对比时的重要性等级及其赋值如表 10-2 所示。

表 10-2 层次分析法元素两两对比的重要性等级及其赋值表

标度	含义
1	表示两个因素相比,具有相同重要性
3	表示两个因素相比,前者比后者稍重要
5	表示两个因素相比,前者比后者明显重要
7	表示两个因素相比,前者比后者强烈重要

续表

标 度	含 义
9	表示两个因素相比，前者比后者极端重要
2，4，6，8	表示上述相邻判断的中间值
倒数	若因素 i 与因素 j 的重要性之比为 a_{ij}，那么因素 j 与因素 i 重要性之比为 $a_{ji}=\dfrac{1}{a_{ij}}$

根据建立的评价指标体系结构，此处可建立起 4 个判断矩阵。

(3) 计算权重向量

① 层次单排序及一致性检验。

用特征向量法计算各个层次各指标对于上层某一元素的排序，即求每个判断矩阵的权重向量，并进行一致性检验，决定其取舍。

② 多人多准则下的层次单排序。

由于评价体系中由多位专家对指标打分，生成了多个判断矩阵，因此要对多个打分值做统一处理。这里采用了权重向量综合法中的加权几何平均法来对打分结果（判断矩阵群）作处理，求得多人多准则下的判断矩阵群的权重向量。

③ 层次总排序及一致性检验。

计算各个指标对于总目标的层次总排序 w_{ij}（权重），并进行一致性检验。得出的评价指标如表 10-3 所示。

表 10-3 公交线路运营综合评价指标权重表

指标 X_{1j}	相对于总目标的权重 w_{1j}	指标 X_{2j}	相对于总目标的权重 w_{2j}	指标 X_{3j}	相对于总目标的权重 w_{3j}
服务水平 X_1	0.450 1	运营效率 X_2	0.273 8	经济社会效益 X_3	0.276 1
X_{11}	0.096 642 012	X_{21}	0.048 355 03	X_{31}	0.058 343 195
X_{12}	0.073 698 225	X_{22}	0.053 254 438	X_{32}	0.043 757 396
X_{13}	0.046 930 473	X_{23}	0.040 260 355	X_{33}	0.056 627 219
X_{14}	0.039 630 178	X_{24}	0.050 911 243	X_{34}	0.051 908 284
X_{15}	0.054 926 036	X_{25}	0.046 224 852	X_{35}	0.045 258 876
X_{16}	0.042 758 876	X_{26}	0.036 852 071	X_{36}	0.047 618 343
X_{17}	0.049 016 272				
X_{18}	0.042 063 609				

(4) 形成评价方案

① 计算综合评价指标值。

综合评价指标值的计算公式如下：

$$s = \sum_{i=1}^{n}\sum_{j=1}^{n}(r_{ij}w_{ij}) \qquad (10-34)$$

式中：s 为综合评价指标；r_{ij} 为第 ij 个指标无量纲化值；w_{ij} 为第 ij 个指标相对于总目标的组合权重。

② 形成评价方案。

将各条线路的 s 值从大到小排序并编写对象名次，得到评价结果。对结果进行分析。

2. 实例计算

本书采集和统计了 2007 年 6 月 19 日、6 月 20 日和 6 月 21 日某市 17 条公共交通线路的调查数据，根据上述步骤，建立起线路运营综合评价体系。评价中，对于客运量和客运周转量两个替代性指标，分别建立了相应的采用客运量和采用客运周转量指标的方案，评价的调查数据分别来自周二、周三、周四，具有一定的稳定性，因而评价结果能综合反映线路的运营水平。两个方案的线路综合评价结果见图 10-6、图 10-7。

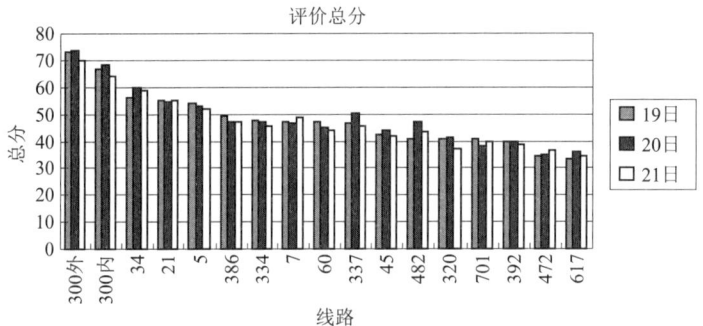

图 10-6 采用客运量指标时的评价结果图

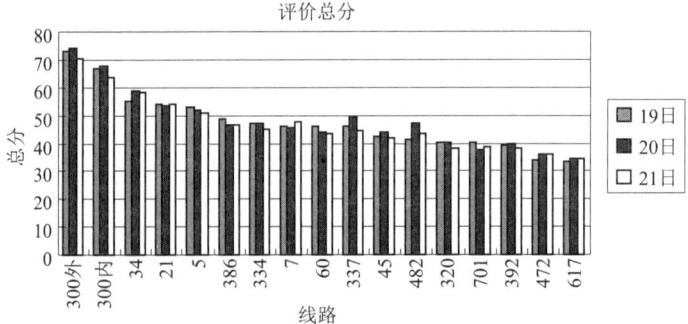

图 10-7 采用客运周转量指标时的评价结果图

总体来看，在 3 天的评价结果中，线路的综合评价效果基本一致。其中 300 外、300 内的运营效果相对较好，而 701、392、472、617 等线路评价结果相对靠后。对于同一时间段（天）

而言，无论是采用客运量指标，还是采用客运周转量指标时的方案，线路的综合评价结果基本一致。

实例计算表明，所建立的评价指标体系和方法能如实反映线路的实际运营综合水平。

复习题

1. 公交线路运营评价的目的和类型是什么？
2. 什么是公交线路运营单项评价？
3. 什么是公交线路运营综合评价？简述其评价流程。
4. 简述公交运营评价的流程。
5. 选取公交运营评价指标应考虑哪些原则？
6. 衡量公交线路运营服务水平的指标主要有哪些？
7. 反映公交线路运营效率的指标主要有哪些？
8. 简述反映公交线路运营经济、社会效益的指标。
9. 城市公共交通企业统计资料搜集的种类有哪些？
10. 简述统计整理的步骤。
11. 评价指标的属性有哪几类？如何进行无量纲化处理？

第 11 章

快速公共交通系统

11.1 快速公交系统发展概述

随着经济的快速发展，城市交通拥挤日趋严重，大力发展公共交通已经成为解决城市客运交通问题的根本途径。轨道交通具有容量大、运行速度快等突出优点，然而受其成本高、建设周期长等因素的限制，并未在我国大城市中得到广泛应用。常规公共交通则因其运营速度低、服务水平较差，在城市交通发展中也受到了相当的阻碍。在此状况下，一种运营特征接近于轨道交通，而建设和运营成本远低于轨道交通的快速公交运营模式应运而生，并逐渐成为当前国际工程界为解决城市交通问题而大力推广的一种新型公共交通模式，它的出现也为我国大城市解决交通问题带来了契机。

快速公交（Bus Rapid Transit，BRT）是一种介于快速轨道交通（Rapid Rail Transit，RRT）与常规公交（Normal Bus Transit，NBT）之间的新型公共客运模式，它综合运用现代化公交技术、智能交通技术和运营管理技术，通过开辟公交专用道路、建造新式公交车站、引进豪华公交车辆、采取便捷车下售票及采用先进管理调度系统等一系列技术措施和手段，来提升公共交通服务质量，实现轨道交通运营服务，从而可以达到轻轨交通的服务水准。

自从 1974 年巴西库里蒂巴市建成第一条快速公交线路以来，在世界范围内各种类型的快速公交系统开始得到广泛的应用。在欧洲、北美及澳大利亚等发达国家，虽然小汽车私人拥有率非常高，并且已有较完善的轨道交通系统，但是快速公交系统仍然针对各个城市的交通需求、土地规划及财政状况等得到了成功推广。目前，我国快速公交的建设正处于蓬勃发展阶段，国内一些大城市，如北京、广州、杭州、济南、常州、厦门等地，已经建成快速公交并投入运营，更多的城市正在规划设计和积极推进 BRT 建设。因此，更好地研究和借鉴国外城市快速公交发展的经验，特别是全面分析国情差别及城市间概况与背景的差异等因素，深入研究快速公交系统的理论与关键技术，将对我国快速公交系统的健康发展具有重要的现实意义。

11.1.1 快速公交系统建设的意义

由于机动车的快速发展，导致能源紧缺、能源价格昂贵，城市交通日益拥堵，城市环境恶化，因此 BRT 系统被国际公认为是应对上述城市交通问题的有效手段。世界上交通拥堵严重的城市，无论是发达国家还是发展中国家，都正在纷纷实施 BRT 系统。

一个城市进行基础设施建设的核心思想是提高居民生活质量和保护环境两者并重。发展和建设公共交通系统符合上述两点基本需求。一个高效、可靠的公共交通系统，应该有利于降低小汽车的使用率，从而减缓交通拥堵，减少车辆污染物排放，降低能耗；有利于大容量、快速地集散乘客，节省居民出行时间；也有利于保护环境，节省自然资源，保护公众健康，刺激经济发展，促进社会平等，维护城市和谐。

建设 BRT 系统是解决城市交通拥堵的重要途径之一。随着城市化进程的加快，机动车数量急剧增加，许多城市道路的交通拥挤程度日趋严重，常规公共汽车的运营服务水平逐渐下降，公交运营车速已经低于 15 km/h。公交出行速度慢、准点率低、舒适性差是常规公共交通中存在的突出问题。

为了保障 BRT 的运营效率和服务质量，BRT 专用道的设置是十分必要的。为此，首先应当明确城市道路资源的分配原则。按照当今正确的城市道路管理理念，城市道路资源不应该再按"车"分配，而是应该按车辆运载的"人"来分配。一种车辆运载的人越多，它就应该享受更多的道路资源。因此，在同一条道路上，快速公交车道畅通无阻，而普通车道拥挤不堪，这对车辆来说是不公平的，然而对车载乘客来说却是公平的。开私家车或者乘出租车出行，将获得舒适与自由，但同时也不得不面临着可能出现的道路拥堵；如果选择快速公交出行，也许乘车的环境不那么舒适自由，但却可以避开拥堵，获得便利和快捷。一条行车道如果供小汽车使用，即使在交通饱和状态下，每小时的通行能力最多为 700 辆，乘客 2 000 人左右，但是如果该车道专供 BRT 使用，或许每小时只通过 100 辆 BRT 车辆，但却可以运送 15 000 人左右。这在我国人多路少的现状下，发展 BRT 系统可以更为有效地利用少部分的道路资源实现并保障大部分人在城市中的流动。

建设 BRT 系统具有如下重要意义：
① 缓解城市交通拥挤，解决交通走廊内公交车辆的拥挤和延误；
② 可以提供舒适的乘车环境，节约市民的出行时间；
③ 相比轨道交通可以节省巨额的投资建设费用；
④ 可以平衡城市交通方式的发展；
⑤ 可以提升城市生活环境质量。

11.1.2 快速公交系统建设与发展历程

BRT 的概念源于国外，是 20 世纪兴起的城市化运动的产物。大量的研究开始于 20 世纪 60 年代，在之后近 10 年的时间里美国对 BRT 与城市高速公路的结合进行了大量研究，形成了一些自己的理论，如建设快速公交、修建公交专用路或专用道，以及高峰时段"公交优先"车辆应具有的客流容量范围等。

BRT 系统最早出现于巴西的库里蒂巴市。1974 年巴西库里蒂巴市建成了世界上第一条 BRT 线路，经过 30 多年的发展，BRT 已经迅速风靡全球，并得到联合国发展署、世界银行、亚洲开发银行、中美洲发展银行、全球环境基金等一些大型国际机构、慈善基金会及推进可持续发展的组织和机构等的大力推荐。

目前，北美洲、大洋洲、欧洲和亚洲的发达国家都先后在近些年规划和实施了 BRT 系统，如在北美洲有美国的洛杉矶、纽约、芝加哥、西雅图、匹兹堡、迈阿密、波士顿；加拿大的渥太华、温哥华；墨西哥的墨西哥城等近 20 个城市；欧洲法国的巴黎克莱蒙费郎区、里昂；英国的利兹、仑坎等 20 个城市；大洋洲澳大利亚的布里斯班、悉尼和亚洲日本的名古屋等。在发展中国家一些经济状况相对较好、机动车拥有率较高的城市中，快速公交也得到大力发展，典型的代表城市有南美的圣保罗、圣菲波哥大、基多等；亚洲的首尔、雅加达、班加罗尔等。

世界各国许多城市在效仿库里蒂巴市经验的同时，也开发、改良和建设了多种不同类型的 BRT 系统。BRT 系统在类型、容量和表现形式上的多样性，反映出它在运营方面广阔的发展空间，以及大运量公交系统与生俱来的灵活性。

此外，BRT 系统不仅在大城市中能够发挥其优势，而且在其他不同规模的城市中，对推进城市交通可持续发展也具有重大意义。在大城市中，BRT 系统作为多元化公共交通体系中一支生力军，与轨道交通系统一起作为城市公共交通系统的骨干，BRT 系统作为轨道交通的过渡、补充、延伸和替代，其作用日趋重要。在中型城市中，BRT 系统往往被作为城市公共交通系统的骨干，承担着主要公交客流的运送。在一些小型城市或大城市的卫星城，BRT 系统在城区内部作为城市公交系统的主体，而城区间又是连接母城的快速客运通道。

2001 年美国国会审计办公室（GAO）向国会提交了一份报告，对比了全美 13 个城市的轻轨交通项目和 17 个城市的 BRT 示范项目，得出的基本结论是：BRT 在成本上低于轻轨交通，而在运载客流量和运行速度上接近于轻轨交通。

2001 年国际能源署（IEA）在"未来的城市公共车，实现全球的可持续性发展"研究报告中，论述了拉丁美洲成功的 BRT 系统，将其与其他公交方式进行了比较，详述了未来的 BRT 专用车辆可能采用的清洁燃料和先进技术，并预测了改善公交车辆技术后对减少能源消耗和降低环境污染所带来的效益。

20 世纪末，我国开始引入 BRT 理念，但理论发展尚处于国外理念的引进期与国内理论分析的初期阶段。近年来，BRT 系统在我国得到了高度重视，国务院研究室的有关文件中提出"加快发展城市快速公共汽车交通系统的建设",建设部在 2004 年文件《建设部关于优先发展城市公共交通的意见》中也提出"具备条件的城市应结合城市道路网络改造,积极发展快速公交系统"的意见。

2005 年 12 月 30 日,北京南中轴线 16 km 长的 BRT 线路全线开通,标志着我国 BRT 建设的开端。随后,杭州、济南、常州、厦门、广州等地,也相继开展了 BRT 系统的建设,目前国内还有更多的城市正在致力于 BRT 系统的建设中。

综上所述,BRT 系统是一种介于轨道交通和常规公共汽车之间的新型公共交通系统,它具有专用路权、封闭运行、智能信号、车外售票、水平上下车、大容量车辆等一系列特征。BRT 系统体现了城市道路管理的新理念,是解决城市交通拥堵的重要途径之一。该系统的最大优势在于项目建设、运营和维修的成本较轨道交通低得多,同时建设周期短、见效快、灵活性高。目前,全球有许多国家和地区的城市建设实施了 BRT 系统。

11.2 快速公交系统的组成与特性

11.2.1 BRT 系统的基本组成

目前,BRT 系统的核心技术组成尚无统一标准,BRT 系统的结构划分也不尽相同。美国能源基金会(FTA)在中国 BRT 发展报告中认为,BRT 系统可分为 6 个组成部分:BRT 运营的道路空间、BRT 的线路、BRT 的场站、BRT 的车辆、BRT 的收费系统和 BRT 的运营保障体系。美国交通部则认为,BRT 系统由路面、车站、车辆、服务、线路结构、车票和智能交通技术 7 个部分组成。

根据 BRT 系统的功能与技术特点,将其划分为五大基本组成部分:BRT 专用道、BRT 专用站、新型 BRT 豪华车辆、BRT 线路及 BRT 智能运营保障体系,其基本组成和运营情况如图 11-1 所示。无论 BRT 系统如何划分,各组成部分之间是既相互独立又相互联系的,只有将它们共同整合在一起,才能真正发挥出 BRT 系统在运营速度、运营能力、服务质量、服务水平等方面的综合最佳效益。

1. BRT 专用道

BRT 专用道为 BRT 公交车辆提供了独立的运行空间,它将快速公交车辆与普通公交车辆和社会车辆分离行驶,从而提高了 BRT 车辆运行的速度、准时性和安全性。BRT 专用道是快速公交系统构成的最基本要素,也是整个快速公交系统的核心部分。

在混行交通的道路上,小汽车通常比公共汽车具有更高的灵活性,它在运行速度上占据明显的优势,然而载运乘客的数目却大大少于公交车辆,因此两者在速度上的反差导致更多的出行者偏向个体交通方式的选择。然而,城市交通的根本目的是解决人的出行问题而不是车辆出行。在这一理念下,BRT 系统通过引入公交专用道,达到了以相对较少的投资,有效地提高公交车辆运行的独立性和可靠性的目的。

图 11-1　北京南中轴路快速公交系统的基本组成与运营情况

按照实际使用情况和道路专用程度，公交专用道通常分为公交专用路（Bus way）、公交专用车道（Bus lane）和公交车与合乘车（HOV）共用车道 3 种形式。

公交专用路是指将某些城市道路的所有机动车道全部划定为专供公共汽车行驶的道路，在这些特定的城市道路上，公交车享有全部的、排他性的绝对使用权。公交专用路的设置方式包括全封闭的高架公交专用路、全封闭的地下公交专用路和地面公交专用路。厦门全封闭的高架公交专用路如图 11-2 所示。

图 11-2　厦门全封闭高架公交专用路

公交专用车道是指在特定路段上，通过物理隔离或标志、标线等划出的一条或几条专供公共汽车行驶的车道，但公交车仍然享有在其他车道上行驶的权利。BRT 专用车道与其他车道的隔离方式有两种：一种是使用硬质设施强行隔离，如使用侧石、栅栏等将专用道与其他车道隔离开来，如图 11-3 所示；另一种是增设专用车道的标识，如使用交通标志、标线等，或将公交专用车道用某种颜色填充，从而实现公交车辆与其他车辆的分车道行驶，如图 11-4 所示。

图 11-3　济南北园大街高架桥下 BRT 专用路

图 11-4　杭州 BRT 专用道

公交车与合乘车共用车道则是指在特定道路上划出公交车与合乘车共同使用的道路。

不同国家和不同区域的城市采用 BRT 道路设施的情况差别很大。北美和澳大利亚通常采用独立的 BRT 专用路，而南美大部分城市采用干道中央的 BRT 专用道，欧洲采用城市主干道 BRT 车辆运营模式，美国则常采用高速公路上建设 BRT 专用道的方法。

BRT 专用道（路）的一个最重要特征就是"专用"。城市交通的目的是实现人和物的有效移动而非车辆的移动，BRT 系统作为城市公共交通的一部分，以有限的资源实现了人和物的高效位移，其设施专用不仅符合公平性原则而且也是必要的。BRT 专用道的专用性也使其与传统意义上的公交专用道区别开来，传统意义上的公交专用道是为沿线所有公交车辆提供的通行空间，而 BRT 专用道则仅为快速公交所用，将快速公交车辆与普通公交车辆分离开来。

应该指出，BRT 专用道在改善公交通行条件的同时，也会给城市路网和其他机动车行驶带来一定冲击，而这种冲击是否在可接受范围内，需要在 BRT 建设的可行性分析中重点研究和论证。BRT 专用道设置的是否合理将是整个 BRT 系统规划的基础和关键。

说明：由于 BRT 专用路和专用车道具有许多共同的特性，为方便起见，如果没有特别指明，后续章节一般不再加以区分，即把 BRT 专用路和 BRT 专用车道统称为"BRT 专用道"。

2. BRT 专用站

BRT 专用站是 BRT 系统为乘客提供服务的窗口，它具有检售票、候车、上下乘客、行车信息发布等功能,能够为乘客提供安全、舒适的候车环境及快速上下车的服务,如图 11-5 所示。BRT 专用站也是 BRT 系统不可缺少的组成部分。BRT 系统在车站设计方面吸收了轨道交通车站的部分特性,突出了人性化的设计理念,促进了 BRT 运行效率的提升。

图 11-5　BRT 专用车站

BRT 专用站一般采用封闭式站台,有利于实施对进出站乘客的管理。BRT 车站通常采用预售票方式,乘客可在进站时提前购票,以便减少乘客因购票缓慢而造成的登车延误及拥挤,提高了乘车的服务水平,如图 11-6 所示。BRT 系统在车辆进站停靠方式上采取车辆停站定位系统,以便引导站台上的乘客在车门位置候车,从而提高上下车的效率,如图 11-7 所示。

图 11-6　BRT 车站预售票系统及进出站通道

图 11-7　BRT 车站停车定位系统

为了改善乘客上下车有台阶不便的状况,BRT 系统采取站台高度与车辆底板高度等高的水平衔接形式,从而可实现乘客快速上下车,减少了在上下车过程中而引起的停车延误,如图 11-8 所示。此外,车站内设置有电子信息牌,一方面可提供各种详细的静态乘车信息,满足不同交通出行方式和不同线路之间换乘乘客的信息需求,如发车时刻表、路线图等内容;

另一方面，还可以为候车乘客提供实时的车辆运行动态信息等，如图11-9所示。

图11-8　BRT站台与车辆底板水平衔接

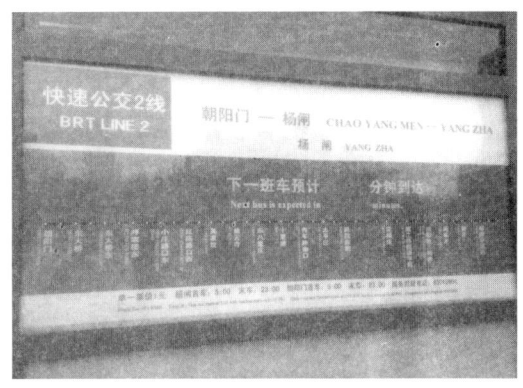
图11-9　BRT车站信息显示系统

为了体现 BRT 车站与普通公交车站的区别，BRT 车站一般设计有明显的建筑特征或标致，以便于乘客识别，如图11-10 所示。

图11-10　常州 BRT 车站外观建筑特征与标致

3. 新型 BRT 豪华车辆

高档、舒适、安全和人性化的 BRT 专用公交车辆是 BRT 系统实施的重要组成部分。BRT 专用的公交车辆通常具有铰接式大容量、多车门、两侧开门、低底板、乘坐舒适和智能性等特点，并可使用低污染的清洁能源。超长身躯的大型铰接车可以提高系统的运输能力，降低运营成本；多车门、两侧开门和低底板便于车辆在不同形式的站台停靠，也便于乘客快速上下车，有利于减少乘车服务时间；色彩鲜明、风格独特的外观设计，有助于与普通公交车辆区别；宽敞明亮的内部空间可以营造舒适的乘车环境；环保型的尾气排放控制系统和超强的低噪声发动机配置，可以减少城市排污并降低乘车噪声；车内外全面的监测系统可为驾驶人员提供全面的车况信息和车辆运行环境信息；车内滚动式停靠站信息提示、语音报站和车外语音广播、电子站牌提示等更为乘客提供了便捷的换乘信息服务。

BRT 专用车辆通常采用技术先进、豪华环保的新型公交车辆，这些车辆与普通公交车辆相比具有以下特征。

① 容量更大。采用铰接式大客车，载客量可达 180～270 人，较普通公交车大为增加，如图 11-11 所示。

图 11-11　BRT 大型铰接式车

② 舒适性更高。采用大开窗，通风采光良好；内置空调，环境舒适；车体悬挂式设计，减震效果良好，如图 11-12 所示。

③ 上下车更方便。采用大开门、多车门以及与站台等高设计的低底板，使得包括老年人、儿童和残疾者在内的所有乘客都能够安全、快捷地实现无障碍上下车，大大提高了方便性，如图 11-13 所示。

④ 低污染。BRT 车辆多采用清洁燃料和低能耗的动力装置，这样可有效控制尾气排放，降低污染。

⑤ 乘客信息更丰富。BRT 车辆多配有动、静态信息显示和视频、声讯播报系统，乘客信息更丰富，如图 11-14 所示。

⑥ 外形美观。BRT 车辆多采用流线型设计，色彩艳丽，不仅便于识别，而且可以体现 BRT 系统的品牌效应。

以上车辆性能的改进提高了公交服务水平，增加了公交吸引力，改善了城市景观，提升了城市品位。总之，配置大容量、高性能、低排放、舒适的公交车辆，有利于确保快速公交的大运量、舒适、快捷和智能化的服务。

图 11-12　BRT 车辆舒适的内部环境　　　图 11-13　BRT 车辆实现便捷乘降

图 11-14　BRT 车内信息显示

4. BRT 线路

BRT 系统的线路可以采用与轨道交通类似的单一线路,也可以是多条线路的组合式线路。由于 BRT 系统的线路可以在主干线上互相组合,以及在主干线的起点或终端向外进一步延伸,因而其线路组成比轨道交通具有更多的灵活性。具体线路设置主要依赖于当地实际情况,并应紧密结合以公共交通为导向的发展原则(Transit-Oriented Development,TOD)。

对于同一条 BRT 专用道而言,其线路的组织方式大致有两种。第一种是干支结合方式,即干线采用与轨道交通相似的单一线路,并根据干线周边的客流分布情况,适当在其起点或终点布设支线,形成干支结合的形式。通常,干线本身也可采用单一线路或快慢线路相结合的形式。在实际运营管理中,BRT 系统常采用单一票价,即将支线车费分摊到干线车费中,乘坐支线无须另外支付费用,这种收费机制方便了出行者,也节省了出行费用,是鼓励出行者使用 BRT 的一种有效手段,如图 11-15 所示。第二种方式是采用与普通公交相同的复合式线路,如图 11-16 所示。

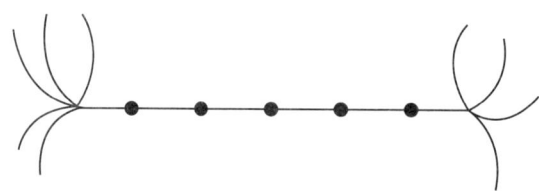

图 11-15　干支线结合式 BRT 线路

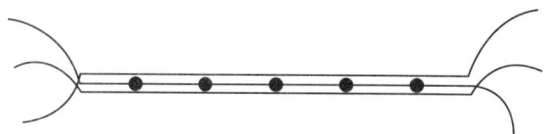

图 11-16　复合式 BRT 线路

5. BRT 智能运营保障体系

智能运营保障体系是 BRT 系统安全、快速、准时运行及高质量服务的重要保障。当今的"智能交通系统"(Intelligent Transportation System,ITS)和"先进的公共交通系统"(Advanced Public Transportation System,APTS)的研究与发展,为 BRT 系统提供了现实的技术保障,这些智能技术的广泛应用为 BRT 运营效能的发挥奠定了坚实基础。BRT 系统集成并整合了多项智能技术,是一个多学科相互融合、协调发展的系统。由于 BRT 系统具有智能技术应用多样性、内容广泛性的特点,决定了其建设与发展模式并非一成不变,而是每一座城市在建设和发展 BRT 系统的过程中可根据其自身条件和发展要求进行调整与创新。

BRT 系统的运营保障体系包括运营组织机构和运营保障设施。

运营组织机构包括项目前期规划与实施的管理机构,以及 BRT 运营期的管理和运营机构。BRT 系统的组织机构可以采用全部由政府机构来承担,或是采用政府与私人机构合作的方式。

BRT 运营保障设施包括各种智能化的交通管理手段,如道路交叉口的交通信号优先控制子系统、乘客信息服务子系统或公交运营车站信息管理子系统、电子收费子系统、车辆自动定位子系统及多种其他智能运营保障技术等。

(1) 道路交叉口的交通信号优先控制子系统

道路交叉口的交通信号优先控制技术是 BRT 应用中的一个核心技术,它与 BRT 专用道共同为公交快速运行创造了优先通行的环境。实践证明,仅设置 BRT 专用道,而不在路口实行优先控制措施,往往只能取得有限的效果。因此,在交叉口为 BRT 提供信号优先设计或信号智能控制,将有助于减少公交车辆在交叉口处因停车和加减速造成的时间损失,对提高 BRT 的运营速度、可靠性和竞争力起到关键作用。

通常,对于给定的公交线路,采用交通信号优先控制时乘客可节省 15%～25%的出行时间,而设计良好的交通信号优先能使公交车辆对私人交通的影响最小,减少其对其他车辆正常行驶的干扰。信号优先控制方法大致有 3 种：第一种是感应式信号优先控制,通过实现公交车辆与信号机之间的信息交换,并根据实际情况在公交车辆到达时延长绿灯时间或缩短红灯时间,感应式信号优先控制对硬件的要求较高,但可以实现交通效益的最优化；第二种是为公交车辆设置专用信号灯,当信号机检测到有公交车辆到达时,专用信号灯显示绿色,公交车辆进入交叉口后,一般信号灯才放行；第三种是根据公交车的流量,通过配时计算得出固定的绿灯时长,此方法具有较好的可操作性,对硬件要求也较低,但易造成交通效益损失。

（2）乘客信息服务子系统或公交运营车站信息管理子系统

完善的乘客信息服务子系统或公交运营车站信息管理子系统有助于乘客作出完善的出行计划,给出行者带来最大的便利。信息可分为静态信息和动态信息两部分：静态信息是指不随时间变化的信息,包括公共汽车站标志、路线、系统地图、时间表和运价表,用颜色或标号表示的公共汽车车辆的分类、档次及服务范围等；动态信息则是指为用户提供的实时信息,如车辆自动定位系统可以告知路线上车辆的运行信息等。

通过所建立的乘客信息服务子系统或公交运营车站信息管理子系统,可在站点为乘客提供发车时刻表、路线图等静态信息和车辆实时运行等动态信息,如图 11-17 和图 11-18 所示。

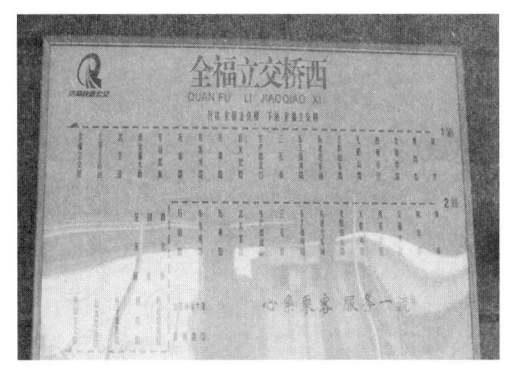

图 11-17　BRT 车站静态信息发布

图 11-18　BRT 车站动态信息发布

（3）电子收费子系统

BRT 收费系统一般采用与轨道交通类似的收费体系。收费往往是在车站或枢纽上完成的,通过设置站外售票、站点闸口的自动售检票 AFC（Automatic Fare Collection）系统,提高乘客上下车的速度。当采用大型铰接 BRT 车辆时,车站收费方式有利于保障所有车门同时完成行人的上下车行为,以提高整个系统的运营能力与效率。BRT 收费子系统需要与整个快速公交系统的运营管理体制相一致,可以在整个公共交通网络中采用统一票价标准或时段免费换乘制度。

目前，拉美城市普遍采用单一票价收费系统，简单易行，直接使用投币方式即可，其资金投入和运营费用少，且能够从机制上确保在公交服务上体现社会公平的原则。我国多数城市的 BRT 系统采用单一票价制，收费方式为投币与电子收费相结合，也有个别城市采用按路程分段付费的方式。如图 11-19 所示，为车站闸口自动售检票系统。

图 11-19　车站闸口自动售检票系统

（4）车辆自动定位子系统

车辆自动定位子系统（Automatic Vehicle Location，AVL）能够实现 BRT 车辆实时定位和及时发出调度指令。目前，应用最多的公交车辆自动定位子系统是综合利用全球卫星定位系统（Global Position System，GPS）、地理信息系统（Geographical Information System，GIS）及其他数字控制系统，来实施对 BRT 车辆运行状况的实时掌握，以便于车辆集中指挥和调度，从而实现对 BRT 系统的精确而有效的控制和管理。

（5）其他智能运营保障技术

BRT 系统还采用了多种智能运营保障技术与措施，具体如下。

交通智能卡——利用智能交通卡可以实现便捷的乘车付费，有效降低乘客上车投币购票时造成的时间延误，同时无现金的售票方式也简化了客运公司的结算程序。

计算机辅助调度及车载通信系统——能够实时控制车辆停靠时间、调整车头时距、控制换乘点、增派车辆、调整运行线路。

车辆进站停靠精确定位系统——通过安装在车辆上与站台路侧的感应器，可以实现精确的引导车辆进站定位停靠，有利于精确控制每个站点所需的最小用地空间。

报警系统——能够对可能发生的车辆碰撞、车辆自身设备隐患及行人靠近危险等进行报警提示，从而最大限度地减少可能的交通事故。

提升站台高度——设计站台高度与 BRT 车辆底板等高，便于乘客水平上下车，减少上下车时间延误，如图 11-20 所示。

自动伸缩登车踏板——通过安装公交车辆自动伸缩登车踏板，实现车辆与站台之间的无缝对接。

安全屏蔽门——利用公交车辆各车门与公交站点各屏蔽门间在位置设置上的一一对应关系，保证车辆进站停靠后各屏蔽门能够随车门同步开启，如图 11-21 所示。

自动进站导航装置——利用统一设计的公交车辆上的自动机械导航装置和站点路段上的导向路肩，确保公交车准确靠站。

图 11-20　站台高度与车辆底板等高

图 11-21　安全屏蔽门

由此可见，BRT 实质上是一种系统整合和集成的理念，它没有固定的模式，既可以是上述系统构成的一部分或全部，也可以根据城市自身的特点和发展需求不断地调整和创新。表 11-1 给出了各种智能技术在 BRT 系统中的应用一览表。

表 11-1　智能技术在 BRT 系统中的应用一览表

智能技术		作　用
信号优先	智能信号控制	减少交叉口延误，提高运行可靠性
电子售票	交通智能卡	实现乘客乘车的快速、方便
	站内检售票	
乘客信息	乘客信息发布	方便乘客、提供公交吸引力便于公交信息统计
	乘客自动计数	
车辆智能监控	车况警告	保障 BRT 车辆运营安全
	交通冲突警告	
	车辆行驶状态警告	
车辆运营管理	车辆自动定位	强化管理的实时性、准确性和灵活性，提高运营效率
	计算机辅助调度及车载通信	
	车辆进站停靠精确定位	
	车辆智能调度	

此外，除了 BRT 系统所涉及的技术层面外，监管机制、票制形式和运营系统管理、相应的交通法规、投融资机制等也都对 BRT 系统的成功运行起着举足轻重的作用。

11.2.2 BRT 系统的特点

BRT 系统是一种高品质、高效率、低能耗、低污染、低成本的公共交通形式，它是目前国际上推广的较为成功的先进公交系统。由于该系统采取了一系列先进的技术手段和管理措施，使其具有了诸多独特的优势和特性，从而更加适用于现代城市公交运输的需求。

1. BRT 系统的优势

BRT 系统综合了轨道交通与常规公共汽车的长处，在技术上兼收并蓄，创造了一种现代化、高等级、低费用的大运量运输系统，可在短时间内迅速提高城市公共交通服务水平和运营效率。与轨道交通或常规公交相比，BRT 系统分别具有以下不同的优势。

（1）低廉的造价与运营费用

与轨道交通相比，BRT 系统最大的优势之一就是投资与运营成本要低得多。世界各大城市建设轨道交通和 BRT 系统的投资金额往往差异较大，但总体上来看，BRT 系统的造价只有轨道交通的 1/10。在我国，城市地铁的平均造价为 2 亿～7 亿元/km，而 BRT 系统的平均造价为 2 000 万～7 000 万元/km。如果所建 BRT 线路的交通走廊不需要动迁，其平均造价在 2 000 万元/km 左右；如果项目建设需要大量动迁，则投资额可能会高达 7 000 万元/km。由此可见，通常建设 1 km 的地铁所需要的资金，可以建成 10 余 km 的 BRT 网络；即使是建设 1 km 轻轨所需要的资金，也可建设大于 4 km 的 BRT 线路。

从运营角度来看，轨道交通的运营成本也很高，其高昂的建设和运营成本很难通过轨道交通的运营回收，而快速公交的运营成本相比要低得多。此外，由于 BRT 系统投入运营后，公交车的行驶速度比先前要快得多，且又采用较大容量的车型，因而所需运营的车辆数目相应减少。这样，不仅使得直接购买车辆的费用减少，而且带来了燃料、维护、司机、存放及其他相关方面成本的降低。显而易见，BRT 系统较低的建设成本与运营成本，保证了其实现低票价的可能性。

（2）建设周期短而见效快

就单条线路建设而言，从立项到完工，BRT 系统需要 1～2 年时间，轻轨系统需要 3～4 年完成，而地铁系统则需要 5～6 年完成。相比之下，BRT 系统的建设周期比轨道交通要短，解决城市交通问题见效快。

（3）运行速度快且可靠性高

与常规公交相比，BRT 具有运行速度快且可靠性高的特点。BRT 系统的专用道是实现大运量和快速度服务水平的重要保障。通常，BRT 单车的最高载客量可达 200 人，是普通公共汽车的 3 倍，BRT 车辆的单向运营能力为 15 000～25 000 人次/h，运行速度一般可以达到 30～35 km/h，这些指标都已经接近了轨道交通的服务标准。

由于 BRT 车辆运营在专用道上，避免了与其他机动车辆的混合交通，在很大程度上减小了运行干扰，使得 BRT 车辆运行时间的可靠性和准确性得以大幅度提高，有效地增加了乘客对公交出行方式的信任度，从而使其在日益拥挤的城市交通中尽显快捷优势。

此外，水平上下车和车外售票系统也使 BRT 车辆在车站内的停车时间减少，行程时间缩短，车辆的平均速度得以进一步提高。

（4）灵活性高

BRT 系统具有轨道交通不可比拟的优势。一方面，BRT 线路可随城市的发展而调整或变化。BRT 系统不像轨道交通那样具有很强的固定性线路，它能够随着城市人口、就业岗位分布和土地利用结构的变化而适当调整，这样有利于适应那些规模正在扩展、格局正在调整或正处于兴建中城市的变化特点。

另一方面，BRT 系统在建设过程中可采用分阶段、分路段的分步实施方法。BRT 系统不需要像轨道交通那样必须在整个系统完全建成后才能投入商业运营，只要其部分功能设施建成后即可投入商业运营。

BRT 系统还具有较强的服务覆盖率和达到性，因为 BRT 车辆既可以运行在高速公路专用路上，也可以运行在城市普通街道上，甚至运行在混合交通流中，运行的道路条件灵活方便。

此外，在运营线路组织中，BRT 可结合其他公共交通的运营形式，形成多种快速公交模式，如允许站台超车模式，同一条线路可同时开设"站—站"停靠线、大站快线和直达线等线路形式。

（5）安全、舒适、节能和环保

BRT 与其他交通方式运行是完全分离的，减少了拥堵时可能发生的追尾、碰撞等事故；车辆追踪系统和交通事故管理系统的应用，也使得在事故发生时能够及时实施救援。圣菲波哥大的"新世纪"公交线开通后，该道路死亡事故率降低 93%。

新型高档的 BRT 公交车辆噪声低、振动小、车内宽敞、乘坐舒适，水平登车方式，方便乘客上下车，尤其是对于携带包裹和行动不便的乘客更是如此。车站内和车辆上的乘客信息系统，使乘客对车辆静动态信息乃至整个公交系统的情况有更清晰的把握，减少了不确定性，增加了乘客对公交方式的信任度。

BRT 系统还具有节能和低污染的优势。新型公交车辆耗能少、排放低。专用道的使用，使 BRT 车辆运营速度得以提高，从而避免了道路拥堵造成的反复加减速和停车现象，有效地减少了车辆的废气排放。据统计，BRT 系统的人均能耗和废气排放量仅有小汽车的 1/30，而且人均占有道路面积也只小汽车的 1/20。圣菲波哥大"新世纪"BRT 系统比普通公交的污染降低了 40%，库里蒂巴市的 BRT 比常规公交节油 30%。根据美国能源基金会曾经的测算，几种主要客运方式的耗能与污染物排放情况如表 11-2 所示，其中 BRT 是一种污染小、能耗低的公交方式。

表 11-2　不同运输方式每 100 万人公里污染与能耗情况

方式 污染物	私家车	出租车	普通公交	BRT	轨道交通 电力	摩托车
CO_2/t	140.2	116.9	19.8	4.7	7.5	62.0
NO_x/kg	746.0	662.0	168.4	42.0	17.5	90.0
油耗/t	49.2	41.0	6.9	1.6	2.6	21.8

（6）系统易于升级

BRT 系统升级包含以下两层含义。

第一，系统自身的不断扩展与完善。在 BRT 系统开始建设时，不需要同时完成所有的技术组合部分，可以随着时机和条件的成熟逐步完善。例如，当公交走廊上的客运量较低时，可先使用普通公交车辆，待客流增大且稳定时再选用大容量新型车辆；信号控制优先、信息发布系统等科技含量较高的组成部分，可待技术成熟和资金充足时再进行建设。

第二，BRT 的系统升级也包括向更高级的大运量快捷公交方式升级。当客运走廊交通需求尚不稳定且不够大，或对城市未来存在某些不可预知因素时，可先通过 BRT 建设提升公交的竞争力，引导人们公交出行的取向选择，从而为轨道交通建设奠定客流基础，避免盲目建设造成的资金浪费。

（7）有利于城市公共交通的可持续发展

随着经济的发展及居民收入的增加，我国城市机动车的保有量与使用率将持续增长。城市道路的拥挤状态将日趋恶化。城市道路交通在区域范围内或整个干道系统在通勤高峰时段可能出现交通瘫痪。在城市交通拥堵的路段上、区域内乃至在整个干道系统上建立起快速公交走廊或是网络，则可有效保持公交服务水平不会因为受机动车交通拥堵的影响而明显下降。这对于保证城市居民出行的可靠性和机动性，保持城市公共交通的可持续发展具有举足轻重的作用。

此外，与轨道交通一样，BRT 系统也有利于促进以公共交通为导向的城市发展模式，实现土地发展与公交系统的良好结合。

（8）充分利用现有公交运营管理经验

虽然 BRT 系统运营管理方式与传统的普通公交略有不同，但是诸如线路的运营管理、司售人员的管理体制、运营调度和车辆维修方式等都与现有普通公交管理方式大致相同。因此，公交运营部门可以充分利用现有的公交运营管理经验，对 BRT 系统的运营人员进行培训，这与轨道交通相比会减少很多的工作量。此外，由于可以利用成熟的公交管理经验，且运营管理较简单，技术操作和控制方法也比轨道交通简化许多，因此一条新的 BRT 系统试运营时间仅需一周左右，而一条轨道交通的试运营时间往往需要 3~6 个月。

表 11-3 给出了常见的几种大运量交通系统的各项指标值。

表 11-3　大运量交通系统各项指标值

交通方式	地铁	轻轨	BRT 系统
投资额/（亿元/km）	5～6	1.5～2	0.5～0.7
旅客运输量/（万人/h）	3～4	1～2	1～2
平均速度/（km/h）	30～40	30～40	20～30
立项到开工时间/年	3～5	2～3	1
立项到完工时间/年	5～6	3～4	1～2
系统灵活性	低	低	高

2. BRT 系统的局限性

任何一种交通方式都存在其自身的缺点和应用的局限性。同样，BRT 系统虽然具有上述许多优势，但也有自身的局限性，主要表现在以下几个方面。

（1）占用独立的道路空间，制约其他车辆使用

BRT 具有人均占用道路资源少的优势，有利于缓解城市道路的交通压力。然而，除了少数设置在地下和高架路上的 BRT 以外，多数 BRT 属于路面交通系统，仍需占用独立的道路空间。而且 BRT 系统高效能的发挥在一定程度上也是以限制其他车辆对道路的使用为代价的，因此这对原本就交通拥挤、道路资源紧缺的大城市来说，必然会对其路网以及其他机动车的运行造成不同程度的影响或冲击。

（2）系统稳定性差

尽管 BRT 系统多数采用了物理方式分隔专用道，但仍属于半封闭系统，因此在很大程度上还会受到周边环境的影响。

① 路口信号的影响。多数 BRT 专用道在路口处与相交道路的关系为平面交叉，即使为 BRT 提供信号优先控制，但因必须考虑相交道路的交通流量、行人过街等影响因素，BRT 也难以完全消除路口延误。此外，BRT 系统的信号优先，必然会给其他方向和其他车道的车辆带来影响，抑制路口道路的使用、增加其他车辆在路口的延误时间。从库里蒂巴市的案例来看，其 BRT 系统只在城市外围地区享有路口有条件的优先权，而在城市中心区的路口不享有任何优先权，这并非受限于设备等技术因素，而是为了避免 BRT 的优先对城市中心区的其他道路交通产生过多的负面影响。鉴于上述原因，BRT 在路口处势必会出现不规律的延误，尤其当路口相距较近时，车辆频繁的加减速，会导致 BRT 的运行速度极不稳定。

② 路段横向干扰影响。当路段上的 BRT 专用道为非物理隔离时，很容易受到其他交通方式的影响，尤其在高峰时段，社会车辆和非机动车常常会侵占 BRT 专用道而影响其正常运行。

由于系统的不稳定性，导致 BRT 难以达到轨道交通全封闭的运行速度。库里蒂巴市的 BRT 系统最高运营速度为 30 km/h，在高峰时段其运营速度将有不同程度的降低。

③ 运送能力受限。BRT 停靠站的停靠能力通常制约着 BRT 的运送能力。作为地面停靠

站的规模一般不可能太大，像库里蒂巴市和圣菲波哥大的封闭型车站一般只能容纳 1~2 辆车停靠；此外受路段横向干扰和路口无规律延误的影响，车辆到站概率分布随机性较大，不利于停靠站停靠能力的有效利用。这些因素使 BRT 难以保持稳定的车距间隔，从而降低了其运送能力。

11.2.3 BRT 系统的特性比较与适用性分析

1. BRT 与其他公交方式的特性比较

目前，常见的公交方式主要有 4 种：地铁（MRT）、轻轨（LRT）、快速公交（BRT）和常规公共汽车（RB）。分析和掌握这些公交方式的不同特性，对于充分发挥它们在城市公共交通中的作用非常重要。

公交方式的特性主要从 3 个方面描述：土地使用权、系统技术和运营方式。其中，土地使用权是指公交方式与其他社会车辆在道路使用上的分隔程度，按其分隔程度由小到大依次可划分为 C 型、B 型和 A 型用地 3 种类型，它是特性中的基本要素；系统技术主要包括相关的支撑技术、导引技术、车辆推进技术和控制技术等。

土地使用权的 3 种类型划分如下。

① C 型用地：指道路上的混合交通用地，即公交车辆与社会车辆混合共用道路路面，也可布设优先车道或专用车道，但不具有隔离带等实体分隔，行驶至交叉口需要遵循信号控制规则。

② B 型用地：指沿行驶方向以缘石、栏栅、高度差别等方式，将公交车道与其他车道相隔离的用地方式，但是在交叉口仍需与横向的行人、车辆混合通行。

③ A 型用地：是完全隔离的用地类型，不受交叉口信号的影响，也不受任何行人与车辆的干扰，也称为"完全隔离"或"专用"型，它可以布设在地下或高架桥上，也可以平面方式布设。

下面分别从系统组成、系统运营和系统效能 3 个方面，对 4 种常见的公交方式的特征进行比较，具体结果如表 11–4、表 11–5 和表 11–6 所示。

表 11–4　4 种常见公交方式的系统组成比较

交通方式	土地使用权	支撑和导引	推进	控制
常规公共汽车（RB）	C	道路/人为驾驶	内燃机、电力	视觉
快速公交（BRT）	B	道路/人为驾驶	内燃机、电力	视觉
轻轨（LRT）	B	轨道/轨轮作用	电力	视觉/信号
地铁（MRT）	A	轨道	电力	信号

表 11-5　4 种常见公交方式的系统运营比较

特 性		RB	BRT	LRT	MRT
投资额/（亿元/km）		—	0.2~0.5	1.5~3	4~6
立项到完工时间		<1 年	1~2 年	4~6 年	8~10 年
运营技术指标	线路数	多	较少	较少	少
	线网密度	高	较低	低	很低
	站间距	小	较大	大	很大
	换乘站	少	较多	较多	多

表 11-6　4 种常见公交方式的系统效能比较

交通方式	RB	BRT	LRT	MRT
运输能力（万人/h）	0.6~0.8	1.0~2.0	1.0~2.5	3.0~6.0
平均运速（km/h）	10~20	20~30	20~40	30~50
乘客舒适性	差	较好	好	好
服务覆盖强度	大	较大	小	小
系统灵活性	高	高	低	低
吸收新技术的能力	高	高	中	低
系统形象	差	较好	好	好
对土地利用和城市发展的影响	小	较大	大	大
环境污染	大	较大	小	小

综上可见，从常规公共汽车到大运量的地铁，系统的安全性、可靠性、运送能力和运行速度等效能指标逐步提高，但相应的成本投资也逐渐增大。快速公交和轻轨等中运量公交系统的系统效能和成本则介于常规公共汽车与地铁之间。4 种公交方式投资成本和系统效能的对比关系如图 11-22 所示。

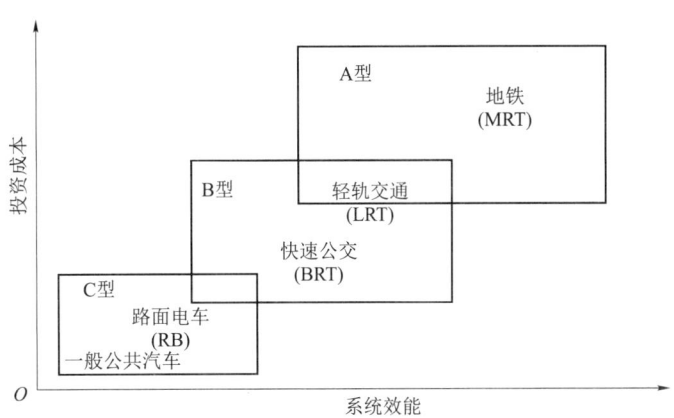

图 11-22　4 种公交方式投资成本和系统效能的对比关系

然而，城市居民出行的需求是多种多样的。在城市客运系统结构中，每一种交通方式都有一定的服务范围，几乎没有任何一种系统能够满足城市交通的全部出行需求，因而只有各种系统相互配合，相互补充，才能共同营造一个和谐最佳的客运服务体系。图 11-23 给出了城市各种交通方式的适用服务范围，其中快速公交填补了位于常规公共汽车与轨道交通之间的区域，使城市公交体系得到进一步完善。

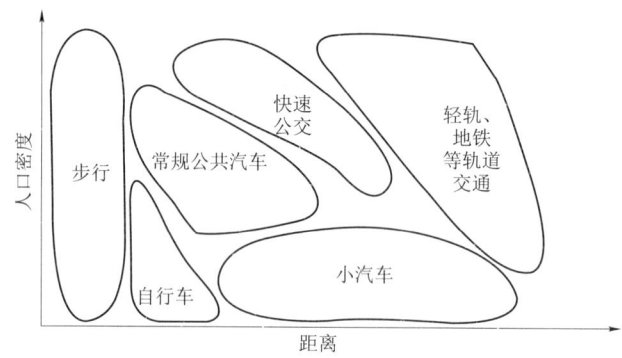

图 11-23　城市各种交通方式的适用服务范围

2. BRT 系统的技术经济性与适用条件分析

BRT 系统与轻轨、地铁等大型交通工具的技术经济对比情况如表 11-7 所示。由该表分析可见：

① 交通工具的建设造价越高，其载客容量就越大，运行性能也越好。地铁交通方式的建设对城市人口数量和市中心人口数量都有很高的要求，一般适用于 200 万以上人口及市区人口密集的特大城市。

② 快速公交与地铁交通之间没有替代关系，但是与轻轨交通之间有比较明显的替代关系，因为它们对路面特征和站距等的要求基本相同。

表 11-7　BRT、轻轨和地铁交通的技术经济比较

指　标	BRT 交通	轻轨交通	地铁交通
路面特征	专用车道或混合流车道	专用车道或混合流车道	专用车道
站距/m	350～800	350～800	500～2 000
车厢座位容量/人	40～120	110～250	140～280
正常行驶速度/（km/h）	20～40	20～45	25～60
安全性能	高	高	极高
平均造价/（万美元/km）	600～1 500	1 200～3 400	12 000～18 000
最低城市人口/万	75	100	200
最低市中心人口/万	40	50	70

（资料来源：GRAY，GEORGE E，HOEL L A. Public Transportation. Englewood Cliffs，New Jersey：Prentice Hall，1992.）

由上述对 BRT 系统特点与特性的综合分析，可以得出 BRT 系统建设所需要的条件与环境如下。

① BRT 系统适用于中距离、中运量、准快速的出行需求，它能给乘客提供的最理想服务是时速在 20～30 km/h 的中距离出行，BRT 专用道上的车辆运送能力为 1 万～2 万人次/h，该运送能力大于常规公共汽车；然而，当大城市主要交通走廊断面客流规模超过每小时 2.5 万人次时，BRT 系统一般难以支撑。

② BRT 对道路宽度、车道数、交叉口间距等都有一定要求，而这些要求在某些大城市的中心区域或繁华地段是难以满足的；相反，轨道交通则不受上述条件约束，因此从这一点来看，BRT 系统是无法取代轨道交通的。

此外，BRT 作为经济高效的公交方式，在以下环境中也能很好地发挥自己的优势。

a. 中心区有条件的干道上；
b. 连接中心区与外围地区的放射路上；
c. 连接中心城与外围组团或卫星城的放射路上；
d. 大型外围组团或卫星城内部；
e. 远期规划建设轨道交通，但近期客流规模不足的交通走廊上。

11.2.4　BRT 在公交系统中的发展模式

BRT 作为一种新型的公交方式，在城市客运交通中必然会发挥其独特的作用。依据 BRT 在城市公共交通中的地位和作用，可将其归纳为以下 5 种发展模式。

① BRT 作为整个城市公交的主体，即建立完整的 BRT 网络覆盖大部分的城市。

② BRT 应用于地铁或轻轨的延伸，即 BRT 的起点与轨道交通的终点紧密地结合在一起，使得 BRT 作为轨道交通向城市边缘或城市新开发区的延伸，从而降低地铁或轻轨的建设投资及运营成本。

③ BRT 作为今后建设地铁或轻轨的过渡交通方式，也就是将公交专用车道建设在道路中央，为今后建设高架轨道交通保留空间，同时可以降低项目建设的初期投资与运营费用。

④ BRT 与地铁和轻轨的混合使用，即 BRT 与轨道交通共同组成城市公共交通系统的网络，把 BRT 线路的布置以及与轨道交通的换乘紧密结合起来，这样既可以充分发挥轨道交通的优势，又有利于发挥地面快速公交的优势，因此该模式已被世界上许多大型城市广泛应用。

⑤ 独立式的 BRT 系统，就是指建设一条或多条互不关联的快速公交走廊，从技术角度来说就是建设几条主要客运走廊的公交专用道，它比较适用于 BRT 建设的初期阶段。目前我国许多城市的 BRT 系统属于这种模式。

上述 5 种发展模式，可以根据各个城市的交通需求，城市土地规划及城市的财政状况视情选用，既可以单独使用，也可以混合使用。

11.3 快速公交专用道及其实施的客流条件

BRT 专用道是快速公交系统高效、快速运营的最基本条件,也是 BRT 系统建设的关键技术之一。目前,我国 BRT 专用道的设置,一是借鉴国外 BRT 专用道的设计技术,二是参考国内常规公交专用道的布置方法。然而,BRT 专用道的设置毕竟不同于一般车道,应遵循其特殊规律和相应的设计准则,要从"公交优先"的角度出发,充分体现以人为本的理念,有效发挥 BRT 在运营中安全、舒适、快速和高效的性能,保障真正意义上的时空优先权,要确保专用道上 BRT 高速运行的连续性和低干扰性,同时也要兼顾其对社会车辆的影响及整体道路的效益。

11.3.1 BRT 专用道的特点

BRT 专用道的布设实际上是对道路交通资源的重新分配,其目的是保证快速公交在空间上的优先通行,同时尽量降低对其他交通系统的不利影响。

BRT 专用车道的设置是通过道路设施和交通管理措施的限制,实现 BRT 车辆与其他车辆在空间上运行分离,从而优化 BRT 车辆的运行环境,赋予 BRT 车辆优先行驶权,达到提高 BRT 车辆行驶速度、改善 BRT 系统服务质量的目的。具体地说,就是在现有的城市道路上,采用物理隔离或专用标志、标线等方式,划出特定的车道专供 BRT 公交车行驶,以利于 BRT 公交车优先通过限定的路段和时段。

BRT 对运输能力、服务质量的要求都远高于常规公共汽车,因此其专用道与常规公共汽车专用道相比具有以下特点。

① 常规公共汽车专用道通常服务于特定路段,各线路公交车辆只有行驶在该特定路段上时才能享受专用道的服务,很少有全线都设置公交专用道的情况,而 BRT 专用道则服务于整条线路,一般要求全程都设置专用道。

② 常规公共汽车专用道上通常运营较多条公交线路,而 BRT 专用道内运营的公交线路一般不多。

③ BRT 对停靠站具有特殊要求,一方面车站设施布置要比常规公共汽车复杂,且车站规模也比常规公交大;另一方面停靠车站的宽度一般不小于 3 m。

11.3.2 BRT 专用道的分类

BRT 专用道是 BRT 系统构成的核心要素,国内外对 BRT 专用道的划分有所不同。

1. 国外 BRT 专用道的划分

在国外,土地使用权是研究 BRT 设置的最为重要的内容,前文给出了描述公共交通系统特性的 A、B、C 3 种用地类型及其含义。依据用地类型的不同,国外对 BRT 专用道的划分如

表 11-8 所示。

表 11-8 国外 BRT 专用道的划分

级别	用地类型	设置位置	设置方式	序号
I	完全独立路权	非城市街道	BRT 专用隧道	①
			高架 BRT 专用路	②
			高速公路中的 BRT 专用路	③
II	半独立路权	城市街道	平面交叉的 BRT 专用街道	④
III	街道中物理隔离的半独立路权	城市街道	干道中央的 BRT 专用道	⑤
IV	无物理隔离的半独立车道	城市街道	同向和逆向的 BRT 专用车道（包括路中、路侧和次路侧式）	⑥
V	混合交通流	城市街道	路口专用或优先排队车道	⑦

由表 11-8 可见，序号为①、②、③的 BRT 专用道的设置方式，享有完全独立的土地使用权，在路口处和路段上均不受任何交通流的干扰，运行效率最高，属于 A 型用地；④、⑤两种设置方式，均属于半独立路权的 BRT 专用道，其中④为整条街道皆为 BRT 专用，⑤为干道中央经物理隔离的 BRT 专用道，对于该两种设置方式，其路段上基本不受干扰，但在路口处仍与横向的人车混合通行，属于 B 型用地；对于⑥、⑦两种设置方式，其独立性最差，属于 C 型用地。

2. 国内 BRT 专用道的划分

根据 BRT 与其他交通方式隔离程度及路权的专用程度，国内通常把 BRT 专用道划分为 A、B、C、D 共 4 个等级。A 级是指 BRT 系统在路段上完全采用专用路，在交叉口以立交方式跨越；B 级是指 BRT 在路段上拥有完全专用路权，路口处采用快速公交优先通行措施；C 级是指 BRT 和常规公共汽车共用专用道、路口采用公交优先措施；D 级则是通常意义上的"大站快车"概念。其中，A 级专用道大都是布设于全封闭、全立交的城市快速路上，或是在交叉口设置跨线桥或地下隧道，它对道路标准有过高的要求，因而决定了其适用范围十分有限；C 级和 D 级快速公交专用道基本上与普通公交专用道没有区别，其路权的专用性在很大程度上受到了限制，其快速性也就不能充分体现。目前，国内建设的 BRT 专用道多数是具有完全专有路权或部分专有路权的专用道，在路口个别采用快速公交优先通行技术，多数不采用优先通行技术，基本上属于上述分类中的 A 级到准 B 级的专用道。

根据 BRT 专用道所占用道路的类型及在道路横断面上布设位置的不同，通常也可以将其划分为路中式专用道、路侧式专用道、次路侧式专用道、单侧双向式专用道、单侧单向式专用道、逆向式专用道及快速公交专用路，后续章节将分别阐述。

11.3.3 BRT 专用道的设置条件

BRT 专用道在设置过程中，应充分考虑多方面因素，并对其设置条件进行必要的研究与分析。

1. BRT 专用道设置需考虑的因素

为了保障 BRT 专用道的设置效果与功能发挥，通常需要考虑以下因素。

（1）运输效率

BRT 专用道必须是高效率的，即应具有严格的专用路权和尽量少的交通横向干扰，确保 BRT 车辆运行快速，站点和交叉口的交通延误少。

（2）服务水平

BRT 专用道的设置要充分体现"以人为本"的服务理念，要充分考虑为乘客提供良好的乘、候车环境，保证乘客整体交通行为的连续性和舒适性，提供良好的乘客信息服务，实行方便、公平的票制系统及人文关怀与尊重。

（3）网络系统

要注重提高整体公交网络的服务效能，促进公交网络形成良好的空间和等级结构，促进线路之间形成方便、高效的换乘关系，包括换乘时间、空间距离和换乘费用等。

（4）环境保护

促进环境质量的改善是 BRT 建设项目追求的重要目标，具体体现在两个方面：一是通过实施公交优先，逐步限制其他机动交通工具的使用，进而减少噪声和尾气排放的总量，形成高效的和对环境友善的交通系统结构；二是公交车辆自身的环保性能改善也是不容忽视的因素。

2. BRT 专用道设置条件分析

与其他交通方式相比，BRT 有其自身的许多优势，但其应用也受到一定条件的制约。就 BRT 专用道的设置而言，它一方面会大大提升 BRT 系统的运营效率；另一方面，也会不同程度地对道路上的其他交通造成负面影响。如果仅从 BRT 专用道设置的可行性方面考虑，影响其设置的主要制约因素来自 3 个方面，即需求条件、机动车通行条件和道路条件。因此，在系统的规划初期，全面分析 BRT 专用道的设置条件，并结合建设城市的客流需求和道路特点进行可行性论证十分必要。

（1）需求条件分析

需求条件包括客流量和行驶速度两个方面。

① 客流量。

BRT 系统主要适用于城市公交走廊上大运量、中长距离的客流输送任务，BRT 专用道的设置与沿线客流需求量密切相关。当客流需求量过小时，如果单独布设 BRT 专用道，则无论从经济效益上还是人均占用道路资源上都是得不偿失的；当客流需求过大时，又会因其最大运送能力所限,难以达到轨道交通的运力效果。因此,BRT专用道的设置对应客流需求有一个相对合理的限度。

a. 客流需求上限。

当BRT车辆运行在BRT专用道的路段上时,通常不会受到周边因素的干扰,运营车速相对平稳而快速,不会在路段上形成对BRT系统的运送能力的制约现象;当BRT车辆行驶至停靠站附近时,由于车站停靠能力受限,会不同程度地影响到BRT系统运营能力的有效发挥,从而形成制约瓶颈。由此可见,BRT系统的最大运送能力关键取决于停靠站的停靠能力。

对于只有单泊位的BRT停靠站来说,当相邻两车以最小车头时距行驶时,停靠站的停靠能力将会最大。此时,该最小车头时距由3部分组成:乘客上下车时间;车辆进站减速、停车和启动加速时间;前后两车最小安全时距。在理想情况下,当车载容量、高峰满载率和有效停车泊位数一定时,若以最小车头时距作为发车间隔,则快速公交的客运能力为最大。在实际运营中,由于受到路口信号控制、路段横向干扰及停靠站上下车客流量等不确定性因素的影响,往往会导致相邻车头时距的变化,尤其是当平面交叉口处BRT运行方向的信号红灯相位较长而发车频率又较高时,很容易在交叉口前形成BRT车辆排队现象。这将直接影响到车辆运行间隔的平稳性,也会对车辆满载率的均衡性及停靠站停车泊位的有效利用率产生重大影响,进而影响到BRT系统的最大运送能力。综合考虑上述各种影响因素,下面给出BRT系统的最大运送能力(即能够满足的客流需求上限)的数学表达式如式(11–1)所示:

$$C_{\text{BRT}} = \frac{3\,600}{t_{\min}} \cdot k \cdot C \cdot \lambda \cdot N_b \quad (11\text{–}1)$$

式中:C_{BRT}为BRT的最大运送能力(单位:人次/h/方向);$t_{\min}$为最小车头时距(s);k为车辆运行间隔波动系数;C为车载容量(人);λ为高峰平均满载率;N_b为停车位的有效泊位数。

当$t_{\min}$=45 s、C=270人、k=0.9、λ=0.9、N_b=1时,推算得BRT最大运送能力为17 496人次/h/方向。库里蒂巴市BRT系统实际采用的最小发车间隔为48 s,车载容量为270人,最大单向运输能力为20 289人/h。通常,建议设定BRT最大单向小时客流需求不超过20 000人次/h。

b. 客流需求下限。

快速公交具有人均占用道路资源少的特点,也就是说,在运送相同客流量的条件下,它能更少地占用道路资源。然而,在客流需求较低的情况下,如果设置了BRT专用道,必然会使得人均占用的道路资源上升,甚至超过其他机动车道上的人均占用资源,从而使BRT专用道的设置失去了意义。因此,应该分析在满足什么交通需求条件时才有必要设置BRT专用道,从而发挥快速公交占用道路资源少的优势。式(11–2)给出了设置BRT专用道的交通需求条件,等价于式(11–3)。

$$\frac{Q_{\text{BRT}}}{n} \geqslant \frac{Q_C}{N-n} \quad (11\text{–}2)$$

$$\frac{Q_{BRT}}{Q} \geq \frac{n}{N} \qquad (11\text{-}3)$$

式中：Q_{BRT} 为单向 BRT 专用道的客流量（人次/h）；Q_C 为其他单向机动车道的客流量（人次/h）；Q 为单向机动车道总的客流量（人次/h）；N 为单向机动车道总条数；n 为单向 BRT 专用道的车道数。

② 行驶速度。

提高快速公交在 BRT 专用道上的行驶速度，就是要缩短在 BRT 专用道上的通行时间。通常，所采用的美国联邦公路局（BPR）函数模型表述的是公交车辆与社会车辆混合行驶时所有车辆平均行驶时间与饱和度的关系。

$$t = t_0 \left[1 + \alpha \left(\frac{V}{C} \right)^{\beta} \right] \qquad (11\text{-}4)$$

其中 $\frac{V}{C}$ 表示道路交通量与道路的交通容量的比值，即饱和度；t_0 为零流阻抗，即路段上流量为零时车辆行驶所需时间；α、β 为阻滞系数。

显然，在实际混合交通中，公交车与社会车辆的行驶速度是有差异的，这主要由道路饱和度来决定。当道路饱和度较小时，车辆运行较自由，公交车辆与社会车辆相互影响小，公交车速略小于社会车辆；当饱和度逐渐增大时，公交车辆和社会车辆开始抢占道路资源。由于小汽车车体小、加减速便捷，抢占道路资源占有优势。公交车辆则由于体积大，加减速不便，故其车速受其他车辆的影响较大。此时，如果通过设置 BRT 专用道的方式来降低其他车辆对 BRT 车辆的干扰，则对于提高 BRT 的运行速度和运营能力具有显而易见的效果。

（2）机动车通行条件分析

在 BRT 专用道设置后，其他机动车道的车流就会受到冲击。一方面，原先在 BRT 专用道上的交通量需要由其他车道来分担，这无疑增加了其他机动车道的交通压力；另一方面，对于增加了交通负荷的其他机动车道，一旦再出现车道受阻情况，尤其是发生在瓶颈路段上时，有可能不仅造成局部交通拥挤，而且导致全部交通网络的瘫痪。因此，在规划一条 BRT 专用道时，应当从局部路网乃至全部路网的交通畅通角度出发，来分析和论证对道路通行能力的影响。当然，这是很不容易做到的。通常，为简化研究和论证的过程，可以通过对比分析设置 BRT 专用道前后该道路上的机动车饱和度的变化情况来给出结果。常用的方法有以下两种：

① 在设置 BRT 专用道后，其他机动车道的交通服务水平降低幅度不应超过一个等级；

② 在设置 BRT 专用道以后，机动车交通流量应小于剩余车道的通行能力。

事实上，交通流量的分布总是动态变化的。理论分析表明，从整体范围上看，如果其他机动车辆有多种线路可选择，则道路上实际交通量总会小于道路的通行能力。然而，在实际布设 BRT 专用道时，还要根据道路的具体情况决定。如对于某些饱和度很高且只有一条通道的特殊路段，就不适合布设 BRT 专用道。

(3) 道路条件分析

道路是设置 BRT 专用道的基本载体,设置 BRT 专用道也需要满足一定的道路条件。这些道路条件主要包括车道数、车道宽、交叉口间距、交叉口延误和停靠站延误等几个部分。

① 车道数。

在路段车道总数不增加的情况下布设 BRT 专用道,将会使得其他车道的交通流量增加,造成这些车道的交通负担加重,从而有可能影响整个交通网络的正常运行。因此,在进行 BRT 专用道规划时,务必要保证在设置 BRT 专用道以后,其他各机动车道的总通行能力应大于道路上的剩余交通需求。

假设路段的机动车道总数为 n,单向 BRT 专用道车道数为 n_b;在未设 BRT 专用道之前,单向路段的交通量为 Q_0(pcu/h),则每条车道分担的交通量平均值为 $\dfrac{Q_0}{n}$;如果设置了 BRT 专用道后,单向路段的交通流量设为 Q_0'(pcu/h),单向 BRT 车辆的交通量为 Q_b(pcu/h),则每条其他机动车道的流量 $\overline{Q}_{非}$(pcu/h)为:

$$\overline{Q}_{非} = \frac{Q_0' - Q_b}{n - n_b} \quad (11-5)$$

假设在设置 BRT 专用道后,其他所有车道的机动车流量平均值小于或等于该车道的设计通行能力 C,即:

$$\overline{Q}_{非} = \frac{Q_0' - Q_b}{n - n_b} \leqslant C \quad (11-6)$$

解上式,可得:

$$n \geqslant \frac{Q_0' - Q_b}{C} + n_0 \quad (11-7)$$

式(11-7)即为设置 BRT 专用道时需考虑的车道数条件。也就是说,为了保证建成后的 BRT 系统正常运营,同时尽量减少对其他交通的影响,现有道路的车道总数应该满足式(11-7)的要求。

② 车道宽。

行车道的宽度对运行车速有着很大的影响。在城市道路中,标准车道宽度为 3.5 m,车辆可正常行驶;当车道宽度大于该值时,会有利于车辆行驶,车速略有提高;当车道宽度小于该值时,车辆行驶的自由度受到影响,车速会降低。表 11-9 给出了车道宽度影响系数。由该表可知,当车道宽度减少到 2.5 m 时,车速几乎下降至正常车速的一半,此时大型车辆则难以通行;当车道宽度增加到 6 m 时,车速可提高 30%。

表 11-9 车道宽度影响系数

车道宽度/m	2.5	3	3.5	4	5	6
影响系数/%	50	75	100	111	126	130

根据美国交通研究委员会的研究结果,对于 2.5～2.6 m 宽的快速公交车辆,行车道至少要 3.3 m 宽,最好能达 3.6～3.9 m。从提高车速和行车安全的角度考虑,快速公交行车道的宽度最好能达到 3.5 m 以上,在停靠站点处可降至 3.2 m。

③ 交叉口间距。

BRT 在专用道上行驶是一个"减速—等待—加速—匀速—减速"的反复过程。BRT 专用道上交叉口的间距直接影响到 BRT 车辆在路口的等待时间及加减速的反复次数。如果交叉口间距过小,则 BRT 车辆难以以较高的稳定车速运行,从而使得在专用道上的行驶时间增大,运营效率降低。由此可见,交叉口的间距条件也是 BRT 专用道可行性论证的重要因素。

④ 交叉口延误。

交叉口延误是影响快速公交速度的又一个重要因素。在《道路通行能力手册》中有如下公式计算单个交叉口延误。

$$t_{交} = 0.38 t_c \frac{(1-g)^2}{(1-gx)} + 1.73 x^2 \left[(x-1) + \sqrt{(x-1)^2 + 16x/C} \right] \quad (11-8)$$

式中:$t_{交}$ 为交叉口平均每辆 BRT 的延误(s);t_c 为交通信号灯的周期(s);g 为交叉口 BRT 方向的信号灯绿信比;x 为公交专用排队车道饱和度;C 为公交专用排队车道的通行能力(pcu/h)。

利用式(11-8)可求出 BRT 车辆在交叉口的平均延误,而 BRT 车辆在整个专用道上的总延误:

$$T_{交} = \frac{L}{L_{交}} \cdot t_{交} \quad (11-9)$$

式中:$T_{交}$ 为交叉口 BRT 的总延误(s);L 为 BRT 专用道总长度(km);$t_{交}$ 为交叉口的平均间隔(km)。

⑤ 停靠站延误。

假设 $T_{停}$ 表示 BRT 车辆在停靠站的总滞留时间(s),L 表示 BRT 专用道的总长度(km),$l_{停}$ 表示 BRT 专用道停靠站的平均间隔(km)(对于一条 BRT 专用道来说它是一个定值),$t_{停}$ 表示 BRT 车辆在每个停靠站的平均滞留时间(s),那么 BRT 车辆在专用道上各停靠站的总滞留时间为:

$$T_{停} = \frac{L}{l_{停}} \cdot t_{停} \quad (11-10)$$

由式(11-10)可见,若要提高 BRT 的运营效率,就必须适当加大停靠站的间距,减少停靠站的停车延误。

11.3.4 BRT 专用道的主要类型与设置方法

BRT 专用道的类型决定了 BRT 系统的运行速度与运营能力。全封闭式的 BRT 专用路可以提供大容量和快速的公交服务,与一般轨道交通的服务水平接近或相当。一般 BRT 专用道则由于受到交叉口信号的制约,其运送速度及能力都会下降,因此通常在交叉口设置公交优先信号控制,必要时还可对道路功能进行适当调整。

合理选择 BRT 专用道的类型是 BRT 系统规划的重要内容。依据 BRT 专用道在道路横断面中的位置及车辆的行驶特性,通常将 BRT 专用道划分为路中式专用道、路侧式专用道、次路侧式专用道、单侧双向式专用道、单侧单向式专用道、逆向式专用道以及快速公交专用路 7 种类型。

1. 路中式专用道

路中式专用道是指设置在道路中央分隔带两侧或分隔线相邻车道上的 BRT 车道。此时,BRT 车辆行驶在整条道路的内侧车道上,即靠近道路中央行驶,通常采取物理方法或路面标线进行隔离。

路中式专用道的最大优势是不受路边停车的影响,不受沿街单位车辆进出道路的影响,不受非机动车辆和行人的影响,且对于与之相交的小型交叉口还可以通过实施"禁左"的措施来保证 BRT 获得更多的通行权。因而,这种专用道有利于保障 BRT 运营的道路畅通,有利于 BRT 车辆以较高车速运行,有利于保证 BRT 系统的准时性,再结合大容量的新型公交车辆,更有利于最大限度地提高专用道的使用效率,这是一种比较彻底的 BRT 专用道模式。此外,城市发展快速公交的初衷就是期望以较低的投入获得接近于轻轨交通的运输能力和服务质量,基于这一点并综合考虑各种专用道的适用性等因素,路中式专用道将更适合于快速公交的发展。

根据道路横断面形式的不同,该 BRT 专用道通常又分为有中央分隔带的 BRT 专用道和没有中央分隔带的 BRT 专用道两种形式,如图 11-24 所示。

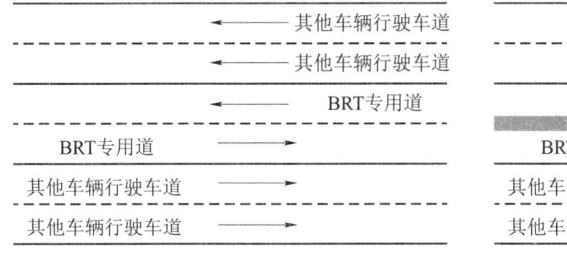
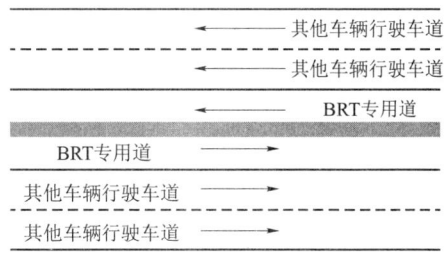

(a) 无中央分隔带　　　　　　　　　　(b) 有中央分隔带

图 11-24　路中式专用道

对于没有中央分隔带的道路,路中式专用道布设于路中黄线两侧,其停靠站的空间可通过对道路局部渠化或拓宽获得。此外,在不设中央分隔带的道路上,还可以把双向的 BRT 专用道集中在一起进行物理隔离,既可以保证 BRT 专用道的专用性,又方便 BRT 车辆利用对向车道超车。

对于设有中央分隔带的道路，BRT 专用道则布设于中央分隔带的两侧，利用分隔带来布置 BRT 的停靠站；也可以根据实际需要进行灵活处理，必要时可将中央分隔带改建为 BRT 专用道的一部分，与专用道一起进行隔离。

然而，由于我国的交通规则是车辆靠右侧行驶，公交车门也都习惯于右侧开门，故路中式专用道不便于乘客的习惯上下车方式。如果要利用中央分隔带作为停靠站，则车门就应该设计在左侧，最好整条 BRT 线路统一如此，否则站台停靠左右不统一，同样不方便乘客上下车。此外，从车辆调度的角度来看，这种左侧车门的公交车型最好改用双侧车门的车型，这样不至于因车辆车门设置在左侧而使运营行驶受限于固定线路，有利于车辆随时调用到其他线路上，同时也有利于公交线路的变动。

路中式专用道一般适用于城市中心区以外，且交叉口间距比较大、道路宽度条件较好的路段，或设置在高架道路下且具有干线条件的路段上。这种专用道的公交停靠站一般设置在道路中央分隔带上，可以利用分隔带的宽度为乘客候车提供所需要的空间。

路中式专用道需要解决的主要就是乘客过街问题。由于 BRT 车辆沿中央分隔带行驶并停靠，乘客上下车要穿越道路，安全性大大降低；而通常道路中央分隔带的宽度有限，不便设置人行过街天桥或地道，增设行人过街信号又将给正常的车流造成延误。因此，怎样做才能既保证乘客安全、方便地过街，又不会对其他车流产生过多的横向干扰，是设置这种专用道所必须解决的问题。另外，由于利用中央隔离带上下乘客，故车站规模和集散客流的能力都要有所加强。

总之，由于路中式专用道独立性较好，受道路上其他车流的干扰比较少，易于信号优先控制，且不会影响社会车辆的路侧活动和停车，所以大部分 BRT 系统都采用这种 BRT 专用道。南美城市较多采用这种形式，我国的北京、济南、常州等城市也采用这种形式的 BRT 专用道。

2. 路侧式专用道

路侧式专用道设置在双向机动车道的最外侧车道上，停靠站点设置在机非隔离带上或者占用局部的非机动车道空间。这种形式的 BRT 专用道也是目前我国杭州等城市采用较多的一种形式，如图 11-25 所示。

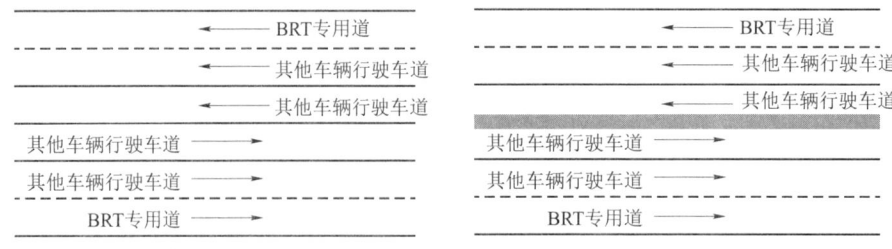

图 11-25 路侧式专用道

路侧式专用道最突出的优点是乘客进出站台和上下车很方便，不需要穿越马路，保障了乘客的出行安全性，符合人们的出行心理；同时，对路幅要求低，实施方便易行，道路改造少,投资少,可使用现有的公交设施。BRT 专用道设置在路侧,更有条件设置成港湾式停靠站,从而减少 BRT 车辆的停车对社会车辆产生的干扰,并方便其他 BRT 车辆超车。

然而,对于这种形式的 BRT 专用道,如果不采用物理隔离,往往会受到社会车辆的干扰,特别是出租车辆的任意停靠,有时甚至还会被一些车辆的违章侵占或停车阻塞车道,影响专用道的正常运营。此外,这种 BRT 专用道存在一个很明显的、甚至不可调和的缺陷,即限制了其他社会车辆的路侧活动。因为这种形式的 BRT 专用道在路段上阻断了所有到达性车流,断绝了车辆"右进右出"道路的可能性,因而对于道路沿线开口比较多、土地开发强度比较大、交通发生和吸引比较强的路段,路侧式专用道就会面临一个两难选择:若禁止这种"右进右出"交通,则会使这部分车辆进出道路很不方便,从而产生很大的负面效应;若不禁止这种交通,专用道的"专用性"和"通畅性"又不能得到保障。

由于这种不可调和的矛盾,决定了路侧式专用道适应性不强,仅适合于道路沿线土地开发强度低、交通发生和吸引不高的地段,而且与路中式专用道相比,路侧式专用道上的 BRT 车辆容易受到路侧非机动车辆和行人等横向因素的干扰,从而影响 BRT 车辆的行驶速度,且内侧机动车道上的右转车辆也会对路侧直行的 BRT 车辆造成影响。

路侧式专用道也是目前我国运用较多的一种公交专用道的形式,然而从具体的实施情况来看,由于该专用道沿线布设较多公交线路,加之运行中受到较多的横向因素干扰,其运行效果并不理想。

3. 次路侧式专用道

次路侧式专用道是路侧式专用道的一种改进形式,通常在原有路侧式专用道的右侧,借用路段非机动车道再开设一条辅助机动车道,以供沿街车辆和相交小路上的车辆右进右出,也可供出租车上下客及某些不允许使用 BRT 专用道的常规公交车行驶使用,如图 11-26 所示。

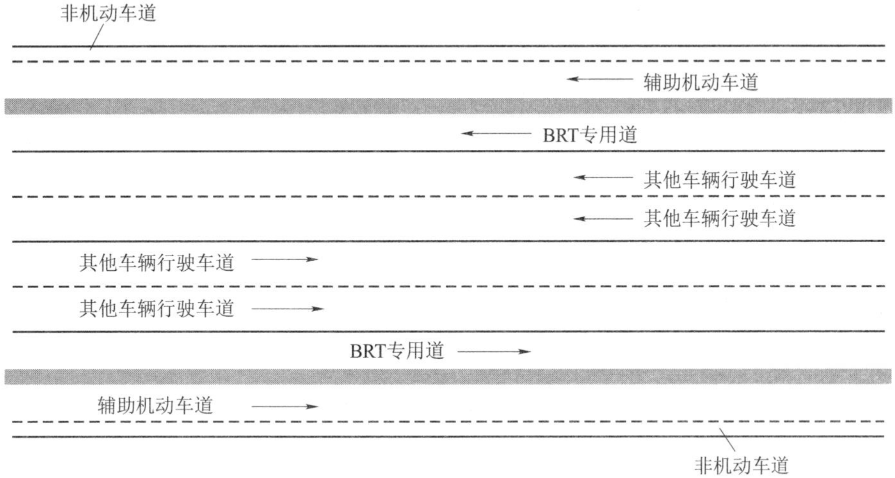

图 11-26 次路侧式专用道

该专用道的优点是克服了路侧式专用道的缺点，车辆行驶时不受路边因素的干扰，能以较高车速行驶，且 BRT 专用道可以一直延伸到交叉口，减少了公交车与社会车辆的交织，也便于为公交车辆提供优先通行信号，从而具有了较高的适应性。

然而，次路侧式专用道也有一个明显的缺陷，即对于非物理措施隔离的专用道来说，辅助车道上的左转车流在进入交叉口之前若要转入 BRT 专用道的左侧车道时，必然会与 BRT 车流产生交织，从而影响专用道上 BRT 车辆的行驶，也会对社会车辆的行驶造成一定的阻隔，尤其是当左转车流量比较大时，这种影响会使专用道的设置失去意义，而且专用道也容易被社会车辆占用，从而影响公交车行驶和停靠。

次路侧式专用道对路幅的要求不高，投资少，实施方便，在合适的路段设置可以更好地体现公交优先，使公交系统高速、准时地运行。这种形式的 BRT 专用道最好设置在无停靠站的路段，如交叉口间距较短的路段或大站快车的情况，或设置在允许道路沿线土地有一定开发，但是强度不太大、进出车辆不太多的路段。

4. 单侧双向式专用道

单侧双向式专用道是指将 BRT 专用道集中布设于道路一侧，其他车辆行驶于另一侧的情况，如图 11-27 所示。

这种形式的 BRT 专用道的一个明显优点，就是路段车道安排灵活，车辆可以利用对向车道超车；另一个优点是当公交线路为环状的时候，若将环内侧设为专用道，将会有效简化公交车辆在交叉口运营的复杂程度，免受社会车辆对 BRT 运行的干扰。其缺点表现在交叉口的运行组织上，如果在交叉口处 BRT 车辆既有直行又有转弯，那么交叉口处 BRT 车辆与其他社会车辆的交通冲突会明显增加，相互干扰严重，交通信号的协调组织也会变得相当复杂，处理较为麻烦。

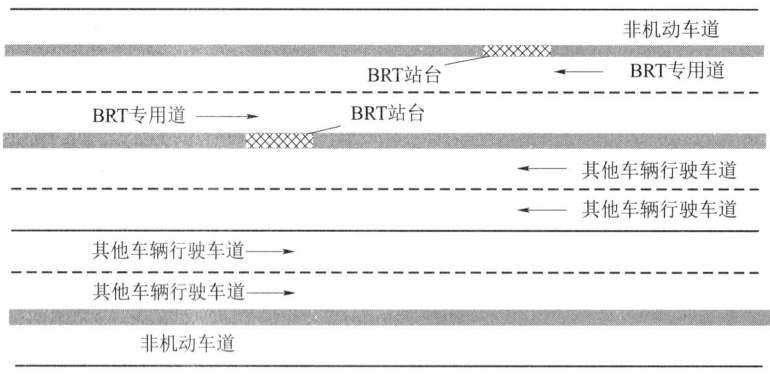

图 11-27 单侧双向式专用道

这种类型专用道的缺点决定了它只适用于单线式快速公交线路，尤其适用于环形线路。对于沿线的土地开发集中在一侧（如沿河道路），或路口交叉形式多为"T"形交叉的情况，也可以选用这种类型的专用道。在这种情况下，可以根据沿线客流和车流的具体情况，决定

BRT 专用道到底设置在哪一侧。如果考虑方便乘客到达沿街单位，可将专用道设置在靠近用地开发的一侧；若考虑沿线单位车辆进出道路方便，可将专用道设置在另一侧。

5. 单侧单向式专用道

单侧单向式专用道是指专用道设置在道路某一侧并且只沿一个方向行驶的专用道，如图 11–28 所示。这种形式的专用道多出现在单行道路上。在这种情况下，公交线路双向分两条道路行驶，并要求这两条道路相互平行且间距不大。

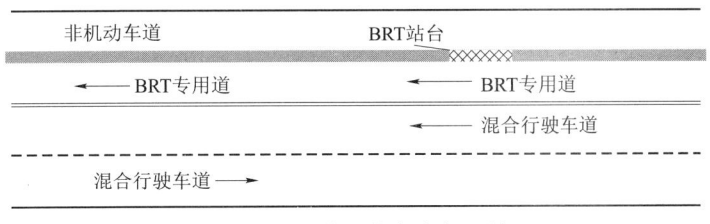

图 11–28　单侧单向式专用道

这种形式的专用道对道路路网的密度有较高要求，基本类似于单行线的设置标准，一般适用于道路狭窄、路网密集的老城区。

6. 逆向式专用道

前面阐述的各种 BRT 专用道均为顺向车道。顺向 BRT 专用道是指在一般的双向道路上，每个方向设置一条 BRT 专用道，BRT 车辆与社会车辆同向行驶，即顺向车流，如图 11–29 所示。这是最普通的车流组织形式，可以减少车辆之间的相互干扰，对其他社会车辆的影响也比较小。通常情况下，道路的每个方向只需为 BRT 车辆提供一条车道行驶即可，如果不能满足需求或为了便于 BRT 车辆在停靠站超车，也可根据实际需求和道路条件设置两条或多条 BRT 专用车道。

逆向 BRT 专用道是指 BRT 车辆行驶方向与其他车辆行驶方向相反的专用道，一般也多用于单行道路上，如图 11–30 所示。城市的某些支路，多用于干道交通量的分流，但由于自身道路宽度较窄，往往会设置为单行道。然而，由于公交车辆一般沿固定路线行驶，一旦所途经的道路改为单行道，就会引起公交线路的局部改变，不仅会增加公交绕行，而且对乘客的出行习惯带来影响。为此，在单行道路状况允许的条件下应尽可能为 BRT 车辆提供一条逆向专用道。

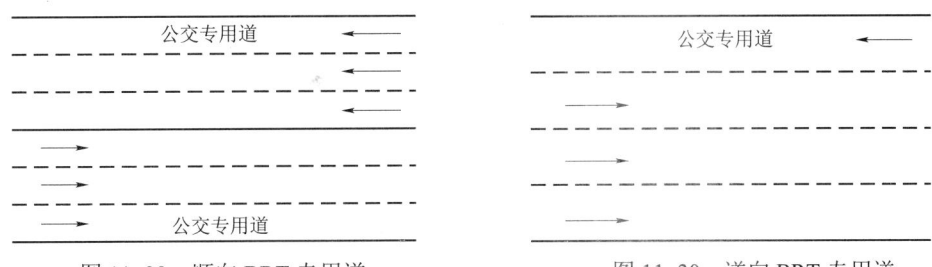

图 11–29　顺向 BRT 专用道　　　　　图 11–30　逆向 BRT 专用道

逆向专用道的优点是 BRT 车道不易被其他车辆占用,且当布设在单行道上时,反向乘客乘车方便。缺点是易导致对向车辆与公交车辆交错,产生相互干扰,不符合我国规定的行车习惯,且与对向左转车流有冲突。在交叉口处,该专用道上的车流与其他车辆没有统一的行驶特性,因而为 BRT 设置的信号优先措施会对其他车辆造成更多的延误。

逆向 BRT 专用道一般适用于单行道系统,在逆向专用道上的 BRT 车辆与其他社会车辆行驶方向相反,能很好地抑制其他车辆占用 BRT 专用道。

7. 快速公交专用路

快速公交专用路是指整条道路都为 BRT 车辆所用的道路,如地下专用路、高架专用路、专用街道、高速公路专用路等。单从 BRT 的运营效果上考虑,这种形式的专用路由于采用了全封闭式管理,具有独立性好、运行速度快、运量大等显著特点,无疑是最理想的专用道形式,但其占用道路资源也最大。综合考虑我国城市的土地开发模式和布局、城市道路空间容量、成本效益、社会效益及建设周期等限制条件,其适用范围十分有限,国内的大多数城市不宜采用这种专用路。目前我国厦门的 BRT 系统采用的是高架式 BRT 专用路。

综上所述,每一种类型的 BRT 专用道都有其自身的优缺点和适用范围。在 BRT 系统的规划和建设中,具体采用哪种类型的 BRT 专用道,必须依据各城市的具体情况,并结合其土地发展规划和道路交通条件等因地制宜而定。

各类 BRT 专用道的特性比较和适用范围如表 11-10 所示。

目前,国外 BRT 专用道的应用较为成功的国家多采用路中型专用道,比如巴西的库里蒂巴市、法国的里昂、哥伦比亚的圣菲波哥大、日本的名古屋、巴西的圣保罗等;日本的大阪、澳大利亚的布里斯班采用高架式 BRT 专用路;美国波士顿和西雅图采用地下式 BRT 专用道。我国北京南中轴线的快速公交采用了路中式 BRT 专用道,同样济南、常州等城市也是路中式专用道,杭州等城市则采用路侧式 BRT 专用道,而厦门的部分路段采用高架桥式 BRT 专用道。国内外部分城市的 BRT 专用道如图 11-31 所示。

表 11-10 各类 BRT 专用道的特性比较和适用范围

专用道类型	优点	缺点	使用范围
路中式	外界干扰因素影响少,便于封闭式管理,车速高,通畅性好	需设置专门的行人过街设施,对道路横断面要求较高	单向三车道及以上道路,适用范围广
路侧式	乘客上下车方便,道路改造少,可利用现有公交设施	易受外界干扰因素影响,车速低,通畅性较差,社会车辆右进右出受阻	沿线土地开放强度低,客流产生和吸引不高的单向三车道及以上道路,适用范围窄
次路侧式	乘客上下车方便,道路改造少,与路侧式专用道相比外界干扰因素影响有所降低	与左转社会车流存在交织,车速较低	沿线土地开放强度不高,进出车辆尤其是左转车辆少的单向三车道及以上道路
单侧双向式	车道安排灵活,可利用对向车道超车	交叉口干扰多,运行组织复杂,沿街对面乘客乘车不便	仅适用于沿线土地开发集中于一侧或公交线路为环状的道路,适用范围不高

续表

专用道类型	优 点	缺 点	使用范围
单侧单向式	对路幅宽度要求不高	对路网密度要求高,双向分不同道路设置,不便换乘	适用于道路狭窄,路网密集的老城区
逆向式	专用道不易被其他车辆侵占,反向乘客乘车方便	不符合行车习惯,与对向左转车流有冲突,交叉口处与其他车流行驶特性不统一,BRT 信号优先措施会明显增加社会车辆的路口延误	适用范围较广,但实际运用中可操作性不高
BRT 专用路	独立性好,速度快,运量大,效率高	道路资源占用多,建设成本高,周期长	仅适用于道路资源丰富的城市郊区,适用范围十分有限

哥伦比亚波哥大市　　　　　　巴西库里蒂巴市　　　　　　西雅图——地下公交专用路

澳大利亚布里斯班　　　　　　法国罗恩市　　　　　　美国尤金市

图 11-31　国内外部分城市的 BRT 专用道

11.4　快速公交运营管理中的主要技术

快速公交系统作为一种新型的公共交通形式,其运营管理必然与常规公交系统有一定的差异。由 BRT 系统的组成与特性分析可见,快速公交系统运营管理涉及经营模式、车辆配备、线路组织、服务方式、运营调度、人员岗位、车站设计、公交优先、票制选择、智能管理等诸多方面,下面仅对其中的几个主要技术问题进行简要介绍。

11.4.1 BRT 信息采集与发布

1. 公交实时信息采集技术

城市公共交通是随客流、道路条件、气候等不断变化的随机服务系统，如果信息不灵或反馈不及时，调度人员就无法进行有效的指挥调度。高效的管理是建立在强大的公交信息平台之上的，对于非实时的基础信息，主要通过资料整理录入，而实时信息必须借助于先进的技术设备进行采集。

常见的公交信息采集技术与方法主要有以下几个。

（1）公交车辆定位信息的采集

车辆自动定位技术是基于计算机的车辆追踪技术，通过这一技术计算获得车辆的位置、车速、状态及车头间距等重要空间定位信息。

常见的公交车辆定位技术有路标定位技术、GPS 全球卫星定位技术等。路标技术是利用线路沿线设置的信标（电子接收装置）与公交车辆上的车载接收/发送设备之间的信息交换，实现车辆自动定位。GPS 技术是当前最常用的车辆定位技术。对于装有 GPS 接收装置的公交车辆，能够实时接收 4 颗或 4 颗以上的卫星所发送的导航信息，经计算后可确定其所处的地理位置等信息，然后再经传输系统将这些数据传送到调度中心，由调度中心做进一步的处理。利用 GPS 可以方便地确定公交车辆在线路上运行的确切位置与速度等信息。

（2）公交车运行时间信息的采集

为了考察快速公交的运行特性和预测公交车辆行程时间，通常需要采集公交车辆到站时刻信息。采集目标为公交线路上每辆公交车到达本线路每个停靠站的时刻。通过 GPS 获得公交车的定位数据，当公交车的位置与某停靠站的位置相符时，记录时刻值，该时刻便是公交车到达该停靠站的时刻。

相邻站点间公交车辆行程时间是指公交车从到达某一公交站点时刻起至到达下一公交站点时刻止所经历的时间。该时间是相邻站点间公交车辆行程时间预测模型的回归样本。GPS 获得的两相邻公交站点的到站时刻之差便是这两个站点间公交车的行程时间。

（3）公交客流信息采集

客流信息采集是 BRT 合理调度的基础，也是面向乘客信息发布的前提。公交客流信息采集分为两个部分：一是车站客流信息采集，包括进出 BRT 车站的客流量和站内候车乘客数量等；二是车内乘客信息采集，包括运行在线路上的各公交车的车内乘客数、拥挤度及空余座位数等。常用的公交客流信息采集方法有人工调查、公交 IC 卡、自动乘客计数等。

（4）特殊事件信息的采集

特殊事件信息是指公交车或者公交线路上发生的特殊交通状况或意外事件。BRT 在行驶途中不可避免地会遇到各种特殊情况，如突发性的大量车流人流的聚散、交通事故、车内发生抢劫、火灾、拥挤、乘客纠纷、车辆故障等紧急情况，以及冰雪雨雾等恶劣天气与道路条件对交通的影响等。遭遇这些特殊情况时，BRT 车辆常常不能按原计划运行。此时，系统需要向公交乘客播报特殊事件信息，如公交车晚点或行车路线的临时更改信息，以便乘客改变出行方式、改乘其他线路的公交车或改变候车地点等。

特殊事件信息的采集方法主要有驾驶员报告法和自动检测法两种。

2. 公交车辆运行信息发布

公交车辆运行信息的发布内容可分为静态信息和动态信息两种。

（1）静态信息

静态信息是不变的公交线路信息，也就是传统公交站牌上显示的内容，为公交乘客提供基本的公交线路信息，使乘客可以根据各自的出行目的选择合适线路的公交车完成出行。静态信息的内容包括：

① 本站点的名称；
② 经停本站的公交线路的编号；
③ 每条经停线路所包含的站点的名称；
④ 本站处于哪个运行方向上；
⑤ 每条经停线路的运行时段，一般表示为首班车时间和末班车时间，如果不同季节的运行时段不同，则需要按季节分别标明。

（2）动态信息

动态信息为公交乘客提供实时变化的 BRT 车辆运行信息，使乘客可以了解到 BRT 车辆当前的实际运行情况。

① 公交车辆行程时间信息。公交乘客在站点候车时最关心的是需要等待的时间，所以应该在公交站点发布本站各线路即将到站的公交车所需要的行程时间信息。

② 公交车内拥挤程度信息。通常，乘客出行希望了解公交车内乘客的拥挤程度，因此应向公交乘客预报公交车内的拥挤程度信息，包括空余座位数和车上乘客人数。如果将要到站的公交车内过于拥挤，候车乘客可以及时改变出行方式。

③ 公交车辆实时位置信息。向站点的公交乘客发布本站经停的各线路在运行方向上所有运行中公交车的实时位置信息，使乘客可以直观地看到公交车的运行和公交车逐渐驶向本站的过程，能够缓解乘客焦急等待的心情，使乘客从心理上感觉等车的时间变短了，从而提高了公交乘客的满意程度。

④ 公交线路特殊事件信息。当公交线路或车辆发生特殊事件时，有可能导致公交车不能正常运行，这时要直接或者间接地通知公交乘客，方便乘客作出其他出行选择。

11.4.2 BRT 在平面交叉口的优先通行

交叉路口信号优先通行技术是实现 BRT 系统功能的关键技术之一，该技术实施效能将直接影响到 BRT 系统功能的发挥。BRT 系统要实现"快速"和"高服务水平"的运营目标，仅仅靠BRT专用道来保障车辆在路段上的运行速度是不够的，还需要通过对交叉口交通流进行有效控制，实现BRT系统在线路上乃至整个城市线网上的优先。

一般地，BRT在平面交叉口的优先处理方式上有两种形式：立体交叉方式和平面交叉口优先控制方式。

立体交叉方式是在交叉口处采用高架桥或隧道方式使BRT车辆与其他车辆在空间上分流，该方式与其他车辆之间不产生任何相互干扰，基本上可实现无延误通过交叉口，然而这种方式占地面积大，造价高，因此适用于交通流量繁重、已接近或达到饱和流量的交叉口，但对于资源紧缺的城市交叉路口不便使用。

平面交叉口优先控制方式又分为两种形式，即空间优先和时间优先。所谓"空间优先"，是指通过设置各类BRT专用进口道的方式，使得BRT车辆在独立的、与其他车辆无干扰的专用车道上排队进入平面交叉口。

所谓"时间优先"，是指BRT车辆在交通信号上的优先政策，主要体现为在交叉口处BRT优先通行的信号控制上。BRT在交叉口的时间优先（即信号优先控制）技术主要通过调整信号周期来减少或消除红灯时间对BRT车辆的延误，其方法大体可以分为3类：被动优先、主动优先和实时优先。被动优先是根据交叉口历史交通流数据，预先进行公交优先信号配时，其主要方法包括调整信号周期、增设公交专用相位、增加公交通行次数和预信号优先控制等。主动优先则是利用数学模型算法进行交通状况数据预测，通过检测BRT车辆位置、车辆延误、交通流量等交通参数，采取提前、延长、增加或减少相位等信号调整方法来适应BRT车辆的达到，主动优先又可分为无条件优先和有条件优先。实时优先的控制机理最为复杂，对软硬件设施要求也很严格，它通过采集路段和交叉口的实时交通信息，如公交与社会车辆的流量、BRT车上乘客数和BRT车辆是否晚点等运行状况，进行分析、加工和处理，从而实现对交叉口信号配时方案的不断调整与优化。实时优先策略对技术要求较高，且算法复杂。

由此可见，采用平面交叉口信号优先控制技术可以明显地提升或提高BRT的运营速度、BRT对乘客的吸引力和出行份额的竞争力，然而由于城市道路交叉口的形式多样，并受到过街行人、违章行车等诸多因素影响，因此这项技术的实施一直是BRT系统关键技术的难点问题。

11.4.3 BRT系统与其他出行方式的接驳

城市公共交通应确立多种运输方式相结合的多元化、多层次、立体化的交通发展战略，这就要求BRT系统与其他公交出行方式之间建立一种相互衔接、协调发展的良好格局。

BRT系统与地铁、轻轨之间协调，主要是两者间线路的衔接和过渡；BRT系统与常规公交之间的协调，主要包括两者间的换乘、常规公交客流的转移及常规公交线路的调整等；BRT系统与摩托车、出租车出行者之间的协调，则主要指后两者向BRT系统的客流转移。

1. BRT与地铁、轻轨的接驳

按照BRT与轨道交通的关系，BRT在城市公共交通中的运作方式可分为三类：第一类是用于地铁或轻轨的延伸；第二类是作为今后建设地铁或轻轨的过渡方式；第三类是与地铁和轻轨混合使用。

对于第一类情况，BRT 与轨道交通衔接时，可以考虑开挖隧道，在地下实施 BRT 与轨道交通站点的接驳。对于第二类情况，BRT 专用道通常建设在道路中央，为今后建设高架轨道交通保留必要的道路用地。对于第三类情况，则应在充分发挥轨道交通优势的同时，也要充分发挥地面快速公交的优势，要将 BRT 线路的布置与轨道交通的换乘紧密结合起来，从而减少乘客的换乘时间和距离。

2. BRT 与常规公交的接驳

由于 BRT 系统是基于沿线客流规模而确立并逐步完善的，所以在发展快速公交的地区，需要对现有的公交线路进行调整，使其更好地与快速公交系统相协调，确保各自优势的发挥，同时又不产生客流竞争。

按照常规公交线路与 BRT 线路的关系可以分为重合、平行和相交 3 种情况。

（1）重合线路的调整

线路的重合关系分完全重合与部分重合两种情况。对于重合的线路，应视情对常规公交线路进行调整，否则会形成 BRT 线路与常规公交线路间的客流竞争，导致两者的运营效益下降，同时也会增加道路上的交通压力。

对于部分重合线路的处理方法，主要取决于重复路段的长度和公交 OD 量。若重复路段的长度较小且公交 OD 量又较小，常规公交与 BRT 线路之间基本上不存在客流竞争现象，可不作任何调整；若重复路段的长度较长且公交 OD 量又较大，则两者之间就会产生明显的客流竞争现象，此时应对常规公交线路进行适当调整，具体方法有减小常规公交与 BRT 线路之间的重复距离，或在条件许可的情况下将重复的常规公交线路向周边平行道路转移，但这样做的前提条件是必须最大限度地减少对原有客流出行习惯的影响。

（2）平行线路的调整

对于平行线路的调整则主要取决于 BRT 线路的吸引半径。若常规公交线路处于 BRT 的吸引半径内，两者之间就会产生公交客流竞争，此时需在交通调查的基础之上对常规公交线路进行适当削减；若常规公交线路位于 BRT 的吸引半径之外，则两者之间的相互影响很小，可以不作调整。

（3）相交线路的调整

对于常规公交线路与 BRT 线路相交的情况，两者之间基本上不存在着客流冲突，可不作调整。此时，为了发挥两者之间的优势互补，应结合相交路口的信号控制形式进行协调配时，以保证路口乘客的出行总延误最少。

3. BRT 与其他出行方式的接驳

BRT 系统与摩托车、出租车之间基本上不存在线路协调问题，它们之间的协调问题主要是指后两者向 BRT 系统的客流转移。至于客流转移的程度和分量则主要取决于 BRT 系统服务水平的高低，包括 BRT 线路的路网密度、站点覆盖率、运行速度和票价等。

BRT 与特种车辆之间的协调。这里所指的特种车辆主要是消防车辆、急救车辆、110 警车等流量很小却事关重大的车辆。为了能够充分利用 BRT 专用道空间，并发挥其运行高效的优势，应该允许这些特种车辆在必要时借用 BRT 专用道行驶。

11.5 快速公交运营组织调度（以北京为例）

快速公交是一种高品质、高效率、低能耗、低污染、低成本的公共交通形式，提供了快捷、准时、舒适和安全的服务，一定程度上缓解了交通拥堵状况，对城市发展有着极其重要的作用。而快速公交运营组织调度是快速公交服务质量的关键，只有提高系统的服务水平，才能增强其竞争力，从而吸引更多的出行者转移到公共交通服务上来。下面以北京市为例，介绍快速公交运营组织调度系统。

2005 年 12 月 30 日，北京市开通了该市第一条 BRT 示范线路，即南中轴系统。该系统是根据北京公共交通发展的需要，借鉴国外先进公交理念和技术而设计的第一条大容量快速公交系统。截至 2014 年 9 月 30 日，北京市东、南、西、北 4 个方向都建有快速公交线路，包括 BRT1、BRT2（主线和区间）、BRT3（主线、区间和支线）、BRT4（主线和支线）。北京从工程条件和客流条件两方面都具备了建设大容量快速公交线路的条件，可以使大容量快速公交这种新型的交通形式在最短的时间内充分发挥其特有的优势，实现良好的社会效益和经济效益。北京大容量快速公交系统的建设对北京市的发展具有重要意义，其建设的必要性主要体现在以下 5 个方面：

① 构建交通动脉，促进城市发展；
② 优化出行结构，改善交通环境；
③ 实现公交线网规划，形成大运量的公交走廊；
④ 发展绿色交通，提升首都形象；
⑤ 有效吸引客流，提高运营效益。

11.5.1 北京 BRT 智能公交系统的总体设计

1. 总体目标

① 根据北京快速公交系统（BRT）的总体技术要求，借鉴国外先进经验和技术，充分考虑北京先进公交的运行需要，采用网络、通信、控制、计算机、信息处理及智能交通系统技术，设计出一套技术先进、高效、可靠、实用的 BRT 智能公交系统。

② 通过集成设计，实现 BRT 具有的"站—车—道"一体化，将公交优先、合理调度、快速上下、安全舒适、人性化服务的功能发挥出来。

③ 在达到各项设计功能和性能的同时，节省投资，得到较高的性能价格比。

2. 需求分析

要使 BRT 成功运行，使之达到 BRT 大客量和快速的目标，与轨道交通相媲美，采用先进技术且高度集成的智能公交系统在其中发挥着核心作用。

（1）总体要求

根据前面所提的设计目标和设计原则，北京 BRT 工程对 BRT 智能公交系统的总体要求体现在以下几方面。

① 通过公交站台智能系统、道路交通信号优先系统、车载电子设备系统、BRT 调度总站电子系统，实现 BRT 场、站、道、中心设备的电子化、智能化。

② 按照 BRT 计划、调度、监控、指挥、服务的整体要求，采用网络、计算机、软件及系统集成技术，实现 BRT"人、车、道"的有机结合，体现公交优势，实现智能化调度、自动化信息服务等 BRT 运营的目标。

③ 按照现代化公交企业管理的要求，设计能进行企业管理的 MIS 及信息服务系统。

（2）主要功能

① 运营调度管理平台。计算机自动编制行车计划和劳动配班计划，实时优化调度，运营统计分析等。

② 公交信号优先。公交信号优先是南中轴路快速公交系统的重要组成部分，它的目的是提高公交车辆行驶速度，充分发挥 BRT 系统的快速优势，吸引更多的乘客，缓解南中轴路交通压力。

③ 乘客信息服务。以多种方式为乘客提供全方位的乘车信息服务，使乘客无论在出行前、出行中都能方便、及时地获得所需乘车信息。

④ 自动/人工售检票。BRT 全线实行站台售检票，采用自动和人工相结合的方式进行售检票。

⑤ 电视监控。监控车站和车场乘客集散、车辆进出、售检票及现场治安等状况，随时掌握车站现场运营秩序。将监控图像显示在 BRT 调度中心电视墙（或大屏幕）上，同时将监控图像送至每个调度员"桌面"。监控图像传输至公交总公司调度中心，在条件允许时与交管局等部门实现图像资源共享。

⑥ 企业管理信息和办公自动化。为 BRT 企业管理提供数据查询、公司营运管理、决策支持等服务。提高 BRT 企业办公效率，提供信息交流、文件传递、数据交换、收发文等服务。

（3）主要支持系统

① 车辆运行监控。

定位功能：对车辆进行实时定位，并将位置信息传送至调度平台，使调度人员随时掌握线路运行情况。

通信功能：为运营车辆与调度员之间交换信息提供手段——下达调度指令、反馈车辆运行情况。

数据源：为电子站牌系统提供车辆位置信息，使电子站牌能够显示车辆位置。

② 计算机网络和光纤通信。建立 BRT 公司计算机局域网，通过南中轴路光纤和电信公

网连接每个车站和总公司,形成 BRT 城域网。

③ 地理信息系统。为车辆监控和调度平台提供可视化操作环境,调度人员通过电子地图随时掌握线路运营情况,同时还提供地理信息查询,特别是交通相关地理信息查询服务。

3. BRT 智能公交系统的物理实现

要实现 BRT 智能公交系统各个系统之间的物理连接,主要的系统如下。

① 信息传输:光纤网络信息传输系统。

② 电子系统(硬件):车载电子系统、站台智能系统、停车场管理与调度系统、BRT 调度总站电子系统、公交优先信号系统、闭路电视监控系统。

③ 业务系统(软件):BRT 智能集成系统、BRT 运营调度系统、BRT 企业 MIS 系统。

各系统之间的连接和协同关系如下。

① 车载系统的 GPS 卫星定位系统收集车辆位置信息,通过 GSM 无线网络(由智能集成系统提供短消息或 GPRS 传送服务)传输给 BRT 调度总站,并在 BRT 调度总站 GIS 平台上显示,同时,BRT 调度总站可以通过 GSM 发送调度命令,调整车辆运营状态,必要时通过 GSM 电话呼叫司机,处理紧急情况。

② 每日车辆开始投入运行和完成当班运营任务后,由停车场管理和调度系统按照 BRT 调度总站的运营调度计划,安排出车和停车,进行每一班的管理和下一班运营的准备工作。司机、售票员及停车场工作人员,可以从停车场的触摸屏、LED 显示屏幕察看当前的运营调度安排,并可听从广播调度出车。

③ 车辆通过 BRT 站台时,由车辆自动识别系统通过车载电子标志识别运营车辆,提供开启屏蔽门等站台服务。同时发送信息至下一个交通路口,由公交信号优先系统提供优先信号服务,可加快车辆行车通过速度,节省运营时间。乘客通过 IC 卡检票系统或人工检票服务检票进站,乘坐车辆。站台智能系统中的客流检测系统可采集实时客流信息,进行站台监控和客流信息存档。

④ 各站台及停车场均由场站视频系统监控,并通过光纤及网络传输系统反馈至 BRT 调度总站,在电视墙上显示,供调度员及公司领导观看,了解场站情况。

⑤ 在 BRT 调度总站的调度屏幕、投影大屏幕上显示车辆位置和预计到达时间,通过设置在车站的电子站牌、多媒体查询终端、对外宣传网站,乘客和其他出行者可获知车辆运营及服务信息。车内由信息显示屏显示下一站站名、到站时间等服务信息。车内可设广告屏,增加运营广告收入。

⑥ 停车场、站台、BRT 调度总站通过光纤连接,传输数据及视频信号。BRT 局域网通过公网与公交总公司连接。

⑦ 在 BRT 调度总站,通过 BRT 智能集成系统、运营调度系统、BRT 企业 MIS 系统完成各项业务流程和数据流程的有机集成,在集成的系统环境下完成运营调度、劳动配班、票务管理、设备和物资管理、车辆管理、车站管理、停车场管理、劳动绩效考核等业务工作。

11.5.2　BRT 智能公交系统各子系统介绍

根据 BRT 的业务特点，BRT 智能公交系统的子系统组成框图如图 11-32 所示。

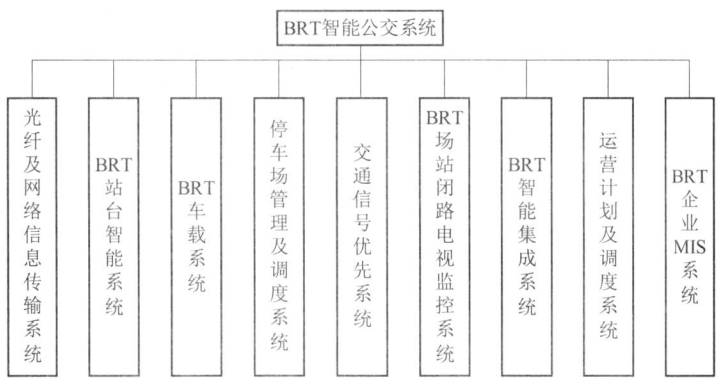

图 11-32　BRT 智能公交系统的子系统组成框图

1. 光纤及网络信息传输系统

BRT 光纤及网络信息传输系统连接了 BRT 调度总站计算机网络、车站、停车场的计算机网络。南中轴线路的 BRT 调度总站设置在木樨园，内部设备通过千兆以太局域网连接，通过基于光纤的专用千兆以太城域网和电信公网分别连接每个车站和总公司，形成 BRT 网络系统。由于目前为基于线路的调度，但预留调度台管理多条线路的区域调度接口，为将来的 BRT 线路的车辆运营调度传输与处理信息提供了硬件支持。

2. BRT 站台智能系统

站台是公交系统必不可少的基础设施之一，也是智能交通系统中直接服务于出行者的重要环节，因此也是 BRT 职能公交系统建设的主要对象之一。

BRT 站台智能系统包括客流采集、车辆识别、售检票、信息查询服务、屏蔽门控制、场站网络和布线、场站电子设备集成等几个部分。通过集中于停车场、首末站和中途站的高效率数字监控系统，还可监视车站和车场乘客集散、车辆进出、售检票及现场治安等状况，随时掌握车站现场运营秩序。为 BRT 线路上每个车站配置人工检票与 IC 卡自动检票相结合的半自动检票系统，使乘客既能体验人性化服务的温馨，又能感受到高科技带来的便捷。系统组成如图 11-33 所示。

3. 智能车载系统

车载电子设备是 BRT 智能公交系统的重要组成部分，是监控中心与车辆间实现进行信息交互、保证 BRT 系统高效运行的必备装置，也是在快速公交车上为乘客提供信息服务的必要手段。从保证 BRT 系统高效运行及适应未来 ITS 发展要求，向乘客提供优质交通服务的角度出发，车载电子系统的设计目标主要有：

① 建立车辆、监控中心间的无线通信联系，为车辆调度提供条件；
② 采集车辆位置、速度、工作状态等信息，为车辆调度决策提供依据；
③ 利用双向数据通信功能，实现面向乘客的车内动态信息服务；
④ 提供公交信号优先所需的车载硬件基础；
⑤ 通过对人员操作及设备的全面监控，实现公交运营的过程控制；
⑥ 提供面向驾驶员的辅助调度界面。

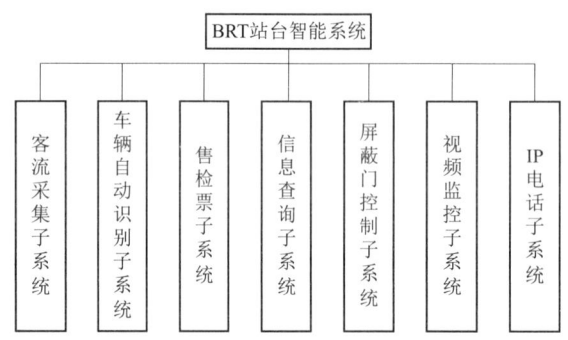

图 11-33　BRT 站台智能系统组成

4. 停车场管理及调度系统

停车场管理及调度系统的主要功能是对车辆和员工进行管理，并根据调度总站的调度计划安排，完成对车辆的调度。停车场管理及调度系统通过在出场和进场处对车辆进行识别得到车辆出发或完成任务的信息，并通过刷卡对司售人员进行考勤。同时通过电视和摄像头进行监控，通过广播发布调度命令，并在电子屏幕上进行显示，提供触摸屏使司售人员能对运营计划及动态调度信息进行查询。

5. 公交信号优先系统

通过设立公共汽车专用道实现对公共汽车的"空间优先"，通过为公共汽车提供优先通行信号实现对公共汽车的"时间优先"，使公共汽车通过道路交叉口时享有更大的通行权，以提高公交专用道的使用效率。公交信号优先控制系统结构如图 11-34 所示。

BRT 信号系统技术方案如下。

（1）基本控制方案

用专门的公交车辆感应检测器作为大容量公交车的检测设备，采用系统监视下的公交信号优先模式或系统控制下的公交信号优先模式，实现全线路、全时段的信号优先控制。

（2）公交检测器定位

路口进口附近无公交车站时，检测器设定在进路口方向距路口 150 m 处。路口进口附近有公交车站时，检测器设定在公交站前方 10 m 处。

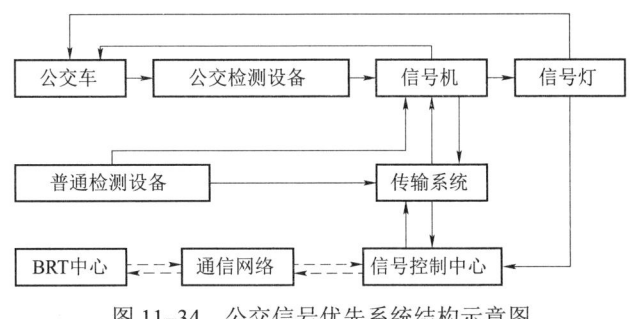

图 11-34　公交信号优先系统结构示意图

（3）公交检测器选型

组合使用感应线圈检测器、无线识别检测器及驾驶员操作装置。采用招标方式选择检测器设备。

（4）信号系统和信号机选型

选用现有信号系统及其配套 T 型机或新建信号系统及其配套机型。

6. BRT 场站闭路电视监控系统

停车场和站台均有视频监控设备，可以进行本地监控，同时通过光纤及网络传输系统，将视频信号传输至 BRT 调度总站，在电视墙或调度台选择观看。

停车场、站台、调度总站之间，通过光纤及网络传输系统传送视频信号。

7. BRT 智能集成系统

BRT 智能集成系统包括 BRT 调度总站硬件、网络、布线、大屏幕、软件中间件、GIS 平台、管理平台、数据库、信息查询、网站等。其功能如下。

① 在 BRT 调度总站，通过集成，使得 BRT 运营计划和调度、BRT 公交 MIS、视频监控、售检票、乘客信息服务、客流信息采集、车辆识别等能够有机地集成在 BRT 的调度总站，通过调度、监控指挥台来监视、控制和指挥调度，发挥调度指挥、监控、应急指挥的功能。

② 在 BRT 的站台、停车场，通过集成，使得各个电子子系统，只需进行硬件设计，然后通过网络接口，与站台控制计算机、票务管理计算机进行连接，进而与 BRT 调度总站连接，实现各系统的有机和谐运行。

在车载电子平台上，通过车载服务器，借助于 GSM SMS 或 GSM GPRS 技术，实现车载设备与 BRT 调度总站系统之间的有机交互和集成。

BRT 智能集成系统组成如图 11-35 所示。

8. 运营计划及调度系统

该系统是 BRT 智能公交系统的核心软件系统，包括运营作业计划、劳动配班计划编排、执行、监控、调度、反馈、结算、统计、评估，应急处理（抢修与应急指挥调度）。根据计划编制、调度监控、统计分析三大业务的需要，运营计划和调度系统分为 4 个子系统，其中调度监控业务由实时监控和实时调度两个子系统来实现，如图 11-36 所示。

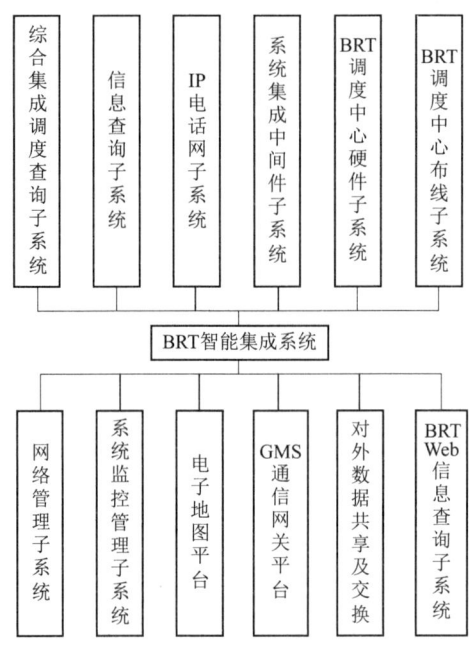

图 11-35　BRT 智能集成系统的组成

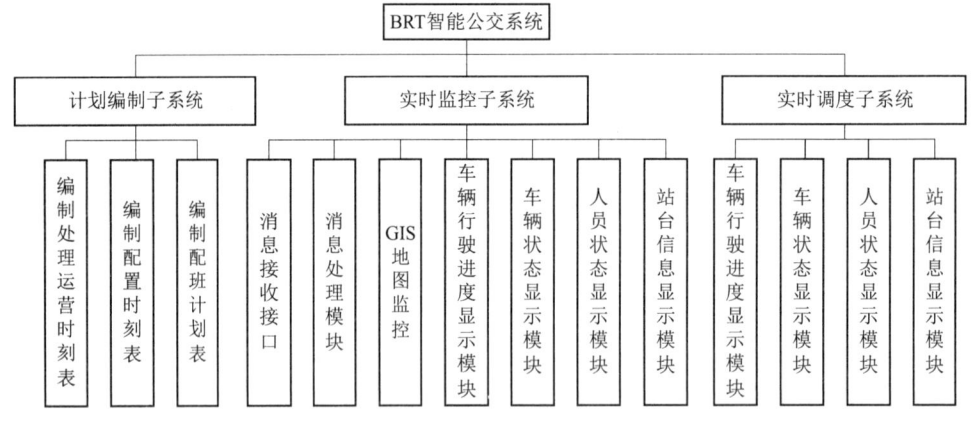

图 11-36　BRT 运营计划及调度系统功能结构

9. BRT 企业 MIS 系统

基于 BRT 智能系统对公交资源的管理需求，建立了 BRT 企业 MIS 系统。该系统实现了 BRT 公交企业资源的优化和业务流程优化。系统组成如图 11-37 所示。

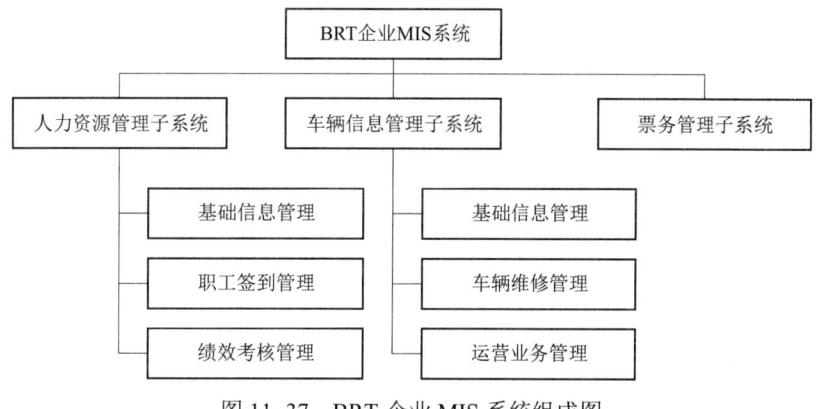

图 11-37　BRT 企业 MIS 系统组成图

复习题

1. 什么是快速公交？简述为什么要建设快速公交。
2. BRT 系统的基本组成有哪些？并简要说明。
3. 简述 BRT 系统的主要特点。
4. 简述 BRT 系统在公交系统中的发展模式。
5. 常见的 BRT 专用道有哪几类？简要说明。
6. 什么是路中式专用道？分析其设置条件和适用范围。
7. 综述并分析 BRT 专用道的设置条件。
8. 简述 BRT 系统与其他出行方式的接驳形式。

第 12 章

城市轨道交通运营管理

12.1 城市轨道交通发展概述

12.1.1 城市轨道交通的产生

地铁的产生源于将列车引入城市中心的构想。1804 年,英国人特雷维西克试制了第一台行驶于轨道上的蒸汽机车;1825 年,英国在达林顿到斯托克顿间修建了长达 21 km 的世界上第一条铁路。1829 年,巴黎引入由马驱动的公共马车,纽约 1831 年也引入这种车辆。马车运输迅速增长,但其缓慢颠簸、不舒适,且容易造成街道的车辆拥挤及阻塞。后来把马车放在钢轨上行驶,形成了轨道公共马车,这就是城市轨道交通的雏形。1832 年,世界上第一条由马拉的城市街道铁路在美国纽约的第四大街开始运营;1855 年,这种轨道马车的安装成本下降,轨道与街道上无轨车辆交通相互干扰的问题也得到协调,轨道马车才开始大规模地替代公共马车,在美国及欧洲迅速扩展,至 1890 年其总轨道里程达到 9 900 km。虽然轨道马车较道路马车有了极大改进,但随着城市人口数及车辆数增加,平交道口出现了交通阻塞。因此,人们考虑采用机车牵引代替马车牵引,以提高运营速度。

1843 年,英国人皮尔逊提出修建地下铁道的建议;1860 年开始修建,采用明挖法施工,为单拱砖砌结构;1863 年 1 月 10 日建成通车,线路长 6.4 km,用蒸汽机车牵引,这是世界上第一条地铁线路。此后,地铁作为新型的城市公共交通方式不断发展;1874 年,伦敦首次采用盾构法施工,于 1890 年 12 月 18 日建成了另一条长约 5.2 km 的地铁线路,并首次采用电力机车牵引。从此,轨道技术被大量运用于解决人们在城市内的出行问题。

12.1.2 城市轨道交通的分类

城市轨道发展不但呈现速度快、数量多的特点,而且呈现类型多样化、设施先进化、管理经营科学化、整体效益优化的趋势。随着城市发展与城市化进程加快,轨道交通的地位与作用正重新被估量。城市轨道交通经过一个多世纪的发展,形成了多种多样的城市轨道交通方式。各国对城市轨道交通的分类各有差异,常用的分类方式有以下几种。

1. 按基本技术特征分类

根据轨道交通系统基本技术特征不同,城市轨道交通系统主要有市郊铁路、有轨电车、地下铁道、轻轨交通、独轨铁路、自动导向交通系统、线性电机轨道交通系统和磁悬浮系统等。

(1) 市郊铁路

市郊铁路是连接城市市区与郊区以及连接城市周围几十公里甚至更大范围卫星城镇的铁路,它往往又是连接大中城市的干线铁路的一部分,因此它具有干线铁路的技术特征。如轨道通常是重型的,且与城市轨道交通系统中的地下铁道等其他类型不同,市郊铁路上的市郊旅客列车通常与干线旅客列车和货物列车混行。如图12-1所示。

图 12-1 市郊铁路

(2) 有轨电车

有轨电车是一种在城市道路上修建轨道并采用空中架设输电系统的城市轨道交通系统。有轨电车通常采用地面线,有时也有隔离的专用路基和轨道,隧道和高架区间仅在交通拥挤地带才被采用。

现代有轨电车由于采用整体道床,轨面和路面保持同一水平,因此机动车辆和行人可以进入,是一种混合交通。有轨电车车辆运行速度较低,行车安全和准时性较差,运量较小,单向高峰小时运量通常在 1 万人左右,如图12-2所示。

图 12-2　有轨电车（大连）

（3）地下铁道

地下铁道简称地铁，国际隧道协会将其定义为轴重相对较重、单方向输送能力在 3 万人次/h 以上的城市轨道交通系统。地铁一般线路全封闭，全部或大部分位于市中心的地下隧道内，因而可实现信号控制的自动化，具有容量大、速度快、安全、准时、舒适、运输成本低、不占城市用地、建设成本高等特点，适用于出行距离较长、客运需求大的城市中心区域。

根据资料分析，为了降低工程费用，地铁系统中地面和高架线路所占比重越来越大。在世界范围内，地下铁道地下部分约占 70%，地面和高架部分约占 30%，甚至有的城市地铁系统全部采用高架形式，只有部分城市地下铁道系统是完全在地下的。地下铁道是历史遗留下来的一个专有名词。如图 12-3 所示。

图 12-3　地下铁道（北京地铁）

地下铁道可分为重型地铁、轻型地铁与微型地铁 3 种类型。重型地铁就是传统的普通地铁，轨道基本采用干线铁路技术标准，线路以地下隧道和高架线路为主，仅在郊区地段采用地面线路，路权专用，运量最大。轻型地铁是一种在轻轨线路、车辆等技术设备工艺基础上发展起来的地铁类型，路权专用，运量较大，通常采用高站台。微型地铁，又称小断面地铁，隧道断面、车辆轮径和电动机尺寸均小于普通地铁，路权专用，运量中等，行车自动化程度较高。

1863年1月，世界上第一条地下铁道在英国伦敦建成投入运营，开始时是采用蒸汽牵引，到1890年时改为电力牵引。据有关资料统计，从1863年到1899年，世界上有7个城市修建了地下铁道，从1900年到1949年，世界上又有14个城市修建了地下铁道。第二次世界大战后，伴随着世界各国城市发展快速、大运量公共客运交通的需求，地下铁道发展极为迅速，到20世纪90年代初期，全世界已有80多个城市建成了地下铁道，线路总长度超过了5 000 km。截至2012年12月31日，全世界已经有110多个城市建有地下铁道，其中北京地铁全路网已开通运营线路17条，运营总里程达到442 km，超过上海地铁420 km，位居全球城市地铁第一。

（4）轻轨系统

轻轨是指就车辆对轨道施加的荷载而言，轻轨车辆与市郊列车或地下铁道车辆相比较轻。轻轨是从旧式有轨电车系统发展演变而来的，早期的轻轨系统一般是直接由旧式有轨电车系统改建而成，20世纪70年代后期一些国家开始修建全新的现代轻轨系统。现代轻轨系统与旧式有轨电车系统相比，具有行车速度快、乘坐舒适、噪声较低等优点。同样，对世界各国轻轨系统进行分类研究，轻轨也存在多种技术标准并存发展的情况。高技术标准的轻轨接近于轻型地铁，而低技术标准的轻轨则接近于有轨电车。

轻轨系统有以下几种类型：一种是德国的轻轨系统，基本上是从有轨电车改造而成，如斯图加特，如图12-4、图12-5所示；第二种轻轨大部分是新建的，如道克兰轻轨；第三种是利用原有城市间铁路或城市市郊铁路线路，如曼彻斯特的梅株凌克、洛杉矶等。新建的轻轨中，越来越多地采用部分或者全部隔离的地面线路来穿过市中心。这些线路在路口拥有先行权，路权形式也有多种。伦敦把轻轨路权分为3种：LRT1，指与其他交通及行人共享路面；LRT2，线路固定于道路上，在紧急情况下其他车辆可驶入其路面，类似公共汽车专用道；LRT3，路权专用，线路与其他交通及行人全部隔离，或是立交化的地面铁路，或是地下或高架铁路。

图12-4　轻轨系统（斯图加特）

图12-5　轻轨系统（法兰克福）

（5）独轨铁路

独轨是车辆或列车在单一轨道梁上运行的城市客运交通系统。独轨线路采用高架结构，车辆则大多采用橡胶轮胎。从构造型式上可分为跨骑式独轨与悬挂式独轨两种。跨骑式独轨是列车跨坐在轨道梁上运行的型式，而悬挂式独轨则是列车悬挂在轨道梁下运行的型式。

独轨铁路通常分为跨座式和悬挂式两种，如图12-6与图12-7所示。前者跨在一根走行轨道上行走，其重心位于走行轨道上方；后者车辆悬挂于可在轨道梁上行走的走行装置的下面，其重心处于轨道梁的下方。

图12-6 跨座式独轨铁路

图12-7 悬挂式独轨铁路

早在1824年，英国就出现了为伦敦码头运输货物而修建的独轨铁路，靠畜力牵引。1888年，爱尔兰也修建了一条长约15 km的客货两用独轨铁路，牵引动力为蒸汽机车，该线路前后运营了37年。现存最早修建的独轨铁路是德国乌帕塔尔市在1901—1903年间修建的一条长约13 km的悬挂式独轨铁路，牵引动力为电力驱动，该条独轨铁路现仍在运营中。尽管独轨铁路在20世纪初期已经在城市交通中出现，但因技术上还不够成熟，没有像有轨电车和公共汽车那样在城市交通中得到广泛应用。直到20世纪后半叶，随着跨骑式和悬挂式独轨铁路技术的定型与成熟，以及独轨铁路作为解决城市公共交通问题的途径得到各方面的重视，独轨铁路才从作为博览会会场和游乐场所运送观光娱乐乘客的工具逐渐成为现代化的城市客运交通工具。

（6）自动导向交通系统

自动导向交通系统在一些文献中称为新交通系统。这种交通系统的主要技术特征是轨道采用混凝土道床，车辆采用橡胶轮胎，有一组导向轮引导车辆运行，列车运行自动控制，可实现无人驾驶等，如图12-8所示。

一般说来，凡是适应地区多样化的交通需求，使线路和车辆提供最高的运输效率和良好服务质量的公共运输系统和设备都是自动导向交通系统。狭义的自动导向交通系统是指由电气牵引，具有特殊导向、操纵和转折方式的胶轮车辆，单车或数辆编组运行在专用轨道梁上的中运量轨道运输系统。自动导向交通系统的研究起源于1968年美国一个名为"Tomorrow's Transportation"（未来的运输）报告中。这种20世纪70年代先后建成投入运营的自动导向交通系统有美国达拉沃斯堡机场的People Movers系统和摩根城的Personal Rapid Transit系统等。经过70年代的研制，在20世纪80年代后，日本、法国和德国等国家也建成自动导向交通系统,其中尤以日本发展最快,在神户、大阪等城市先后建成 7 个自动导向交通系统,线路总长达到 48 km。

图 12-8　自动导向交通系统

(7) 线性电机轨道交通系统

线性电机轨道交通系统指由线性电机牵引,轮轨导向,车辆编组运行在小断面隧道、地面和高架专用线路上的中运量轨道交通系统。之所以将线性电机牵引的轨道交通系统列为独立的系统,是因为该系统与地下铁道、市郊快速铁路、轻轨有明显的区别。它是利用线性电机在磁场相互作用下,直接产生牵引力,属于非粘着驱动,车轮只起到支承和导向作用。从运输能力上分析,线性电机轨道交通系统因采用小型车辆,属于中运量系统,其使用在地铁中可以称为小断面地铁,也可以用在高架线路上。线性电机车辆轮径小,在不减小内部空间的情况下,可以明显降低车辆台面高度和缩小车辆尺寸,如图 12-9 所示。

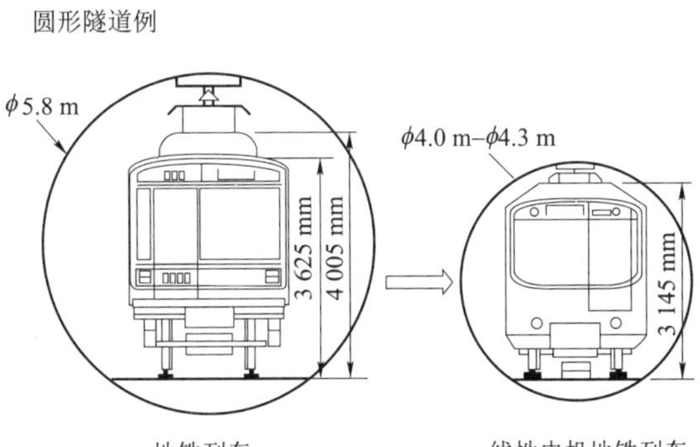

图 12-9　地铁列车与线性电机地铁列车的断面尺寸比较

(8) 磁悬浮系统

磁悬浮列车实际上是依靠电磁力或电动斥力将列车悬浮于空中并进行导向,实现列车与地面轨道的无机械接触，再利用线性电机驱动列车运行。由于列车在牵引运行时与轨道之间无机械接触，因此从根本上克服了传统列车的轮轨粘着限制、机械噪声和磨损问题，是理想的陆上交通工具。

磁悬浮系统的轨道往往也采用轨道梁的高架结构，它的时速可达到 500 km/h 以上，是当今世界最快的地面客运交通工具，同时具有爬坡能力强、能耗低的优点，每个座位的能耗仅为飞机的 1/3、汽车的 70%。它运行时噪声小，安全舒适，不烧油，污染少。

世界上第一条高速磁悬浮铁路商业运行线是 2001 年 3 月 1 日开工建设的上海磁悬浮列车示范线。上海磁悬浮列车示范线西起上海地铁 2 号线龙阳站南侧，东到浦东国际机场一期航站楼东侧，线路总长 31.17 km，设计时速和运行时速分别为 505 km/h 和 430 km/h，总投资 89 亿元。目前，德国、日本等一些国家也正在规划建设城市磁悬浮交通。

磁悬浮技术可分为常导和超导两种制式。德国的 TR 型和日本的 HSST 型采用的是常规电磁材料，它所构成的两大电磁铁之间的吸引力使列车浮起，所以被称为"常导"磁悬浮技术，这种悬浮技术具有自动恢复车辆悬浮高度的功能，不用控制就可以稳定悬浮。日本的 MLU 型则是利用浸入低温槽内的超导材料制成电磁线圈，由于此时电阻为零，可产生更大磁场，然后依靠两大电磁铁之间的斥力使列车浮起，所以称为"超导"磁悬浮技术。欧美等国家有专家在研究相对高温超导的新技术，这种超导磁悬浮技术有望在 10 年以后进入实用化的阶段。

2. 按路权使用及列车运行控制方式分类

根据城市轨道交通系统的路权使用情况不同，城市轨道交通系统有路权专用和路权混用之分。路权专用系统指轨道交通系统的道路为独立道路系统，不与其他道路存在干扰；路权混用则指轨道交通线路与其他交通车辆共用道路，并且还与其他线路存在平面交叉。

根据列车运行控制方式的不同，城市轨道交通系统有按信号控制列车运行和按视线可见距离控制列车运行两种方式。按信号控制列车运行方式安全性能好，可满足列车快速行驶；按视线可见距离控制运行方式安全性能较差，列车不宜快速行驶。

将这两方面分类组合，城市轨道交通系统就有路权专用结合按信号控制列车运行类型、路权专用结合按视线可见距离控制列车运行类型和路权混用结合按视线可见距离控制列车运行 3 种类型。

路权专用结合按信号控制列车运行类型是市郊铁路、地下铁道、高技术标准的轻轨普遍采用的类型；路权专用结合按视线可见距离控制列车运行类型主要适合中低技术标准的轻轨采用；路权混用结合按视线可见距离控制列车运行类型一般只在有轨电车这样低技术标准的轨道系统中采用。

3. 按高峰小时单向运输能力分类

根据城市轨道交通系高峰小时单向运输能力的大小，轨道交通系统可分为高运量、中运量和低运量等类型。

高运量轨道交通系统：高峰小时单向运输能力达到 30 000 人以上，属于该种类型的轨道交通系统主要有重型地铁、轻型地铁及中低速磁悬浮系统等。

中运量轨道交通系统：高峰小时单向运输能力为 15 000～30 000 人，属于该种类型的轨道交通系统主要有微型地铁、高技术标准的轻轨和独轨铁路。

低运量轨道交通系统：高峰小时单向运输能力为 5 000～15 000 人，属于该种类型的轨道交通系统主要有低技术标准的轻轨、自动导向交通系统和有轨电车。

4. 按构筑物的形态或轨道的铺设方式划分

地下铁路：位于地下隧道内的铁路。
地面铁路：位于地面的铁路。
高架铁路：位于地面之上的铁路，一般环绕或穿越市区。

5. 以导向方式划分

轮轨导向：一般钢轮钢轨系统如地铁、轻轨、有轨电车等均属于轮轨导向方式。
导向轮导向：单轨和新交通系统的胶轮车辆属于导向轮导向系统。

6. 以轮轨的材料划分

城市轨道交通系统可分为钢轮钢轨系统和胶轮钢筋混凝土城市轨道交通系统。地铁、轻轨、有轨电车属前者，单轨和新交通系统属后者。

12.1.3 世界主要大城市轨道交通概况

以下分别从欧洲、美洲、大洋洲、亚洲、非洲来介绍国外轨道交通的发展概况。

1. 欧洲

如图 12-10 所示，欧洲有超过 20 个国家，50 多个城市建设了轨道交通线路。其中西班牙、英国、德国的轨道交通线路总长度超过 500 km。表 12-1 统计了欧洲城市轨道交通线路运营情况。

图 12-10　设有轨道交通网络的欧洲城市

表 12-1　欧洲城市轨道交通线路运营情况统计

国家/地区	城市	当地名称	运营里程/km	通车年份
奥地利	维也纳	U-Bahn Wien	69.8	1925
比利时	布鲁塞尔	Metro Brüssel	43.7	1976
保加利亚	索菲亚	Софийско метро	17.9	1998
法国	里尔	Métro de Lille	45.2	1983
法国	里昂	Métro de Lyon	30.5	1968
法国	马赛	Métro de Marseille	22	1977
法国	巴黎	Métro de Paris	214	1900
法国	巴黎	Orlyval	7.3	1991
法国	雷恩	Métro de Rennes	9.4	2002
法国	图卢兹	Métro de Toulouse	27.5	1993
德国	柏林	U-Bahn Berlin	147	1902
德国	柏林	S-Bahn Berlin	331	1924
德国	法兰克福	U-Bahn Frankfurt	58.6	1968
德国	法兰克福	S-Bahn Frankfurt	303	1972
德国	汉堡	U-Bahn Hamburg	100.7	1912
德国	汉堡	S-Bahn Hamburg	144	1906
德国	慕尼黑	U-Bahn München	100.8	1971
德国	慕尼黑	S-Bahn München	442	1928
德国	纽伦堡/菲尔特	U-Bahn Nürnberg	34.6	1972
德国	纽伦堡/菲尔特	S-Bahn Nürnberg	67	1978
德国	斯图加特	S-Bahn Stuttgart	195.5	1978
希腊	雅典	Ηλεκτρικοί Σιδηρόδρομοι Αθηνών - Πειραιώς	25.6	1869
希腊	雅典	Μετρό Αθήνας	46.6	2000
荷兰	阿姆斯特丹	Amsterdamse metro	32.7	1977
荷兰	鹿特丹	Rotterdamse metro	55.3	1968
意大利	巴里	Metropolitana di Bari	9.3	2007
意大利	卡塔尼亚	Metropolitana di Catania	3.8	1999
意大利	热那亚	Metropolitana di Genova	7.1	1990
意大利	米兰	Metropolitana di Milano	92	1964
意大利	那不勒斯	Metropolitana di Napoli	73	1993
意大利	罗马	Metropolitana di Roma	38	1955
意大利	都灵	Metropolitana di Torino	13.2	2006

第12章 城市轨道交通运营管理 341

续表

国家/地区	城市	当地名称	运营里程/km	通车年份
葡萄牙	里斯本	Metropolitano de Lisboa	37.7	1959
	波尔图	Metro do Porto	60	2002
西班牙	巴塞罗那	Metro de Barcelona	116	1924
	毕尔包	Metro de Bilbao	38.2	1995
	马德里	Metro de Madrid	284	1919
	帕尔马	Metro de Palma de Mallorca	8.3	2007
	塞维利亚	Metro de Sevilla	18.2	2009
	巴伦西亚	MetroValencia	175	1988
英国	加的夫	Valley Lines	80.7	1995
	格拉斯哥	Glasgow Subway	10.4	1896
	伦敦	London Underground	408	1863
		Docklands Light Rail	34	1987
	泰恩河畔纽卡索	Tyne and Wear Metro	77.7	1980
	曼彻斯特	Manchester Metrolink	37	1992
白俄罗斯	明斯克市	Минский метрополитен	30.3	1984
丹麦	哥本哈根	Metro (København)	33.5	2002
瑞典	斯德哥尔摩	Stockholms tunnelbana	108	1950
芬兰	赫尔辛基	Helsingin metro	21.1	1982
匈牙利	布达佩斯	Budapesti metró	31.7	1896
挪威	奥斯陆	Metro van Oslo	91.5	1968
波兰	华沙	Metro warszawskie	23.6	1995
罗马尼亚	布加勒斯特	Metroul din București	61.4	1979
俄罗斯	喀山	Казанский метрополитен	10.3	2005
	莫斯科	Московский метрополитен	301	1935
	下诺夫哥罗德	Нижегородский метрополитен	15.5	1986
	新西伯利亚	Новосибирский метрополитен	16	1985
	圣彼得堡	Петербургский метрополитен	109.8	1955
	萨马拉	Самарский метрополитен	11.4	1987
	叶卡捷琳堡	Екатеринбургский метрополитен	8.5	1991
乌克兰	第聂伯罗彼得罗斯克	Дніпропетровський метрополітен	7.8	1995
	哈尔科夫	Харківське метро	37.4	1975
	基辅	Київське метро	63.7	1960

欧洲典型的轨道交通城市有巴黎、伦敦、莫斯科等。

如图 12-11 所示，伦敦轨道交通线路呈放射状布置，共有 11 条地铁线（常被称为 The Tube），总长 408 km（地铁车辆在伦敦市中心地底运行，而郊区则在地面运行，其中地面运行线路占 55%），还有 3 条轨道线路分别是 London Overground（伦敦地上铁：伦敦的通勤铁路系统，包含 5 条行车线）、Docklands Light Railway（码头轻轨：设有 5 条支线）、London Tramlink（伦敦有轨电车：负责管理由民营企业签约营运）。各条线路的启用时间和运营里程如表 12-2 所示。

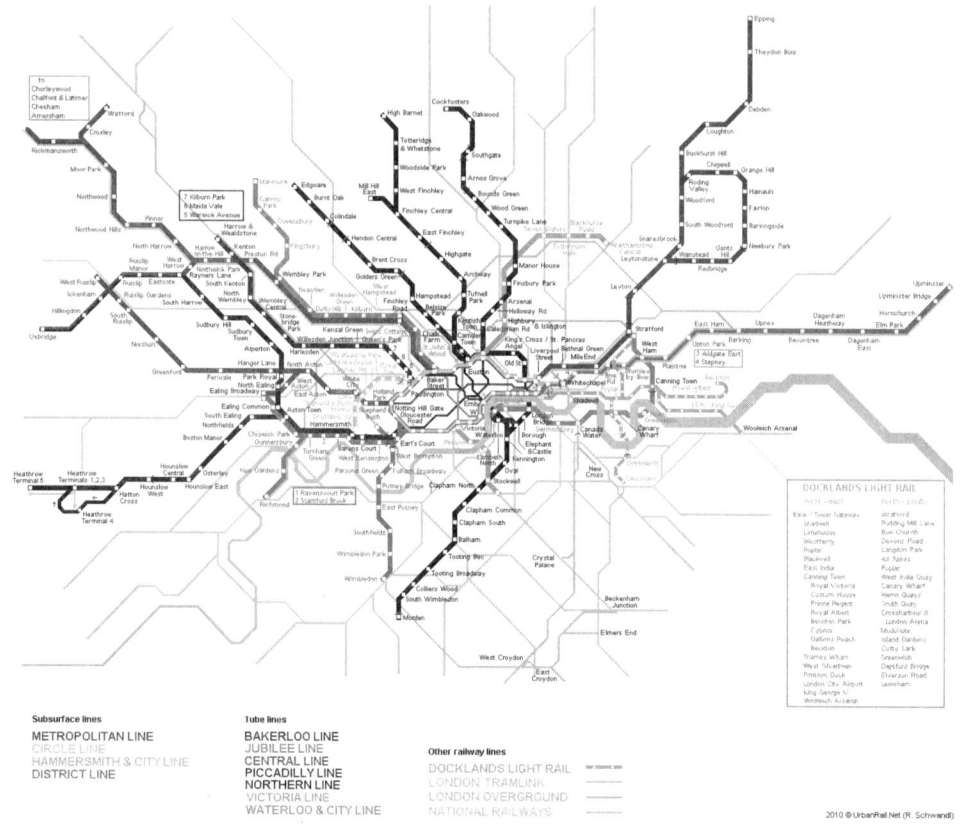

图 12-11　伦敦轨道交通网络

表 12-2　伦敦轨道交通线路运营情况统计

序号	类型	线　　路	运营里程/km	车站数	通车时间
1	subsurface lines	Circle Line	26.5	36	1884
2		Metropolitan Line	66.7	34	1863
3		Hammersmith & City Line	26.5	28	1863
4		District Line	64.5	60	1868

续表

序号	类型	线路	运营里程/km	车站数	通车时间
5	tube lines	Northern Line	59.1	52	1890
6		Central Line	73.3	50	1900
7		Waterloo & City Line	2.4	2	1898
8		Bakerloo Line	23.6	25	1906
9		Piccadilly Line	65.6	52	1906
10		Victoria Line	21.3	16	1969
11		Jubilee Line	37.2	27	1979
12	other railway lines	Docklands Light Railway	34	40	1987
13		London Tramlink	28	38	2000
14		London Overground	86	82	2007.11

2. 美洲

如图 12-12 所示，美洲有 10 个国家，超过 50 个城市建设了轨道交通线路。其中美国的轨道交通线路总长度超过 1 700 km，位居世界榜首。如表 12-3 所示为美洲城市轨道交通线路运营情况统计。

图 12-12　南北美洲设有轨道交通网络的城市

表 12-3　美洲城市轨道线路运营情况统计

国家/地区	城市	当地名称	运营里程/km	通车年份
加拿大	蒙特利尔	Métro de Montréal	66	1966
	多伦多	Toronto subway and RT	68.3	1954
	温哥华	Sky Train	68.7	1986
墨西哥	瓜达拉哈拉	Metro de Guadalajara	24	1989
	墨西哥城	Metro de la Ciudad de México	202	1969
	梦特瑞	Metro de Monterrey	32.5	1991
美国	亚特兰大	Metropolitan Atlanta Rapid Transit Authority	77	1979
	巴尔的摩	Metro Subway	24.8	1983
	波士顿	Massachusetts Bay Transportation Authority	96.9	1901
	芝加哥	Chicago 'L'	170.6	1892
	克里夫兰	RTA Rapid Transit	60	1955
	洛杉矶	Los Angeles County Metro Rail	117.6	1990
	迈阿密	Metrorail	40.1	1984
	纽约市	New York City Subway	373	1904
	纽约/新泽西	PATH	22.2	1908
	费城	SEPTA	720	1907
		Norristown High Speed Line	13.4	1907
	费城/新泽西	PATCO Speedline	22.9	1936
	旧金山湾区	BART	167	1972
	华盛顿特区/马里兰/维吉尼亚	Washington Metrorail	189.7	1976
	华盛顿特区	Congressional Subway	—	1909
阿根廷	布宜诺斯艾利斯	Subte de Buenos Aires	28.1	1913
巴西	贝洛奥里藏特	Metrô de Belo Horizonte	46.5	1986
	巴西利亚	Metrô do Distrito Federal	41	2001
	阿雷格里港	Metrô de Porto Alegre	33.8	1985
	勒西腓	Metrô do Recife	71	1985
	里约热内卢	Metrô do Rio de Janeiro	42	1979
	圣保罗	Metrô de São Paulo	326.7	1974

续表

国家/地区	城市	名　　称	运营里程/km	通车年份
智利	圣地亚哥	Metro de Santiago	848.4	1975
	瓦尔帕莱索	Metro Valparaíso	43	2005
	康塞普西翁市	Biotrén	48	2006
哥伦比亚	马德林	Metro de Medellín	32	1995
秘鲁	利马	Metro de Lima Metropolitana	20.9	1989
波多黎各	圣胡安	Tren Urbano	17.2	2004
委内瑞拉	卡拉卡斯	Metro de Caracas	54.2	1983
	洛期特克斯	Metro de Los Teques	9.5	2006

美洲具有典型轨道交通网络的城市有纽约、费城、墨西哥等。

如图 12-13 所示，纽约轨道交通于 1904 年开始运营，共 24 条线路（含 3 条区间线，如表 12-4 所示），连接着曼哈顿（Manhattan）、布朗克斯区（Bronx）、布鲁克林区（Brooklyn）及皇后区（Queens），总长度 368 km（其中 223 km 在地下），车站总数 468 个，是世界上最庞大的轨道交通系统之一。

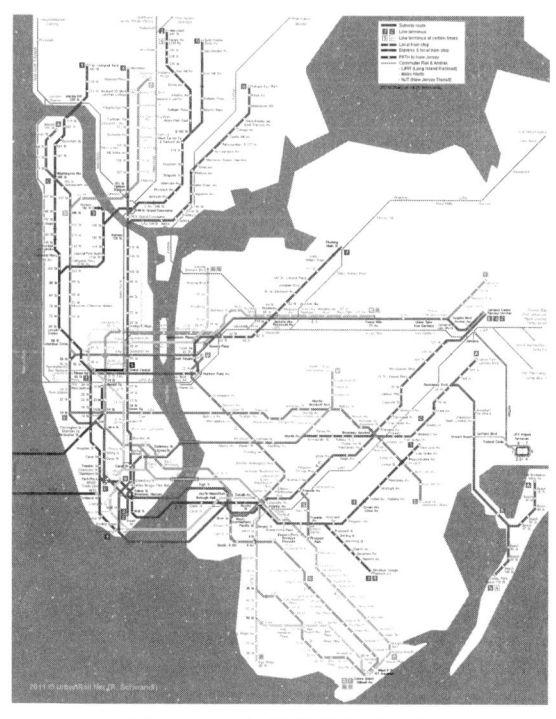

图 12-13　纽约轨道交通网络

表12-4 纽约轨道交通线路列表

路线			名称
A 系统（IRT）	7th Avenue Line	1	百老汇—第七大道慢车
		2	第七大道快车
		3	第七大道快车
	Lexington Avenue Line	4	莱辛顿大道快车
		5	莱辛顿大道快车
		6	莱辛顿大道慢车
	Flushing Line	7	法拉盛慢车
	Shuttle Lines	S	42街接驳线
B 系统（BMT/IND）	Shuttle Lines	S	法兰克林大道接驳线
		S	洛克威公园接驳线
	8th Avenue Line	A	第八大道快车
		C	第八大道慢车
		E	第八大道慢车
	6th Avenue Line	B	第六大道快车
		D	第六大道快车
		F	第六大道慢车
		M	第六大道慢车
	Brooklyn～Queens Crosstown Line	G	布鲁克林—皇后跨区慢车
	Nassau Street/Jamaica Line	J	苏纳街快车
		Z	苏纳街快车
	14th Street～Canarsie Line	L	14街—卡纳西线
	Broadway Line	N	百老汇慢车
		Q	百老汇快车
		R	百老汇慢车

3. 大洋洲

如图12-14所示，澳大利亚和新西兰2个国家8个城市建设了轨道交通线路。如表12-5

所示为澳大利亚4个城市的轨道交通线路运营情况统计。

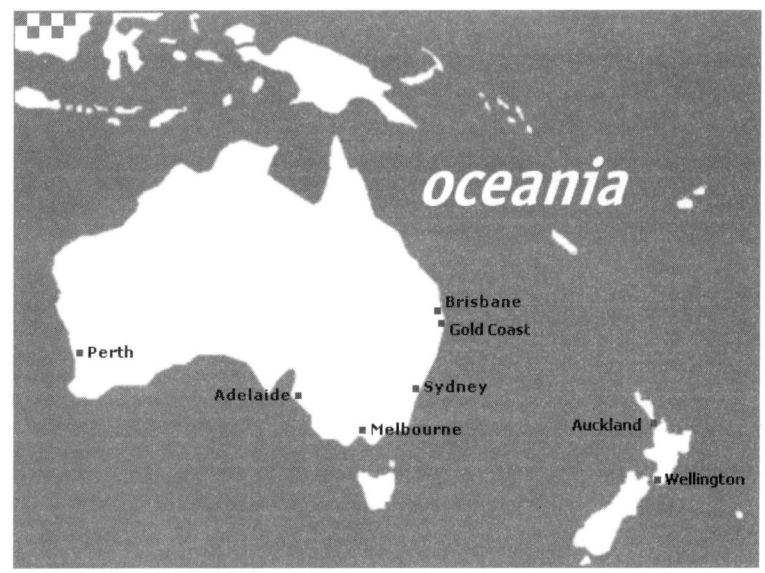

图 12-14 大洋洲设有轨道交通网络的城市

表 12-5 澳大利亚城市轨道交通线路运营情况统计

国家/地区	城市	名　　称	运营里程/km	通车年份
澳大利亚	墨尔本	Railways in Melbourne	372	1854
		Trams in Melbourne	245	1885
	悉尼	CityRail	12.5	1926
	阿德莱德	TransAdelaide	120	1994
	珀斯	Transperth Trains	173.1	1991

4. 亚洲

如图 12-15 所示，亚洲有 15 个国家，超过 50 个城市建设了轨道交通线路。其中日本的轨道交通线路总长度仅次于美国和中国，位居世界第三。如表 12-6 所示为亚洲城市轨道交通线路运营情况统计。

亚洲具有典型轨道交通网络的外国城市有东京、首尔等。

东京的城市轨道交通主要由城市铁路、地铁、单轨与新交通系统等四大部分构成，每天运送旅客 3 000 多万人次。如表 12-7 所示，东京地铁线路有 13 条，其中 9 条由东京地下铁股份有限公司运营，称为东京地下铁，另外 4 条（TOEI Lines）由东京交通局运营，称为都营地下铁。新交通系统线路 3 条，单轨线路有 3 条。图 12-16 为东京轨道交通网络。

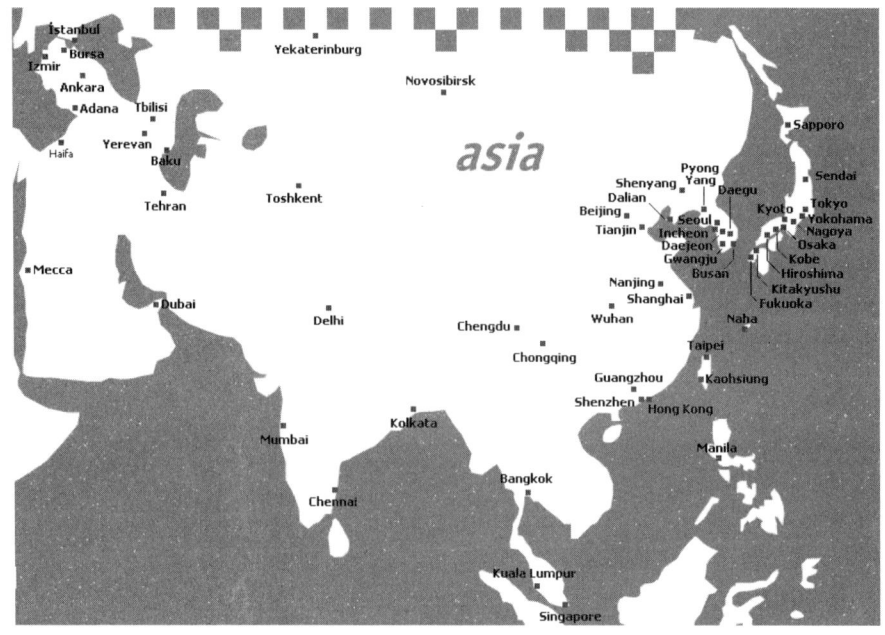

图 12-15 亚洲设有轨道交通网络的城市

表 12-6 亚洲城市轨道交通线路运营情况统计

国家/地区	城市	名　　称	运营里程/km	通车年份
日本	福冈	福冈地铁	29.8	1981
	神户	神户高速铁道	15.1	1968
		神户地铁	38.1	1977
	京都	京都地铁	31.2	1981
	名古屋	名古屋地铁	89.1	1957
	大阪	大阪市营地下铁	129.9	1933
	埼玉县	埼玉高速铁道线	14.6	2001
	札幌	札幌市营地下铁	48	1971
	仙台	仙台市营地下铁	14.8	1987
	东京	东京地下铁	195.1	1927
		都营地下铁	109	1960
		东京临海高速铁道	12.2	1996
	横滨	横滨市营地下铁	53.5	1972
		横滨高速铁道港未来线	4.1	2004

续表

国家/地区	城市	名称	运营里程/km	通车年份
韩国	釜山	釜山地铁	106.6	1985
	大邱	大邱地铁	118.2	1997
	大田	大田都铁	22.7	2006
	光州	光州都铁	20.1	2004
	仁川	仁川地铁	29.4	1996
	首尔	韩国首都圈电铁	314	1970（Seoul Metro） 1994（SMRT） 1974（Korail）
朝鲜	平壤	平壤地铁	24	1973
印度	加尔各答	Kolkata Metro	39.6	1984
	金奈	Mass Rapid Transit System	24.7	1997
	德里	Delhi Mass Rapid Transit System	189.7	2002
	海得拉巴	MMTS Hyderabad	43	2003
菲律宾	马尼拉	Manila Light Rail Transit System	34.5	1984
		Manila Metro Rail Transit System	16.9	1999
新加坡		Mass Rapid Transit	129.7	1987
马来西亚	吉隆坡	Sistem Transit Bersepadu Kuala Lumpur	113	1996
泰国	曼谷	曼谷集体运输系统	55	1999
		曼谷地铁	20	2004
亚美尼亚	埃里温	埃里温地铁	13.4	1981
阿塞拜疆	巴库	Bakı Metropoliteni	34.6	1967
格鲁吉亚	第比利斯	第比利斯地铁	26.4	1966
伊朗	马斯哈德	马斯哈德地铁	77	2004
	德黑兰	تهران متروی	120	1999
土耳其	安卡拉	Ankara metro ağı	60.4	1996
	伊斯坦布尔	Istanbul metrosu	75.9	2000
	伊兹密尔	Izmir metrosu	11.6	2000
阿联酋	迪拜	دبي مترو	52.1	2009
沙特	麦加	Mecca Metro	18.1	2010

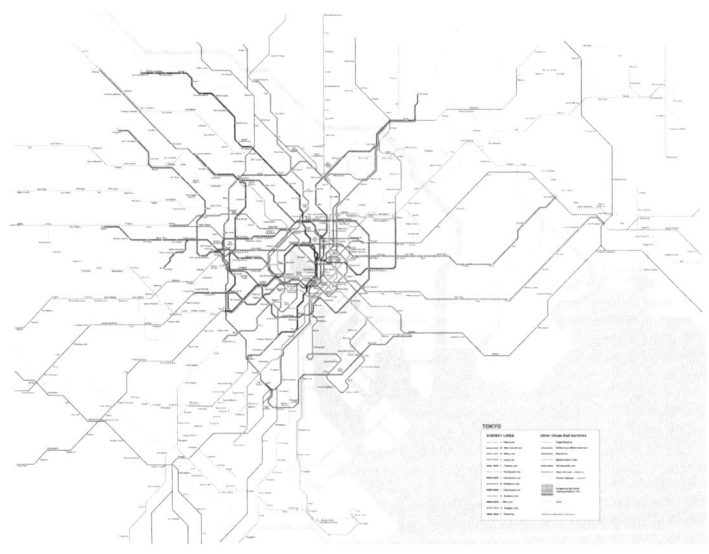

图 12-16　东京轨道交通网络

表 12-7　东京轨道交通线路列表

类　　型	线　　路	运营里程/km	车站数	通车时间
TOKYO METRO Lines – Eidan Subway（东京地下铁）	GINZA Line（G）	14.3	18	1927
	MARUNOUCHI Line（M）	27.4	27	1954
	HIBIYA Line（H）	20.3	21	1961
	TOZAI Line（T）	30.8	22	1964
	CHIYODA Line（C）	24	20	1969
	YURAKUCHO Line（Y）	28.3	24	1974
	HANZOMON Line（Z）	16.9	14	1978
	NAMBOKU Line（N）	21.3	19	1991
	FUKUTOSHIN Line（F）	12.1	11	1994
TOEI Lines（都营地下铁）	ASAKUSA Line（A）	18.4	20	1960
	MITA Line（I）	26.5	24	1968
	SHINJUKU Line（S）	23.5	21	1978
	OEDO Line（E）	40.7	36	1991
Public rail transit in Tokyo Waterfront Odaiba development（新交通）	Nippori–Toneri Liner	9.7	13	2008
	YURIKAMOME Waterfront Line	14.8	16	1995
	TOKYO WATERFRONT AREA RAPID TRANSIT（Rinkai Line）	15.1	15	1995
Monorail systems in the Greater Tokyo metropolitan area（单轨）	CHIBA Monorail	15.2	18	1988
	TAMA Intercity Monorail	16	20	1998
	SHONAN Monorail	6.6	8	1970

5. 非洲

如图 12-17 所示为埃及、突尼斯、阿尔及利亚、摩洛哥 4 个国家建设了轨道交通线路的 5 个城市。如表 12-8 所示为埃及和南非城市轨道交通线路运营情况统计。

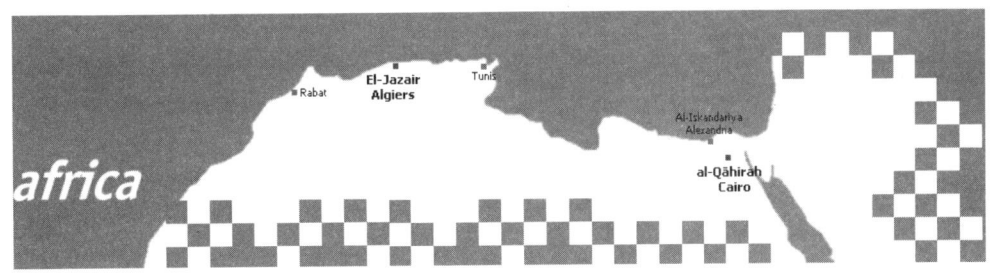

图 12-17 设有轨道交通线路的非洲城市

表 12-8 埃及和南非城市轨道交通线路运营情况统计

国家/地区	城市	运营里程/km	通车年份
埃及	开罗	66	1987
南非	约翰内斯堡/普利托里亚	80	2010

12.1.4 我国城市轨道交通的发展概况

我国城市轨道交通的发展历史可追溯到 1908 年上海修建了我国第一条有轨电车线路，随后有轨电车就相继出现在大连、北京、天津、沈阳、哈尔滨、长春、鞍山等一些城市。

然而由于历史的原因，我国现代化的城市轨道交通发展较为缓慢，从 1965 年到 1984 年的 19 年间，共修建地铁 3 条，总长为 50.9 km。1965 年 7 月 1 日，我国第一条地下铁道在北京正式开工修建，到 1969 年 9 月 20 日北京地铁一期工程建成通车。我国第二条地铁——天津"老地铁"，从 1970 年 6 月 5 日开始动工，到 1976 年 2 月先期建设了 3.6 km，开通了 4 个车站，实现了第一次试运行；1979—1980 年在原先 3.6 km 的基础上又延伸了 1.6 km，增加了两个车站；1984 年经过第三次扩建之后，天津"老地铁"才又开通西北角站和西站两个车站。我国第三条地铁——北京地铁 2 号环线于 1984 年 9 月建成通车。

20 世纪 90 年代，由于改革开放的深入进行，国民经济的快速发展，我国综合国力得到了大幅度提升，在我国许多城市掀起了兴建城市轨道交通的热潮。当前，我国城市轨道交通进入了一个快速发展期。截至 2013 年 12 月 31 日，中国内地有北京、上海、广州、深圳、南京、天津、重庆、大连、沈阳、长春、成都、武汉、西安、佛山、苏州、杭州、昆明、哈尔滨、郑州等 19 个城市拥有城市轨道交通，运营线路总长 2 539 km（见表 12-9）。港台轨道交通线路运营情况统计见表 12-10。另外，已批复 34 个城市的近期建设规划，总计 177 个项目

141 条线路，总里程约 4 382 km，总投资超过 2 万亿元人民币。据预计，到 2020 年，中国将有近 50 个城市发展轨道交通，网络总规模将超过 7 000 km 左右，覆盖中国主要大城市。

表 12-9 2013 年底中国内地城市轨道交通运营线路统计

序号	城市及最早通车年份	线路名称	运营里程/km	总里程/km	序号	城市及最早通车年份	线路名称	运营里程/km	总里程/km
1	北京 1969	1 号线	31	465.4	4	天津 2003	1 号线	26.2	138.8
		2 号线	23				2 号线	22.7	
		4 号线	28.18				3 号线	29.7	
		5 号线	27.6				9 号线	52.25	
		6 号线	30.4				滨海有轨电车	7.9	
		8 号线	27.6		5	深圳 2004	罗宝线（1 号线）	40.8	178.6
		9 号线	16.5				蛇口线（2 号线）	35.75	
		10 号线	57.1				龙岗线（3 号线）	41.7	
		13 号线	40.9				龙华线（4 号线）	20.34	
		14 号线	12.4				环中线（5 号线）	40	
		15 号线	33		6	南京 2005	1 号线	44.54	81.6
		机场线	28				2 号线	37.01	
		八通线	19		7	重庆 2005	1 号线	37	169.9
		亦庄线	24				2 号线	19.2	
		大兴线	21.76				3 号线	56.1	
		昌平线	21				6 号线	57.6	
		房山线	24		8	长春 2002	3 号线	31.96	48.3
2	上海 1995	1 号线	36.9	577.2			4 号线	16.33	
		2 号线	60.3		9	武汉 2004	1 号线	28.9	73.1
		3 号线	40.2				2 号线	27.73	
		4 号线	33.8				4 号线	16.5	
		5 号线	16.6		10	大连 2002	3 号线	63.45	86.9
		6 号线	32.7				有轨电车 201	10.8	
		7 号线	43.9				有轨电车 202	12.6	
		8 号线	37		11	沈阳 2010	1 号线	27.926	114.6
		9 号线	49.8				2 号线	27.143	
		10 号线	35.2				有轨电车 1 号线	12	
		11 号线	71.5				有轨电车 2 号线	15.1	
		12 号线	19				有轨电车 3 号线	11.3	
		13 号线	9.4				有轨电车 5 号线	21.1	
		16 号线	52		12	成都 2010	1 号线	18.5	115.2
		磁悬浮	29.9				2 号线	29.7	
		张江有轨电车	9				成灌线	67	

续表

序号	城市及最早通车年份	线路名称	运营里程/km	总里程/km	序号	城市及最早通车年份	线路名称	运营里程/km	总里程/km
3	广州 1999	1 号线	18.5	245.5	13	佛山 2010	1 号线	14.8	14.8
		2 号线	31.75		14	西安 2011	2 号线	20.5	45.9
		3 号线	67.3				1 号线	25.4	
		4 号线	46.7		15	苏州 2012	1 号线	25.2	51.3
		5 号线	31.9				2 号线	26.1	
		6 号线	24.5		16	杭州 2012	1 号线	48	48
		8 号线	14.97		17	昆明 2012	6 号线	18	40.1
		广佛线首通段	5.93				1、2 号线首期	22.14	
		珠江新城 APM	3.96		18	哈尔滨 2013	1 号线	17.5	17.5
					19	郑州 2013	1 号线	26.2	26.2
合计				运营城市 19 个，运营里程 2 539 km					

表 12-10 港台轨道交通线路运营情况统计

地区	城市	名称	运营里程/km	通车年份
香港		港铁	218.2	1910（九广铁路）
				1979（地铁）
				2007（两铁合并）
台湾	台北、新北	台北捷运	101.9	1996
	高雄	高雄捷运	42.7	2008

1. 北京

奥运前夕北京新开通了地铁十号线、机场线和奥运支线，北京地铁新老线路成功地经受住了奥运的考验。奥运会期间，观赛流、旅游流、通勤流，三股客流合一在奥运期间对北京交通形成巨大压力，8 月 8 日至 24 日北京奥运会期间，北京地铁全路网共运送乘客达 6 813.54 万人次，为保障北京奥运交通顺畅运行发挥了重要作用。北京市轨道交通指挥中心于 2008 年 12 月 26 日全面投入使用，这标志着北京市轨道交通发展进入网络化运营管理新时代。

截至 2014 年 5 月，以对公众开放的运营里程计算，北京市轨道交通系统拥有 18 条线 544 km（包括市郊铁路）。北京地铁工作日的日均客运量在 1 000 万人次左右，峰值运量达到 1 155.92 万人次。北京市交通委员会称，根据规划，到 2015 年北京的地铁线路总里程将达 660 km。如果所有预期都能兑现，并且所有在建项目都能顺利完工，到 2020 年北京地铁的总里程有望达到 1 050 km。

在调度运营方面，北京轨道交通指挥中心是目前世界上集指挥调度和票务清算两大功能于一体，规模最大、接入线路最多、智能化水平最高的轨道交通调度指挥中枢。轨道交通指挥中心大厅面积约为 1 300 m²，通过显示屏，工作人员可以对已经运营的轨道线路和未来开通的新线路的动态运营情况进行实时监控。指挥中心包括轨道交通路网指挥调度中心、路网票务清算管理中心、14 条轨道交通线路的控制中心及相应配套设施。2008 年 6 月 9 日，随着地铁自动售检票系统全面投入运营，轨道指挥中心的路网票务清算管理中心投入使用。7 月，路网指挥调度中心系统具备开通条件，地铁 1 号线、2 号线、5 号线、10 号线一期、八通线、13 号线、奥运支线和机场线 8 条轨道线路控制中心进入轨道指挥中心，从而结束了北京轨道交通一条线路一个调度控制中心的历史，提高了整体运营效率和综合调度指挥能力。随着 2009 年地铁 4 号线开通，京港地铁公司正式加入北京地铁运营，依托指挥中心可以在不同运营主体之间建立起快速、高效、可靠的协调机制和快速反应机制，不断完善紧急突发事件快速处置。

针对北京轨道交通网络化时代的到来，北京市基础设施投资有限公司组织开展了《网络化建设与运营及资源共享专题研究》，明确了北京市城市轨道交通网络系统构成基本框架和技术方向，制定各专业系统的主要功能、技术指标和技术原则，形成北京轨道交通网络化建设与运营实施指导意见，为北京市轨道交通系统的统筹协调和可持续发展提供了有力的技术支撑和技术保证。

2. 上海、广州

截至 2014 年 7 月 22 日，上海地铁已开通运营 14 条线、332 座车站，运营里程 567 km（不含上海磁县浮列车、金山铁路、3、4 号线共线段不重复计算）。预计至 2020 年，上海将形成 22 条轨道交通线路 877 km 的网络规模。2013 年全网年客运量达 25 亿人次。截至 2013 年 12 月 28 日，广州地铁共有 9 条营运路线，总长为 260.5 km，共 164 座车站。广州地铁已经成为广州市民最主要的交通工具之一，2014 年 3 月日均客流达 623.4 万人次，并在亚运免费期以 784.4 万人次的峰值打破全国纪录。

国内典型的轨道交通城市有北京（图 12-18）、上海（图 12-19）、广州（图 12-20）、台北（图 12-21）、香港（图 12-22）等。

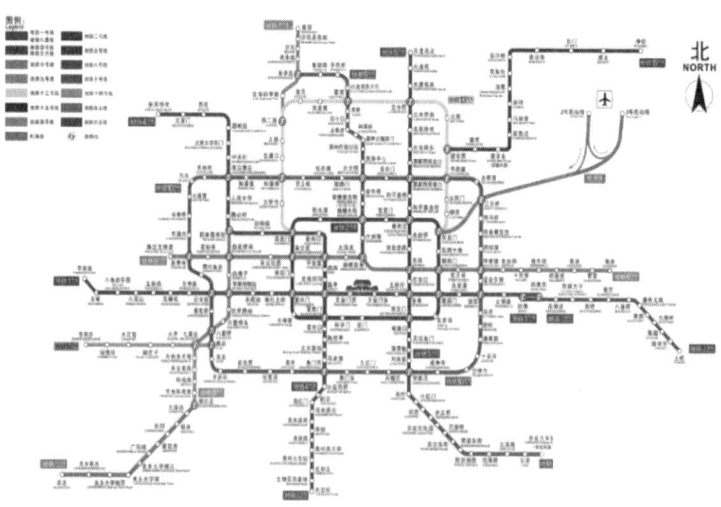

图 12-18 北京轨道交通网络

第12章 城市轨道交通运营管理

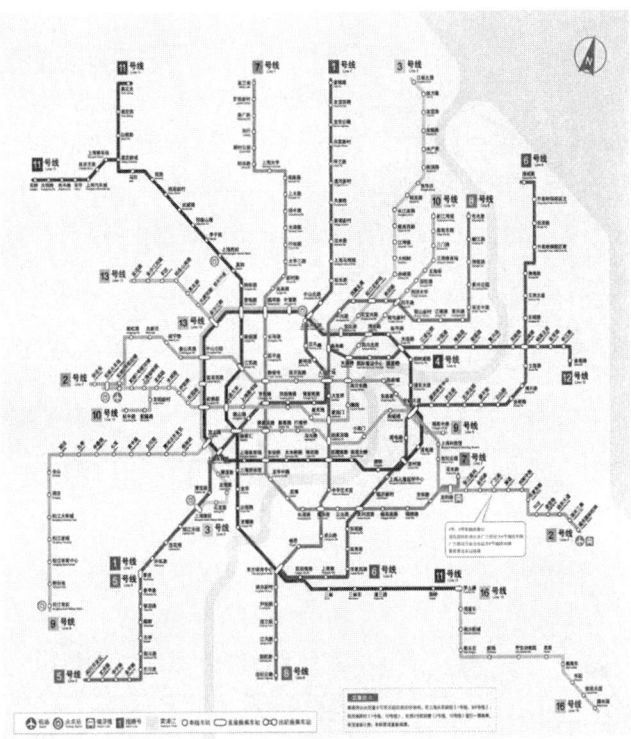

图 12-19　上海轨道交通网络

图 12-20　广州轨道交通网络

城市公共交通

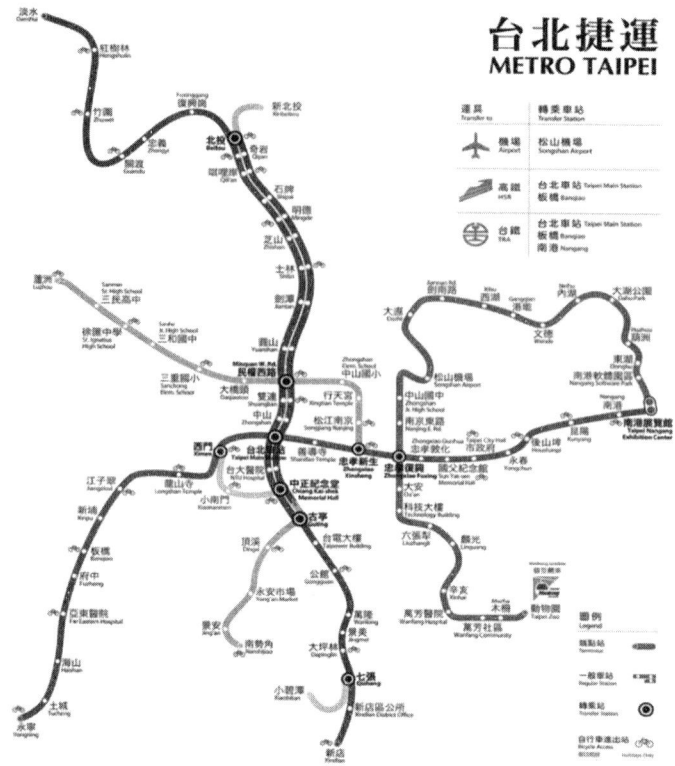

图 12-21　台北轨道交通网络

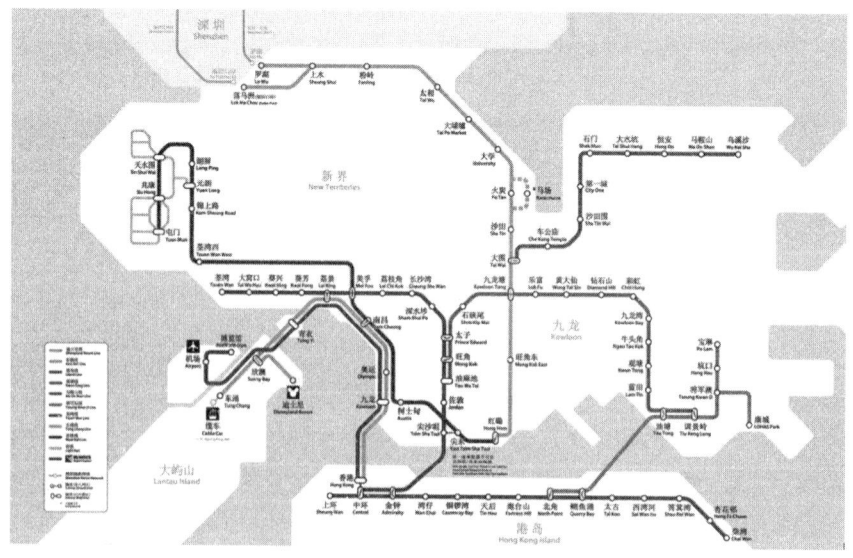

图 12-22　香港轨道交通网络

12.2 轨道交通的技术经济指标及分类

12.2.1 技术经济指标

轨道交通的技术经济指标是衡量轨道交通运营和管理的重要依据。轨道交通的技术经济指标主要从运营特性、列车及车辆特性、列车正点指标、系统总体性能指标、安全指标及经济指标方面进行介绍。

1. 运营特性指标

（1）最大速度

最大速度（km/h）是指列车在路线上运营时的最大车速。

（2）平均运营速度

平均运营速度（km/h）是指列车从始发站发出到抵达折返站时的平均运行速度。

$$V_{运} = \frac{\sum nL}{\sum nt} \tag{12-1}$$

式中：$V_{运}$ 为平均运营速度，km/h；$\sum nL$ 为列车公里，km；$\sum nt$ 为列车旅行总时间，h。

（3）技术速度

技术速度（km/h）是指不包含停站时间在内的列车在站间平均运行的速度。

$$V_{技} = \frac{\sum nL}{\sum nt - \sum nt_{停站}} \tag{12-2}$$

式中：$V_{技}$ 为技术速度，km/h；$\sum nL$ 为列车公里，km；$\sum nt$ 为列车旅行总时间，h；$\sum nt_{停站}$ 为列车在中间站停站时间之和，h。

（4）列车最大密度

列车最大密度（列/h）是指在单位高峰小时内，某条线路上所开行的最大车辆数。它是反映列车服务水平的一个重要指标。

$$\rho = \frac{3600}{\phi} \tag{12-3}$$

式中：ρ 为列车最大密度；ϕ 为高峰小时内列车的发车频率。

（5）单向客运能力

单向客运能力（人次/h）在一定时间内，轨道交通单方向所能够运输的乘客的总人数。它是反映轨道交通运载能力的重要指标。

2. 列车及车辆特性

（1）列车周转时间

列车周转时间 $\theta_{列}$（min）是指列车在运营线路上往返一次所消耗的全部时间。其中包含列车在区间运行时间、列车在中间站停留时间及列车在折返站作业停留时间。

$$\theta_{列} = \sum t_{运} + \sum t_{站} + \sum t_{折返} \tag{12-4}$$

式中：$\sum t_{运}$ 为列车在运营线路上往返一次各区间运行时间之和，min；$\sum t_{站}$ 为列车在运营线路上往返一次各中间站停站时间之和，min；$\sum t_{折返}$ 为列车在折返站停留时间之和，min。

（2）运用车辆数

运用车辆数 N（辆、组）是指为完成日常运输任务所必须配备的技术状态良好的可用车辆数量。

$$N = n_{高峰} \cdot \theta_{列} \cdot m / 60 \tag{12-5}$$

式中：$n_{高峰}$ 为高峰小时开行的列车对数，对；$\theta_{列}$ 为列车周转时间，min；m 为平均每列车编成辆数，辆。

上式也可写成：

$$N = n_{高峰} \cdot \theta_{列} \cdot L / 60 \tag{12-6}$$

式中：L 为每列车内动车组组数，组。

（3）开行旅客列车数（列）

各种编组的列车在运营线路上行驶一个单程，不论是全程运行还是小交路折返，均按一列计算。列车分别按全日、上行和下行开行列数计算。折返列车数按各折返站分别计算。

（4）车辆平均日车公里

车辆平均日车公里 $S_{日}$（km）是指某一辆运用车在一日内平均走行的公里数。

$$S_{日} = \frac{\sum NS_{日}}{N} \tag{12-7}$$

式中：$S_{日}$ 为车辆平均日车公里，km；$\sum NS_{日}$ 为日车辆公里总数，km；N 为运用车辆数，辆。

（5）车辆的额定载客量

车辆的额定载客量是指车辆额定可以载客的最大值，额定载客量越大，车辆的运输能力也越大，该指标是反映车辆运输能力的主要指标。

3. 列车正点指标

（1）列车始发正点率

列车始发正点率（%）是指在一定时期内，正点发出的列车次数在发出列车总次数中所占的比重。

列车始发正点率是反映系统工作和服务水平的一个综合性指标。保证列车始发正点,是保证按图行车的关键。始发正点率越大越好。

(2)列车运行正点率

列车运行正点率(%)是指在一定时期内,正点到达到站的列车次数在到达列车总次数中所占的比重。

4. 系统总体性能指标

(1)线路隔离率

线路隔离率是指在一条线路上,隔离路段占全部线路的百分比,线路隔离率越高,对于车辆行驶的速度和运行的安全越有利。

(2)平均站间距

平均站间距是指轨道交通线路上平均两个站之间的距离,对不同的轨道交通方式而言,平均站间距相差是比较大的。

(3)列车开行间隔时间

列车开行间隔时间(min)指运营线路上前后运行两列车的时间间隔。开行间隔时间越小,旅客在站滞留时间越短,间隔越小旅客越方便。

5. 安全指标

(1)行车事故数(次)

列车在运营线路行驶过程中,由于有关人员工作差错、机械设备故障、外部因素影响等造成人身伤亡、设备损坏或影响列车运行等情况均属于行车事故。行车事故包括一方责任、双方责任和无责任事故。

(2)乘客伤亡事故件数(件)和乘客伤亡人数(人)

它是指在一定时期内由于本单位责任事故造成乘客死亡和受伤的事故件数和人数。

(3)乘客伤亡事故发生率

乘客伤亡事故发生率(%)是指在一定时期内,每完成一亿人公里旅客周转量所发生的乘客伤亡事故件数。

6. 经济指标

(1)客运收入

客运收入(元)是指运送乘客的全部收入金额。

(2)运营成本

运营成本(元)是指轨道交通系统在日常运营生产过程中实际发生的与运营生产直接相关的所有费用支出。

(3)客运费率

客运费率是指乘客乘坐轨道交通所花费的车费与乘客的收入之间的比例,它反映客运票价的相对高低。对于客运费率的计算可以用式（12-8）表示：

$$\gamma = \frac{f_{费}}{f_{收}} \tag{12-8}$$

式中：γ 为客运费率；$f_{费}$ 为乘客乘坐轨道交通每 10 km 所支付的平均费用；$f_{收}$ 为该地区的平均居民收入。

12.2.2 轨道交通按基本技术特征分类

根据轨道交通系统基本技术特征的不同，轨道交通系统主要有地铁、轻轨、独轨铁路和自动导轨等类型。

1. 地铁

地铁线路通常都是专用线路，没有平面交叉。地铁线路除修建在地下隧道外，也有部分是修建在地面或高架桥上。地铁线路一般是双线，个别城市也有四线地铁的情况。正线最大坡度一般为 3%，最小曲线半径一般为 300~400 m。地铁的轨道较多采用焊接长钢轨，混凝土整体道床。

地铁车站按其运营功能划分有终点站、中间站和换乘站。车站由出入口、站厅、通道、楼梯、自动扶梯、站台、售票房、行车作业用房和机电设备用房等组成。车站设备的通行能力既要满足远期高峰客流数，又要适度地考虑留有余地。车站的站台一般设计为高站台，主要有侧式、岛式和混合式等型式。早期地铁多为侧式站台，现在较多选择的是岛式站台，但高架中间站的站台宜采用侧式站台。站台长度应该满足远期列车编组长度的需要。

地铁车辆宽度在 2.8~3 m。车辆设计除具有大容量的特点外，在牵引控制、调速制动及故障诊断等方面广泛采用了各种先进技术，并具有自动化程度较高的特点。车辆座位有纵向和横向两种布置。车辆额定载客量为 200~320 人。车辆的速度为 80~100 km/h，运营速度为 35~40 km/h。

地铁的运行也受到信号系统的控制。控制方式主要采用色灯信号、自动闭塞设备、调度集中控制或者是采用列车自动控制系统、计算机集中控制。列车自动控制系统（ATC）由列车自动防护（ATP）、列车自动驾驶（ATO）和列车自动监督（ATS）3 个子系统组成。地铁列车的编组辆数通常为 4~8 辆，但也有 10 辆编组的情况。列车运行的最小间隔时间可达到 75 s。单向小时最大运输能力在 30 000~60 000 人。地铁的站间距一般为 500~2 000 m。地铁其他的技术经济特点还包括安全性和准点率高、节约地上土地资源、节省能源、环境污染小、对城市景观影响小。

2. 轻轨

轻轨线路的设计方案较多，没有固定的模式。线路修建往往因地制宜，既可修建在市区街道上，也可修建在地下隧道或高架桥上。地面轻轨线路可分为：无平面交叉的专用行车线路、有平面交叉的专用行车线路和与其他机动车辆共用行车线路 3 种类型。轻轨线路大多是双线，但支线、短程区间或道路用地较为紧张的地段也有设计为单线的情况。线路最大坡度可达 8%，最小曲线半径可达 30 m。

轻轨车站按其运营功能划分，有终点站、中间站和换乘站。终点站和位于中心商业区的中间站应具备集散较大客流的能力。换乘站是指位于同一或不同交通系统线路交汇点的车站，它应具备满足各种客流性质和不同客流方向的旅客进行换乘的能力和便利性。车站的站台大多设计为低站台，有侧式、岛式和混合式等布置。侧式站台又有横列式、纵列式和单列式几种形式。

轻轨车辆是由老式有轨电车发展而来，旧式轻轨车辆宽度在 2.2～2.4 m；新式轻轨车辆为适应客运量增加的需求，车辆宽度在 2.5～2.6 m。车辆设计除采用大容量外，还有轻型化、铰接式、低地板和宽敞舒适等特点。车辆座位有纵向和横向两种布置，横向又分两边双人座、两边单人座和一边双人座一边单人座等布置形式。近年来各国制造的新型轻轨车辆有 4 轴车、6 轴单铰接车和 8 轴双铰接车 3 种车型，车辆额定载客量在 130～270 人，而旧型轻轨车辆定员一般在 100 人左右。轻轨车辆的速度为 60～80 km/h，运营速度为 20～35 km/h。轻轨列车的运行控制有人工或者视觉控制、列车自动防护系统（ATP）控制或者列车自动控制系统（ATC）控制 3 种类型。轻轨列车的编组辆数为 1～6 辆，但通常小于 4 辆。列车运行的最小间隔时间通常为 2 min，最短为 90 s。单向小时最大运输能力为 8 000～40 000 人。轻轨的站间距一般为 300～800 m。轻轨铁路其他的技术经济特点还包括修建周期短，工程投资少，运营成本低，运行噪声小，能适应陡坡急弯，旅客乘坐舒适等。

3. 独轨铁路

国外已建成城市交通独轨铁路长度通常为 10 km 左右，单、双线均有，但以单线为主。最大坡度可达 6%，最小曲线半径可达 60 m。轨道由轨道梁、支柱与道岔 3 部分组成。轨道梁为预应力钢筋混凝土结构，起承载、运行、导向与稳定车辆的作用。跨骑式独轨的轨道梁顶面是列车的运行轨道，两侧面的上、下部分分别是导向轮与稳定轮轨道。支柱的主要型式有 T 型、倒 L 型和门型等。道岔的基本原理是轨道梁的一部分为可活动部分，通过活动部分的移动使一条线路与其他线路联接，达到车辆过岔的目的。

独轨铁路的车站为高架设计，常见结构由下至上的第 1 层为道路面、第 2 层为集散厅、第 3 层为站台，乘客由自动扶梯和电梯上下。站台为岛式，长约 100 m，站台两侧安装栅栏或屏蔽门，站台顶棚与边墙连在一起。

跨骑式与悬挂式两种类型独轨的车辆型式是不同的，但两种型式的独轨车辆都是在走行轨道上采用胶轮行驶的电动客车。车体的宽度，跨骑式独轨车辆较宽，约为 3 m，悬挂式独轨车辆在 2.6 m 左右。受橡胶轮胎载重的限制，车辆采取轻型化设计。在车辆定员方面，跨骑式独轨车辆为 140～190 人，其中座席为 30～40 人；悬挂式独轨车辆为 100～160 人，其中座席为 40～50 人；有驾驶室车辆的定员为下限值。车内座席可以根据客流量情况设计成纵向、横向和混合排列等不同布置。车辆的最高速度可达 80 km/h，运营速度约为 30 km/h。列车运行、供电、车站设施、防灾报警装置、站台监视及对乘客广播均由控制中心的计算机系统集中控制。

独轨列车通常为 4 辆编组，由于受站台长度限制，最多为 6 辆编组。独轨铁路的道岔转换时间较长，从而延长了列车的折返时间。因此，列车运行最小间隔时间一般为 3 min。单向小时最大运输能力为 5 000～20 000 人。独轨铁路其他的技术经济特点还包括线路工程造价低、运行噪声小、占地面积少、旅客乘坐舒适及可观赏市容景色，并且能适应陡坡急弯等。

4. 自动导轨

自动导轨的线路长度通常为 5～15 km，以双线为主，但也有环形单线和网状线路。最大坡度为 7%～10%，最小曲线半径为 10～30 km。自动导轨的轨道多为混凝土高架结构，车辆在导轨上行驶，导向方式有中央凸型导向、中央内侧导向和两侧侧面导向 3 种。线路分岔是以混凝土轨道侧面分岔道岔的沉浮方式进行。轨道多为混凝土高架结构。有的中间站也铺设侧线。管理站有停留备用车、空车及紧急待避等设施。

车辆为轻小型，车体宽度在 2 m 左右，长度多为 4～8 m。车辆采用电力驱动，动力从侧面供给，交、直流均可。车轮采用橡胶轮胎。车辆定员为 20～80 人。最高速度为 60 km/h，运营速度为 30～40 km/h。列车运行采用自动控制（JTC）系统按列车运行图集中调度，自动控制列车上的限速装置和驾驶装置，同时兼管车站作业。

列车通常采用短编组，大多为 2 辆编组，但也可以单车运行或 6 辆编组运行，以适应运输需求。此外，列车在按列车运行图运行的同时，还可按乘客要求方式运行。列车最小运行间隔时间多在 20～120 s。单向小时最大运输能力为 10 000～30 000 人。自动导轨其他的技术经济特点还有工程造价低、运行噪声小、占地面积少、旅客乘坐舒适及能适应陡坡急弯等。

12.3 城市轨道交通车站现场客流组织

城市轨道交通车站是旅客乘降的场所，是出行的出发、换乘与终止点。为乘客提供安全、迅速、便捷、舒适的服务是各轨道交通企业的宗旨，而车站的客流组织则是客流服务工作的一个关键环节。所谓城市轨道交通车站客流组织，主要是指经过对车站设备、设施和空间的分析，根据车站某个时间段的乘客出入站预测数量，制定符合地铁车站实际情况的乘客进站、乘车/换乘、下车、出站的疏导、指引方案及根据方案进行的车站行车、票务和人员组织。

12.3.1 车站客流组织的原则

轨道交通主要通过合理的客流组织来完成其大容量的客运任务。客流组织是通过合理布置客运有关设备、设施及对客流采取有效的分流或引导措施来组织客流运送的过程。轨道交通控制中心负责轨道交通线路的客流组织工作，车站的客流组织由站长/值班站长负责。

客流组织的主要内容包括：车站售、检票位置的设置、车站导向的设置、车站自动扶梯的设置、隔离栏杆等设施的设置，以及车站广播的导向、售检票数量的配置、工作人员的配备、应急措施等。轨道交通客流组织的目的在于保证客流运送的安全，保持客流运送过程的畅通，尽量减少乘客出行时间，避免拥挤，便于大客流发生时的及时疏散。

不管是何种型式的车站（高架、地下、地面），进站乘客最基本的流线是：购票→过检票机→通过楼梯上站台（侧式站台地面站一侧乘客可直接进入站台）→乘车。出站乘客则反之。进、出站流程是两个完全对称的逆向过程。影响客流组织的因素较多，不同类型的车站其客流组织的内容有着较大区别，中小车站的客流组织比较简单，而大车站、换乘站因客流较大、客流方向比较复杂，其客流组织也相对复杂。在大客流的情况下，车站通过合理安排人员，做好乘客的疏导、宣传工作，对车站人流进行控制。人流控制应采取由内至外，由下至上的原则，在车站出入口、出入闸机进行人流的两级控制。侧式站台的车站相对于岛式站台的车站更容易将不同方向客流分开，但不利于乘客的换乘，售、检票设置较分散，不利于车站管理。

为此，在进行客流组织时应特别考虑以下几个方面的原则。

① 合理安排售、检票、出入口、楼梯位置，行人流动线简单、明确，尽量减少客流交叉、冲突。保证正常情况下不同站台长度上布置的楼、扶梯，能满足乘客以最短距离进站和出站的要求。

② 乘客换乘其他交通工具顺利。人流与车流的行驶路线严格分开，以保证行人的安全及车辆行驶不受干扰。

③ 完善诱导系统，快速分流，减少客流集聚和过分拥挤现象。

④ 均匀布置站台范围内公共区楼、扶梯。

⑤ 满足换乘客流的方便性、安全性、舒适性等一些基本要求。如适宜的换乘走行距离、恶劣天气下的保护、气候调节，为残疾人专门设计无障碍通道；又如照明、开阔的视野及突发事件应急系统等。

⑥ 客流流量控制：如果站台乘客数量大于站台容积能力，就必须进行入闸机控制点的客流控制，同时控制乘客下车进入站台的数量。如果站台乘客数量大于站台容积能力，站厅乘客数量大于站厅容积能力，就必须对出入口控制点进行控制，临时限制或者不允许乘客进站。

12.3.2　车站客流组织方法

车站是轨道交通客流的集散地，一般由出入口及通道、站厅层、站台层、设备用房、管理用房、生活用房等几部分构成。但也有些简易车站无站厅层。

轨道交通车站有很多不同的分类，按车站客流量大小可分为：大车站、中等车站、小车站；按车站的运营功能不同可分为：终点站即始发站、中间站、换乘站；按车站站台型式可分为：岛式站台车站、侧式站台车站、混合式站台车站。不同车站根据其具体地理环境、车站类型可以设置多种多样的具体形式。

车站的功能分区一般由付费区、非付费区及设备管理用房组成。乘客基本都在付费区和非付费区之间流动，这两个区域被分隔栅栏分开，由一个通道连通。

地铁车站候车环境主要由地面出入口及通道、站厅、站台3个主要部分组成。

① 地面出入口及通道。车站地面出入口、通道的数量、规模和位置根据车站进出客流的方向和数量确定,首先要照顾各个方向的客流,为满足远期发展的需要,可以预留部分出入口和通道,逐步开通使用,但考虑到消防疏散的需要,从运输安全的角度考虑,每个车站必须保持开通两个以上出入口通道。

② 站厅。站厅一般设置在地下一层,主要是起集疏乘客,售、检票服务,引导乘客分流作用,同时设置车站各种管理和设备用房。站厅分为付费区和非付费区,通过栏杆隔离,一般站厅设备较多,主要为导向设施和自动售检票设备。站厅容纳率就是站厅每平方米能安全容纳乘客的数量。根据广州地铁的客流组织经验,站厅容纳率一般为 $2\sim4$ 人$/m^2$。

③ 站台。一般设置在地下二层供列车停靠、乘客上下,由站台、线路和乘降设备组成。站台一般分为岛式站台、侧式站台和混合式站台 3 种。站台容纳率就是站台每平方米能安全容纳乘客的数量。根据广州地铁的客流组织经验,站台容纳率一般为 $2\sim4$ 人$/m^2$。

另外,如何布设自动扶梯、检票机、票亭都要以尽量避免进出站客流交叉为前提。客流交叉点的减少能有效地增加乘客的流动速度,从而减少乘客的候车时间。同时,轨道交通车站的规模应能满足远期预测客流集散量的需求,并设置与之相适应的出入口数,以方便乘客出入。车站的大小在很大程度上取决于站台的长度,而站台应满足远期预测客流的要求,站台的宽度取决于高峰小时的客流量。

因此,在进行车站设计确定站台的客流组织方法的过程中,在依照客流组织的原则下,宜因地制宜依据不同的车站形式来确定站台的客流组织方法。

轨道交通车站的选址、规模在轨道交通建设时已经确定,一般不能改变,在建设时出入口及通道宽度、站厅及站台的规模一般根据预测客流量确定;在运营管理中如何正确设置售、检票位置,合理布置付费区,进行合理的导向,对客流组织起着重要的作用。在布置时一般要以符合运营时最大客流量,保持客流畅通为原则,因此一般按以下要求进行布置。

① 售、检票位置与出入口、楼梯应保持一定距离。售、检票位置一般不设置在出入口、通道内,并尽量与出入口、楼梯保持一定的距离,从而保证出入口和楼梯的畅通。

② 保持售、检票位置前通道宽敞。售、检票位置一般选择站厅内宽敞位置设置,以便于售、检票位置前客流的疏导,售、检票位置应适当保持一定距离,避免排队时拥挤。

③ 售、检票位置根据出入口数量相对集中布置。因轨道交通车站一般有多个出入口,为了减少乘客进入车站后的走行距离,一般设置多处售、检票设施,但过多设置售、检票设施容易造成设备使用的不平衡,降低设备使用效率,并且不利于管理,因而售、检票位置应根据车站客流的大小相对集中布置。

④ 应尽量避免客流的对流。客流的对流减缓了乘客出行的速度,同时也不利于车站的管理。因此,车站一般需要对进出客流进行分流,分开设置进出车站检票位置,保证乘客经过出入口和售、检票位置的路线不至于发生对流。

车站具有多种形式,在确定站台客流组织方法时,行人流动线简单、明确,尽量减少客流交叉、对流。对不同的车站应采取灵活的策略。

换乘站一般客流比较大，同时客流流线复杂，客流组织相对于其他车站较为复杂。换乘站根据不同的换乘方式在客流组织管理上采用不同的方法，总的原则在于组织好换乘客流，缩短换乘路径，减少换乘客流与进出站客流的交叉干扰。

① 站台直接换乘：车站一般处于两条线路平行交织处，多采用岛式站台。这种情况下要求站台能够满足换乘高峰客流量的要求，换乘楼梯或自动扶梯应有足够的宽度，以免发生乘客堆积和拥挤。

② 站厅换乘：乘客在换乘过程中，需通过另一个车站的站厅或者两站共用的站厅到达另一个车站的站台。这种情况下下车客流朝一个方向流动，站台上人流的交织减少，乘客行进速度增加。

③ 通道换乘：这种换乘方式是两个车站通过设置单独的换乘通道为乘客提供换乘。通道换乘设计应注意上下行客流的组织，避免双方向的换乘客流与进出站客流的交叉紊乱。

④ 组合式换乘：在这种条件下一定要确保换乘客流顺畅，特别要做好客流诱导工作。同时对于不同的站台设置方式，亦有不同的客流组织方式。例如，广州市公园前站站台是"一岛两侧"式，即除了中间的站台外，两侧还各有两个站台。中间的岛式站台专用于上车，两侧的站台则用于出站和换乘，这样就合理地分解了上下车客流，这种多站台形式及客流组织方法在全国尚无先例。

12.3.3 突发客流组织与调整

1. 客流的特征与调查分析

轨道交通客流与城市其他交通方式客流的时空分布特征大体上相一致。但由于轨道交通的运能、线路走向及其车站的性质、规模、区位、列车到发时刻安排的不同，沿线客流的大小分布和车站客流的时间分布具有其本身的特征。其变化是城市社会经济活动、生活方式及轨道交通系统本身特征的反映。影响轨道交通客流规模的因素有沿线土地的利用、经济发展水平、市区延伸发展的潜力、联运要求、城市管理水平、轨道交通的经营。

（1）车站客流空间分布特征

轨道交通的建设规模、线路布设形式和走向以及首末车站所处区位，是影响其沿线客流分布的主要因素。纵观不同类型轨道交通线路，可归纳出以下4种沿线空间分布特征。

① 均等型：当轨道交通线路呈环线布置或沿线用地已高度开发成熟时，各车站的上下车客流接近相等，沿线客流基本一致，不存在客流明显突增路段。

② 两端萎缩型：当轨道交通线路的两端伸入还没有完全开发的城市边缘地区或郊区时，线路两端路段的客流小于中间路段的客流。

③ 中间突增型：当轨道交通线路途经大型的对外交通枢纽、高密度开发地区或者车站利用常规公交线路辐射吸引范围广阔时，位于该区位车站的上下车客流量明显偏大，线路客流

存在突增的路段。

④ 逐渐缩小型:当轨道交通线路首末车站位于大型对外交通枢纽附近或城市中心 CBD 地区时,随着线路向外延伸,线路客流逐渐缩小。

(2) 车站客流时间分布特征

轨道交通的运能、线路所处交通走廊的特点,以及车站所处区位的用地性质,是影响轨道交通车站客流在全天不同时间上分布的主要因素。纵观不同运能轨道交通的不同类型车站,可归纳出以下 5 种车站客流日分布曲线类型,如图 12-23 所示。

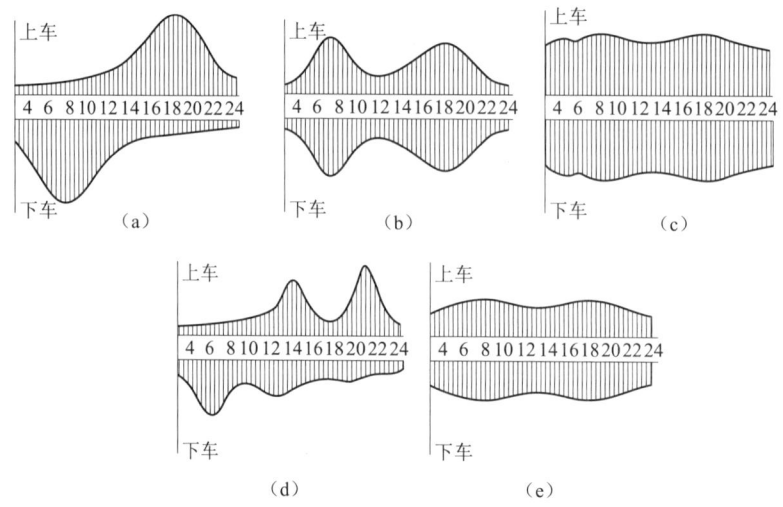

图 12-23 轨道交通车站客流时间分布特征示意图

① 单向峰型:轨道交通线路所处的交通走廊具有明显的潮汐特征或车站周边地区用地功能性质单一时,车站客流分布集中,有早晚错开的一个上车高峰和一个下车高峰,如图 12-23 (a) 所示。

② 双向峰型:车站位于综合功能用地区位时,客流分布与其他交通方式的客流分布一致,有两个配对的早晚上下车高峰,如图 12-23 (b) 所示。

③ 全峰型:轨道交通线路位于用地已高度开发的交通走廊或车站位于公共建筑和公用设施高度集中的 CBD 地区时,客流分布无明显的低谷,双向上下客流全天都很大,如图 12-23 (c) 所示。

④ 突峰型:车站位于体育场、影剧院等大型公用设施附近,演出节目或比赛结束时,有一个持续时间较短的突变的上车高峰。一段时间后,其他部分车站可能有一个突变的下车高峰,如图 12-23 (d) 所示。

⑤ 无峰型:当轨道交通本身的运能比较小或车站位于用地还没有完全开发的地区时,客流无明显的上下车高峰,双向上下车客流全天都较小,如图 12-23 (e) 所示。

2. 客流的调查分析

客流是动态变化的，但这种动态变化又是有规律的，可以在实践中了解它、掌握它，并根据客流的动态变化，及时配备与之相适应的运输能力，给乘客提供良好的服务。在运营过程中，要掌握客流在时间、空间上的动态变化规律，必须经常进行各种形式的客流调查。

客流调查问题涉及客流调查的内容、调查地点和时间的确定、调查表格和设备的选用及调查方式的选择等事项。根据不同的情况和不同的需要，运营轨道交通系统的客流调查主要有以下几种类型。

（1）全面客流调查

全面客流调查是对全线客流的综合调查，通常也包括乘客情况抽样调查。这种类型的客流调查时间长、工作量大、需要较多的调查人员。但通过调查及对调查资料进行整理、统计和分析，能对客流现状及出行规律有一个全面清晰的了解。

全面客流调查有随车调查和站点调查两种调查方式。随车调查是在车门处对全天运营时间内所有运行列车的上下车乘客进行调查；站点调查是在车站检票口对全天运营时间内所有在车站上下车乘客进行调查。轨道交通系统采用后者。

全面客流调查的内容通常包括全线客流调查和乘客抽样调查两部分。全线客流调查一般应连续进行 2~3 天，在全天运营时间内，调查全线各站所有乘客的下车地点和票种情况，并将调查资料以 5min 作为间隔分组记录下来。乘客情况抽样调查通过问卷方式进行，内容包括乘客构成情况调查和某类乘客乘车情况调查两项。乘客构成情况调查通常在车站进行，而某类乘客乘车情况调查可在特定的地点进行。

（2）乘客情况抽样调查

乘客情况抽样调查通过问卷方式进行，包括乘客构成情况调查和乘客乘车情况调查两项内容。

乘客构成情况调查在车站进行，被调查人数取全天在车站乘车人数的一定比例，调查表内容有年龄（老、中、青），性别（男、女），居住地（本地、外地），出行目的（工作、学习、购物、游览、访友、就医、其他）等。该项调查的时间可选择在客流比较正常的运营时间段。

某类乘客乘车情况调查可在月票发售点或其他地点进行，如对持月票乘客进行调查。被调查人数取某类乘客总数的一定比例，调查内容有年龄，性别，职业，家庭住址，到达车站的方式（步行、骑自行车、乘电汽车）和时间，上下车站，下车后到达目的地的方式（步行、骑自行车、乘电汽车）和时间，乘坐列车比过去乘坐电、汽车节省的时间等。

（3）断面客流目测调查

断面客流目测调查是一种经常性的客流抽样调查，根据需要，可选择一或两个断面进行调查，一般是对最大客流断面进行调查，调查人员通过目测估计各车辆内的乘客人数。

（4）节假日客流调查

节假日客流调查是一种专题性客流调查，重点对春节、元旦、国庆节、双休假日和若干民间节日期间的客流进行调查。调查的内容包括机关、学校、企业等单位的休假安排，都市旅游业、娱乐业的发展程度，城市居民生活方式的变化等。该项调查一般是通过问卷方式进行的。

3. 轨道交通突发事件分类

《国家处置城市地铁事故灾难应急预案》中明确规定地铁是指以承担城市公共客运的城市轨道交通系统，包括地上形式和地下形式。

根据《国家突发公共事件总体应急预案》应急预案，各类突发公共事件按照其性质、严重程度、可控性和影响范围等因素，一般分为4级：Ⅰ级（特别重大）、Ⅱ级（重大）、Ⅲ级（较大）和Ⅳ级（一般）。地铁在突发事件处置时，可以根据地铁运营类的突发事件的等级不断升级和每一级需要介入的处置机构不同，其突发事件处置可以分为现场级（包括维修中心、车务中心、车辆中心、通号中心、采购物流中心、资源经营事业总部等）、控制中心级（以广州地铁为例，包含广州地铁现有的公园前控制中心、大石控制中心、鱼珠控制中心、夏南控制中心、新造控制中心、APM）、线网指挥中心级和总公司级。按照上述顺序，分别对应第4、3、2、1级。

世界各国地铁已经发生过或可能发生的事故（灾害事件）共有以下13种：火灾、爆炸、地震、毒气泄漏、突发疫情、电梯事故、列车脱轨（包括倾覆）、大面积断电、大面积淹浸、重大设备故障、大客流爆满、恐怖袭击、其他重大紧急事件。以广州地铁为例，研究分析地铁各项应急预案，结合国家对突发事件的4级分类，在将国家4类分级记为一类级别的基础上，进行第2、3级类别的划分，第2、3类级别分别是上一类级别的扩展。对于第3级类别，没有过细的划分，如不同的突发事件类型，发生的地点不同，虽处置方式不同，但归为同一种类型，具体分类如表12-11所示。

表12-11 广州地铁突发事件分类表

1级类别	2级类别	3级类别
自然灾害	台风	
	暴雨	
	大雾、灰霾	
	冰雹、道路结冰	
	寒冷	
	地震	
	高温	
	其他	车站防洪抢险
事故灾难	车辆故障	车辆轮轴卡死；车辆脱轨；车辆事故；高架线路事故
	线路及附属设备故障	道岔故障；线路挤岔事故；轨道故障；道床故障；感应板变形或松动；桥隧变形；隧道结构裂损；建筑结构漏水；爆水管；钢轨铝热焊焊接失败；钢轨伤损及折断；高温胀轨

续表

1级类别	2级类别	3级类别
事故灾难	通信设备故障	临时有线/无线电话故障；SDH 网故障；OTN 网故障；通信 UPS 供电中断；无线设备瘫痪；有线调度系统中断、调度交换机瘫痪
	信号设备故障	正线道岔故障；信号联锁故障；轨旁 ATP 故障；联锁站 STC 故障；信号 VCC 故障；信号 STC 故障；信号 SMC 故障；电源故障；SICAS 故障
	AFC 系统设备故障	车站级设备（包括闸机、自动售票机、半自动售票机）重大故障；车站计算机系统重大故障；ES 重大故障；计算机病毒入侵；消防事故；特发事件
	机电设备故障	区间泵房故障；区间消防水管爆管；区间冷冻水管爆管；屏蔽门故障；防淹门故障；电梯故障；给排水及水消防设备专业故障；事故照明应急电源装置故障；环控设备故障；楼梯升降机故障
	供电设备故障	主变电站故障；牵引所故障；弓网关系故障；接地故障；拉弧故障；变电设备故障；接触轨故障；柔性接触网事故；刚性接触网事故；接触网故障
	其他紧急情况	恢复 OCC 使用；车站大面积停电
公共卫生	传染病	
	毒气	
	放射性污染	
	其他	有毒动物、昆虫进入车站
社会安全	恐怖袭击	车站遭受恐怖袭击；毒气袭击；发现可疑物品；可燃气液体泄漏；ATP 失效时有人劫车；劫持人质事件
	有人/动物进入区间	
	人潮	可预见性人潮（上、下班高峰）；可预见性人潮（节假日及重大活动）；突发性人潮；OCC 启动或停止应急公交接驳
	火灾	站台火灾；站厅火灾；车站设备区火灾；车站设备房火灾；列车火灾；隧道火灾
	乘客事件	客车撞人，轧人；屏蔽门与车门间滞留乘客；门禁困人；区间乘客疏散；OCC 紧急疏散；乘客打架或受伤
	其他	列车服务延误

4. 突发客流组织与调整

大客流往往是在节假日旅游高峰期、举办重大活动（大型体育赛事、音乐会等）、风、雨、雪恶劣天气下等情况下发生，大客流虽然持续时间不长，但在大客流冲击情况下，往往对客流组织形成较大甚至很大的压力，轨道交通运营公司必须在保证疏散客流安全的前提下，尽快地疏散客流，大客流组织的主要措施如下。

① 增加列车运能。根据大客流的方向，在大客流发生时，利用就近的折返线、存车线组织列车运行方案，实施增开临时列车，增加列车运能，从而保证大客流的疏散。列车的运能是大客流组织的关键。

② 增加售、检票能力。售、检票能力是大客流疏散的主要障碍，车站在设置售、检票位置时应考虑提供疏散大客流的通道。在大客流疏散时，可采取事先准备足够的车票，在地面、通道、站厅增加设置售票点，增设临时检票位置的方式来疏散大客流。

③ 采取临时疏导措施。在大客流组织中，临时合理的疏导对客流方向进行限制是一项很重要的组织措施。主要包括出入口、站厅的疏导，站厅、站台扶梯及站台的疏导，出入口、站厅的疏导主要是根据临时售、检票设施的设置，限制客流的方向，来保持通道的畅通和出入口、站厅客流的秩序。站厅、站台扶梯及站台疏导主要是为了尽量保证客流均匀上下扶梯和尽快上下列车，保证站台候车的安全。疏导措施主要有设置临时导向、设置警戒绳或隔离栅栏、采用人工引导及通过广播宣传引导等措施。

④ 关闭出入口或进行进出分流。大客流往往是难以预测的，因此为了保证大客流发生时疏散客流的安全，在难以采用有效的措施及时疏散客流时，可采用关闭出入口或限制乘客通过某部分出入口进入车站的措施来阻止一部分客流或延长大客流疏散的时间。

以下是某市地铁运营公司在工作早晚高峰期间大客流情况下，为避免换乘通道处客流对冲现象严重而采取的一种限时段的换乘客流组织方式，在早上 7:30—9:30，下午 4:30—6:30 的高峰时段，将原来南北两条双向换乘通道改为单向通道，形成"顺时针"单向换乘的客流组织方式，减少不同方向的客流对冲如图 12-24 所示。

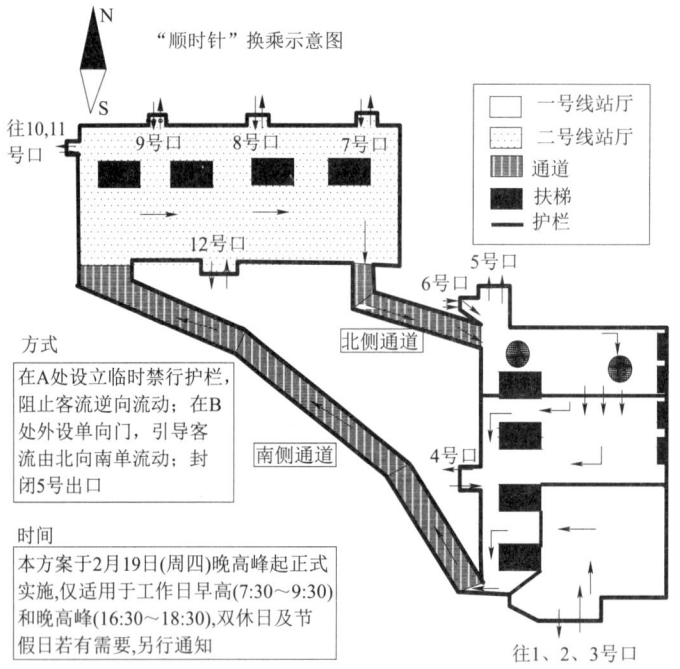

图 12-24 轨道交通车站大客流组织示意图

12.3.4 车站地区客流接续与疏散方法

车站往往是乘客出行过程中的重要节点，车站地区客流可以有多种交通方式进行接续和疏散，包括步行方式、自行车方式、常规公交方式、出租车方式及其他方式（主要是自备车，包括私家小车及摩托车，还包括其他轨道交通方式）等。针对车站种类不同，其复杂程度亦不相同，此处主要针对集中多种方式的换乘枢纽车站来说明。

针对换乘枢纽地区的客流接续和疏散，应特别考虑以下几个方面的原则：
① 行人流动线简单、明确；
② 行人流动线尽量与车辆流动线分离，保证行人安全；
③ 交通工具之间相互顺利接驳；
④ 不同换乘工具之间的冲突最低；
⑤ 完善诱导系统，快速分流；
⑥ 周边道路与内部道路相协调。

落实在具体的设计中，这几方面主要体现在静态停车场地的布置和设计、动态人流组织、车流组织及相关的控制性管理措施。

① 静态交通组织：主要是结合枢纽车站的设计和换乘客流方式，做好各类停车场地（自行车、出租车、自备车等）的规划布局，合理布置常规公交站点。

② 人流组织：行人组织主要是提供明确的通行空间，设置良好的诱导标志，引导行人通向指定的目的地，设置齐全的无障碍人行系统。

③ 车流组织：换乘枢纽地区周边道路交通需求不同，在周边道路数量多而布置复杂、交通压力大的情况下，可以对道路通行进行管制降低区域内的冲突点，比如采用单行措施，甚至可以封闭入口，将道路改为步行街。另外，常规公交电汽车往往是接驳城市轨道交通客流的一种重要方式，可以在运营调度和发车时刻安排方面加以调整，与城市轨道交通协调。

12.3.5 旅客服务系统与应急系统

1. 客运服务流程

轨道交通将乘客从其出发站输送到目的站，为他们提供安全、便利、舒适、快捷的乘车、候车环境。对一位乘客来说，要从车站外进入到站台上车，一般遵循如下的流程：到进站口→到站厅层→购票→通过检票机→通过楼梯上站台（侧式站台地面站一侧乘客可直接进入站台）→乘车。针对以上流程，运营企业必须在每一个环节为乘客提供优良的服务，使每一位乘客在从购票乘车到下车出站的全过程中都感到满意。

① 引导乘客进站：在地铁各出入口设立明显的导向标志，方便乘客识别并根据导向指示进站乘车。在一些轨道交通比较发达的城市，几乎每隔 500 m 即有一个明显的导向标志，便于乘客选择各出入口进站。

② 问讯服务：车站的问讯服务可分为有人式服务和无人式服务，车站的工作人员应向问讯的乘客提供服务，但随着时代的发展，车站的问讯服务向自助式服务方向发展，车站设置计算机查询平台，可对乘客提供出行线路、票价及各类票卡的金额查询等功能。在一些城市，

已经采用了用自动售票机实现售票和部分问讯功能一体化的设备。

③ 售检票服务：目前，世界各国城市的提供售票服务的主要形式是人工发售或自动为主、人工为辅的方式，而且后者已经成为轨道交通售票服务的主流形式，采用自动售检票系统替代人工，可以提供更为准确的售票服务，提高服务效率和水平，从长远发展角度来看，也可以提高企业的经济效益。

④ 组织乘降：站台应设有明显的候车安全线，提示乘客在列车未进站停稳、车门未完全打开之前，不要越过安全线，以防发生意外事件。目前，个别城市已经采用屏蔽门技术，既可以为乘客提供一个舒适的候车环境，又能保障乘客的候车安全。另外，车站还提供广播，为乘客预报下次进站列车的方向。已经有两种新的方法投入运用：一种是自动广播系统，当后续列车驶入接近区段时，广播系统自动工作；另一种为在站台设置同位显示器，向乘客预告列车运行情况及到站所需时间。

⑤ 出站验票：乘客到达目的站后，持票卡验票出站，车站应有各类向导标志，引导乘客从所需的出口出站。对所购票卡票款不足的乘客，车站应提供补票服务。如使用自动售检票系统，车站还须提供票卡分析服务。

2. 轨道交通应急系统

城市轨道交通系统是人群集中的公共设施，如何保证轨道交通的公共安全，近年来越来越被人们重视。特别是对比较封闭、在地下数十米、空气受到一定条件制约的地下交通的安全更应受到人们关注，必须建立有效的轨道交通应急管理机制确保乘客的安全。

（1）应建立城市轨道交通系统的运行安全规章制度

城市轨道交通系统根据系统特征，所在城市的地理气候环境等要素特征，制定详尽的运行安全规章制度，使系统各部门、各单位人人有章可循。运行安全规章制度可以体现在各种管理规章制度的相关条例中，还应有专门的运行安全规章制度。

如上海地铁公司的相关规章制度就有：
① 地铁运营技术管理规程；
② 地铁行车组织规则；
③ 各车站与车辆段的行车组织细则；
④ 地铁客流组织规则；
⑤ 地铁行车事故处理规则；
⑥ 各种专业的操作规程、安全规则；
⑦ 行车事故示例救援办法。

此外，由上海市人民政府颁布了相关的地方法规——《上海市地铁管理办法》，以及相关管理局（市政工程局）颁布的《上海市地铁管理办法实施细则》，作为上述系统规章制度的法律支持。

（2）设立轨道交通应急预警机制，加强演习、演练，在突发事件面前有防御、有措施建立统一、规范、有序、高效的应急指挥体系。一般应由轨道交通所服务范围的交通行政管理部门会同政府相关部门（公安、消防、交通、医疗、人防、卫生、环保等）设立轨道交通应急领导小组和现场指挥调度机构，负责轨道交通系统紧急事件预防和监督工作，审查和监督各种应急预案和措施的落实，协调各系统工作，对外发布文件与处理公告等。此外还应加强与这些相关部门的信息网络建设，定期模拟防灾合成演练，确保应急协调联动。

制订和完善轨道交通各类突发事件的应急预案，各类预案除落实人员及救援外，重点是设备、设施及技术措施的保证，还应使应急队伍具备快速反应能力和协同作战能力，如广州地铁公司早就建立了《地铁爆炸应急预案》、《地铁发现疫情的应急预案》、《地铁内发生火灾的处理预案》及《列车在区间火灾的救援方案》等应急预警机制，并定期进行地铁事故应急处理模拟演练，增强了地铁站务人员对突发事故的应急处理能力。

广泛开展安全宣传教育，提高地铁乘坐人员及工作人员的安全防范意识。地铁运营单位加强安全知识的宣传力度，编制安全知识宣传材料，进行广泛的社会宣传，普及安全乘车和自救知识，规范乘客乘车行为。要保持车站、车厢、疏散通道、平交道口等处的安全警示标志和疏散标志明显、清晰，使广大乘客能够熟悉和掌握紧急状态下的疏散方法和自我救援知识，提高乘客的安全意识和自我防范能力。

（3）设立城市轨道交通系统防灾管理指挥系统

① 设立系统防灾中心：统一实施防灾措施的落实、监督；统一管理防灾设施的建设、安装、运行；统一监视与报警；统一协调指挥抢险救灾工作；统一处理灾后事宜。

② 在车站、车辆基地、线路上建设与安装良好的防灾安全设施，如烟感器、温感器、自动喷水灭火系统或水幕系统、消防栓、事故通风系统和排烟通风系统、事故照明、事故电话、乘客进出检票机门的紧急开启装置、防护、救援设备及安全标志等；又如监视报警系统，自动扶梯、楼梯、通道等处的电视监控器等。

防灾管理指挥系统在正常情况下处于监视预警状态，与城市轨道交通系统的环境控制系统可同步运行；在发生意外事故或紧急情况时，则进入紧急救护抢险状态，按预定的程序指挥组织抢险救护工作。

12.4 城市轨道交通调车管理

在城市轨道交通系统的日常运输过程中，除列车运行以外，为满足列车转线、解体、编组或取送车辆等需要，列车或车辆在线路上的移动，都属于调车。

城市轨道交通系统的调车作业通常是在折返站和车辆段范围内进行，在折返站主要是利用站内正线、折返线等线路进行调车作业，在车辆段是利用牵出线和车库线等线路进行调车作业。调车作业的动力除机车外，通常是轨道牵引车或动车。轨道交通系统的调车按其目的不同，主要有转线调车、取送调车、解体调车和编组调车4种：

① 转线调车——车辆在轨道线路之间移动；

② 取送调车——为检修车辆，向检修线送车或取回车辆；

③ 解体调车——将到达的列车或车组，按车辆去向分解到指定的线路上；

④ 编组调车——根据《技术管理规程》和车辆编组计划的要求，将车辆选编成车列或车组。

其中，转线调车是折返站和车辆段常见的调车种类。

调车工作是轨道交通系统运输生产过程的组成部分，也是折返站和车辆段行车工作的一项重要内容。列车能否按运行图到发、运行，线路通过能力能否充分利用，在很大程度上也取决于调车工作的组织和调车作业效率的高低。为此，调车工作应达到以下要求：

① 及时完成调车任务，保证按列车运行图规定的时刻发车，不影响接车；

② 充分运用各种调车设备，采用先进的工作方法，提高调车作业效率；

③ 保证调车作业安全。

为了实现上述要求，调车工作必须遵守《技术管理规程》及《行车工作细则》中有关调车工作的规定，建立和健全各项必要的工作制度。

12.4.1 调车的理论和方法

1. 调车钩和调车程

任何一种调车作业都是由若干调车钩或调车程组成，因此，调车钩和调车程是构成调车作业过程的两个基本要素。

调车钩是指连挂或摘解一组车辆的作业，它是用以衡量调车工作量的一种基本单位。

调车程是指连挂或摘解一组车辆的作业，它是用以衡量调车工作量的一种基本单位，分析计算调车作业时间的最小单位。由于城市轨道交通系统通常采用短距离调车，调车作业主要采用以下 3 种调车程：

① 加速—制动型，即车辆被加速到一定速度后立即制动，如图 12-25（a）所示；

② 加速—惰行型，即车辆被加速到一定速度后以惰力运行，如图 12-25（b）所示；

③ 加速—惰行—制动型，即车辆被加速到一定速度后，以惰力运行一段距离后制动停车，如图 12-25（c）所示。

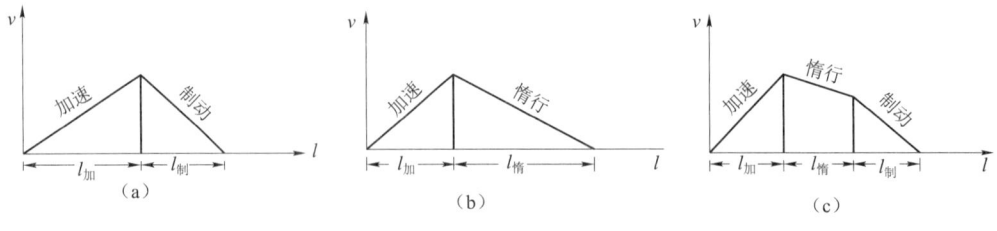

图 12-25 调车程类型

调车工作必须实行统一领导和单一指挥。调车工作一般应实行固定区域作业，以便掌握作业规律，保持良好作业秩序。

2. 牵出线调车作业方法

牵出线是借助机车动力进行调车作业的一种调车设备，通常位于调车场的一侧或两侧，牵出线调车属于平面调车范畴，基本没有坡度，常用的作业方法有推送调车法和溜放调车法两种。

使用机车将车辆由一股道调移到另一股道，在调动过程中不摘车的调车方法称为推送调车法。使用机车推送车列达到一定速度后摘钩制动，使摘解的车体借获得的动能溜放到指定地点的调车方法称为溜放调车法。由于轨道交通系统通常禁止使用溜放调车法，因此，轨道交通系统列车和车辆的调移是使用推送调车法。与溜放调车法比较，推送调车法需要的时间较长，但也是一种比较安全的调车方法。

12.4.2 调车工作组织

1. 调车工作的领导与指挥

调车工作是一项多工种联合行动的复杂工作，为了安全、准确、迅速、协调地进行工作，及时完成调车作业任务，必须遵循统一领导和单一指挥的原则。

轨道交通系统的调车工作，由车站行车值班员和车辆段运转值班员负责领导。所有与调车工作有关的作业人员，必须认真执行命令、指示和作业计划，按调车领导人编制的调车作业计划进行调车作业。

通常，调车作业由调车组的调车长负责指挥。在无调车组情况下进行手信号调车时，可由站长或行车值班员指定在业务知识和指挥技能方面能够胜任的人员负责调车作业指挥。调车指挥人在完成调车作业前，应将调车作业计划和注意事项向调车司机及有关作业人员传达清楚，亲自督促和带领调车人员共同做好准备工作。在调车工作中，正确及时地显示信号，指挥调车作业行动，组织调车人员按计划、安全地完成调车工作。

在调车作业中，为了明确调车指挥人和调车司机的职责，根据作业中所处的位置和所具备的瞭望条件，规定在牵引车辆运行时，前方进路的确认由调车司机负责；在推进车辆运行时，前方进路的确认由调车指挥人负责。如调车指挥人所处位置确认前方进路有困难时，可指派参加调车工作的其他人员确认。

2. 调车作业计划

调车作业计划是调车的行动依据，调车作业计划由调车领导人编制，以书面形式下达。调车作业计划包括作业车组号、作业线路、作业钩数及作业方法等内容。原则上，调车作业计划应由调车领导人亲自向调车指挥人传达，以确保调车作业安全，提高调车作业效率。

由于调车作业涉及的因素较多，作业中也会有需要变更计划的情况，但变更调车作业计划，常常会因为传达不清楚，使参加调车作业的人员间失去协调而产生差错，甚至造成事故。因此，在调车作业中要变更计划，应停止调车作业，由调车指挥人将变更后的计划向调车司机及有关人员传达清楚后，方可继续进行调车作业。如果计划仅作局部变更，也可在保证安全的前提下，允许调车指挥人用口头方式进行计划变更的传达。

3. 调车信号

调车作业必须按照调车信号机或调车手信号的显示要求进行。没有信号，调车司机不允许动车进行调车作业；在作业中，调车司机要时刻注意确认信号，不间断地进行瞭望，认真执行呼唤应答制，按信号显示要求进行作业；如遇信号显示不清，调车司机应立即停止调车，严禁臆测作业。

在进行车辆连挂时，调车指挥人应根据停留车位置的距离，显示三、二、一车距离信号。调车司机应注意确认三、二、一车距离信号，并鸣笛回示，然后按信号显示要求进行挂车作业。没有三、二、一车距离信号，调车司机不准挂车。调车司机没有鸣笛回示，调车指挥人应立即显示停车信号。当由于天气不良、照明不足或地形地物的影响，调车指挥人确认停留车位置有困难时，应派人在停留车的连挂一端显示停留车位置信号。车辆连挂前要一度停车，车辆连挂后应先试拉，确认连挂妥当后，方可起动。

国内一些城市地铁的调车手信号种类及显示方式如表12-12所示。

表12-12　调车手信号及显示方式

种　　类	昼间显示方式	夜间显示方式
停车信号	展开的红色信号旗，无红色信号旗时，两臂高举头上向两侧上下急剧摇动	红色灯光，无红色灯光时，用白色灯光上下急剧摇动
减速信号	展开的绿色信号旗下压数次	绿色灯光下压数次
指挥列车或车辆向显示人方向移动信号	展开的绿色信号旗在下方左右摇动	绿色灯光在下方左右摇动
指挥列车或车辆向显示人方向稍行信号	左手拢起红色信号旗直立平举，右手展开的绿色信号旗在下方左右小动	绿色灯光下压数次后，再左右小动
指挥列车或车辆向显示人反方向移动信号	展开的绿色信号旗在下方上下摇动	绿色灯光在下方上下摇动
三、二、一车距离信号	展开的绿色信号旗平举下压三、二、一次	绿色灯光平举下压三、二、一次
连挂作业信号	两臂高举头上，拢起的手信号旗杆成水平末端相接	红、绿色灯光或红、白色灯光交互显示次数
停留车位置信号		白色灯光左右小摇动

4. 调车允许速度

在进行调车作业时，应根据不同种类调车作业的特点，准确掌握调车速度。在瞭望困难和天气不良时调车，应适当降低调车速度。调动载有乘客的车辆和接近被连挂车辆时，调车速度应符合《技术管理规程》的有关规定。国内一些城市地铁调车允许速度的规定详见

表 12-13。

表 12-13 调车允许速度的规定

项　目	速度/（km/h）	项目	速度/（km/h）
车辆段内空线牵引运行	20	调车装载超限货物车辆	9
车辆段内空线推送运行	15	在车库内及维修线调车	9
调车载有乘客的车辆	15	接近被连挂的车辆时	9
在尽头线调车	9		

在尽头线调车时，距离线路终端应有一定的安全距离，以防一旦调车速度掌握不当，出现调动车辆与车挡发生冲突的危险。特殊情况下，必须进入安全距离内进行调车作业，调车指挥人应通知调车司机严格控制调车速度，确保安全。

5. 车辆段调车作业组织

车辆段调车作业的特点是工作量大并且作业复杂，各种类型的调车都有。

车辆段的运转值班员为车辆段的调车领导人，负责组织车辆段内的各种调车作业。车辆段调车组的调车长为调车行动的指挥人。车辆段信号楼作业人员负责办理调车作业进路并监护调车作业的安全进行。运转值班员编制调车作业计划后，以书面形式下达给信号楼行车值班员和调车指挥人。调车长必须在作业前将调车作业计划和有关注意事项向调车司机及其他调车作业人员传达清楚。

在办理调车作业进路前，信号楼行车值班员应做到三确认，即确认当时不存在与调车作业有交叉干扰的接发列车和施工作业；确认调车线路空闲；确认调车组准备作业完成。在调车作业过程中，信号楼调车作业监护人要注意列车运行图规定的接发列车时间，防止因调车作业而影响出入段列车的运行；注意调车组是否按调车作业计划进行作业，防止车辆错挂、错摘。

在进行调车作业前，要先检查和撤除止轮器。调车作业结束后，必须使列车或车辆停于线路警冲标内方，对暂不移动的列车或车辆采取防溜措施。

6. 特殊情况调车

① 越出站界调车。在区间空闲或第一闭塞分区空闲的情况下，越出进站信号机占用区间进行调车称为越出站界调车。为保证列车运行安全和调车作业安全，越出站界调车必须按照有关规定进行。

在双线区间正方向越出站界调车时，因发车权属于办理越出站界调车的车站，对方站不能发车，因此可不与对方站办理占用区间闭塞手续。当区间为自动闭塞时，只要确认第一闭塞分区空闲，而区间为非自动闭塞时，只要确认区间空闲，此时车站行车值班员即可办理调车进路，口头通知司机，准许越出站界调车。

在双线区间反方向越出站界调车时，因占用区间的权限不属于本站，同时列车运行情况由行车调度员掌握，所以首先要得到行车调度员发布的停止基本闭塞法的调度命令，与邻站办妥闭塞手续后，办理调车进路，并发给司机调度命令作为占用区间的行车凭证，司机凭手信号显示越出站界调车。调车作业结束后，行车值班员应向行车调度员报告，并通知邻站。在实行调度集中控制时，越出站界调车由行车调度员参照以上规定办理。

② 手推调车。以人力推动车辆移动到目的地的调车作业方法称为手推调车。手推调车通常是在车站或车辆段内、短距离移动车辆时采用。为保证手推调车作业安全和推车人员的人身安全，手推调车必须在车辆手制动机作用良好、能保证随时停车的条件下进行。在区间正线原则上不准使用手推调车；确有必要进行时，除符合上述条件外，还应事先得到安全监察部门的准许，并有可靠的安全措施。

12.5　城市轨道交通行车组织与运营管理

12.5.1　城市轨道交通行车组织

1. 列车运行的基本概念

在双线行车情况下，城市轨道交通系统的列车通常是按右侧单方向运行。列车的定义为：以站外运行为目的按规定辆数编成的车组，并具备规定的列车标志。列车的标志是头部缓冲梁上方两个头灯，显示白色灯光；尾部缓冲梁上方两个尾灯，显示红色灯光。

为保证列车运行的安全，在组织列车运行时，通过设备或人工控制，使列车按闭塞分区或站间区间保持间隔距离的办法，称为行车闭塞法。

保持列车间隔距离的方法有两大类：一类是空间间隔法，按一定的空间间隔开行列车，即在区间或闭塞分区内没有列车的时候，才准许驶入列车；另一类是时间间隔法，按一定的时间间隔开行列车，即第一列车发出后，须经过一定的时间才发出下一列车。由于按时间间隔法行车，不易严格保持后行列车和前行列车的安全间隔，如果进路办理疏忽或司机操纵不当，容易发生追尾事故。因此，城市轨道交通线路在正常情况下采用空间间隔法行车。只是在特殊情况下，才准许采用时间间隔法，而且要有安全保证措施。

在自动闭塞线路上，基本行车闭塞法为自动闭塞法，实行行车指挥自动化或调度集中控制；当基本闭塞设备不能使用时，根据行车调度员的命令改为电话闭塞法；在电话中断时，可按时间间隔法行车。

各站的行车工作由行车调度员统一指挥。车站和车辆段行车工作分别由车站行车值班员、车辆段信号楼值班员指挥。列车由值乘司机指挥，列车在车站时，所有乘务人员应按车站行车值班员的指挥进行工作。

行车调度员是日常运输工作的具体组织者、指挥者，对实现列车运行图和完成运输工作的指标负有重大责任。所以，所有行车的有关人员必须执行行车调度员的命令，服从调度指挥。

2. 列车运行调整方法

组织列车正点始发是保证列车正点运行和实现列车运行图的基础。对始发列车，行车调度员应在列车出库、列车折返交路和客流情况等方面进行具体掌握和组织，以保证正点发车，列车在始发站发车早点不应超过 1 min。

在列车运行晚点时，行车调度员应根据列车运行的实际情况，按规定的列车等级顺序进行调整，对同一等级的旅客列车可根据列车的接续车次和乘客多少等情况进行运行调整，尽可能在最短时间内使列车恢复按图运行。

在进行列车运行调整时，列车等级顺序依次排列如下：专运列车、旅客列车、调试列车、回空列车、其他列车。在抢险救灾的情况下，优先放行救援列车。列车运行调整应注意列车运行安全，做到恢复正点运行和行车安全兼顾。

列车运行调整的主要方法如下。

① 始发站提前或推迟发出列车。
② 根据车辆的技术性能、司机操作水平和线路允许速度，组织列车加速运行、恢复正点。
③ 组织车站快速作业，压缩停站时间。
④ 组织列车通过某些车站。它分为列车载客通过和列车放空通过两种情况。列车载客通过车站应严格掌握，一些客流较大的车站原则上不应组织列车通过，仅在由于车辆、设备故障、事故或车站因乘客滞留造成人多拥挤等原因引起运行秩序紊乱，或是特殊需要时，方准列车载客通过车站。安排列车通过车站应考虑越站乘客是否有返回乘坐的列车，但末班列车不能载客通过车站。为了缓解客流压力或因列车晚点影响后续列车运行时，准许列车始发放空通过某些车站，但不宜连续放空两个列车。组织列车通过车站时，行车调度员要加强预见性和计划性，提前下达命令。司机和车站有关人员应对乘客做好宣传解释工作，车站应维持秩序，组织好乘客乘降，保证乘客安全。
⑤ 变更列车运行交路，组织列车在具备条件的中间站折返。
⑥ 组织列车反方向运行。在双线线路上，如一个方向列车密度较大，而另一个方向列车密度较小，为了恢复正点运行，可利用有道岔车站的渡线，将列车转到列车密度较小的线路上反方向运行。
⑦ 扣车。当一条线路的列车由于车辆、设备故障或其他原因不能正常运行，造成换乘站站台上乘客拥挤时，行车调度员应采取扣车措施，即将另一条线路的上下行列车扣在换乘站附近的各个车站，以缓和换乘站的压力。扣车时间一般应控制在 10 min 内，如果堵塞线路的列车在短时间内不能恢复正常运行，可组织扣下的列车在换乘站通过。同时，行车调度员应发布畅通线路各站停售跨线票的命令。另外，在一个区间内不准有 3 个及其以上的列车运行，如出现这种情况，行车调度员应将第二列车后面的各列车扣在车站。

⑧ 调整列车运行时间间隔。当换乘站由于客流骤增造成作业困难时，行车调度员可根据列车的运行情况，适当调整列车运行时间间隔，尽量避免各线列车同时到达换乘站。

⑨ 在环形线情况下，当一条线路运行秩序紊乱时，要尽力维持另一条线路的列车正常运行，并通知各站组织乘客乘坐畅通线路方向的列车。

⑩ 停运列车。行车调度员对列车运行调整方法的选择，取决于列车运行的具体情况，而在实际工作中往往也可以将几种列车运行调整方法结合运用。

3. 特殊情况下列车运行组织

（1）列车自动控制系统故障时的行车

在采用 ATC（Automatic Train Control）系统情况下，由 ATS（Automatic Train Supervision）子系统完成列车运行的控制任务，行车调度员只起监控作用；列车根据 ATP（Automatic Train Protection）子系统提供的信息，由 ATO（Automatic Train Operation）子系统自动驾驶运行。

在 ATC 系统发生故障时，行车指挥方法和列车运行控制方式改变如下。

① ATS 子系统发生故障，改为调度集中控制，由行车调度员人工控制全线的信号与道岔、办理列车进路和调整运行秩序。

② ATP 地面设备发生故障，因 ATO 车载设备接收不到限速命令，无法按自动闭塞法行车。此时，如是小范围的设备故障，可由行车调度员确认故障区间空闲后，向司机发布命令，列车在故障区间限速运行；如是大范围的设备故障，须停止使用自动闭塞法，改为车站控制，实行电话闭塞法行车。

③ ATP 车载设备发生故障，因故障列车无法接收限速命令，该列车司机应按调度命令，人工驾驶限速运行。

④ ATP 子系统和车站通信设备同时发生故障，采用时间间隔法行车。

⑤ ATO 子系统发生故障，列车改为人工驾驶，在 ATP 车载设备的监护下，按车内速度信号显示运行。

（2）改为车站控制时的行车

凡发生下列情形之一时，根据行车调度员的命令，由调度集中控制改为车站控制。

① 对所管辖的道岔或信号失去了控制作用。

② 表示盘上失去了复示作用或不能正确复示。

③ 停止使用自动闭塞法。

④ 清扫道岔。

⑤ 列车运行或调车有关工作必须由车站办理。

当调度集中控制改为车站控制时，在行车调度员的指挥下，由车站行车值班员办理闭塞、准备进路、开闭信号和接发列车。

（3）改用时间间隔法时的行车

由于自然灾害或其他原因使车站一切电话中断，车站行车值班员无法与控制中心、邻站取得联系，为了不间断行车，双线区间可改用时间间隔法行车。此时，行车作业办法与要求如下：

① 车站行车值班员指定改用时间间隔法的第一趟列车司机，将实行该行车法的情况通知有关车站；

② 除线路两端折返站外，中间站道岔一律置于正线列车运行位置，如车站行车值班员无法在控制台上确认道岔位置或转换道岔，必须随车就地确认或办理；

③ 出站信号机设置于停车信号显示，列车进入区间的行车凭证为红色许可证，手信号发车；

④ 两列车的间隔时间和列车运行速度应符合要求。

（4）夜间施工时的行车

夜间施工是城市轨道交通系统生产活动的重要组成部分。运输调度部门既要按照批准的施工计划，保证设备维修更换、线路扩建工程等夜间施工任务顺利完成，又要保证次日运输生产能正常进行。为此，夜间施工时的行车应按有关作业办法与要求组织。

① 行车调度员应认真核对当夜施工计划，对施工内容、地点和方法做到心中有数。目前规定如施工负责人在 23 点前未与行车调度员确认夜间施工，视为施工计划自行取消，行车调度员不予安排。

② 行车调度员在 23 点后将施工命令下达给有关车站值班员和信号楼值班员，对重点车站应做重点布置。行车调度员应保证施工时间，并在施工过程中与施工负责人保持联系。

③ 需向施工封锁区间开行施工列车时，列车进入封锁区间的行车凭证为调度命令。调度命令中应包括列车车次、运行速度、停车地点、停车时间、到达车站的时刻等有关事项。向施工封锁区间开行施工列车，施工地点每一端只准进入一列。施工列车进入施工地段时，应在施工防护人员显示的停车手信号前停车，根据施工负责人的要求，按调车办法，进入指定地点。

④ 施工列车应按闭塞方式运行。当一个区段一条线路上，只有一列列车往返多次运行时，可采取封闭区间运行的办法。

⑤ 行车调度员应在满足施工要求的前提下，尽量缩小线路封锁或封闭的范围，使其对行车和其他施工作业的影响达到最小。

⑥ 当施工负责人报告不能按时完成施工作业、造成设备损坏、影响邻线列车运行和发生人员伤亡等情况时，行车调度员应立即报告值班调度主任，同时采取有效措施，确保施工安全和次日运输生产能正常进行。

12.5.2 城市轨道交通运营管理

1. 轨道交通运营管理模式

我国城市轨道交通建设正面临蓬勃发展的历史机遇。近年来，我国北京、上海等特大城市都在以超常规速度建设轨道交通。继北京、上海、广州、天津之后，武汉、长春、成都、大连、重庆、深圳等也相继成为我国成功运营城市轨道交通的城市。

轨道交通的运营管理模式在世界各国出现了多样化的趋势。由于世界各个城市发展轨道交通的历史条件和经营环境不同，形成了各种各样的城市轨道交通的管理模式。按资产属性及运营企业性质划分，世界城市轨道交通的运营管理模式主要可分为以下6种。

(1) 有竞争条件下的官办官营模式

有竞争条件下的官办官营模式，线路为政府所有，两家或两家以上的运营单位通过招标方式获得经营权。

韩国首尔采用了这种模式。首尔的轨道交通系统由政府出资修建，并委托国有企业运营；在同一个城市内有两家以上的轨道交通运输企业，它们通过招投标的方式获得新线路的建设及经营权。

首尔的轨道交通网络包括首尔地铁和首尔铁路系统两部分，分别由首尔地下铁公司（SMSC）、首尔快速轨道交通公司（SMRT）和韩国国家铁路公司（KNR）3家国有公司运营。地铁从运输税务系统得到补助金，但每年仍有亏损。燃料税是运输税务系统资金的主要来源。为弥补亏损，市政府不得不注入额外的资金发行债券。地铁系统在获得不动产和注册方面是免税的，也不用公司所得税、城市建设税和营业税。

有竞争条件下的官办官营是一种带有计划性质的市场竞争。在此模式下，政府作为业主给企业的补助较为优厚；官办性质的企业不能过分重视盈利，所以票价带有福利性；但是由于创造了一定的竞争环境，客观上提高了企业的主观能动性。

(2) 无竞争条件下的官办官营模式

无竞争条件下的官办官营模式，线路为政府所有，一家单位独家经营，或两家以上单位按行政区域划分经营范围。

伦敦、纽约、北京、广州、柏林、巴黎的地铁运营管理都是属于这种模式。这种模式的特点是城市轨道交通的运营者由政府指定，政府给予相应的补贴。

如纽约的地铁系统在纽约市运输局（Metropolitan Transportation Authority，MTA）的管理之下。MTA是纽约州政府的下属机构，负责管理纽约市内的公共交通系统。MTA的董事会成员基本都由纽约州政府指定，其余部分由纽约市市长或郊区各县的官员指定。自1950年以来，纽约的所有轨道交通系统的资金补助都来自市政府、州政府和联邦政府的拨款；运营费用占总拨款的65%，不足的部分由州和联邦政府补贴；用税收收入补贴运营所需的资金。

欧美国家多是采用无竞争条件下的官办官营的管理模式，主要是因为欧美国家的轨道交通系统客流密度比较低，系统少有赢利的可能性；这些城市一般由非营利性的公共团体代表政府管理城市轨道交通；票价带有极大的福利性，运营收入不能抵偿运营成本，主要靠补助金支持日常开销。

(3) 官办半民营模式

官办半民营模式，线路为政府所有，交由政府股份占主导地位的上市公司经营。

香港地铁的运营管理采用这种模式。香港地铁公司是一家上市公司，它的第一大股东为香港主管部门。虽然是市场化运作，但是香港主管部门为地铁公司提供担保，从多个方面干涉地铁公司的经营。因此，香港地铁不能算是完全民营的模式，只能算作半民营。

主管部门委任有关人员组成香港地铁公司董事局后，让其按商业原则运作。主管部门主要靠法律手段规范市场主体的行为。2000 年，香港主管部门又对地铁公司进行股份制改造，让高层主管及员工持股。该公司 10%的股份通过上市私有化。

（4）官办民营模式

官办民营模式，线路为政府所有，交由民间股份占主导地位的上市公司经营。

新加坡的地铁运营管理属于这种模式。新加坡快速轨道交通公司负责新加坡地铁的运营。公司的最大股东为一家私人企业。新加坡国土运输局拥有轨道交通的所有权和建设权并承担建设费用。

国土运输局（Land Transport Authority，LTA）是新加坡轨道交通系统的建设者和所有者，同时还是运输规则的制定者。它制定规则确保系统的正常运营和养护维修等工作。LTA 通过与新加坡快速轨道交通公司（SMRT）签订租借合同授予 SMRT 地铁线路的经营权，并对 SMRT 的运输行为进行约束。

新加坡地铁是把建设和运营分开的一种管理模式，所有线路都在国土运输局建设完成以后交付运营公司使用。它的主要特点有：

① 地铁作为福利由政府负担建设费用；

② 淡化运营公司的职能，运营公司无线路的所有权，政府不干涉运营收入，也不对运营开支进行补贴；

③ 运营公司完全民营，第一大股东为私人投资公司；

④ 由政府指定运营水平和规则，以此保证轨道交通的公共福利性质。

（5）多种经济成分构成的模式

多种经济成分构成的模式即公私合营，线路归政府和地方公共团体所共有，同样由政府和地方公共团体共同组织人员经营。

东京的轨道交通系统很早就引入了多种经济成分。例如，有政府投资、商业贷款、民间投资、交通债券等多种形式，充分开拓了融资渠道。

以帝都高速交通营团（TRTA）为例，它的资本金由日本政府和东京都政府分摊，运营补助金 50%以上来自地方公共团体，贷款来源于政府的公共基金、运输设备整备事业团的无息贷款、民间借入金和交通债券等。政府对帝都高速交通营团的控制在于高层人员的任免（董事长由东京都政府任命）。帝都高速交通营团的管理委员会是真正的实权机构，它决定收支预算、营业计划和资金计划等。管理委员会共有 5 名成员，其中 4 名由国土交通局任命，1 人由出资的地方公共团体推荐。

（6）私办私营模式

私办私营模式，线路由私人集团投资兴建，由私人集团经营，政府无权干涉私人工作。

以曼谷轻轨为例，曼谷轻轨的建设和运营是一家由私人企业控股的公司负责——曼谷大众交通系统公共有限公司（Bangkok Mass Transit System Public Limited，BTCS）。泰国政府通过合同形式对轻轨建设和运营及 BTCS 的股本结构进行约束，如特许经营协议规定，票价范围在 10～40 泰铢之间等。

在这种模式下能最大限度地激发私人投资者的兴趣，但在票价、线路走向等敏感问题上政府与私人投资者不可避免地发生冲突；政府难以保证轨道交通作为公共福利事业的本质。轨道交通的投资回收期长，私人投资者要有在头几年亏损的情况下偿还贷款利息的心理准备；这种模式会激发私人投资者严格控制建设和运营成本。

总体而言，西方国家城市的轨道交通线路几乎都是国家政府或市政府所有，由政府机构直接运营或是交给公有性质的企业运营；而东方国家城市的情况就比较复杂。

（7）不同运营管理模式的适用性

通过上述分析不难发现，轨道交通的运营管理模式在世界各国呈现出多样化的格局。由于不同的管理模式是在不同的社会环境下发展起来的，在具体选择时应立足城市实际状况，设计和选择适应具体城市的管理模式，以利于城市轨道交通的持续、健康、稳定的发展。从以上分析可知，不同模式均存在自身的优势与不足，有自己的适用范围。

① 强调地铁福利性质的城市，如纽约、新加坡，政府承担了过多的责任，都存在后续投资困难的危机；在选择赢利性的城市（如曼谷），难以保证轨道交通项目本身的有序发展；而在香港、东京、首尔，城市轨道交通发展已逐渐走上良性循环，城市轨道交通的福利性和赢利性得到了较好的融合，基本上能够自给自足，以线养线，政府的角色也在逐渐淡出。

② 客流量和线路类型是影响轨道交通管理模式的重要依据。

结合世界主要大城市轨道交通的客流密度（表 12-14）进行分析，可以初步得出如下结论。

表 12-14 城市轨道交通客流密度分析　　　　　　　　　　单位：万人公里/日

城市	伦敦	巴黎	纽约	柏林	香港	首尔	东京	曼谷（预计）	新加坡	上海
客流密度	0.64	1.54	0.8	0.77	2.86	1.75	2.87	1.7	1.3	1.64

① 当客流密度在 0～1.5 万人公里/日时，轨道交通运输缺乏赢利所需的必要客流，因此需要在政府的扶持下存活。这种类型的轨道交通系统适用采用官办官营的管理模式。

② 当客流密度在 1.5 万～2.5 万人公里/日时，轨道交通运输基本具备维持运营成本所需的客流且能略有赢利，因此可考虑采用有竞争条件下的官办官营模式、公私合营、官办半民营的模式。

③ 当客流密度达到 2.5 万人公里/日以上时，可采用官办半民营、官办民营的模式。

④ 当轨道交通的业主（政府）独自承担建设费用，而不从运营收入抵扣时，在大于 1 万人公里/日的客流密度时就可尝试官办民营的管理模式。

⑤ 考虑到市中心地区修建轨道交通的成本和物业开发的难度较高，市中心区轨道交通线

路不宜采用私办私营的管理模式,必须有公共资本参与。私办私营的模式最好用于市郊铁路。在市郊铁路的条件下,客流密度达到1.7万人公里/日以上时就可采用私办私营的模式。

上海轨道交通系统在2002年9月份日平均客流量已经达到了107万人,客流密度达到了16.4万人公里/日,符合上述条件②。即上海的轨道交通系统可适合于官办官营、公私合营、官办半民营等各种模式,应依据其社会环境、城市具体情况设计和选择合适的管理模式。

2. 运营管理的主要内容

(1) 调度指挥管理

调度指挥工作是城市轨道交通系统的核心,它由调度控制中心实施,实行高度集中、统一指挥,使各个环节协调运作,保证列车安全、正点运行。在调度机构内,设有行车调度、电力调度、环控调度、维修调度等调度工种。

(2) 车站管理

车站是城市轨道交通系统的重要组成部分,是企业与服务对象主要的联系环节。车站管理的核心任务是安全、迅速、方便地组织客流集散,并做好行车组织工作。车站管理模式采用值班站长负责制,负责当班期间车站的行车、客运、票务、卫生等工作。

(3) 票务管理

城市轨道交通运营收入主要是票款收入,做好票务管理工作有利于城市轨道交通发展进入良性循环的轨道。票务管理工作的核心是制定票制、票价和售检票管理。城市轨道交通的票制有单一票价制、分段计程票价制和综合票价制。票价制定要根据城市轨道交通运营成本、其他交通方式票价水平、城市经济发展和市民生活水平等因素综合考虑。售检票方式主要有人工售检票方式和自动售检票方式。人工售检票方式设备投资少,但需要人员较多。随着经济和技术的发展,越来越多的城市轨道交通采用了自动售检票系统。它不仅可以方便乘客、减少运营人员和运营成本,而且对客流组织、收入审核、决策分析起着重要作用。它已成为现代化城市轨道交通的一个标志。

(4) 运营设备维修管理

运营设备维修管理是运营管理的重要组成部分。它的任务是保证各项设备系统以良好的状态投入运营。只有提高系统的可靠性,减少故障发生,保证运行畅通,才能充分发挥城市轨道交通安全、快捷的优越性。

① 设备维修方式。设备维修方式是制定设备维修管理方法的基础。设备维修一般有全部外协、全部自修和部分外协3种方式。全部外协是指将设备系统所有级别修程的维护、检修委托给一个有经验的企业进行,自己只从事管理协调和监督。目前根据城市轨道交通设备维修的特点和要求,采用这种方式还有一定的困难。但随着城市轨道交通的发展和企业体制改革的深入,采用这种方式是有可能的。全部自修是指运营公司设置独立且较为完整的设备维修设施,所有设备维修任务均自行完成。这种方式维修设施和设备投资大,需要的人员较多,如果管理不当,会使企业背上沉重的包袱。部分外协是指将部分通用的设备委托给专业维修

企业或制造厂进行维修和保养，或将设备系统较高等级的修程委托给专业企业进行，自己建立一支精练的维修队伍，主要负责日常养护维修工作和解决临时性应急抢修工作。这样既可以保障维修质量，又可以减少对维修设施的一次性投资和生产人员的数量，从而降低运营成本。

② 管理工作的开展。由于运营设备管理工作具有阶段性特征，在城市轨道交通设计过程中就要进行前期管理，这个阶段的主要内容包括设备的功能、操作方式、安装和维护要求等。因此，城市轨道交通运营管理部门的工作要向建设管理渗透，在工程建设的同时充分考虑运营管理的要求，以便为今后的运营管理打下良好的基础。

复习题

1. 试述进行车站客流组织应考虑的原则。
2. 简述轨道交通售检票系统的种类与功能。
3. 说明自动售检票系统的构成。
4. 简述轨道交通车站的时间和空间客流分布呈现的特征。
5. 简述大客流的组织方式。
6. 简述轨道交通的客运服务流程，结合服务流程，分析如何提高客运服务质量。

第 13 章

城市公交服务管理

13.1 城市公交服务管理概述

13.1.1 城市公交服务管理的含义

在一切有组织的协作场合都必然存在着管理，管理是管理者履行职能，并作用于管理对象，以达到一定目标的过程。管理活动是管理者利用人力、物力、财力去实现组织目标的过程，其实质是追求效率。城市公共交通服务管理，是公交企业的管理者为满足乘客出行基本需求，而提供安全、方便、快速、经济的服务进行全面管理的过程。

城市公共交通提供的服务，从广义上讲是为社会提供具有特殊使用价值的服务成果，即使用交通工具和设施作为代步工具，实现人的空间位置移动，这种服务是由乘务人员、调度人员、驾驶人员、检查人员的直接劳动和保修人员、后勤人员、管理人员的间接劳动相结合，通过运营车辆和站务设施表现出来的综合性服务。因此，广义的服务管理包括从客运市场需求出发，合理安排运力，满足乘客的基本需求，对企业所提供的运营服务全过程进行全面管理的活动。

从狭义上讲，城市公共交通提供的服务是通过交通工具来实现的。这种直接面对乘客的服务是由驾驶员、乘务员等的直接劳动和管理人员等的间接劳动相结合，通过运营设施设备表现的，可以概括为在运营设施设备内直接为乘客提供的乘车条件的总和。因此，狭义的服务管理是服务质量和服务专业管理的总称，它是对运营设施设备所提供的服务质量进行全面管理的过程。狭义的服务管理包括对车辆服务质量的管理、对车辆清洁的管理、对车站秩序的管理、对专业管理人员的管理、对特殊线路的管理等。

进行服务管理的目的，是从乘客需求出发，根据企业的性质和经营目标，适应客运市场的变化，不断提高服务水平。管理的重点是对服务质量的管理，为乘客提供优质服务。

13.1.2 城市公交服务管理的地位

城市公共交通企业的经营和管理是相辅相成、统一有机的整体性活动。按活动时序、职能及空间范围分析，经营是确定企业方向、目标的活动过程，活动范围面向企业的人、时、物及供求关系，时序在先。管理则是实现企业经营方针、目标的活动过程，活动范围是企业内具体的职能活动，时序在后。一般而言，经营指挥着管理。城市公共交通是城市社会和经济活动的重要组成部分，是城市赖以存在的必要公用基础设施。城市公共交通企业是公用公益性的服务企业，它的根本任务是以运营服务为中心，组织和经营城市客运交通，为乘客提供安全、方便、迅速、舒适、经济的乘车条件。这一根本任务最终是要通过服务来实现的，因此就决定了城市公共交通企业以运营服务为中心的经营方针。城市公共交通企业的运营生产是以为乘客提供出行服务为目的，以服务为起点，靠服务为最终体现的运营生产过程，其本身就决定了服务管理在企业管理中的重要地位。

服务管理是城市公共交通经营管理的一项重要职能，是企业管理的重要组成部分，是确保企业社会效益和经济效益的枢纽环节。服务管理虽然与运营组织、安全、后勤保障、保修服务、职工培训等项目管理同属企业管理的组成部分，但服务管理能够综合体现这些项目管理的工作质量，能够更直接地展现城市公共交通企业的管理水平。

服务管理的对象主要是乘务人员，城市公共交通的乘务人员通过运营设施设备直接向乘客提供服务。不仅管理对象直接为乘客服务，而且管理者也比其他专业的管理者有更多的机会接触乘客，并直接为乘客服务。这样的特点就使服务管理的管理者和管理对象能够更多、更直观地展示公交企业的形象。

城市公共电汽车的运营方式主要是线路运营，以道路为"车间"，单车作业，不仅点多、面广、服务方式分散，而且无论是管理的对象还是服务的对象都是千变万化的"人"，这就使服务管理呈现头绪多、层次多、工作交叉多、变化多、内容复杂的特点。不断探索服务管理的规律，明确服务管理的地位，总结服务管理的特点，完善服务管理的内容，是城市公共交通企业管理者的一项重要任务。

13.1.3 城市公交服务管理的作用

服务管理是城市公共交通企业管理的重要组成部分，它能够贯彻实施企业的经营方针，促进城市精神文明和物质文明建设，提高企业运营服务的整体水平，服务管理的作用主要表现在以下几方面。

1. 促进企业社会效益和经济效益的提高

城市公共交通是专门从事城市客运的服务性企业，企业提供服务的过程是伴随着社会生产力的发展和物质资料的生产进行的。公共交通企业通过科学、规范的服务管理，可以促进企业经营目标的实现，确保社会化大生产"第一道工序"的顺利进行，为各行各业的生产奠定良好的基础，间接地为社会创造财富。同时通过减少人们出行时间，提高交通设施的投资效益，直接为社会创造价值。不仅如此，服务管理还可以直接促进企业经济效益的提高。由于城市公共交通是公用公益性的服务企业，目前多采用低于成本的低价格票制，依靠政府的财政补贴维持企业的运转。在这种低价格票制下，最大限度地减少票款流失是公交企业增收的主要途径，是企业确保经济效益的关键环节。推行规范化服务，采取必要措施，卓有成效地控制票款流失，努力增加普票收入，正是服务管理的重要内容。由此可见，科学规范的服务管理可以大大促进城市和企业经济效益的提高。

城市公共交通直接为城市居民出行提供服务，属于典型的"窗口"行业，能够直接反映和体现城市精神文明建设水平。公交企业为乘客提供服务，主要是通过乘务人员在乘客出行过程中的服务来实现的。乘务人员提供的服务质量直接展示企业的形象，影响人与人之间的关系。科学、规范的服务管理既能够不断提高乘务人员的素质，保证行业服务的规范化、优质的服务，又能够促进良好、和谐的人际关系的建立，为企业树立良好的形象，从而推动企业乃至社会的精神文明建设。

2. 落实企业经营方针，为乘客提供满意的服务

服务管理最主要的作用就是通过制定服务标准和规章制度、检查考核等途径对运输途中提供的服务进行全员、全过程的管理，确保乘务人员为乘客提供合格的服务，使广大乘客满意。合格服务的标准根据客运市场的需求变化不断地修正，这样就能使企业牢牢地占领自己应有的市场份额，从而使企业的经营方针得到贯彻落实。

随着市场经济的深入发展，客运市场的竞争日趋激烈，城市交通的多种形式之间也展开了激烈的竞争。面对激烈的竞争，服务质量就成为竞争的重要手段，而服务质量的管理者及服务管理的作用就显得尤为突出。

3. 确定服务管理目标，探讨提高服务水平的途径

服务管理的另一个作用就是确定服务管理的目标，探讨提高服务水平的途径。服务管理目标的确立要依据企业的性质和经营方针，要依据客运市场供求关系的变化，要调查服务质量的状况，特别是乘客最满意的和最不满意的地方。除此之外还要考虑社会发展的需要和物质条件的变化，这样确定的服务管理目标才是切实可行的。

服务管理目标是有时间性的，实践证明，随着人们物质生活水平的不断提高，人们的乘行需求也在发生深刻变化。适应乘客需求的变化，不断探讨提高服务水平的途径、方法，就客观地成为服务管理的重要任务，使得服务管理这一作用日益突出。

4. 协调服务者与被服务者、公交企业与社会的关系

服务管理的内容决定着管理本身与社会、乘客有密切的关系，管理者也需要直接与乘客、社会有关部门、企业接触，倾听乘客的意见，了解乘客的需求。不仅如此，企业实施每一项新的管理措施，调整每一项管理办法都需要得到社会，特别是乘客的理解和支持，需要了解社会的反映，并接受社会的监督。服务管理需要做大量的协调工作，服务管理的过程是不断协调公交企业与社会的关系，创造良好、和谐的服务环境的过程。

13.1.4 城市公交服务管理的职能

城市公交服务管理的职能，是指对乘务人员提供的服务进行全面管理过程中所具备的管理功能。城市公交服务管理主要具有4项职能。

1. 计划职能

计划职能是服务管理的首要职能，它是指在公共交通企业的整体服务目标确定后，服务管理要达到的具体目标和实施方案。所谓实施方案，是指为达到一定预期目标所必须开展的各项工作、各种活动的事先考虑和安排。服务管理计划职能主要包括下列内容：确定服务管理要实现的具体目标；明确具体工作任务并科学地分配；制定实现目标完成任务的标准及时间进度；制定为实现目标和完成任务所必需的方法及规章制度。

计划职能所包括内容一般都要通过形成文件来确定，分为长远规划、中期计划和短期计划。长远规划一般是指5年以上的服务管理主要构思、设想，应提出明确的奋斗目标。中期计划一般是2年以上、5年以下的计划，这种计划应该明确提出服务管理要实现的主要目标，提出为实现主要目标所必须开展的主要工作。短期计划一般是指1年以内的计划，又分为年度计划、季度计划、月计划。这种计划需要提出具体的管理目标和为实现预期目标所需进行的各项工作安排。期限越短，计划的内容应该越具体，并包括完成计划的具体方法和措施。

2. 组织职能

服务管理的组织职能是指对已确定计划的组织实施的功能。服务管理的组织职能是把服务管理中的各个环节组织起来，明确各个环节之间的关系，从而使服务管理形成一个有机的整体。服务管理的组织职能是服务于计划目标的，是完成服务计划的手段。它的主要内容包括：设置必要的服务管理机构，建立服务专业管理队伍，确定服务管理的职责范围，规定相应的工作任务和完成标准。由于城市公共交通企业的服务管理实行分级管理，组织职能还包括各级专业管理部门岗位设置、职责范围及具体的分工。

3. 控制职能

服务管理的控制职能是指对服务计划的组织实施过程进行监督控制，确保服务计划完成的功能。控制职能是对实施服务计划过程中偏离目标、任务、要求的现象所采取的使之恢复到规定要求的一切活动及这些活动所产生的作用。服务管理的控制职能也是服务于计划目标、完成服务计划的重要手段。

在服务计划的实施过程中，不按照规定的工作标准进行检查、考核时，常常会发生种种偏离现象，如服务质量发生较大问题，某一单位或某一层次的管理水平明显下降等。控制职能就是要及时获得种种偏离信息，分析产生偏离的原因，研究纠正偏离的措施，并运用行政手段、管理功能加以控制，最终确保服务计划得到顺利的组织和实施。

4. 激励职能

服务管理的激励职能是指在服务计划的组织实施过程中，调动企业员工的积极因素，激励其完成服务计划的功能。城市公共交通企业是典型的窗口行业，它为乘客出行提供的服务不仅依靠必要的设备、设施和场所，更要靠企业员工，特别是乘务人员的具体劳动来实现。充分调动人的积极因素、提高人的素质是提供优质服务的根本保证。人的积极性调动起来了，不仅可以充分发挥设备、设施等"硬件"的作用，还可以弥补"硬件"的不足。否则，再好的"硬件"也不能为乘客提供优质的服务。激励职能作为服务管理的职能之一，其作用就是要充分调动企业员工的生产积极性，激励其服务热情。激励职能也是服务于计划目标，并完成服务计划的重要手段。激励职能的主要内容包括：必要的培训、教育，奖优罚劣，宣传先进经验，发挥先进群体作用等。

13.1.5 城市公交服务管理的任务

城市公交服务管理是城市公共交通企业管理的重要组成部分，它的基本任务是：
① 根据企业的性质和经营方针对行车服务的全过程进行管理，向乘客提供优质服务；
② 确定服务管理的目标，制定服务管理计划并组织贯彻实施；
③ 组织服务管理机构，指导专业管理人员履行职责；
④ 制定并不断完善一整套检查、监督、控制、考核服务质量的方法和管理制度；
⑤ 管理乘务人员，经常进行乘务业务与职业道德的培训、教育，培养树立先进典型，奖优罚劣，充分调动乘务人员的生产积极性；
⑥ 坚持调查研究，不断总结服务管理经验，接受社会监督，努力探索提高服务管理水平和整体服务水平的途径。

13.2 城市公交服务管理的内容

服务管理是服务质量管理和服务基础管理的总称，服务管理的内容非常丰富，各项内容之间又有着紧密的联系。站台秩序是乘车秩序的重要组成部分，站台秩序的优劣对乘务人员的服务质量有着非常直接的影响，因此站台秩序的管理也包括在服务管理的内容之内。

众所周知，城市公共交通是城市的产物，这就决定了城市公共交通受城市规模及其发展的制约，具有很强的地方性。在全国乃至世界范围内，城市公共交通还没有并且在短时间内也不可能形成一个统一的经营管理模式。本节侧重于北京市的具体情况，兼顾全国各大中城市的状况，对城市公共交通，特别是公共电汽车行业的服务管理内容作探索性的介绍。

服务管理的内容由服务质量管理和服务基础管理两部分组成。服务质量管理是指对乘务员在运营载体（如车厢）和辅助运营设施内（如车站）为乘客提供服务的优劣而进行的管理。服务质量管理的内容包括：乘务人员管理、服务质量指标管理、质量监控管理、质量监督管理、票务制度管理、先进车组（队）管理、车辆清洁管理、车站秩序管理和其他管理。其他管理又包括服务设施管理、新技术应用管理、特殊线路管理等。

服务基础管理是指对服务专业部门和人员的管理，其内容包括服务专业分级管理、服务专业部门管理等。服务管理内容的分类及隶属关系见图 13-1。

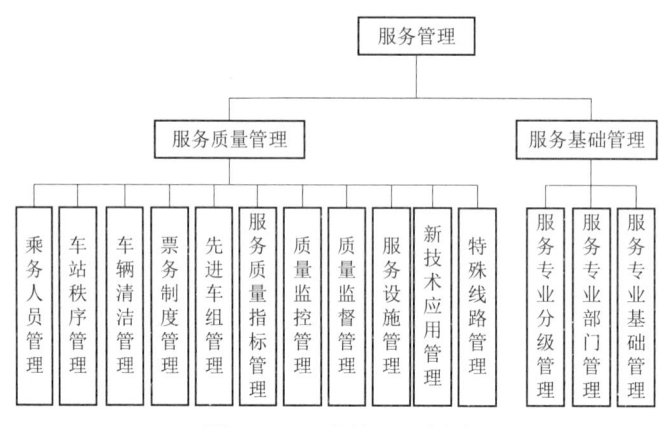

图 13-1　服务管理示意图

13.2.1　乘务人员管理

乘务人员是指在运营车辆上直接为乘客服务的人员。在车辆运营过程中，乘务员通过直接的服务使乘客乘行的要求得到满足，又以出售客票或监督投币的形式为企业回笼投资。乘务员的工作体现了城市公共交通服务过程和生产过程的统一，他们的岗位把公共交通企业的服务性和营业性有机地结合起来。

1. 乘务员的地位、作用

乘务员是公交企业的主体服务人员，每一名乘务员在工作岗位上的言行都直接代表企业的形象，反映城市的文明程度。作为企业社会效益和经济效益的直接体现者和企业形象的直接代表者，乘务员在城市公共交通企业中居于十分重要的地位。

多年来，公交乘务员在平凡的岗位上，潜心研究乘客心理和服务规律，利用外语、手语、民族语言、地方语言为各界乘客服务，因此乘务员的工作不再是简单的劳动，而是业务知识与服务技巧有机结合的服务活动。

乘务员的作用具体表现在以下 4 个方面。

（1）服务和维护作用

城市公共交通的社会服务性质决定了乘务员与乘客的关系必然是服务与被服务的关系，

决定了乘务员的主要职责是服务，乘务员通过开关车门、报站售票、解答询问、扶老携幼、清洗车辆等形式直接向乘客提供乘行服务。乘务员的维护作用主要表现在照顾乘客的乘车安全，维护乘车秩序和行车安全。

（2）联系和传递作用

乘务员在运营载体或辅助运营设施内直接与乘客接触，为乘客提供服务，他们的工作岗位是公共交通企业与乘客的接触点，在乘客与公交企业乃至政府之间起着联系和传递作用。乘务员既要将企业的服务规范落实到车厢中，也要将乘客的意见反馈给企业的管理者，架起一座乘客与企业乃至政府间的沟通桥梁。

（3）向导和疏导作用

乘客来自四面八方，有着各自的乘行目的，乘务员通过解答问询，引导乘客选择到达目的地的最佳乘行方式，做好乘客的向导，疏导客流，维护乘车秩序。

（4）宣传和引导作用

城市公共交通是精神文明建设的窗口，乘务员通过自己的服务，用自己的语言和行为宣传精神文明，引导乘客文明乘车，创造舒适、和谐的乘车环境。

2. 服务素质的培养

培养服务素质是乘务员管理的一项重要内容，乘务员的服务素质主要包括服务意识、职业规范、业务技能、服务态度4个方面。

（1）服务意识

服务意识是指乘务员对自身提供的服务社会价值的基本看法，是乘务员提供优质服务的思想基础，城市公共交通的地位、对社会发展的作用及其具体贡献，充分显示了乘务员所提供的服务的社会价值。充分认识这一价值，可以激发乘务员热爱公交、立足本职工作、服务乘客的思想感情，从而形成高度的责任感和事业心。乘务员服务意识树立得是否牢固，直接决定着公交企业服务质量的水平和稳定程度。

（2）职业规范

职业规范包括职业道德、职业纪律和服务规范。乘务员的工作直接和人打交道，服务的方式是单车作业、流动分散，讲究良好的职业道德既是精神文明的需要，也是企业发展、稳固占领客运市场的需要。自觉地用职业纪律约束自己的服务行为，认真执行服务规范，是提供优质服务的可靠保证。

（3）业务技能

业务技能是乘务员运用业务技术的能力和提供优质服务的基础。乘务员的业务技能主要包括熟练掌握服务规范、作业规程和操作技能，熟悉城市地理和交通环境，具备必要的法律法规常识和调解处理问题的能力，掌握服务设施的使用方法等。

（4）服务态度

服务态度是指乘务员在服务过程中的态度，是乘务员对本职工作和乘客由情感而生成的语言、动作的外在形象表现，带有浓厚的职业色彩。人的喜、怒、哀、乐是一种心理反应，影响着人们彼此之间的关系和交往。乘务员服务态度的好坏直接影响着服务质量和企业形象，端正服务态度，使用礼貌用语，既是培养乘务员服务素质的需要，又是乘务员管理的重要内容。

3. 工作质量的考评

考评乘务员的工作质量既是乘务员管理的一项重要内容，又是服务管理的一个重要环节，通过考评工作质量可以激发乘务员的服务热情，落实企业的服务目标，为改进服务管理、提高服务质量提供可靠的依据。乘务员工作质量的考评主要包括制定考评标准、确定考评方法、评定工作质量3个环节。

（1）制定考评标准

乘客满意是考评乘务员工作质量的最终标准，围绕最终标准要制定具体的标准，标准应做到符合实际、量化。考评乘务员工作质量的主要标准包括一次出乘服务规范、车辆清洁检查标准、服务纪律、票务制度及乘客监督等。

（2）确定考评方法

对乘务员工作质量的考核方法应做到公开公正、实事求是。目前采用的考核方法主要有3种：一是检验生产任务完成情况，通过统计指标来实现；二是进行定期检查和不定期抽查，由专职检查人员和专业管理人员到运营车厢，用制定的标准实地检验乘务员的工作；三是接受乘客监督，通过乘客的表扬、投诉，鉴定乘务员的工作质量。

（3）评定工作质量

对乘务员的工作质量要定期进行考核评定，一般分为月份和年度评定。评定就是综合检查、考核结果，对乘务员的工作质量作出结论。通过评定可以发现典型人物、事例，也可以发现个性和共性的问题。对典型人物、事例要培养总结，对问题要采取措施纠正，对评定的结果还要按规定进行奖优罚劣。

13.2.2 车站（站台）秩序管理

公共交通车站是公共交通企业为乘客提供直接乘行服务的开始，因而站台秩序的管理也是服务管理的重要内容。井然的车站秩序不仅为公共交通的服务创造了良好的开端，还能够维护乘车秩序和运营秩序，更为重要的是展现了城市精神文明建设水平和城市管理水平。

1. 车站秩序管理的原则

公共电汽车的车站秩序采取了不同的管理方法。公共电汽车线路首末站的秩序由公交企业负责管理，运营线路的中途各站由政府组织乘车单位和社会负责管理、公交企业协助管理。车站是城市轨道交通面对乘客的服务窗口和形象标识，车站服务质量与运营效率的高低直接影响乘客的满意度评价。

2. 车站秩序管理

公交电汽车的车站分为中间车站和首末车站，中间站的秩序管理是由政府组织社会和乘车单位派专人维护秩序，公交企业和乘务人员积极配合。首末站秩序由公共交通企业负责管理，设置专人维护秩序。根据客流情况和实际需要，公共电汽车的首末站共划分为 3 类：一类站是指商业区、旅游点、枢纽站及全日客流量最大的首末站；二类站是指工业区、居民住宅区、早晚高峰客流集中的首末站；三类站是指全日客流量较小且稳定的首末站。首末站应配置必要的候车设施，应设置供乘客候车的站台，特别是一、二类站应配置遮雨、遮阳的站棚和排队候车的栏杆。

一类站设置专人全日维护车站站台秩序，一般自早高峰起至晚高峰过后，分为两班上岗。二类站设置专人早晚高峰维护车站站台秩序，一般自早高峰起至早高峰止、自晚高峰起至晚高峰止，配备一班人员上岗，上岗时间全日累计不应少于 4 小时。三类站不设专人维护车站站台秩序，根据需要临时组织运营线路管理人员或义务人员维护车站站台秩序。每个站台在上岗时间应配置 2 人以上维持秩序。

轨道交通的车站由车站自身负责管理，设置专人维护秩序。车站常驻人员包括值班站长、总控员或行车值班员、站务员、保洁员、自动售检票系统（Auto Fare Collection，AFC）设备维修人员、地铁公安等，共同维护轨道交通有序运营。

公共交通企业应设置站台服务员的工种，配备足够的专职人员维护站台秩序。随着市场经济的发展，很多单位尝试雇用小时工来维护站台秩序，取得了很好的效果。伴随改革的深入，公交企业还可能探索其他方式解决专职站台服务人员的设置问题，但探索成功与否的标准就是是否形成了井然的站台秩序。

3. 站台服务员的职责和协查标准

车站站台服务员的基本职责是督促乘客排队、依次上车，照顾乘客下车安全和车辆进出站安全，维护站台候车、乘车秩序，具体职责是：① 有栏杆的站台组织乘客排队候车，无栏杆的站台组织乘客在便道上候车；② 车辆进站时提醒乘客注意安全，协助老、幼、病、残、孕乘客安全上下车；③ 疏导乘客有秩序地乘车，协助乘务员关好车门。

检查站台秩序的标准是：候车不下路，乘车有秩序，不混乱、不拥挤，不发生交通事故和乘车纠纷。

检查站台服务员工作质量的标准是：准时上岗，佩戴标志，认真负责，照顾重点，文明执勤，秩序井然，站区安全，遵守纪律，站区卫生，调解纠纷。

4. 站台秩序的日常管理

站台秩序的日常管理应设置专人负责，其主要工作职责如下：

① 经常进行调查研究，了解站台客流变化和道路状况，及时调整站台类别，检查站台设施状况，督促有关部门维修；

② 经常对站台服务员进行业务和职业道德的培训，解决站台秩序管理中的问题；
③ 考核站台服务员的工作质量，奖优罚劣；
④ 培养先进，总结经验，开展争创文明站台活动。

13.2.3　车辆清洁管理

公共交通运营车辆的清洁程度不仅直接反映了乘务人员的精神风貌、工作责任心，而且反映了企业的服务质量水平，还显示着城市的环境和面貌。因此，车辆清洁管理是服务质量管理中一项重要的内容。车辆清洁管理主要包括以下内容。

1. 制定车辆清洁管理制度

保持车辆清洁是一项经常性的工作，这种经常需要做的工作最容易因忽视而产生漏洞。针对车辆清洁自身的特点，在管理中必须推行制度化，通过制度的贯彻，使乘务人员自觉地搞好车辆清洁，从而养成良好的职业习惯。

车辆清洁管理制度首先应该明确车辆清洁的标准，其主要内容应当包括运营车辆的各个主要部位应达到的清洁程度，这种程度既能够被乘务人员接受，又能够进行比较、衡量。

车辆清洁制度还应该明确责任，搞好车辆清洁是驾驶人员、乘务人员义不容辞的责任。在实践中，有的单位划分每个车组成员的责任区。虽然责任十分清晰，但有时会出现暂时的"阴阳车"，效果不好。有的单位车组成员雇人打扫车辆卫生，这种方式既不能经常保持车辆清洁，又不利于乘务人员养成履行工作职责的习惯。较好的做法是以车组为单位整体考核，以劳动班次为单位划分责任，明确规定在劳动班次之间交接班时必须交清洁车辆，特别是车身、地板、玻璃等主要项目必须达到规定的清洁标准。

车辆清洁管理制度还必须明确规定奖罚内容。奖罚应当按照以责论处的原则，对不尽职、不尽责的人员要加重扣罚。除经济处罚外，辅之以曝光制度，在精神文明范畴内处罚，从而使职工养成良好的职业习惯，使车辆清洁保持经常化。

2. 加强检查考核

加强检查考核是车辆清洁保持经常化的重要手段。检查分为定期检查和不定期抽查两种，基层管理要进行定期检查，对运营车辆的主要部位要每日检查，每周对运营车辆清洁进行全方位的检查，可以固定时间，形成制度。

不定期抽查也是车辆清洁检查的主要方式之一，在特殊天气及道路变化后，基层管理者要组织职工及时搞好车辆清洁，并进行抽查。中层和高层管理要不定期地对所属运营车辆的清洁进行抽查，抽查应统一标准，但不固定时间，无规律可循，以充分发挥检查的效能，促进车辆清洁经常化。

3. 适时组织突击

由于运营条件的限制，乘务人员打扫车辆的时间并不充裕，特别是冬季，寒冷的气候大大增加了搞好车辆清洁的难度，因此适时组织突击也是搞好车辆清洁的一种手段。

车辆清洁的突击一般在节日、重大活动前夕和雨雪天气后进行，特别是冬季雪后组织突击的效果更为突出。突击可以采取组织运营车组间的协作和组织管理人员、非生产人员参加等方法。管理人员适当参加突击车辆清洁活动，既可以确保车辆清洁，又可以密切干群关系。但这种突击不宜组织过多，不能以干代管。

4. 适当组织竞赛

适当组织竞赛可以调动乘务人员的劳动热情，激发运营车组的生产积极性，使车辆经常保持清洁。劳动竞赛的形式有多种，在车辆清洁管理中多采用流动红旗、单位时间内免检制、标兵示范车、优胜线路等形式，这些形式的共同特征是给予优胜者物质和精神奖励，发挥榜样的示范作用，对车辆清洁管理起到推动作用，能收到较好的效果。

此外，积极探索车辆清洁管理的新途径、新方法也是管理者义不容辞的责任。特别是高新技术的应用，如车辆清洁能够合作开发流水线，将从根本上解决车辆清洁管理问题。应该指出的是，用机械代替人工搞好车辆清洁将是社会发展之必然。

13.2.4 票务制度管理

公共交通企业的票务管理是企业管理中直接涉及经济收入的重要内容。公共交通企业票务管理由两部分组成：其一是制定票制、核准票价、配发车票、出售月票直至回收车票、回收票款；其二是乘务人员执行票制、出售车票、检验、处理违章情况，以及由上述内容形成的从领票到售票、交接班、上交票款及剩余车票的具体程序，这部分构成了票务制度管理的内容，应由企业服务部门负责。城市轨道交通票务系统是轨道交通票务收入和结算的基础，只有通过安全、可靠和完备的自动售检票系统，才能有效地实施票务的结算和清分。在设计票务系统时，应本着"以人为本"的宗旨，并充分考虑以下因素：

① 有利于提升城市轨道交通行业的社会形象和服务区域形象；
② 有利于提高运营管理水平，保障票务收益；
③ 有利于管理责任落实，保证交易数据和票务信息的安全；
④ 有利于简化操作，方便出行，提高乘客的出行效率；
⑤ 有利于提供准确的客流及票务统计分析数据；
⑥ 有利于减少现金交易、人工记账及统计工作，提高准确率和效率。

票务制度管理涉及以下4方面的内容。

1. 票务制度的主要内容

城市公共电汽车一般线路票务制度应包括以下主要内容。

① 乘务员在本班次出车必须持本人的领票卡或工作证至票务室领取当日车票，领票后必须当面核对、点清。遇有票本缺少张数、号码重复等差错应退交票务室处理。

② 无人售票线路驾驶员上岗前要签注私款。应将所携全部私款交由当班调度员清点，当

班调度员清点后在票单上签注并加盖印章（未配备票单的线路在行车路单上签注）。

③ 车辆每次运营至首、末站时，乘务员须签注售止票号。每个单程运营结束时，乘务员所持各种车票的票号为售止票号。签注售止票号是为了区分售出车票的有效范围。单机车乘务员由当班的调度员签注，无调度员的站由驾驶员签注，通道车2名乘务员互签，签票号码不得少于4位数。

④ 乘务员收取乘客票款后要问清上、下车站，唱收唱付，付给车票。遇有乘客下车补票或处理其他违章车、月票时，应让乘客按规定补交票款，乘务员当面撕票、交付乘客。

⑤ 乘务员出售车票时要认真划线。首站发车划红线，末站发车划蓝线；实行单一票制的线路按当日日期划线，其他线路按所收票款最终有效站号划线；集体票可统一撕口代替划线；划线应当准确，不得同时划两个以上的站号。

⑥ 乘务员售错票或划错线时，应立即向同班乘务员或驾驶员声明，声明后方可继续出售，未能及时出售的要在单程运营结束时，向当班调度员说明并由当班调度员签注，签注后方视为有效车票。

⑦ 乘务员交班时要做到票、款、账"三清"，少款补齐，多款上交。接班乘务员应认真核对票、款，因未认真核对造成的后果由接班乘务员负责。

⑧ 乘务员上岗时必须使用统一配备票袋，票台内、票袋中、票板上严禁存放废车票。

⑨ 乘务员要认真执行票制，按规定收取票款。乘客随身携带物品超过规定客位面积时，应收取包裹费。北京市规定，乘客携带物品占用客位面积超过 0.125 m^2，要加收同程车票一张。

⑩ 乘务员出售车票时不得以任何理由拒收零币及其他法定流通的货币，遇乘客使用残币购票时应耐心劝其更换。

城市轨道交通票务制度应包括以下主要内容。

在城市轨道交通系统中，所使用的车票种类较多，可回收类的车票包括单程票、福利票和出站票，非可回收类的车票包括纪念票、储值票、员工卡和车站工作票等，如表13-1所示。车票的管理流程如图13-2所示。

为保证车票的安全，原则上车票只能存放于专门的安全管理区域，主要包括点钞室（通常设置在车站设备区内，专门用于保管车站现金、车票及结算票款的工作间）、售票亭、临时售票亭、自动售票机、半自动售票机、出站闸机及车票回收箱等。

车站需根据车票的性质、票种在点钞室内划分区域，对车票实行分类存放，建立专门的台账对车票的分类存放、配发、回收等流通情况进行记录，并定期安排专人对各类车票进行全面盘点，以确保台账记录情况与实际清点情况相符。点钞室内存放车票的票柜、保险柜在无人值班时应处于锁闭状态。票务员在售票亭处理车票时，应将车票放在乘客接触不到的地方，尤其是存放于临时售票亭的车票须做好防盗工作。

为保证车票在各岗位之间交接过程中的安全，车站在进行车票交接时，需建立车票的交接凭证和统计台账，交接人员依据交接凭证办理交接手续并做好书面交接记录，详细记录交接车票的种类、数量、状态、信息等；交接时若发现车票数量或信息有误，交接双方需及时核查更正；对于不能及时查明原因的，应按实际数量进行签收，车站在交接记录本上记录相关情况，并将情况立即报告上级组织调查。

表13-1 车票的使用范围与管理

类别	票种	介质	提供单位	使用方法	备 注
可回收车票	单程票	非接触式IC卡	ACC（AFC Cleaning Center，自动售票系统清分中心）	进站刷卡，出站回收	当日一次乘车使用
	福利票				适用于持可免票证件的乘客在半自动售/补票设备换取的车票，使用方式同单程票
	出站票			出站回收	用于乘客在付费区补票出站。仅限发售出站票的车站当日出站时使用
非可回收车票	定值纪念票			进站刷卡、出站经回收，扣费后原处退还给乘客	已限定票值总额，在有效期内，每次一人使用有效
	车站工作票			进、出站均刷卡	由车站工作人员持有，仅限指定车站使用，不检查进出站次序
	其他预留票种			—	带行李单程票、往返票、一日票、区段票、计次纪念票、定期纪念票、员工票、储值票
	普通储值卡		一卡通公司	进、出站均刷卡	（1）有效期内限单人使用。收取押金、可充值 （2）异形卡的使用方法相同，以一卡通公司提供的样式为准
	学生卡				
	纪念卡				
	员工卡				只限系统内部员工使用，每次扣除次数一次
	其他预留卡种			—	定期卡、计次卡等
应急纸票	单程票	纸质车票	运营企业	进站经人工检票、出站无须验票	根据ACC相关规定，满足应急启动条件时使用

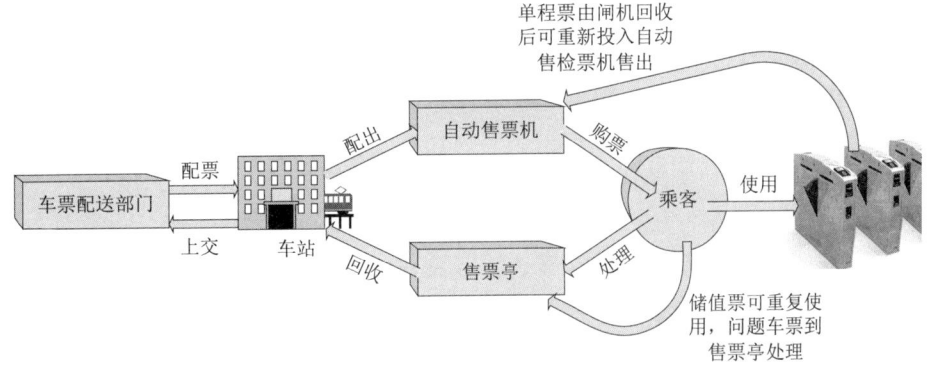

图13-2 车票的管理流程

为避免车票零散存放而导致遗失、混淆和重复劳动等问题，车票在经相关工作人员清点并确认数量后，可按一定数量进行加封保管，以保证车票保管的安全、准确。用扎把带直接加封的车票主要是一些票面面积较大、便于用扎把带缠绕的车票，如纸票等，加封时将扎把带十字形缠绕过车票，将车票固定在十字形内，用胶水将扎把带末端粘贴住，并在粘贴封口骑缝处加盖加封人员私章，以达到扎把带一经破封无法复原的目的。

一般情况下的票务作业包括：人工售票和充值，福利票换领，发票、报销凭证换领，车票分析，补票，发售出站票，单程票批处理，单程票注销，退票，行政处理，车票激活，故障票卡回收，退卡，退资，一票通票异常情况处理和一卡通卡异常情况处理等。

（1）人工售票和充值

人工售票和充值，是指车站工作人员使用 BOM 发售单程票、一卡通卡及为一卡通卡充值的业务。作业程序如下。

① 一卡通卡发售押金为 20 元/张，同时须进行充值，最低为 20 元；充值额为 10 元的整数倍；单次充值额不得大于 500 元；卡内余额不得大于 1 000 元。

② 作业人员应严格遵守售票/充值作业程序，不得拒收硬币及破旧能用的纸币。

③ 车站工作人员进行作业时须使用相关设备辨别钞票真伪，如发现假钞或无法确认真伪的钞票时，应立即将钱币退予乘客更换。

④ 车站售票人员换岗前，应将全部单程票售出，未售出的车票须进行注销。

（2）福利票换领

福利票换领，车站工作人员使用 BOM 为符合免费乘车条件的乘客发放福利票的业务。作业流程如下。

① 根据北京市政府相关规定，离休干部持《离休证》、残疾军人持《残疾军人证》、伤残人民警察持《伤残人民警察证》、现役士兵（含武警士兵）持《士兵证》可免费乘坐地铁，盲人持《残疾证》及其 1 名陪同人员可免费乘坐地铁。以上人员可持证换领福利票，其他可换领福利票的人员及所持证件，以票务收益室通知为准。

② 在为乘客换领福利票时，车站工作人员须遵守下列规定：核对乘客所持有的免费证件是否有效；如实填写《福利票换领记录》；如遇持《残疾证》（视力残疾）的盲人乘客，须向其 1 名陪同人员发放福利票车站售票人员换岗时，不得留有已发行但未向乘客发放的福利票。

③ 车站售票人员换岗时，不得留有已发行但未向乘客发放的福利票。

（3）补票

补票是指当乘客由于票卡超时、进出站次序错误等原因无法正常进站或出站时，车站工作人员使用 BOM 对票卡进行补齐记录、扣费等处理，使之能够正常使用的业务。作业程序为：

① 车站工作人员在进行补票前须确认所用 BOM 的费区设置是否正确；

② 车站工作人员不得随意修改补票费用。

（4）发票、报销凭证换领

发票、报销凭证换领是指车站工作人员为购票或充值后有报销需求的乘客发放一卡通发票与一票通报销凭证的业务。作业程序为：

① 车站工作人员须凭乘客出具的储值卡（一卡通）售卡、充值机打印单据向乘客发放发票或报销凭证；

② 车站工作人员根据售卡、充值金额如实开具发票，不得虚开发票，在交予乘客发票的同时在机打水单上注明"已开发票"；

③ 车站工作人员应妥善保管储值卡（一卡通）发票存根。

（5）单程票批处理

单程票批处理是指为应对大量购票乘客集中到达或其他特殊情况，车站工作人员使用BOM提前批量发售单程票的业务。作业程序为：

① 车站工作人员进行一次批处理的单程票数量不得超过20张；

② 车站售票人员换岗前，应将全部批处理单程票售出，未售出的车票须进行抵销；

③ 车站工作人员应根据需要进行单程票批处理，避免车票发售过多；

④ 一般情况下，不允许批处理福利票。

（6）票卡注销

票卡注销是指车站或票务收益室工作人员使用BOM或E/S对已发行或预赋值但未售出的单程票或预赋值单程票进行注销的业务。作业程序如下。

① 单程票注销须于当日在发行该车票的BOM上进行。

② 预赋值单程票注销须于规定时间内在发行该车票的E/S上进行。

③ 出现下列情形之一时，允许进行注销业务：操作失误导致错误发售的单程票；当日本岗进行批处理业务后未售出的单程票；未能在预定日期内售卖完毕的预赋值单程票；对于已向乘客售出的车票，不允许进行注销。

2. 违反票务制度的划分标准

违反票务制度的现象较多，目前北京公交总公司依据具体情节、程度和对企业造成的损失，基本上划分为3类，即票务过失、违反票务制度、严重违反票务制度。

（1）出乘时发生下列现象属于票务过失

① 丢失车票或票款。

② 未按规定领票、交票。

③ 未按规定签注售止票号。

（2）出乘时发生下列现象属于违反票务制度

① 售票时未按规定划线。

② 未按规定签注私款。

③ 拒收零币及其他法定流通人民币。

④ 出乘中无人售票车不配足票款凭证。

⑤ 出乘中无人售票车投币口长时间滞留票款。

⑥ 出乘中私存废票。
⑦ 出乘中票款长出本线路一个最高票面（含）以内。
（3）出乘时发生下列现象属于严重违反票务制度
① 未按规定收费（包括包裹费）。
② 出乘中私款长出签注数额。
③ 出乘中票款长出本线路一个最高票面（不含）以上。
④ 出乘中出售私存废票。
⑤ 收钱不撕票或多收钱少撕票。
⑥ 乘客补交票款后不交付票据，私留补交票款。
⑦ 收取乘客财物，允许其乘车不购票。
⑧ 无人售票车乘务人员直接收取票款，不投入投币箱。
⑨ 从无人售票车投币箱内私自截取票款。
⑩ 出乘后藏款不上交。

3. 违反票务制度的处罚

违反票务制度须给予处罚，处罚包括经济处罚和行政处罚两种。处罚时应注意以下问题。
（1）掌握适当的处罚幅度
处罚时根据主观上是否有故意动机和给企业造成的损失综合考虑。属于票务过失的，要给予批评教育，责任者写出检查；属于违反票务制度的，责任者要写出检查，给予一定的经济处罚；属于严重违反票务制度的，除了责任者写出检查外，经济处罚要加重，同时给予行政处分，或依法解除劳动合同。
（2）按照实事求是的原则，掌握确凿的证据
要防止因证据不足导致的错误处理，同时要积极获取证据，防止姑息错误行为现象发生。
（3）处罚要建立一定的程序，严格执行处罚程序
比如处罚的规定要经职工代表大会通过，要报政府有关部门备案，同时处罚的办法不能与国家及地方政府的法规相冲突。

4. 违章车、月票的处理

乘客乘坐公共电汽车，按照政府有关部门核准的价格和自己乘坐的里程购买车票，这本是一个权利与义务对等的关系，但是在这个过程中却存在使用违章车、月票乘车的现象，解决使用违章车、月票问题是一项政策性、法规性很强的工作，公交企业要紧紧依靠当地政府，通过颁布法规、加强法制宣传和精神文明建设等途径解决。
（1）违章车、月票的种类
违章车票包括：
① 无票乘车，即乘车时既无月票也未购买当次车普通车票；
② 越站乘车，即实际乘坐里程超过所购车票里程；

③ 使用废票乘车。

违章月票包括以下几种情况。

① 使用过期月票乘车，月票的有效期为当月的月末日。为方便乘客换购月票，延长至次月 3 日 24 时。过时仍然使用的为过期月票。

② 使用与所乘线路不符的月票乘车，目前北京公交总公司共发行 8 类月票，即市区学生月票、市郊区通用学生月票、市区职工月票、市区职工季票、市郊区通用职工月票、市郊区通用职工季票、汽电车地铁联合月票、汽电车地铁联合季票。使用市区的学生、职工月票乘坐郊区线路的属于使用与所乘线路不符的月票。

③ 冒用他人月票，月票是专人专用的有价证券，使用他人月票乘车的为冒用他人月票。学生月票是公交企业专门提供给学生的一种优惠月票，学生月票的价格与职工月票存在较大的差别。购买学生月票需具备 3 个条件：一是在本城市中央或市属的大、中、小学就读的在校学生，二是确无经济收入的，三是居住地距就读学校 4 站以上路程的。不具备上述 3 个条件的人使用学生月票乘车属于非学生使用学生月票，与冒用他人月票同属违章。由于成人教育的迅猛发展，对既确无经济收入，又在成教系统就读的学生，也应考虑使用学生月票，具体范围由各地自定。超出规定范围使用学生月票，也视为违章月票。

④ 伪造月票，公交企业发售的月票由底板、印花、照片和加盖在照片和底板间、印花和底板间的骑缝章构成。月票是由政府核准、公交企业发行的有价证券。伪造月票的任何一个组成部分都视为伪造月票，使用伪造的月票乘车构成违章。

由于公共交通企业同时向社会发行了季票，季票也是一种有价证券，它同月票的区别仅仅是使用期限的不同，违章季票参照违章月票的各项。

（2）违章车、月票的处理

违章车、月票的处理办法只能由政府制定颁布，由公交企业行使处理权。1996 年，北京市市政管理委员会颁布了《北京市公共汽车电车车票使用办法》（京政函〔1996〕40 号），以下简称《办法》，《办法》属于地方性法规。2006 年 5 月 24 日，市人民政府第 49 次常务会议审议通过《北京市人民政府关于修改〈北京市公共汽车电车车票使用办法〉的决定》。

公交企业是政府颁布的"车票使用办法"的执行者，乘务人员及其管理人员依据《办法》对使用违章车、月票乘车的乘客实行补款处理。《办法》规定违章的乘客向公交企业补交应交而未交的票款，而不是行政罚款。

处理违章车、月票必须严格按照政府颁布的《办法》执行，任何人无权让乘客超过《办法》的规定补款，无权扣留乘客，包括扣留乘客的财物，更不能对乘客进行人身、人格的侮辱，否则就会超越职权，进而导致违法。

（3）票务制度的管理办法

票务制度管理的根本目的是增加企业的票款收入、规范乘务人员的票务行为，对外防止跑、漏票，对内防止企业应收的票款流失。随着市场经济的深入，票务制度管理的重要性也越来越突出。

票务制度的管理办法主要包括两项内容：一是制定并根据运营生产的实际需要不断完善票务制度，使乘务人员的操作有章可循，对违反票务制度的处罚有据可依；二是加强检查。检查的渠道有两条：一条是依靠专职检查人员和专业管理人员定期检查和不定期抽查；另一条是依靠乘客进行监督。对乘客反映的有关乘务员违反票务制度的现象，要认真调查核实，特别是职工中揭发的违反票务制度的现象更要引起高度重视。不管什么渠道发现的问题，都坚决按照规定进行处罚。

13.2.5 先进车组的管理

先进车组是先进群体的代称，其管理是指对为乘客提供服务的过程中产生的先进个人、先进车组、先进车队的管理。先进车组的管理也是服务质量管理中一项重要的内容。

1. 先进车组的作用

在任何有人群的地方都存在着左中右，都存在着相对的先进与后进。广大乘务员、运营车组、车队在为乘客提供服务的过程中，服务质量、管理水平客观存在着差异。认识这种客观存在的差异，解决这些差异，去纠正和弥补存在的问题，巩固和发扬广大乘客最需要的服务质量和服务精神是管理者义不容辞的责任。不断扩大先进群体的规模，充分发挥先进群体的示范、引导作用，全面提高服务质量，是先进车组管理的最终目的。先进车组的作用可以归纳为以下几点。

（1）可以充分调动乘务人员为乘客提供优质服务的积极性

乘务人员中本身就蕴藏着这种积极性，他们愿意通过自己的劳动向乘客提供优质的服务，也希望自己的劳动被社会，特别是企业的管理者所认可。乘务人员的组成不断变更，以先进车组的形式肯定成绩，可以充分调动乘务人员的服务积极性，以更高、更大的热情为乘客服务。

（2）可以发挥示范和引导作用

先进车组只是乘务人员的一小部分，但他们通过自己的服务影响周围的人员，榜样的力量可以使整体服务质量提高到一个新的水平。

（3）可以塑造和展示企业的形象

公交企业是公用公益性的服务企业，社会各界乘客对企业所提供的服务是否认可，对于企业的发展有着至关重要的意义。先进车组以他们优质的服务向社会展示企业的形象，实践中可以明显地看到，乘客绝大多数是对先进车组表扬。

（4）可以促进精神文明建设

先进车组在运营车厢中通过热情的服务，创造和谐、温馨的乘车氛围，使人与人的关系得到了改善，民族优良传统得到了弘扬，促进了精神文明建设。

（5）可以促进企业经济效益的提高

先进车组的优质服务会吸引大批的乘客，同样价格的条件下，乘客自然会选择乘坐优质服务的车组。同时先进车组的优质服务中还包括主动售票和认真检验车、月票，在热情洋溢的氛围中，人的心灵能够被感化，个别想逃票的乘客也会主动买票。实践证明，连扒手也不愿到先进车组上作案，这样的服务可以增加票款收入，确保企业经济效益的提高。

2. 先进车组的创建及分布

（1）先进车组的范围

先进车组是先进群体的代称，先进车组的范围应当包括：

① 服务专业的先进个人；

② 企业命名的优质服务车；

③ 城市有关部门命名的先进车组，其中包括共青团市委命名的"青年文明号"，市总工会命名的"工人先锋号"，市妇联命名的"三八红旗号"，市民族事务委员会命名的"民族团结号"，市其他部门命名的先进车组；

④ 国家有关部门命名的先进车组，其中包括共青团中央命名的"青年文明号"，全国总工会命名的"工人先锋号"，全国妇联命名的"三八红旗号"、"巾帼立功号"，国家有关部门命名的其他车组；

⑤ 市和国家有关部门命名的先进车队，目前主要有团市委命名的"青年文明号"线路，团中央命名的"青年文明号"，市总工会命名的"工人先锋车队"，全国总工会命名的"工人先锋号"，国务院有关部门命名的"民族团结路"，全国残疾人联合会命名的"扶残助盲线路"，全国老龄委命名的"助老尊老线路"，等等。

（2）先进车组的分布

先进车组指的是先进群体，为了更好地发挥先进的示范作用，先进群体在企业中应当按一定比例均衡分布。

服务专业先进个人应该按照乘务人员及专业干管人员总数的一定比例培养选拔，在企业中均衡分布。

先进车组的数量也应该占运营车组的一定比例，但其分布只能是相对的均衡。其中市级、全国级先进车组应占先进车组总数的一定比例，基本上呈现出自然分布的状态。

先进车队的数量以控制在运营车队的 20% 以内为宜，应按照标准严格考核验收，因此分布上也呈现不均衡状态。

（3）先进车组的创立

先进个人应该按照标准严格考核，经过民主评议、组织审查的程序选拔。先进车组、车队的创立应该按照逐级申请、循序渐进的程序选拔。

基层服务管理部门应接受车组的申请，严格按照先进车组的标准进行检查考核，对存在的问题要积极辅导，指出车组努力的方向。经过一段时间的考核后，基层服务管理部门应向上一级服务管理部门提出申请。

中、高层服务管理部门接到申请后,应按照统筹兼顾的原则考虑名额分配,派专人对提出申请的车组进行验收,并会同企业有关部门考核该车组一段时间内的工作质量和各项指标完成情况。全部验收合格后,由企业正式命名为"优质服务车",命名后由中层服务管理部门再次进行复验,复验合格后享有先进车组的待遇。

市级和全国级先进车组一律从企业"优质服务车"中选拔。企业有关部门要主动和市有关部门联系,积极争取名额。获得名额后,由企业基层管理部门推荐,逐级考核后向市和国家有关部门申报,市和国家有关部门综合考评、验收后予以命名。

先进车队的创立首先由企业制定标准,在企业所属车队中按一定比例选拔。中层管理部门经过对车队按年度进行综合考评后,将选拔出的先进车队,向上级管理部门正式提出推荐申请。

企业高层管理部门接到申请后,应该严格按照标准进行考评。遵循统筹兼顾的原则,验收达到标准的车队,验收合格后命名为"企业先进车队"。这些企业级的先进车队是市和全国级先进车队的预备队。公交企业先进车队应按逐级选拔的原则审批,没有被选拔为"先进车队预备队"的车队不能命名为企业级"先进车队",不是企业的"先进车队"的车队没有资格被命名为市级先进车队,不是市级先进车队的车队不能被命名为全国级先进车队。

企业有关部门要主动与市有关部门联系,积极争取先进车队命名名额。同时企业应有计划、有目标地培养重点车队,积极争创市级和全国级先进车队。

3. 先进车组的日常管理

先进车组命名后的日常管理是一项经常性工作,对于确保先进车组质量,发挥先锋模范作用有着重要的意义。先进车组的日常管理应当按照优胜劣汰的原则,实行动态管理。日常管理的主要内容有以下几方面。

① 先进车组日常管理由基层服务部门负责,实行基层、中层服务管理部门两级考核。

② 先进车组的荣誉牌悬挂应统一位置。遇有车辆大中修时要妥善保管荣誉牌,荣誉牌丢失或损坏要及时上报,责任者负责赔偿,上级服务管理部门负责补发。

③ 中层服务管理部门要按月对先进车组进行考核,考核时要会同企业有关部门对车组各项生产指标进行综合考评。

④ 中层服务管理部门要采取抽查与普查、明查与暗查的形式,定期对先进车组进行复验,复验不合格的车组要限期整顿,经整顿仍不合格的车组要报请有关部门撤销荣誉称号。

⑤ 先进车组成员调整应由基层服务管理部门申报,中层服务管理部门负责审批。一般情况下,自然年度内车组成员调动不应超过1/3。

⑥ 在验收和日常检查中,先进车组成员一人不合格视为该车组不合格。发生行车事故,服务纠纷及受到乘客投诉也视为该车组不合格。

⑦ 基层和中层服务管理部门应分别建立先进车组档案,详细、准确记录先进车组的工作

业绩和有关情况。

⑧ 先进车队的日常管理参照先进车组各项内容进行，同时要会同有关部门对车队管理工作进行定期综合考评验收。

4. 先进车组的奖励与扣罚

① 先进车组自命名之日起，由命名单位授予统一制作的荣誉标志。

② 被命名的先进车组自被命名次月起由企业奖励优质服务津贴，按月发放。奖励的具体标准由企业自定，各级先进车组的津贴应保持一定的差距。

③ 在日常检查考核中，先进车组服务质量不合格或其他生产指标未完成的，除按有关规定扣罚外，还应终止优质服务津贴的发放。新调入先进车组的成员从次月起享受优质服务津贴的奖励。

④ 先进车队被命名后由企业给予一次性奖励，奖励标准由企业确定。经综合考评，先进车队达不到标准要限期整顿，经整顿仍不合格的，由企业报请命名单位撤销荣誉称号。被撤消荣誉称号的车队在一定时间内不得重新命名。

13.2.6　线路的管理

城市公共交通按照规定的线路行驶，形成了线路网络。一般线路是按照规定的线路和起止时间、间隔时间，在首末站和中途各站之间按规定的走向运营，按规定的票制收取费用。本节主要讨论无人售票线路、准无人售票线路、专线线路、空调线路及旅游线路的服务管理。

1. 无人售票线路

公共电汽车实行无人售票是国际现代化城市普遍采用的方式。在我国有许多城市，如深圳、广州、上海、北京等数十个城市相继推行了无人售票，并取得了显著的社会效益和经济效益。

（1）无人售票

无人售票是以机器代替人工售票的乘车售票方式。其服务过程是：乘客依次从规定的车门上车，主动向投币箱投币或向驾驶员出示票证，并自觉向下车方向流动，到站后，从规定的下车门下车。由于无人售票方式的特殊性，乘客应配合在车下准备好零币，以免造成乘车秩序的混乱。

（2）无人售票线路的服务管理

针对无人售票线路特殊的服务方式，应从3个方面加强管理。

① 不断加强舆论宣传。

无人售票作为公交行业的重要改革是一项规模较大的系统工程，其运营服务模式的特殊性必须得到社会、乘客的理解和支持。无人售票服务质量的高低，很大程度上取决于企业的管理水平和社会各界的理解与支持，而乘客是否按规定乘车，直接影响无人售票的运营秩序和服务质量。因此，与新闻单位紧密配合，坚持不懈，进行长期的舆论宣传，坚持正面引导，严格执行有关法规，促进乘客形成高度的自觉性是服务管理的一项重要内容。

② 对驾驶员进行培训，增强服务意识。

无人售票车不设乘务员，全部服务过程由驾驶员一人承担。驾驶员不仅工作量增加了，还由过去单一的安全行车变化到直接与乘客接触，处理乘务过程中的问题，为乘客提供服务。让无人售票车驾驶人员及时适应这一变化，就要经常性地进行培训，增强服务意识。培训的主要内容有：

　　a. 进行职业道德教育，树立敬业爱岗、一心为乘客的服务意识；

　　b. 遵守票务制度的有关规定，监督乘客自觉投币，准备足够的票据，以便乘客索取；

　　c. 礼貌待客，文明服务，在条件允许时耐心解答乘客的询问；

　　d. 正确使用语音合成器，按规定报清行车方向、到达站、预报下站和其他语言提示，宣传无人售票乘车规则；

　　e. 积极疏导乘客上下车，维护乘车秩序；

　　f. 搞好车辆清洁。

无人售票车驾驶员的上述职责要在反复培训的基础上认真考核，使广大驾驶员认真执行并被乘客所接受，为无人售票线路的发展奠定良好的基础。

③ 建立健全规章制度。

规范化、制度化、科学化的管理是现代化企业管理的方向，无人售票线路特殊的服务方式更需要建立健全规章制度。需要制定的规章制度主要包括：《无人售票车驾驶员服务规范》《无人售票车驾驶员工作守则》《无人售票车驾驶员服务纪律》《无人售票车驾驶员考核标准及奖惩条例》。

2. 准无人售票线路

准无人售票是无人售票的过渡形式，准无人售票车配备 1 名乘务员，监督投币、验看票证、疏导宣传等。准无人售票线路的服务管理主要是针对乘务员的管理。

准无人售票车配备的乘务员的服务规范主要包括以下内容：

① 上岗前按规定佩戴胸卡，以便乘客监督；

② 出车前检查语音合成器、车厢扩音器、投币箱等服务设施，保证完好；

③ 按规定签注私款，禁止携带书包上车；

④ 首站提前上车监票，疏导乘客；

⑤ 正确使用语音合成器，车进站前距站 15 m 按动语音合成器，报清行车方向和到达站，出站后预报下站，并宣传乘车规则；

⑥ 监督乘客投币，验看月票，必要时走出票台请未投币的乘客投币；

⑦ 随时清币入单，投币口不得留有钱币，乘务员不准直接接触票款；

⑧ 热情服务乘客，及时疏导乘客按规则上下车，耐心解答乘客询问，宣传乘车规则；

⑨ 照顾特殊乘客上下车，积极为老幼病残孕乘客找座位；

⑩ 协助驾驶员照顾乘车安全，执行开关车门的有关规定；
⑪ 搞好车辆清洁。

准无人售票线路除售票程序和乘车规则不同外，服务管理的其他内容与一般线路相同。

3. 专线线路、空调线路、旅游线路

专线线路的特殊性在于由于票制不同而与一般线路的票价不同，并且票证乘车无效。同样里程乘坐专线车与一般线路收费有可能不一致，易引发乘客误解。针对这一特点，专线线路服务管理要重点进行积极宣传、耐心解释的教育。

空调线路属于优质优价线路，它的特殊性不仅是由于票制不同而导致的票价高于普通线路，更重要的是空调器的使用。因此空调线路服务管理的特殊性在于规范空调器的使用，以确保乘客享受到空调的服务。

旅游线路是满足乘客旅游出行的线路，一般都有固定的上下车地点和发车时间。旅游线路的特殊性在于满足乘客旅游出行的目的。旅游线路服务管理的重点在于：一是保证乘客的座位；二是介绍旅游景点的情况；三是明确告诉乘客发车时间和乘车注意的问题，特别是强调返回的发车时间；四是耐心解答乘客询问，妥善处理乘车途中发生的问题，主动为乘客排忧解难。

13.3　城市公交服务管理的标准

城市公共交通是以为乘客提供乘行服务为特征的"窗口"行业，公交企业应该怎样为乘客服务，对提供服务的过程如何管理，应该达到什么样的目标，实现什么样的效果，这些都离不开标准。本节主要讨论服务管理所依据的具体标准。

13.3.1　标准和服务标准

1. 标准的含义和划分

标准是衡量事物的准则，也是可以供同类事物比较核对的准则性事物。标准一般包括4个方面的含义。

① 标准的对象是重复性事物或概念；
② 标准的基础是科学技术和实践经验的综合成果；
③ 标准经协商由主管机关批准发布；
④ 标准的法规性是共同遵守的准则和依据。

按照适用的范围划分，标准分为国际标准、国家标准、地方标准、行业标准和企业标准。

按照属性划分，标准分为管理标准、工作标准和技术标准。

管理标准以"事"为对象，即企业生产经营活动中为实现管理职能、对企业管理有关的重复性事物与概念所作的规定。

工作标准以"物"为对象,即对人或人群的工作范围、责任、权限及工作质量等所作的规定。

技术标准以"物"为对象,对技术事项所规定的检验尺度。

2. 服务标准的特性

服务标准是以服务为内容的标准,是服务管理的主要依据,也是服务管理工作应达到目标的衡量尺度。它具有以下特性。

(1) 突出"以人为本"的特性

服务工作的对象是人,提供服务的也是人,因此服务标准本身要符合"以人为本"的特性,包含着对"人"的必要约束,体现着对"人"的灵活管理,使面对面的服务有章可循。

(2) 突出定量与定性的结合

服务标准既要对服务满足人的物质需求的质量提出定量标准,又要对服务满足人的精神需求的质量提出定性标准,如服务过程中的热情、诚恳、周到和照顾等,常常由被服务者的感受作出判断。定量与定性标准结合才能更实际地反映服务质量。

(3) 具有约束性和稳定性

服务标准对服务者与服务对象都具有一定的约束性。标准制定后执行者必须接受并付诸行动,服务对象在接受服务的同时也必须接受服务标准。因此,服务标准无论对服务者还是被服务者,都不以他们的意志为转移。服务标准也要求具有相对的稳定性,服务标准一经制定并被大多数服务者与被服务者认可,就不能轻易改动。

3. 服务标准的作用

服务标准在服务管理中具有以下作用:

① 服务标准是高效组织服务管理活动,实现企业服务管理科学化、制度化、规范化的前提,没有标准就不可能进行有效的管理;

② 服务标准为提高服务水平提供了质量保证的依据;

③ 服务标准是提高服务管理水平和企业竞争能力、树立良好的企业形象的必要手段。

13.3.2 制定服务标准的原则

服务标准是进行服务管理的依据,制定公共交通服务标准应遵循以下原则。

1. 适应运营生产的需要

城市公共交通的根本任务是满足乘客的乘车需求,为乘客的出行提供服务。城市公共交通企业的运营生产是为乘客提供服务的基本组织形式。任何事物都具有一定的规律性,公共交通企业的运营生产也不例外,它是多种工种的联合作业,有其内在的规律和外在的表现形式。服务标准是衡量企业提供的服务质量的尺度,也是检验管理工作质量的尺度,制定服务标准时要符合企业的运营生产的基本规律,适应运营生产的需要,有利于运营生产的顺利进行。反之，违背了运营生产的基本规律，与运营生产的需要背道而驰，服务标准根本不可能得到贯彻执行，更不会被执行者和被执行者所接受。比如，公交车是以首站或末站为起点、按照规定的方向、途径中途各站、到达另一首末站的方式运营的，服务的方式是通过这样一个个的单程运行来实现的，服务标准必须符合这样的过程性需要。

制定服务标准既要考虑到每一个劳动班次的过程，又要考虑到每次出乘的具体过程。运营生产时通过每一单程、每一劳动班次循环往复地进行，服务标准也必须符合这一基本形式。以一个单程和一个劳动班次为单位时间制定标准，于是相应产生了《乘务员一次出乘服务规范》和《乘务员服务规程》，无论是规范还是规程中制定的标准，它的基本时间单位都是由接班、出乘前、行车中、收车后、交班几个部分组成。又如，城市公共交通的服务者与被服务者都是活生生的人，服务标准必须突出人的特点，以满足乘客的物质和精神需求为检验尺度，同时又要充分考虑到服务的提供者在运营条件下可能达到的程度。显而易见的是，不能要求无人售票车驾驶员必须耐心解答乘客的询问，因为交通法规规定禁止驾驶员行车谈话，所以标准只能要求无人售票驾驶员在停车时简短解答乘客的问询，这个标准显然有别于乘务员的标准。

2. 具有严谨性和整体性

作为服务管理的依据和准则，服务标准首先应具有严谨性，因为标准是具有权威性的准则。因此，制定标准必须采取谨慎的工作态度，制定出的标准本身也应该具有严密的逻辑性。

城市公共交通是多工种的联合作业，制定服务标准时还应遵循整体性的原则。服务标准要与运营标准、安全标准和车辆技术标准、服务设施标准、后勤保障标准紧密衔接，组合配套，相互作用。特别应避免各标准之间的矛盾，即在客观上形成执行此标准就必然不能执行彼标准的现象。配套组合的系列标准有利于标准的贯彻执行，有利于提高整体服务水平和企业的管理水平。

3. 具有合法性

制定服务标准必须遵循合法性原则。合法性原则有两层含义：其一是制定的服务标准必须符合法律法规，不能与法律法规有任何抵触，这里的法律法规不仅包括国家颁发的法律、条例、规定，也包括地方性的通告、通知等，同时还包括企业主管部门、企业的上级单位和企业整体性有约束力的文件；其二是制定的服务标准在逻辑上要符合标准的从属关系，不能与标准有任何的矛盾与抵触。行业标准要服从于国家标准，企业标准要服从于行业标准。服务标准要服从于企业整体标准。

13.3.3 服务标准的内容

服务标准的内容十分丰富，多年来各地的城市公共交通企业制定了一系列服务工作标准、管理标准和技术标准，这些标准具有地区特色和很强的可操作性，这里不能一一归纳介绍。本节只介绍以北京地区为代表的企业标准，以及与公共交通相关的守则、纪律、法规。

1. 行业标准

（1）工作标准

1993年建设部颁发了《市政公用行业服务性关键岗位服务规范》（建设部城建〔1993〕〔181〕），包括驾驶员、乘务员、调度员、服务质量检查员（稽查员）的岗位工作规范。下面摘录乘务员和服务质量检查员的岗位工作规范。

乘务员的岗位工作规范如下。

① 上岗必须有明显的服务标志，衣着整洁，仪表大方。
② 做好例行保养，保持车厢服务设施齐全完好和车厢内外整洁。
③ 代号售票工具，备足客票，检查三牌（头、尾、腰牌）是否齐全。
④ 报清路别和行驶方向，听调度指令关门发车。
⑤ 讲普通话。语气文明，态度和气，礼貌待客，耐心解答乘客问询。
⑥ 主动关心老、弱、病、残、孕、怀抱婴儿的乘客，宣传动员乘客让座。
⑦ 主动售票，验看车票，做到不漏票、不跑票，补、罚票按规定进行。
⑧ 遵守票务制度，严谨挪用和贪污票款。
⑨ 关心乘客安全，开关车门应注意车厢内外情况。
⑩ 积极疏导，埋怨劝阻，有条件时照顾赶到的乘客上车。
⑪ 夜间行驶应开启车厢灯。
⑫ 交接班时，接班员做到人等车。
⑬ 车辆因故不能继续行驶时，应向乘客说明情况，并安排转乘同线路后车。

服务质量检查员（稽查员）的岗位工作规范如下。

① 上岗应携带执勤标志或证件，仪表大方。
② 认真检查、掌握和如实反映被检查车辆的服务质量情况，对违章违纪情况，做到按规定处理。
③ 查、验票时，态度文明礼貌，补、罚按规定严格执行。
④ 遵守工作纪律，执勤时不擅离职守，不得将执勤标志或证件转借他人，严禁徇私舞弊等行为。

（2）管理标准

2008年颁发的《城市公共汽电车服务标准》规定了城市公共汽车、公共电车乘务服务的基本内容和质量要求。标准的颁布，使全国成果公共交通的乘务服务管理有了统一可靠的依据，为服务管埋进一步规范化、科学化、制度化提供了必要的条件。

标准对服务的一般要求、车站设施、人员基本要求、运营调度等方面作出了明确的规定。

① 一般要求：规定了公共交通覆盖率、线路密度、平均站距、发车间隔的标准。
② 车站设施：明确了站台、候车亭、站牌、消防设施的标准。
③ 人员基本要求：对驾驶员、乘务员的职业资格、职业道德、仪容仪表等方面作出了规定。

④ 运营调度：规定了编制线路运行计划及应急调度预案的编制、行车调度的标准。

2. 企业标准

（1）工作标准

企业工作标准中各地的共性内容一般包括驾驶员、乘务员、调度员、站台服务员、综合检查员、专业管理人员岗位的基本要求和先进车组、无人售票服务基本要求等。以北京公共交通总公司为例，主要有乘务员《一次出乘服务规范》、《优质服务车标准》和运营车队《服务副队长工作标准》、《服务管理员工作标准》等标准。

（2）管理标准

① 车厢服务管理标准。依据乘务员服务规范、规程检查考核乘务员服务质量的标准。

② 站台服务管理标准。用以评估站台乘车秩序方面的服务质量标准。

③ 车辆清洁管理标准。对车身、门窗玻璃、轮胎、外顶、内顶、地板、司机舱等部位提出的清洁程度标准。

④ 票务管理标准。对乘务员的领票、售票、结算程序的标准及票务制度和规定，用以规范乘务员的票务行为。

⑤ 服务质量监督管理标准。对乘客来信、来访、来电和服务纠纷提出相应的划分标准、处理程序、管理办法，对每个服务管理层次提出转送、处理、回访答复等具体处理程序及标准，以此考核管理工作。

⑥ 中层服务管理部门管理标准。对中层服务管理部门提出的工作质量及效果的标准。

（3）技术标准

① 服务设施、标志标准。

② 无人售票车服务设施、标志标准。

③ 乘务人员技能等级标准。

3. 相关的守则、纪律、法规

（1）守则

与服务管理相关的守则是公共交通企业制定的《乘务人员工作守则》。它的主要内容包括提前进站、准点发车、正点运营、停稳开门、关好门走车、主动售票、认真验票、按规定收费、衣着整洁、服务设施齐全、接受乘客监督。

（2）纪律

与服务相关的纪律主要包括运营纪律、服务纪律、票务纪律。纪律是企业为了维护运营生产制定的、要求每个成员遵守的规章。纪律带有强制性，它规定了乘务人员在服务过程中不做与工作无关的事。

（3）法规

即与服务管理相关的法律、法令、条例、规则、章程，具体如下。

① 建设部、公安部共同颁布的《城市公共交通车、船乘坐规则》。1994年1月起执行的

该规则主要规定了乘客乘坐城市公共交通时应遵循的秩序和票务、携带物品等方面的事项,以及违反规则的处罚方法。

② 地方政府颁布的有关公共交通经营服务的规则。主要有《公共汽车、电车乘车规定》、《公共汽车电车车票使用办法》、《无人售票公共汽车管理规定》、《维护乘车秩序的通告》及其他有关规定。

③ 与服务管理相关的法规、条例。如《中华人民共和国治安管理处罚条例》,革命伤残军人乘坐公共电汽车的地方性条例,有关优待老年人乘车、照顾残疾人乘车的地方性条例。

复习题

1. 试述服务管理含义与重要作用。
2. 简述服务管理的职能。
3. 说明如何培养乘务员的服务素质。
4. 简述城市公共交通票务制度的主要内容。
5. 简述标准的含义和划分。
6. 简述服务标准的特性。

第 14 章

城市公交服务质量管理

公共交通服务质量管理涉及城市的每个家庭，和市民乘客的切身利益息息相关，影响着公交企业的形象和信誉，决定着企业的经济效益和社会效益。不断提高服务质量，是公交企业更好地为人民服务的需要，是企业在激烈的市场竞争中，求生存、谋发展的需要，是城市加强精神文明建设的需要。因此，质量管理是公交企业重要的经营与管理活动，也是服务管理的主要工作内容。

14.1 城市公交服务质量管理概述

14.1.1 服务质量的含义

通常所说的服务质量是指商业、饮食业等服务型行业和其他公用事业为顾客服务的优劣、好坏程度。公共交通的服务质量则是企业在运营生产过程中为乘客提供乘行服务的优劣、好坏程度。

公交企业的服务质量，主要表现为乘客服务中的物质质量和劳动质量。因为公交企业为社会提供的服务是依赖必不可少的物质条件（如站务设施、运营车辆等）和调度员、驾驶员、乘务员的劳动来完成的。物质条件是公交服务的基础，物质质量是公交服务质量的重要组成部分。公交服务的劳动质量，是指乘务人员的服务态度能够满足服务对象在乘行中心理或生理上的需求。在同样的物质条件下，劳动质量的差异，直接影响着服务质量，劳动质量是决定公交服务质量和水平的重要因素，本章就此进行讨论。

对任何企业而言，质量声誉和企业形象是密切相关的，二者可以说都是企业的"无形资产"，在某种意义上来说代表着企业的"潜在销售额"。如果说"树精品意识，创名牌产品"

是生产实务型企业经营理念的话,那么"内强素质、外树形象"则是公交服务型企业提高服务质量的指导思想。这是因为制造业的产品质量既可以通过产品的形象来体现,而产品的形象又可以通过各种销售渠道的流通作用得到更广泛的传播和扩大,而公交企业形象的树立和传播,由于受服务产品的特殊性(无形性、非储藏性)的制约,只能靠公交物质条件的改善和服务人员素质的提高,满足乘客的乘行需求来实现。

14.1.2 服务质量管理的基本要求

公共交通服务质量由于包含着物质质量和劳动质量两个方面的因素,所以必然受到国家经济实力和所处城市的客运交通方针、政策的影响。各地公共交通企业的经营和管理水平不同,服务质量的侧重点各有差异,但是公共交通的服务质量都应以满足乘客需求为前提。从公交企业整体服务的大前提出发,其根本要求是:为乘客提供安全、迅速、准时、舒适、经济的乘车条件,最大限度地减少乘客的出行时间。具体内容如下。

1. 安全

安全是服务质量的重要内容,也是做好服务工作的前提。安全应该包括以下几个方面的内容。

① 行车安全。在运行中防止发生交通事故,维护正常的运行秩序。

② 设备安全。要求运营车辆的技术性能和状况良好,避免发生机械故障和意外事故而延误乘客的乘车时间。

③ 乘坐安全。在开关门车乘客上下车时予以提示,避免发生夹、摔事故。车厢各种服务设施,如扶手、座椅要保持完好,以免发生意外事故。

④ 财物安全。提示乘客携带好自己的物品,保管好自己的财务,避免遗落和丢失。

⑤ 乘务人员自身安全。

2. 迅速

迅速是乘客乘车的基本要求,也是现代交通的特点和优势。当今社会,时间就是效益,因此公共交通应最大限度地节省乘客的出行时间。这就要求在运营服务中,一是要科学地确定运送速度,规定合理的运送时间,严格执行运行计划和调度命令;二是乘务人员要积极疏导乘客,妥善处理乘务矛盾,不因个别情况延误乘客的乘车时间。

3. 方便

方便是乘客乘车的基本要求,也是公共交通服务质量的重要内容,主要包括线网密度与布局合理,交通工具的多样化,站点设置方便换乘等方面,有关方面的内容在《城市公共交通运营管理》一书中有系统论述。

4. 准时

准时虽然是乘客乘车的基本需求,但由于受自然气候、道路交通状况的制约,公共交通的准时只能是相对的,这就要求准时发车,特别是首末车的发车时间确保准时,运行中尽量减少停站时间,严谨乘务人员个人占用运营时间,保证车辆在中途站和终点的到达时间误差在规定的范围之内,以此提高服务信誉。

5. 舒适

公共交通为乘客提供舒适的乘行服务,主要表现为尽可能地满足乘客对乘车的物质需求和精神需求两个方面,具体有以下内容:

① 站务设施、车辆设施齐全、完好、实用、有效;
② 运力充足,均衡满载,缓和拥挤;
③ 根据季节和气候的变化调整车窗玻璃,夜间开启车厢照明灯,使用空调调节车内温度,播放声像音乐等,使乘客把枯燥的乘车变为享受;
④ 保持车厢内外和设施的清洁,为乘客提供良好的乘车环境;
⑤ 乘务人员用语规范、待客诚恳、礼貌热情、文明服务,尊重、体贴、谅解乘客,照顾老、幼、病、残、孕及有特殊需求的重点乘客;
⑥ 驾驶员驾驶车辆做到精神集中、行车平稳,转弯、进出站勿急停猛拐,给乘客以舒适的感觉。

6. 经济

公共交通是城市居民出行的首选交通工具。公交票价的确定是由政府依据国家规定的收费标准,根据公交提供的服务质量、水平和社会的承受能力进行调控的。因此,公交企业和乘务人员必须严格执行收费标准和票务制度,严禁乱收费、乱罚款或巧立名目变相加价。保持公共交通的经济性,才能充分发挥公交的优势,满足群众的乘车需求,占领城市客运市场。

上述 6 项公共交通服务质量的基本要求,需要依靠相应的服务规范来实现。随着社会的发展和城市物质文明、精神文明建设水平的提高,乘客对公共交通服务质量的需求也不断发生变化。因此,制定和完善公共交通的服务规范是公共交通服务质量管理的重要内容和长期任务。

14.1.3 服务规范

服务规范就是服务的主体(服务性企业或单位)对服务的客体(服务对象)所提供服务质量的内在标准和外在表现形式,是根据服务对象的基本要求制定的,是服务质量的出发点和归宿点。

公共交通的服务规范是在市场调查的基础上,将乘客的各种需求进行整理和归纳,以成文的形式确定下来,将服务质量具体化、标准化、程序化,便于操作。

公共交通的服务规范主要是对公共交通服务人员的服务程序、服务方法、服务语言等方面提出的具体要求。

建设部 1993 年颁布了《市政公用行业服务性关键岗位服务规范》,北京市公共交通总公司根据规范要求制定了乘务员和站台服务员工作程序及标准。

1. 乘务员工作程序及标准

（1）首站发车前

① 乘务员必须按规定的时间向调度员报到。

② 按规定佩戴胸卡，领取并核对车票及清洁工具、电脑报站机、签注私款，签票。

③ 提前上车检查车内服务设施，搞好车辆卫生，按标准提前进站。

（2）坚持"三报"

① 报路别、行车方向。

② 预报站。

③ 报到达站。

标准：齐全，清楚，坚持正确使用电脑报站机或报话器，后门乘务员不报路别、方向，但必须预报下站和报到达站。

（3）主动售票

① 首站售清底票。标准：乘务员要走下售票台到乘客身边售票。

② 中途积极宣传。标准：每站起步后向车内宣传"没有票的乘客请买票"。

③ 主动售票。标准：根据本上车乘客的人数或特点，有针对性地问票。

④ 人多立席售票。标准：车辆满载五成以上时，应站立售票。

⑤ 有条件打穿售票，按规定收取包裹费。标准：在车辆满载允许的情况下，走下售票台，流动售票。

（4）认真验票

① 积极宣传。标准："下车的乘客，请您出示车票"。

② 提前验票。标准：车辆未到站前，乘务员查验欲下车乘客的车票。

③ 重点验票。标准：根据乘客特点，有针对性地检查。

（5）礼貌用语

① 对不同乘客有不同尊称。标准：使用"请"、"您"。

② 需要乘客帮助和协助时要说"谢谢"。

③ 不慎失误或失礼要说"对不起"、"请原谅"。

④ 在任何情况下都不说服务忌语。

（6）解答询问

① 有问必答。标准：乘客提出询问，务必有回答。

② 多问不烦。标准：乘客多次询问，均能耐心解释，不得厌烦。

③ 不知代问。标准：对本人不能答复的询问，请车内的其他乘客帮助解答。

（7）重点照顾

当老、弱、病、残、孕乘客上车时给予照顾。

标准：

① 热情宣传让座，积极帮助找座；

② 有条件情况下，对行动不便的乘客给予搀扶；

③ 适当延缓开、关门时间，防止夹、摔乘客。

（8）驾乘配合

标准：

① 车辆进出站、行经繁华地区，险要地段和转弯时，提醒乘客、行人和慢行车辆注意安全；

② 车辆倒车时，乘务员下车协助查看；

③ 提示驾驶员等候跑来的赶车乘客和串车情况下的二次进站。

（9）积极疏导

标准：

① 随上车随疏导；

② 随售票随疏导；

③ 条件允许时离席疏导；

④ 抓住关键重点疏导。

（10）开关车门

标准：停稳开门，看好关门，关好门再给信号，驾驶员关好总开关再起步。

（11）处理问题

标准：遇事冷静，照章办事，以理服人，得理让人，打不还手，骂不还口，顾全大局，如实汇报。

（12）车到终点

标准：提醒乘客携带好自己物品下车，抓紧时间清扫车辆，捡到乘客遗失物品及时上交。

（13）交接班

标准如下。

① 下班乘务员必须将票、款、账结清，当面交给接班人员，接班人员应当面核实。中途交接班时，接班人员未到，当班人员应继续工作到终点。车辆停驶时，下班乘务员必须将票袋封存交指定人员保管。行车计划规定进场交接班的，乘务员必须随车出、入场。

② 乘务员下班时，应将电脑报站机、清洁工具移交给接班人员，车辆停站或进场应将电脑报站机、清洁工具提前交指定人员保管。

③ 下班后必须搞好车辆清洁，关好车辆玻璃，落下天窗。

④ 车辆设施有问题，及时报修。

2. 站台服务员工作程序及标准

（1）岗前准备

① 按规定准时到岗，并向车队报到。
② 正确佩戴执勤标志，清扫站台，保持站容整洁。
③ 一类站早班交班时应主动向接班人员介绍情况，接班人员未到，当班人员不得离岗，须向车队汇报，采取临时措施。

（2）上岗执勤
① 按规定位置站岗。
② 有站棚的站台，服务员要积极组织乘客排队候车，否则组织乘客在便道候车。
③ 候岗服务员在车辆进站前应疏导行人和慢行车避让，引车安全进站，提醒乘客注意，观察乘客候车动向，发现问题，及时疏导，提示、照顾老、幼、病、残、孕乘客提前上车。
④ 乘客上车完毕，关好车门后，各岗位服务员引车出站。
⑤ 耐心解答乘客询问。
⑥ 搞好站台卫生，保持站台清洁。
⑦ 车辆进出站发生事故时，要协助驾乘人员保护现场，抢救伤者，疏散围观者并及时上报。
⑧ 站台上出现纠纷，尽快调节，防止事态扩大。
⑨ 坚守岗位，维护秩序，出现大间隔或放空等情况时向乘客及时解释。

（3）下岗
① 按规定时间下岗，下岗后整理好各种执勤标志，妥善收存。
② 一类站早班下岗前要清扫站台并与接班人员交接清楚。

3. 其他公共服务标准

随着公共交通服务标准的逐渐完善，2008年我国相应制定了主要的公共交通服务标准。
（1）《城市公共汽电车客运服务》（GB/T 22484—2008）规定了城市公共汽电车客运服务的基本内容和质量要求
① 运营服务人员基本要求。
◇ 身体条件符合岗位工作的要求。
◇ 遵纪守法，具有良好的职业道德。
◇ 具有相应的职业资格。
◇ 岗位培训合格。
◇ 工作时按规定着装，佩带或放置服务证、卡。
◇ 衣着整洁、仪表端庄、举止大方、文明礼貌。
◇ 使用普通话服务，吐字清楚，语速适中，用语文明。
◇ 在少数民族地区、地方话较难懂的地区及外宾较多的地区，宜使用双语服务。
◇ 尊重乘客，态度和蔼，耐心解答乘客的询问。
◇ 在服务过程中，不吸烟、不吃零食、不与他人闲谈、不做其他与本职工作无关的事，不擅离工作岗位。

② 行车服务。

◇ 每日出车前应按规定的内容进行车辆例行检查，确认车辆性能完好，符合运营安全要求。

◇ 按调度指令提前进站，准时发车。

◇ 按规定的线路和站点行车，不得擅自越站甩客、改道行驶。

◇ 按安全行车要求行车。

◇ 车辆进站时，避让出站车辆，按规定位置停靠。

◇ 平稳停车，车停稳后开车门。乘客上下车完毕并关好车门后平稳起步。

◇ 停车时靠近路边，车身与道路平行。雨天停车时车门宜避开积水。

◇ 在不影响正常运行的情况下，应等候跑来的乘客上车，但不得滞站揽客。

◇ 交接班时，应交代车况和路况。在中途交接班的，接班人员未到时，应继续行驶到终点。

③ 车厢服务。

◇ 按规定提前上岗，检查服务设施。

◇ 礼貌待客，服务用语应符合规定，不说服务忌语和不文明用语。

◇ 按规定操作报站器、读卡机、GPS 车载机等电子设备。

◇ 提示乘客刷卡、投币、购票。本车满员时，劝告留站乘客等候下一次车。

◇ 车辆进站时应向车内乘客报到达站名，出站时向乘客报下一站站名。报站器、动态显示屏和移动电视同时报站时，其内容应一致。报站器故障时，应人工报站。

◇ 开关车门时应注意防止夹、摔乘客。

◇ 执行票制票价规定，有乘务员时主动售票，唱收唱付，认真验票，收钱给车票，必要时应流动售票。

◇ 执行政府有关减免费乘车规定，并提供同等服务。

◇ 耐心解答乘客问询。

◇ 重点照顾老、幼、病、残、孕等需要帮助的乘客。

◇ 向乘客进行文明乘车和安全防范的宣传。乘客较多时，应进行疏导。

◇ 劝阻和制止乘客携带宠物、车内吸烟、头手伸出窗外、乱扔废弃物等违反乘车规则的行为。

◇ 根据天气变化及时调整车窗开度，按规定的车内温度开启空调。

◇ 夜间行车时，按规定开启发光路牌和厢灯。

◇ 本车因故不能继续行驶时，应引导乘客换乘本线路后续车，后续车应积极配合换乘。

◇ 发生服务纠纷时，应冷静对待，化解矛盾，当矛盾激化无法控制时，应立即报警并向上级报告。

◇ 无障碍车遇残疾人坐轮椅乘车时，应放下无障碍踏板。

◇ 捡拾乘客遗失的物品应妥善保管，按规定上交。

◇ 车辆到达终点站，待乘客离车后，整理车内卫生，并对服务设施故障按"服务设施检查及保修项目"的规定及时报修。

（2）《城市轨道交通客运服务》（GB/T 22486—2008）也相应规定了轨道交通客运服务的基本要求

服务组织应以安全、准时、便捷、舒适、文明为目标，为乘客提供持续改进的服务；服务组织应为乘客提供符合服务规范的服务设施、候车环境和乘车环境；服务组织应为乘客提供规范、有效、及时的信息；在非正常运营状态下，应为乘客提供必要的指导信息；服务组织应向残障等特殊乘客提供相应的服务；为乘客提供的公益或商业服务应以方便乘客、提高服务质量为原则，保证客运服务质量不受影响。

（3）GB/T 22486—2008 对轨道交通客运服务质量也做了明确规定

① 票务服务。

◇ 售票处（机）或其附近应有醒目、明确的车票种类、票价、售票方式、车票有效期等信息，方便乘客购票。

◇ 自动售票机、充值设备上或自动售票机和充值设备附近应有醒目、明确、详尽的操作说明。

◇ 人工售票、充值或售卡过程中，售票员应唱收唱付，做到准确、规范。

◇ 对符合免费乘车规定，并持有效乘车证件的乘客，应验证后准乘。

◇ 自动检（验）票机或其附近应有相应的标志或图示，方便乘客检（验）票。

◇ 在特殊情况下，应及时采取有效措施，为乘客进行必要的票务处理。

② 导乘服务。

◇ 车站的醒目位置应公布乘车常识和注意事项；必要时，应通过广播等方式向乘客宣传乘车常识和注意事项。

◇ 车站应提供即时、准确、有效的乘车信息。

◇ 列车运营计划变更或列车运行不正常，对乘客造成影响时，应及时通知乘客；必要时，应采取有效措施疏导乘客。

◇ 车站出入口、售票处等的醒目处应公示本车站首末车时间；车站宜公布列车间隔时间、各车站运行时间等信息。

◇ 车站的醒目位置应公布车站周边公交线路的换乘信息。

◇ 列车上，应向乘客提供列车运行方向、到站、换乘等清晰的广播或图文信息。

③ 行车服务。

◇ 城市轨道交通的运营时间应根据当地居民的出行规律及其变化来确定和调整，调整前应及时公示。

◇ 应根据列车运行图组织列车运行，并可根据客流变化等情况合理调整列车运行；对乘客有影响时，应及时公布。

◇ 列车行驶应平稳，到站后应适时开关车门。
◇ 列车运行发生故障时，应视情况采取救援、清客、继续运行到目的地等处理措施。
◇ 一年内列车准点率应大于或等于 98.5%。
◇ 一年内列车运行图兑现率应大于或等于 99%。
◇ 列车拥挤度不应大于 100%。

④ 问询服务。
◇ 应提供现场问询服务和远程问询服务。

⑤ 特殊服务。
◇ 对残障等乘客应提供必要的服务，协助其顺利乘车。
◇ 发现走失的儿童，应带领其至安全场所，并设法联系其监护人或报警。
◇ 当遇到乘客身体不适时，应提供必要的帮助或拨打救助电话。

⑥ 应急服务。
◇ 应急服务应以保障乘客人身安全为首要目标。
◇ 应分别就运营事故、重大活动、政府管制、恶劣天气、乘客伤亡、事故灾难等影响城市轨道交通正常运营的突发事件制订应急服务预案，并适时启动。
◇ 当发生影响城市轨道交通正常运营的突发事件时，应及时告知乘客，并采取措施。

⑦ 服务用语。
◇ 服务语言应使用普通话。
◇ 问询、播音宜提供英语服务。
◇ 服务用语应表达规范、准确、清晰、文明、礼貌。
◇ 服务文字应用中文书写，民族自治地区还应增加当地的民族文字。
◇ 应根据本地区的特点提出服务忌语，对服务人员应进行防止使用忌语的培训。

⑧ 服务行为。
◇ 服务人员应按规定着装，正确佩戴服务标志。
◇ 服务人员应坚守岗位，严格遵守规章制度。
◇ 服务人员应做到精神饱满、端庄大方、举止文明、动作规范。

14.2　城市公交服务质量指标管理

服务质量指标是检验和衡量服务性行业服务质量优劣的尺度，是考核企业的经营成果、工作效率、评价职工生产业绩的主要依据。

14.2.1　服务质量指标的含义

公共交通服务质量指标是公交企业在一定的物质条件下，为乘客提供服务的质量目标，是公共交通服务质量管理的主要内容，直接体现公交企业的管理水平。

公共交通服务质量指标直接反映公交运营服务生产过程的质量状况，从广义上说是一个综合的质量指标体系，其中包含着公交运营生产的物质质量和人员的劳动质量，是公交运营、安全、技术、服务等专业质量指标的集合，如图14-1所示。从狭义上说，则特指服务专业质量指标，如图14-2所示。本章仅就狭义的服务质量指标进行讨论。

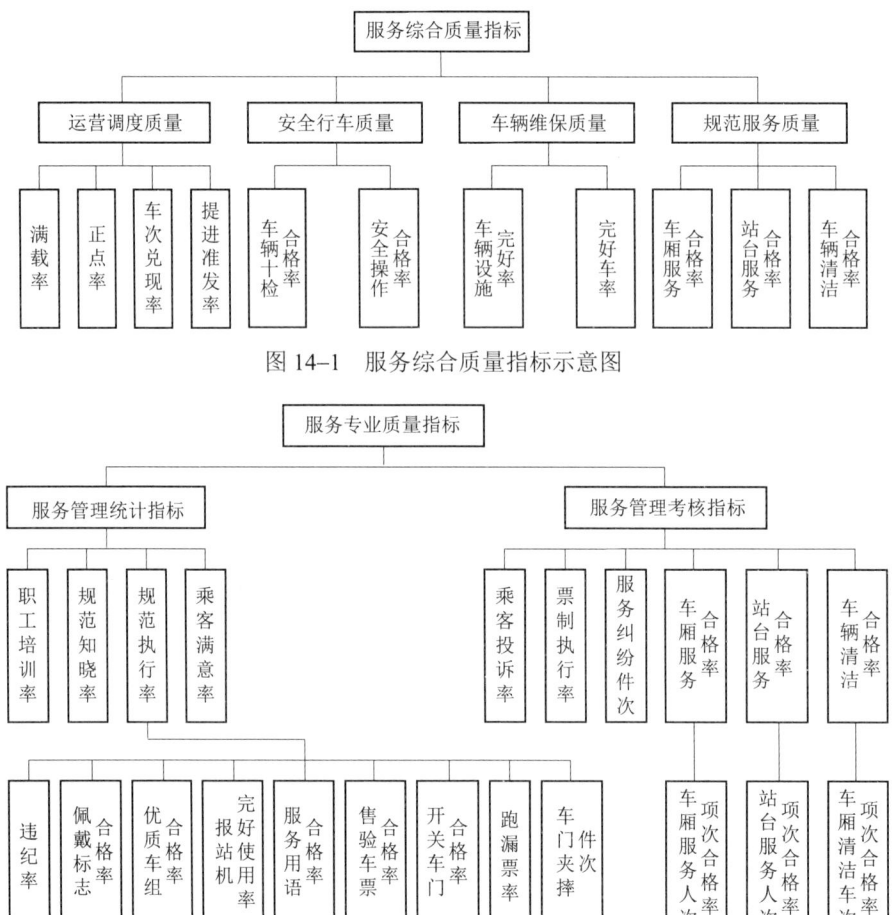

图14-1 服务综合质量指标示意图

图14-2 服务专业质量指标示意图

14.2.2 服务质量指标的确定

服务指标是服务专业计划中规定达到的质量指标，是公共交通服务指标体系的重要组成部分，是服务专业进行质量管理的重要依据。服务指标的确定是以服务专业管理范围为界限，以专业管理对象为内容，以服务规范为依据，因此服务指标应当具有专业性、科学性和权威性。

1. 专业性

服务指标的专业性是指指标的确定必须符合服务专业管理的特点，服务专业管理的重点是对车厢、站台（大厅）服务中的人和事进行管理，各项服务指标的确定必须体现这一特性。

2. 科学性

服务指标的科学性是指指标的确定必须符合服务管理的客观实际：一是服务指标的内容确定要完善合理，避免漏洞和失控；二是量化指标要与服务水平相适应，不能超越公共交通企业运营服务的物质条件和人员素质条件。

3. 权威性

服务指标一经确定，就必须严格执行，不得随意修改。各级专业部门制定的服务指标，具有同等的权威性，要通过组织的、行政的、经济的手段确保指标完成。

14.2.3 服务质量指标的内容

服务专业指标的内容，根据服务专业管理的范围可以分为服务管理指标和服务考核指标。服务管理指标是衡量专业基础管理工作质量状况的统计指标；服务考核指标则是检验为社会提供服务"产品"的质量指标。

1. 服务管理统计标准

由于服务专业大量的管理是针对人和事进行的，所以提高服务人员的素质，以规范化的管理促进规范化的服务是服务管理的主要特点。建设部在建设系统推行规范化服务中提出了"四率"标准，确定了服务管理指标的主要内容。

（1）职工培训率

职工培训率是指专业部门对上岗职工进行必要的岗前和岗位培训设定的。为了提高服务质量和水平，必须对公共交通职工进行职业道德、服务意识、服务规范和业务技能等多方面的培训教育，培训率要求达到100%。其公式为：

$$职工培训率 = \frac{实际参加职工培训人数}{应参加培训职工人数} \times 100\% \tag{14-1}$$

（2）规范知晓率

规范知晓率是为检验对职工培训情况的实际效果而设定的。其公式为：

$$规范知晓率 = \frac{规范考核合格的人数}{参加规范考核的人数} \times 100\% \tag{14-2}$$

（3）规范执行率

规范执行率是为检验上网服务人员执行服务规范而设定的。其公式为：

$$规范执行率 = \frac{上岗人员执行服务规范项次}{检查服务规范总项次} \times 100\% \tag{14-3}$$

（4）乘客满意率

乘客满意率是为了了解乘客对公共交通提供服务的满意程度而设立的，是评价公交服务质量的统计指标。其公式为：

$$乘客满意率=\frac{被调查乘客满意人数}{被调查乘客人数}\times100\% \qquad (14-4)$$

北京市公共交通总公司在实施规范化管理中还制定了一系列服务管理的统计指标，内容如下。

（1）违纪率

违纪率是反映车厢、站台（大厅）服务中违反服务纪律的人员比例，是检查服务人员遵章守纪情况的统计指标，是确定服务管理工作重点的依据。其公式为：

$$违纪率=\frac{被检查人员违纪人次}{被检查人员总数}\times100\% \qquad (14-5)$$

（2）佩戴标志合格率

佩戴标志合格率是反映服务人员上岗佩戴胸卡，包括规范着装的比率，是检验服务人员上岗仪表仪容规范合格的统计指标。其公式为：

$$佩戴标志合格率=\frac{被检查人员佩戴标志合格人次}{被检查人员总数}\times100\% \qquad (14-6)$$

（3）报站机完好使用率

报站机完好使用率是反映运营线路对所配备报站机完好使用情况的比率，是检验服务设施完好使用情况的统计指标。其公式为：

$$报站机完好使用率=\frac{报站机完好使用数}{报站机配备总数}\times100\% \qquad (14-7)$$

（4）优质服务车组合格率

优质服务车组合格率是反映被授予各种称号的不同级别的先进车组，经复查复验保持优质服务水平和先进性的比率，是对先进车组进行管理的统计指标。其公式为：

$$优质服务车组合格率=\frac{被检查车组合格数}{被检查车组总数}\times100\% \qquad (14-8)$$

（5）跑漏票率

跑漏票率是指未购票乘客与应购票乘客之比，是检验乘务人员售验票责任心的技能熟练程度，反映乘客跑漏票情况的统计指标。其公式为：

$$跑漏票率=\frac{未购票乘客人次}{应购票乘客人次}\times100\% \qquad (14-9)$$

根据服务管理的内容，服务统计指标的细化分类还有很多，如服务用语合格率、售验车票合格率、重点照顾合格率、开关车门合格率等。这些细化的服务统计指标都是制定服务考核指标的基础和依据，在此不一一列举。

2. 服务管理考核指标

（1）服务规范执行率

服务规范执行率是反映公共交通服务人员劳动质量水平的指标，也是服务质量考核的主要指标，通过被检查总人次与检查的合格人次的比率关系，可以衡量公共交通企业在一定时期和阶段的服务质量状况。

按照服务管理对象的划分，分为车厢服务规范执行率和站台（大厅）服务规范执行率。其计算公式分别如下。

① 车厢服务规范执行率

$$车厢服务规范执行率 = \frac{检查合格人次}{检查总人次} \times 100\% \qquad (14\text{-}10)$$

② 站台（大厅）服务规范执行率

计算同式（14-10）。

鉴于服务规范执行流程是由检查服务人员的各项服务规范执行情况确定的，还可以通过设定服务规范项次合格率来更为具体地反映服务规范执行的总体水平和存在问题，以及治理方向。服务规范项次合格率公式如下：

$$服务规范项次合格率 = \frac{检查服务规范合格项次}{检查服务规范总项次} \times 100\% \qquad (14\text{-}11)$$

（2）车辆清洁合格率

车辆清洁合格率是反映运营车辆清洁卫生的质量标准，也是考核乘务人员劳动质量的主要指标，可以按车辆清洁项次和车辆清洁车次来进行考核。

① 清洁项次合格率，公式为：

$$清洁项次合格率 = \frac{检查合格项次}{检查总项次} \times 100\% \qquad (14\text{-}12)$$

② 清洁车次合格率，公式为：

$$清洁车次合格率 = \frac{检查车辆清洁合格车次}{检查总车次} \times 100\% \qquad (14\text{-}13)$$

③ 乘客投诉率。乘客投诉率是考核公共交通服务质量水平，评价公共交通综合服务质量的重要指标。乘客投诉率是乘客批评、投诉件次与公共交通运营一线职工总人数之比。其计算公式为：

$$乘客投诉率 = \frac{一定时期内投诉总件次}{同时期在册一线职工人数} \times 100\% \qquad (14\text{-}14)$$

④ 票制执行率。票制执行率主要是检验乘务人员遵守票务制度，堵塞内贪外漏，完成票

款任务,确保企业经济效益的考核指标,是检查执行票制合格人次与被检查人员总人次之比。其计算公式为:

$$票制执行率=\frac{检查执行票制合格人次}{被检查乘务人员总人次}\times100\% \quad (14-15)$$

⑤ 服务纠纷件次。服务纠纷件次是服务质量考核中的重要指标,服务纠纷案性质划分可分为一般纠纷和恶性纠纷。服务管理考核指标就是考核一般服务纠纷和恶性服务纠纷。考核的方案按月累计、年度考核为宜。指标的确定可按件/千人次下达,并严格控制恶性服务纠纷的件次。北京市公交总公司对一般服务纠纷件次的考核指标为 1 件/(千人次·年),恶性服务纠纷考核指标为零。

14.2.4　服务质量指标的评定

服务指标的评定就是对服务指标进行评判,具体表现为对乘务人员服务劳动进行定量的分析、比较和鉴定,是提高服务质量的重要工作内容。做好此项工作的前提如下。

1. 制定服务指标的评定标准

一般来说,服务指标的评定标准是服务规范。对车厢服务标准指标的评定,依据乘务人员的服务规范、规程;对站台服务员的服务指标评定依据站台服务员规范。下面就乘客投诉和服务纠纷的评定标准作简要介绍。

(1)乘客投诉定性标准

按投诉性质可划分为以下两种。

① 一般投诉:服务不规范,工作不认真,态度生硬;照顾不周到,解答不耐心,不虚心听取乘客意见;因工作失误,失礼不道歉;处理违章车、月票不按章办事或不按规定补票;工作中做与工作无关的事,引发乘客投诉。

② 严重投诉:严重违反服务纪律或因不履行工作职责,引发服务矛盾;歧视、谩骂乘客,造成较严重后果;因接待、处理失当,导致矛盾激化,造成乘客投诉;新闻批评属实,在社会上造成一定影响。

乘客投诉的具体分析如图 14-3 所示,乘客投诉登记表如表 14-1 所示。

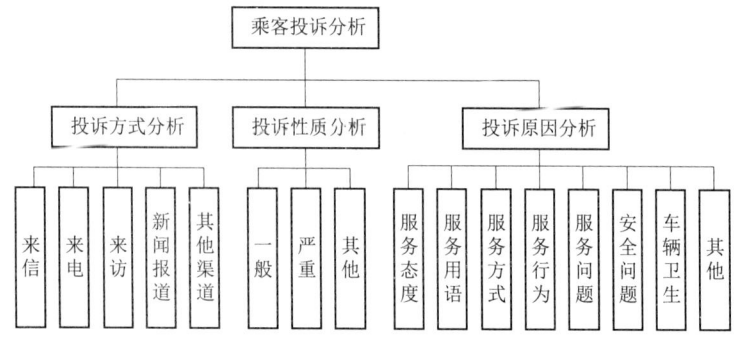

图 14-3　乘客投诉分析示意图

表 14-1 乘客投诉登记表

编号	发生日期	投诉来源	投诉分类	投诉人姓名和单位	投诉对象	投诉内容摘要	是否回访	处理结果	备注

（2）服务纠纷的定性

服务纠纷是乘务人员在服务过程中与乘客发生争执，造成一定后果的服务质量问题。是反映服务质量问题的主要标志，也是服务指标考核的重点控制指标。服务纠纷的分析如图 14-4 所示。服务纠纷按性质划分，可分为一般服务纠纷和恶性服务纠纷。

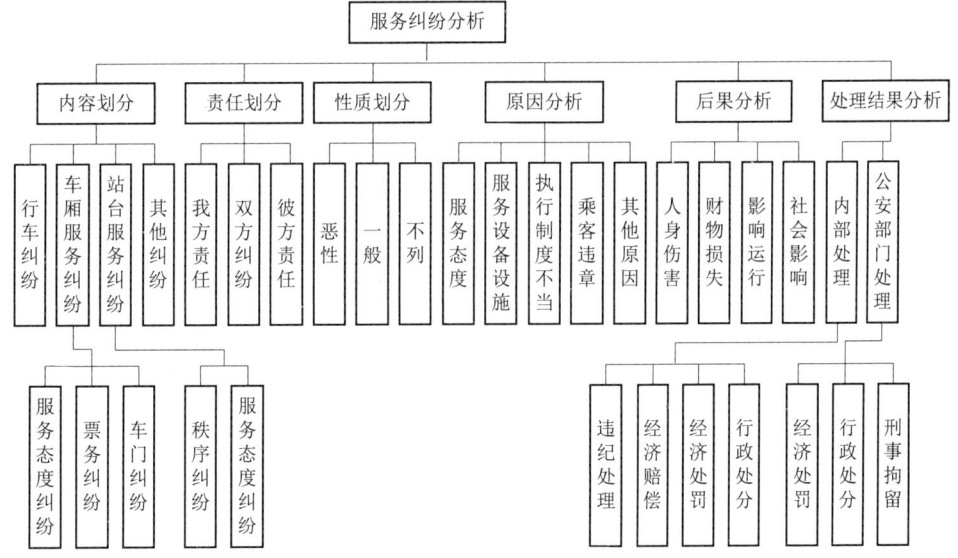

图 14-4 服务纠纷分析示意图

① 一般服务纠纷。因处理乘务矛盾不当，形成影响正常运营服务的服务纠纷。

② 恶性服务纠纷。造成恶劣影响的服务纠纷；造成乘客人身伤残或较大财产损失的服务纠纷；当事乘务人员被公安部门刑事拘留的服务纠纷；非当班乘务人员盲目介入，致使矛盾激化，引起严重后果的服务纠纷。对各类服务纠纷应逐件登记，填写服务纠纷登记表，如表 14-2 所示。

表 14-2 服务纠纷登记表

时间	当班人情况					乘客情况				责任
	路别	车号	姓名	工种	到岗时间	单位和职务	姓名	性别	年龄	

事情经过：

处理结果：

经办人：
日期： 年 月 日
填报单位盖章

2. 明确各级服务专业组织和人员的质量职责

所谓质量职责是对服务专业的各级组织、部门及各类专业人员在服务指标管理过程中应承担的任务、责任和权限所作出的具体规定。具体地说，就是要明确中、高层机关管理部门主要负责人及基层车队管理人员对服务指标评定、控制所担负的职责、任务及权限。如车队服务专业干部和管理人员有权对车组和乘务人员的服务指标完成情况进行评定和控制；中层专业管理部门的职责是对基层车队服务指标完成情况进行监督和控制；高层专业管理部门负责对中层管理部门的服务指标完成情况进行指导、协调、考核。

服务管理的实践证明，只有明确各级服务专业管理部门和人员的质量职责，才能对服务过程中的服务指标进行有效评价和控制，保持服务质量的稳定和服务水平的提高。

复习题

1. 试述服务质量含义与基本要求。
2. 简述服务质量指标的含义。
3. 说明如何进行服务指标的评定。
4. 简述服务指标的主要内容。

参 考 文 献

[1] 北京市公共交通总公司，北方交通大学. 城市公共交通运营调度管理[M]. 北京：中国铁道出版社，2001.
[2] 何银虎. 中国城市公交交通运营与管理实务全书[M]. 北京：世图音像电子出版社，2003.
[3] 朱晓宏. 公交客流信息采集的方法与技术[J]. 城市公共交通，2005（7）：20-21.
[4] 陈学武，戴霄，陈茜. 公交 IC 卡信息采集、分析与应用研究[J]. 土木工程学报，2004，37（2）：105-110.
[5] 高维生. 对城市公交企业性质的几点认识[J]. 城市公共交通管理，1996（2）：14-15.
[6] 杨治国. 客运市场现状及竞争策略分析[J]. 上海铁道科技，2008（3）：33-36.
[7] 刘娜，高晓佳. 浅谈公交优先[J]. 山西建筑，2008，34（26）：72-73.
[8] 孙俊. 大型公交场站布局规划[J]. 城市公共交通，2004，（3）：14-16.
[9] 王炜，徐吉谦，杨涛，等. 城市交通规划理论及其应用[M]. 南京：东南大学出版社，1996.
[10] 吕慎，庄焰. 城市客运交通枢纽规模研究[J]. 深圳大学学报：理工版，2005，2（22）：181-183.
[11] 武香林，周商吾. 公共交通换乘枢纽站设计[J]. 城市公共交通，2005，（12）：32-36.
[12] 李爱玲，李涛. 公交场站建设在公交可持续发展中的重要作用[J]. 城市公共交通，2005（11）：13-15.
[13] 任乐，陈贻胜. 城乡一体化的公交服务体系规划理论与实践研究[J]. 交通科技与经济，2007，1（9）：104-106.
[14] 王炜，杨新苗，陈学武. 城市公共交通系统规划方法与管理技术[M]. 北京：科学出版社，2002.
[15] 陈俊鸿. 城市公交车站站名的标准化[J]. 中国方域：行政区域与地名，1995（1）：30-31.
[16] 张东，宋美云. 哈尔滨市公共交通线网现状及规划设想[J]. 城市公共交通，2004（1）：12-13.
[17] 王晓磊. 城市公交站台和公交易查询系统设计[J]. 发明与创新，2008（3）：16.
[18] 葛灵志，吴中，郭建民，等. 南京市地铁车站交通标识系统分析[J]. 交通科技与经济，2008，3（10）：84-86.
[19] 于莉娟，邓卫. 智能公交一体化系统研究[J]. 交通科技与经济，2008（1）：69-71.
[20] 王大勇，臧学运，王海星. 公交区域车辆调度优化研究现状与发展[J]. 北京交通大学学报：自然科学版，2008，32（3）：42-45.
[21] 张国伍. 智能交通系统工程导论[M]. 北京：电子工业出版社，2003.

[22] 杨兆升. 智能交通系统概论[M]. 北京: 人民交通出版社, 2003.
[23] 杨兆升. 城市交通流诱导系统[M]. 北京: 中国铁道出版社, 2004.
[24] 北京市公共交通总公司. 运营调度管理[M]. 北京: 中国劳动出版社, 1994.
[25] 何旭平. 基于无线通讯的智能交通信息系统研究[D]. 南京: 南京林业大学, 2007.
[26] 张斐斐. 公共交通驾驶员调度问题研究[D]. 北京: 北京交通大学, 2006
[27] 陈鹏. 基于 BP 神经网络的公交智能实时调度模型研究及系统实现[D]. 北京: 北京交通大学, 2008.
[28] 曲大义, 张晓靖. 智能化公交调度系统结构及功能设计[J]. 交通与计算机, 2008, 1(26): 116-120.
[29] 殷文明. GPRS、GPS、GIS 在中国移动通信线路智能调度管理系统中的应用[J]. 通信世界, 2007 (40): 56-57.
[30] 李喜军. 一个公共交通智能调度管理系统的设计[J]. 科技信息(学术研究), 2007 (29): 20-22.
[31] BAKKER J J. Transit operating strategies and level of service[C].TRB, Washington, D.C., 1976 (606): 355-362.
[32] BOTZOW J J. Level-of-service concept for evaluating public transport [C]. TRB, Washington, D.C., 1974 (519): 202-210.
[33] ALLEN W G, DICESARE F. Transit service evaluation prelinary identification of variables characteristing level service[J].TRR, 1976 (606): 178-185.
[34] ALTER C H. Evaluation of public transit service: the level-of-service concept[J]. TRR, 1976 (606): 323-330.
[35] DHINGRA S L, BAINS S K. Analysis of attribute of tracity mass transportation—a case study [C]. Proceedings of International Conference on Transportation System Study, New Delhi, 1987.
[36] RAY ASHOKE. Evaluation of service levels of different categlogies of buses in two routes of Calcutta[C]. IRC, New Delhi, 1994.
[37] GIANNOPOULOS G A. Bus planning and operation in urban areas: a practical guide[C]. TRB, Washington, P.C., 1989 (386).
[38] The Federal Transit Administration. Bus route evaluation standards. a synthesis of transit practice[C]. TRB, Washington, D.C., 1995.
[39] GIANNOPOULOS G A. Bus planning and operation in urban areas: a practical guide[C]. TRB, Washington, D.C., 1989(370).
[40] LEE SANG YONG. Qualitative evaluation indicators for city bus route network[J]. Journal of Korean Society of Transportation, 2003, 21(4).
[41] Department of transportation services. Unicersity of maryland college park annual report[R],

2003.

[42] 王炜，杨新苗，陈学武. 城市公共交通系统规划方法与管理技术[M]. 北京：科学出版社，2006.

[43] 中国建筑工业出版社. 城市公共交通规范[M]. 北京：中国建筑工业出版社，1997.

[44] 邹志云，李硕. 公交综合发展水平评价的灰色聚类分析方法[J]. 武汉交通科技大学学报，2000，24（1）：38-41.

[45] 尹峰，李枫. 公共交通服务水平的模糊评价[J]. 上海交通大学学报，2000（34）：100-104.

[46] 陈启新. 城市公共交通现状分析与评价[J]. 城市公共交通，2001（3）：21-24.

[47] 李建国，林正. 北京城市公共交通调查、规划、政策、法规研究[M]. 北京：中国建筑工业出版社，2004.

[48] 王金科. 浅谈城市公共交通发展水平的评价指标体系[J]. 公用事业财会，2004（4）：78-80.

[49] 胡淑君. 城市公共交通发展水平综合评价指标体系研究[J]. 交通科技，2004（5）：84-85.

[50] 北京公共交通控股（集团）有限公司. 城市公共交通计划管理[M]. 北京：中国言实出版社，2006.

[51] Huang Ailing, Shen Jinsheng, Guan Wei. Study on bus route evaluation system in Beijing based on AHP[C], Intelligent Transportation Systems Conference, Seattle, WA, USA, 2007: 419-424.

[52] 姚雪珍. 城市公共交通规划评价指标体系初探[J]. 西北建筑工程学院学报：自然科学版，1999（1）：44-48.

[53] 王军利，刘东. 城市公共交通项目评价指标体系及评价方法研究[J]. 交通运输系统工程与信息，2002，2（1）：70-73.

[54] 陈启新. 城市公共交通线路网的规划与评价[J]. 城市公共交通，2000（6）：18-19.

[55] 李进，杨浩，孙强. 浅谈城市公交线网规划评价指标体系[J]. 内蒙古科技与经济，2003（4）：67-68.

[56] 吕慎，田锋. 城市公交技术评价指标体系的研究[J]. 城市公共交通，2005（2）：7-9.

[57] 叶玉玲，季令. 城际轨道交通线网规划综合评价研究[J]. 铁道学报，2005，274（5）：24-30.

[58] 张生瑞，周伟. 高速公路建设项目的神经网络综合评价方法研究[J]. 中国公路学报，2001，14（4）：91-95.

[59] 罗大明，季晓京. 北京南中轴路快速公交（BRT）智能公交系统总体设计概要[J]. 交通运输系统工程与信息，2005，5（2）：97-107.

[60] 宋瑞. 快速公交系统规划理论与方法[M]. 北京：科学出版社，2009.

[61] 周里捷. 大型活动地面公共交通运营组织与调度系统[M]. 北京：电子工业出版社，2011.

[62] 卢恺，韩宝明，鲁放. 2013 年中国城市轨道交通运营线路统计与分析[J]. 都市快轨交通，2014，27（1）：1-3.

[63] 维奇克. 城市公共交通运营. 规划与经济：运营部分[M]. 宋瑞，何世伟，译. 北京：中国铁道出版社，2012.

[64] 维奇克. 城市公共交通运营. 规划与经济：规划与经济[M]. 宋瑞，何世伟，译. 北京：中国铁道出版社，2012.